国家科学技术学术著作出版基金资助出版

国家社会科学基金重大项目（项目批准号：17ZDA291）
“情报学学科建设与情报工作未来发展路径研究”
中国科学技术情报学会重点支持工程

新时代情报学与情报工作论丛
苏新宁◎主编　李　纲◎副主编

情报学教育和人才培养研究

王东波　刘浏　沈思　谢靖◎著

·北京·

图书在版编目（CIP）数据

情报学教育和人才培养研究 / 王东波等著. —北京：科学技术文献出版社，2021. 9
（新时代情报学与情报工作论丛 / 苏新宁主编）
ISBN 978-7-5189-8162-5

Ⅰ. ①情… Ⅱ. ①王… Ⅲ. ①情报学—人才培养—研究—中国 Ⅳ. ① G259.2

中国版本图书馆 CIP 数据核字（2021）第 159389 号

情报学教育和人才培养研究

策划编辑：丁芳宇　　责任编辑：王　培　　责任校对：张吲哚　　责任出版：张志平

出 版 者　科学技术文献出版社
地　　址　北京市复兴路15号　邮编 100038
编 务 部　(010) 58882938，58882087（传真）
发 行 部　(010) 58882868，58882870（传真）
邮 购 部　(010) 58882873
官方网址　www.stdp.com.cn
发 行 者　科学技术文献出版社发行　全国各地新华书店经销
印 刷 者　北京时尚印佳彩色印刷有限公司
版　　次　2021 年 9 月第 1 版　2021 年 9 月第 1 次印刷
开　　本　787 × 1092　1/16
字　　数　415千
印　　张　24.25
书　　号　ISBN 978-7-5189-8162-5
定　　价　96.00元

《新时代情报学与情报工作论丛》

从书顾问委员会

丛书编委会

总 序

情报学的发展与情报工作的重点任务紧密相关，不同时期的情报工作重点，引导着情报学研究和情报学学科建设的发展方向。20 世纪 50—80 年代，我国科学技术的发展亟待情报工作能够提供国内外最新的科技发展动态和文献资料，我国情报学研究也起始于探讨科技文献交流规律的情报研究。20 世纪 90 年代，信息爆炸和信息化浪潮的袭来，使得情报工作更加重视信息资源建设和信息服务，情报学研究的重点转向了信息处理、检索与服务及信息资源建设。21 世纪以来，随着互联网的普及，情报工作更加重视网络信息资源的构建和服务，并在国家智库建设中开始显现作用。因此，情报学研究开始转向网络信息资源的构建和知识服务的研究，以及如何融入国家战略的情报学研究尝试。可以说，我国情报学研究历经了“文献”情报学、“信息”情报学、“网络信息”情报学等多个发展阶段。今天，我们进入了大数据时代，情报环境的变化、技术发展的推动、国家战略的需求，情报学与情报工作将向何处发展？这是情报工作者和情报学者必须思考的问题。

作为一名情报学学者，长期以来我一直关注情报学的发展，迫切感觉到：时代的发展、社会的需求，情报学与情报工作必须与时俱进，需要做出响应，需要顺应转型，需要在新的时代做出更大贡献。因此，2017 年年初，我向全国哲学社会科学规划工作办公室提交了国家社会科学基金重大项目“情报学学科、理论、方法及情报工作未来发展研究”选题，在本学科专家学者的支持和关爱下，该选题得以立项招标。我们团队经过对选题的充分讨论，并请教多位情报学前辈、专家，最后确定以“情报学学科建设与情报工作未来发展路径研究”为题申报国家社会科学基金重大项目。有幸再次得到评审专家的垂青，使本申报课题得以成为 2017 年国家社会科学基金重大项目之一。

课题在申请时，设立了 5 个子课题，团队成员也只有 30 余人。但学科专家高度重视该课题的研究，提出了扩充项目研究内容的建议。根据专家们的建议，我们进行了充分的论证，并向全国哲学社会科学规划工作办公室提出了课题变更申请，即从原有的 5 个子课题扩大到 9 个子课题，同时也得到了全国哲学社会科学规划工作办公室批准，从而使这项研究从原有的情报学学科建设、情报学教育体系、情报学理论与方法体系、情报工作未来发展、国家安全情报工作发展等 5 个方面的研究，又拓展到情报与智库的作用与关系、国外情报学与情报工作、情报工作制度建设、中国情报事业发展史等研究领域。课题组也得到了壮大，成员达到了 140 余人，涉及南京大学、武汉大学、北京大学、中国人民大学、中国科学院大学、南开大学、南京理工大学、南京农业大学、上海交通大学、华东师范大学、军事科学院、国防科技大学、中国人民公安大学、北京市科学技术情报研究所等 20 多所高校和 10 余家科研机构。

新时代的到来，新的环境、新的需求、国家战略实施的期待，使得情报学与情报工作迎来了大好的发展机遇，同样也面临许许多多的挑战。为了探讨我国情报学与情报工作的未来发展，2017 年 10 月，中国科学技术情报学会、中国社会科学情报学会在南京大学召开了“首届情报学与情报工作发展论坛”，会议发布了由本课题组执笔撰写的《情报学与情报工作发展南京共识》（简称《南京共识》）。《南京共识》针对新时代国家安全与发展对情报学与情报工作的要求，重点强调了 5 个重新：重新定位情报学科发展目标，重新认识情报工作的性质和作用，重新设计情报学课程体系，重新认识理论、技术、方法的重要性，重新认识情报能力。《南京共识》为我们开展重大项目的研究指明了方向，也促使我们下定决心出版一套反映新时代情报学与情报工作发展的学术论丛。

为了写好这套学术丛书，课题组进行了反复论证，召开了 10 余次书稿论证会，并邀请了情报领域前辈、专家到会指导，专家对书稿的题名、大纲、初稿、修订稿等提出了许多建设性意见，保证了书稿内容的全面和完善。本套丛书涵盖了情报学理论、方法和技术，情报学学科建设和培养体系，情报应用方面的情报工作、情报感知、情报与智库、竞争情报，国外的情报学与情报工作发展，情报制度，中国情报事业的发展等，其中多本著作的主题为国内首次出版。整套丛书从新时代、新使命、新任务的角度来阐述情报学与情报工作的新内容，为我国情报学研究、情报学教育、情报工作和情报事业的发展提供了有力指导。

综观全套丛书，每一本都具有自己的创新和特色：

杨建林教授等所著的《情报学学科建设与发展》以哲学的视角阐述了情报学基本原理和基础理论体系，并基于信息范式与情报范式融合的指导思想，构建了情报学学科体系基本框架，并以此探讨了情报学学科知识体系建设与学科功能单位建设的主要内容。这些研究对促进人们更清晰地认识情报学、助力情报学学科良性发展有很大的帮助作用。

王东波教授等所著的《情报学教育和人才培养研究》紧扣大数据和人工智能下“耳目、尖兵、参谋”情报学人才培养的总目标，通过内容分析、调查问卷和文本挖掘的方法，在所掌握的多个维度的第一手数据基础上，首次对新中国成立以来情报学教育体系进行了系统的探析和全面的梳理，并对情报人才培养方案给出了切实可行的建议。

王芳教授等所著的《情报学理论：哲学基础与应用发展》用历史主义的视角对情报学理论流派和研究范式进行了系统梳理，对情报学理论支撑的哲学思想，包括本体论、认识论、方法论、元理论和范式等命题进行了深入探析，首次以哲学视角对情报学的理论研究进行了系统的审视。该书对于情报学的发展和学术研究的深化具有十分重要的意义，将会在情报学教学和实际工作中发挥理论指导作用。

章成志教授等所著的《情报学研究方法与技术体系》综合使用了信息组织、自然语言处理、机器学习等理论与技术，构建了情报学研究方法与技术体系，开发了情报学研究方法知识库与检索系统，并针对特定场景下的情报学体系问题进行探索。该书开创了机器辅助构建学科研究方法体系的先河，提出多层次、细粒度的情报学研究方法与技术体系，推动了人工智能时代的情报学理论研究。

吴晨生、李辉研究员等所著的《新时代我国情报工作的发展》站在我国情报工作发展的时代潮头，以新时代、新机遇为背景，以“转型”和“融合”两大核心问题为主线，着力从情报工作的使命担当、重点任务、情报机构的智库能力提升、国家情报工作体制构建等方面规划勾勒新时代我国情报工作战略转型的总体方向，为我国情报工作未来发展绘制了新的蓝图和大展宏图的愿景。

初景利教授等所著的《国外情报学与情报工作》立足国外情报学与情报工作历史与现实发展，梳理了部分发达国家的情报学与情报工作起源与发展、情报学理论研究、情报工作机制、情报学代表人物、情报学教育等，并以比较的视角审视了中国情报学与情报工作发展对策。全书以宏观的视野展示部分发达国家情报学与情报工作全貌，总结情报学与情报工作发展的主要特点，揭示情报学与情报工作历史变化与发展现状。

王延飞教授和杜元清研究员所著的《情报感知论》是作者在情报实践基础上所进行的情报理论深耕创新之作。作者秉持“解决决策信息不完备问题”的情报宗旨，着眼“早醒远眺”的情报使命，创造性地提出情报感知理论，阐明了通过情报感知、刻画和响应去应对和解决新时期战略性情报研究所面临的不确定性问题，构建了适合中国国情的情报感知理论和方法体系。

栗琳研究员和初景利教授等所著的《情报与智库》在深入研究战略情报理论方法，系统梳理具有中国特色的科技情报工作、智库建设实践基础上，对学界争论多年的情报与智库若干基础问题提出了独到的见解。作者团队来自科技情报和智库领域，其独特的研究经历为该书奠定了理论与实践基础。作为第一本系统论述情报学、智库研究及相关联系的著作，它的出版对于新时代情报学发展具有很大的推动作用。

许鑫教授等所著的《竞争情报分析方法及应用》立足大数据环境，展现了竞争情报在数据采集、组织存储、数据分析等全链条上的方法变化。该书寻数据驱动之门而入，立方法拓展之地而耕，破应用创新之门而出，极大地丰富了竞争情报分析既有的理论与知识体系，既为学界开阔学术视野，也为业界提供更具洞察力、科学性、普适性的竞争情报分析新范式。

马海群教授等所著的《大数据观下的国家情报工作制度研究》针对信息技术所创造的情报工作新场景、新模式和新业态，构建了国家情报工作制度新思维、新理论、新格局，并指出这是新时期我国情报学内涵演变及情报工作路径创新的根本性的核心组织部分，尤其以《中华人民共和国国家情报法》为标志的国家情报政策法律制度，彰显了我国情报工作制度的新图景与新定位。

周晓英教授等所著的《中国情报学历史与发展进程》对20世纪50年代中期情报学（中国科技情报学）诞生以来的中国情报学发展演变历史展开研究，采用先梳理归纳后分析演绎的方法，梳理中国情报学发展过程中的事件，提炼出一般性的概念，分析发展过程和结果，并阐述情报学发展演变过程及其规律。迄今为止，我国尚没有关于中国情报学历史方面的专门著作面世，该书的出版填补了国内该领域的一项空白。

今天，世界正处于百年未有之大变局，这一“变局”为情报学与情报工作带来了前所未有的发展良机。国家安全、经济发展、社会进步需要情报学与情报工作勇于担当，国家战略的实施赋予了情报学与情报工作神圣的使命。情报学与情报工作需要在新的时期有所作为，必须能够在新的时期做到守正与拓展，即守住情报领域，坚持在新环境、新技术、新需求下，对情报学理论、技术和方法的创新，突出情报本质，体现学科的情报话语内涵，展现学科的情报核心话语权，建立以情报为核心的学科话语体系。另外，拓展情报的应用领域，引进先进的理论技术和方法，以完善情报学学科体系。拓展强调两个方面：一是以大情报观构建情报学学科体系，建立适应国家安全与发展战略的大情报学科体系，构成包括科技、经济、医学、环境、生态、能源、社会科学、军事、国防、安全、外交等领域的情报学学科体系，实现各领域情报工作相互融合又各守其职；二是将先进的理念、理论、技术、方法引入情报学研究领域，开展深度的情报学研究，而不是专门研究人工智能、深度学习、人文计算、区块链等。准确地说，是将这些成果更科学合理地应用于情报学领域，拓展情报学研究方法，促进情报研究更加科学和精准。本套丛书正是在守正与拓展这一思想指导下，集情报学领域集体智慧构思完成的。

本套丛书为国家社会科学基金重大项目（项目批准号：17ZDA291）“情报学学科建设与情报工作未来发展路径研究”成果，出版过程中得到2020年度国家科学技术学术著作出版基金的资助，同时也得到中国科学技术情报学会的大力支持和资助。本套丛书在撰写过程中，还得到情报学前辈和专家们的大力支持与指导，他们是黄长著先生、梁战平先生、马费成先生、张晓军将军、胡昌平先生、靖继鹏先生、赖茂生先生、王知津先生等。在丛书付梓之际，由衷地感谢在本套丛书撰写出版过程中给予我们帮助与支持的机构和专家们。

扬帆起航正当时，潮头掌舵逐浪高。在中华民族伟大复兴中国梦、强国梦践行时期，情报学与情报工作将以更加崭新的面貌，矗立在科学领域和国家安全与发展战略实施中。在这样一个契机下，《新时代情报学与情报工作论丛》面世了，相信这套丛书一定会在我国情报学建设及情报事业发展中发挥重要作用。

苏新宁

2021 年元旦于南京

前 言

《礼记·学记》中写道：玉不琢，不成器。人不学，不知道。学习对人的整体素质的培养和道德品质的锻造都起到了决定性作用。教育是实现高效、全面和体系化学习的关键。作为整个教育体系中重要组成部分的情报学教育，对于推动整个情报学的发展、人才的培养起到了基础支撑的关键作用。围绕情报学教育和人才培养进行系统而全面的研究，不仅有利于更加科学和完善的情报学教育体系的构建，而且有益于培养高素质的人才。在大数据和人工智能迅猛发展的大背景下，对情报学教育和人才培养进行研究具有特定的意义和价值。

在上述这一前提和背景下，针对情报学教育的相应问题，从多个角度和维度笔者撰写了《情报学教育和人才培养研究》一书。本书对全面、立体、贯穿情报元素的情报学教育体系进行了深入的探究，以期实现面向大数据、数据科学、人工智能的高端情报人才的培养。在上述这一理念的驱动下，基于对情报学教育相关研究状况和发展情况的梳理，本书通过调查问卷和文本挖掘的方法，一方面，结合调查问卷的具体调查数据，实现了从教育者、就业者和学习者的角度对情报学教育和人才培养状况进行整体而系统的分析目的；另一方面，基于从情报学招聘公告、数据科学招聘信息和 iSchools 人才培养方案及课程表中所挖掘出来的知识，对情报学教育及人才培养进行深度而细致的研究，相关的研究内容如下。

首先，回顾改革开放以来国内情报学教育经历的转型与调整，面临的困境与探索，取得的发展与成绩。从新时代情报学教育的使命入手，探讨了未来情报学教育的定位，尤其是大数据时代情报学教育的新发展态势，展望了大情报观视角下情报学教育未来的新使命和新地位。结合文献计量法、可视化分析法和内容分析法，借助CiteSpace工具，对 WOS 核心合集和 CNKI 中收录的情报学教育相关文献进行了计量分析，并对其中最为核心的研究热点及发展脉络进行了简要梳理；重点介绍国内情报学教学中的高被引文献，从相关文献的内容和主题中，发现情报学教学发展的阶段性特点，并探讨情报学教学未来可能的发展需求与方向。在上述研究的基础上，本书进一步梳理了过去 40 年间我国情报学发展的变化，从情报学认知、情报工作、学位培养等方面呈现我国情报学教育变迁。

其次，通过全面、系统和体系化的调查问卷，从教育者、就业者和学习者 3 个维度对情报学教育和人才培养进行了体系化的探究。以问卷调查为基础，通过获取国内情报学教育者对情报学教育体系中课程设置和人才培养的认识，真实地分析我国情报学教育体系的现状及未来情报学教育体系调整的方向。当前，情报学教育体系并不能很好地适应时代发展的要求，应当紧密结合数据科学内容，增设大数据和人工智能相关课程，调整情报学人才培养目标，面向高端情报人才培养构建合理可靠的情报学教育体系；以问卷调查的形式展开，以情报所工作人员为调查对象，针对实际工作需求，从学历、学科背景、工作经验、跨学科学习经历、学科知识与基本能力等方面分析对情报工作者能力的具体需求，从情报学教学、专业技能培养、学科融合、实践能力培养等方面探讨我国情报学人才培养问题。情报学人才培养应围绕数据分析流程，融合数据科学的学科内容，依次从课程设置、具体专业技能培养和实践环节展开；设计了包含 50 个问题的调查问卷，考察了情报学学生对情报学教育体系现状和未来发展趋势的认知。情报学学生以学习知识和技能为第一要务，并以就业或升学为重要目标。情报学学生对于情报学的认知和理解将很大程度上影响学科未来的发展。

最后，基于文本挖掘的理念、方法和技术，从情报学招聘信息、数据科学招聘信息和 iSchools 人才培养方案及课程表中，通过传统机器学习和深度学习，进行了相应知识挖掘，对情报学教育及人才培养进行了深度而细致的探究。使用各种模型对全部符合要求的5287条招聘公告进行实体抽取，构建了情报学招聘实体社会网络，并通过信息计量分析与社会网络分析的方式挖掘隐含知识；根据抽取出的任职要求，从实践能力、学历要求、脚本语言、数据处理、综合素质等方面总结了目前情报学人才应当具备的技能和素质，并由此提出了针对情报学教育的人才培养方案；通过深度学习的策略构建自动抽取技能素养实体的模型，在大规模的招聘文本上分析与数据科学相关的技能素养，进而分析情报学课程所培养的人才应具备的能力与技能；完成 iSchools 培养计划的知识挖掘，统计 iSchools 院校对学生的能力要求及主要的研究领域，并按照 iSchools 等级进行系统和深入的统计分析；在所抽取的知识基础上，从整体和类别的角度对国外 iSchools 课程的内容进行系统和深入的统计与分析；在上述分析的基础上，对国内开设情报学相应的课程提供了切实可行的建议。

本书一个主要的特色是基于数据驱动的理念完成对情报学教育和人才培养的探究，因此数据贯穿了研究的始终。这些数据既有调查问卷的结构化数据，也有课表、培养方案、招聘公告等非结构化数据。这一理念的确定要感谢我的导师，即南京大学的苏新宁老师和武汉大学的李纲教授，正是他们给本书指明了新的研究范式和模式，才有了今天这本基于数据的情报学教育探究的专著。在获取数据的过程中，首先，感谢情报学教学界的各位老师所完成的教育者视角下的调查问卷，感谢各情报所工作者所提供的就业者视角下的调查问卷，感谢情报学研究生所完成的学习者视角下的调查问卷。其次，感谢各个情报学硕士点和博士点的工作者所提供的硕士和博士培养计划和课表资料，感谢南京大学外国语学院的师生对于 iSchools 培养计划和课表英文翻译资料的校对，感谢南京大学、南京中医药大学、南京理工大学、南京农业大学的研究生对于非结构化数据的标注。最后，感谢苏新宁老师所完成的本书第一章中的内容，感谢左明聪、程书文、陈诗、周好、梁媛、孙文龙、胡昊天、彭秋茹、纪有书、汪磊、宋天睿、陈昱成等的参与。

本书的主要目的是希望通过第一手的数据，对情报学教育和人才培养进行定量探究，以期所得出的相应结论对情报学教育的发展具有切实而有效的指导。但囿于数据的整体数量和文本挖掘的技术有限，所得出的结论如有不当或者不妥之处，望从事情报学教育的研究者包涵、谅解、批评和指正。

王东波

2021 年 1 月于南京

目　录

第 1 章
绪 论

我国的情报学教育自 1978 年恢复至今已 40 余年，与情报事业共同经历了长足的发展。其间，情报学教育经历了多次重要的调整，在信息化、互联网技术的浪潮下不断寻求新的突破，也取得了显著的成绩。当前，随着人工智能和大数据等新技术的蓬勃发展，情报学教育迎来了新的发展契机[①]；在国家全面深化改革的发展背景下，情报学教育更背负着重要的时代使命。在“不忘初心、牢记使命”的信念下，以《情报学与情报工作发展南京共识》为共同奋斗目标的新老情报学专家重新审视情报事业和情报学教育[②]，再一次强调情报学作为“耳目尖兵参谋”的引领作用，凝结出大情报观下高端情报人才和普通情报服务人员并举的情报学课程设置和人才培养体系[③]，为情报学教育指明了发展方向。

首先，本章在回顾并总结情报学教育过去发展得失的基础上，展望未来发展的新道路。重点回顾改革开放以来随着情报事业的发展，国内情报学教育经历的转型与调整，面临的困境与探索，取得的发展与成绩。结合人才培养、课程设置、办学模式和技术应用等情报学教育重要内容，厘清情报学教育的发展脉络，尤其是大数据时代情报学教育的发展新态势，展望大情报观视角下情报学教育未来的新使命和新地位。

其次，从新时代情报学教育的使命入手，探讨了未来情报学教育的定位，并提出情报学教育的七大使命：培养“耳目尖兵参谋”式人才、培养科学技术的领航者、培养国家安全领域的情报人才、培养能够担当决策参谋的情报人才、培养在各行各业具有高度

---

① 苏新宁 . 大数据时代情报学与情报工作的回归［J］. 情报学报，2017，36（4）：331-337.

② 中国科学技术情报学会 . 情报学与情报工作发展南京共识［J］. 情报学报，2017，36（11）：1209-1210.

③ 苏新宁 . 不忘初心、牢记使命 展望情报学与情报工作的未来［J］. 科技情报研究，2019，1（1）：1-12.

嗅觉的情报学家、培养为人民服务的咨询服务人才、培养探索情报理论技术与方法的情报学人才；提出未来情报学教育的四大定位：紧跟国家战略的情报学教育、加强情报技术的教学、瞄准国际大环境的情报学教育、与时俱进的情报学教育。

最后，结合文献计量法、可视化分析法和内容分析法，借助 CiteSpace 工具，对 WOS 核心合集和 CNKI 中收录的情报学教育相关文献进行了计量分析，并对其中最为核心的研究热点及发展脉络进行了简要梳理；重点介绍国内情报学教学中的高被引文献，从相关文献的内容和主题中，发现情报学教学发展的阶段性特点，并探讨情报学教学未来可能的发展需求与方向。

1.1 我国情报学教育概况

我国早期情报学（除军事、安全情报学）基本由图书馆学衍生而来，所以，普通高校的情报学与图书馆学同宗同源，在教育部的学科分类中，情报学与图书馆学也同属一个一级学科。多年来，许多学者谈到情报学教育通常都将其和图书馆学教育联系在一起。例如，当我们用“情报学教育”（无论是主题检索还是关键词检索）在 CNKI 中检索，命中的文献中有 2/3 以上与图书馆学教育有关，但近些年，单纯论述情报学教育的文章逐渐增多，在一些情报学学术会议上都设置了专门的情报学教育分论坛，例如，2019 年在华中师范大学召开的情报学学术年会上，就将“新时代情报学教育及人才培养”作为一个重要议题。

在我国，情报学教育始于 1958 年的中国科学情报大学的成立，1959 年招收了第一届情报学本科生以后，1960 年该校被合并到中国科学技术大学，从此，也中断了情报学专业的招生。恢复高考以后，1978 年，武汉大学率先招收了科技情报专业本科学生[①]，同年，中国科学技术情报研究所也开始招收科技情报专业的硕士生[②]。1990 年，我国首个情报学博士点在武汉大学建成，并于 1991 年开始招生。1986 年前后，解放军国际关系学院开始招收军事情报学硕士研究生，1998 年该校获得了我国首个军事情报学博士学位授予权[③]。

① 马费成 . 情报学发展的历史回顾及前沿课题［J］. 图书情报知识，2013（2）：4-12.

② 中国科学技术信息研究所 . 中国科技信息事业 55 年（综合卷）［M］. 北京：科学技术文献出版社，2011：113.

③ 苏新宁 . 大数据时代情报学学科崛起之思考［J］. 情报学报，2018，37（5）：451-459.

据不完全统计，经过40多年的发展，至少有70多所普通高校或研究机构曾经或现在正在招收情报学硕士研究生（二级学科代码120502）。虽然2015年以来被撤销了10多个情报学硕士点（有的是一级学科被撤销连带情报学点），但目前仍有60多家高校和科研单位在招收情报学硕士生，还有48所高校在招收图书情报专业硕士生（其中32所高校同时拥有学术型情报学或一级学科硕士点）。另外，公安学下的公安情报学（二级学科代码0306Z1）和军事指挥学下的军事情报学（二级学科代码110504）共有硕士点16个。目前，全国拥有情报学（二级学科代码120502）博士点13个，军事情报学（二级学科代码110504）博士点3个，另外，还有许多高校在其他学科下设立了情报学博士招生方向。

由此可见，我国情报学教育从无到有，从12个点到近百个点，可谓发展迅速，已形成了一定规模。目前，每年全国招收的情报学硕士生超过500名，博士生超过100名，经过长期的积累，情报学培养出来的人才已形成一支较大的队伍，但这还不够，这支队伍还必须更壮大，情报工作才能取得更多更大的成绩。我们相信，新的时代，在社会的期待下，情报学教育一定会更加繁荣昌盛，并获得更快的发展。

1.2 大数据视角下我国情报学教育回顾

我国情报学教育的发展始终与情报事业和工作密不可分，无论是人才培养、课程设置、办学模式还是技术应用，均能体现当时情报事业的前沿特点，其发展也随之呈现出明显的阶段特征。对我国情报事业回顾的诸多研究中，关于发展时期的划定细节和评价各不相同，但大致的阶段分类基本一致[①②]。本节将以此为参考，结合情报学教育的发展特点，分阶段回顾和探讨改革开放以来我国情报学教育的发展。

1.2.1 情报学教育的恢复

1978—1990年，是我国情报学教育的恢复阶段。1978年情报学教育工作的恢复是其中的关键节点[③]，该年武汉大学、中国科学技术情报研究所等院校单位分别开始招收

① 包昌火，王秀玲，李艳．中国情报研究发展纪实［J］．情报理论与实践，2010，33（1）：1-3.

② 吴晨生，李辉，付宏，等．情报服务迈向3.0时代［J］．情报理论与实践，2015，38（9）：1-7.

③ 周晓英，陈燕方，张璐．中国科技情报事业发展历程与发展规律研究［J］．科技情报研究，2019，1（1）：13-28.

科技情报专业本科生、硕士研究生。在1980年通过的《关于加强科技情报工作的意见》，则成为情报事业恢复的重要标志①，其恢复伊始便以情报学教育作为学科建设的重心之一②。由于情报学与图书馆学、文献学的历史联系，情报事业以图书情报一体化作为工作开展的主要方向，图书馆学、情报学的整体化教育因而也成为当时的主流。探索以高校和图书馆为主体的办学模式，兼容图书文献方法和情报技术的课程设置，以及面向情报事业需求的多层次人才培养目标，是当时情报学教育恢复早期的主要思路，关懿娴③对上述问题进行了全面深入的分析，严怡民④则就办学模式进行了着重探讨，夏自强⑤还进一步从教学改革的角度讨论了人才培养、教学内容、技术手段及师资和设备等诸多问题。与此同时，情报工作者们始终不忘追赶和接轨国际，积极考察国外的最新成果和经验，以助力国内情报学教育的恢复与发展，这体现在诸多对美国⑥、日本⑦、英国⑧、苏联⑨等科技情报事业较发达国家的情报学教育的引介，以及对中外情报学及教学相关事业的比较研究⑩。

到了20世纪80年代中后期，情报事业和情报学教育已取得了初步成绩⑪，借着情报事业恢复10周年之际，研究者开始回顾与反思情报学教育的得失，并为未来发展方向提出新的设想⑫。从整体上来看，这一时期的情报学教育正如情报事业一样从百废待兴到方兴未艾，相关事业呈现出积极的发展态势。

这一时期对于国外研究和实践的引进，对情报学教育的发展产生了深远的影响，尤其是以美国为主的图书情报学（LIS）教育成为国内情报学教育发展的重要标杆，在后

---

① 《科技情报工作概论》编写组．科技情报工作概论试用本［M］．北京：科学技术文献出版社．1984：549-552.

② 洪传科．情报科学的一个分支：情报教育学［J］．情报学刊，1981（2）：14-17，13.

③ 关懿娴．改进我国图书馆学专业教育管见［J］．图书馆学通讯，1982（4）：82-86.

④ 严怡民．论我国情报学教育［J］．情报学报，1983，2（3）：219-225.

⑤ 夏自强．图书馆学情报学教育的发展和改革问题［J］．大学图书馆通讯，1983（5）：1-6，11.

⑥ 黄宗忠．美国图书馆学情报学教育的发展［J］．大学图书馆学报，1983，1（5）：20-25.

⑦ 袁韶莹．日本的图书馆情报学教育［J］．图书情报工作，1982（3）：40-43.

⑧ 庄义逊．英国的情报学研究概况［J］．情报科学，1981（3）：90-91.

⑨ 焦玉英，彭斐章，郭星寿．苏联图书馆学与情报学教育的若干问题［J］．图书情报知识，1987（3）：53-56.

⑩ 刘炜．中外（美、苏、日）图书情报事业的初步比较：谈我国现阶段图书情报事业的发展战略问题［J］．图书馆，1987（3）：1-7，12.

⑪ 黄立军．新时期十年我国情报学基础理论研究的进展［J］．情报科学，1987，（6）：42-56，100.

⑫ 肖东发．中国图书馆学情报学教育40年（1949～1989）［J］．图书馆学通讯，1989（1）：3-10，89.

续多个时期的发展中均能明显看出美国图书情报学教育的影响力。而与情报事业及情报学教育相关的另一个分支，即 Intelligence Studies，虽然与情报事业同样密切，且能体现“耳目尖兵参谋”这一情报学教育使命，却并没有得到更多的关注。这涉及一个在情报事业和情报学教育中得到反复讨论的问题，即情报事业和情报学教育的内涵和外延究竟是什么？时任国防科学技术工业委员会科学技术委员会副主任的钱学森将情报定义为“就是为了解决一个特定的问题所需要的知识，具有及时性和针对性”，并强调了“要把情报和资料分开”，情报是从资料中提取出来的“活化、激活”的知识①。该定义对情报和情报工作本质的阐述，得到了后来诸多情报学专家的反复引用。

另外，恢复时期的情报学教育发展具有明显的时代特点，这一时期的发展思路以图书、情报一体化为主要趋势，一方面是受到了当时国外图书情报学的影响；另一方面也是由于图书文献是当时情报获取的最优来源。值得注意的是，恢复初期的情报学教育涉及的学科领域较广，多围绕情报事业展开且较为分散，严怡民结合专业院校的情况对此进行了完整的梳理②；而以图书馆学为主流，兼纳计算机科学、管理科学及其他文理学科的广义的情报工作与情报学教育，在当时亟待转型成为以图书情报为主的独立整体。在今天看来，早期围绕各学科的情报学教育开展实践，正体现了情报学教育的引领目的，这也正是大情报观视角下发挥情报学教育“耳目尖兵参谋”培养作用的重要途径③。如今作为独立学科的情报学及情报学教育，在大情报观视角下对未来提出的新展望，一方面是对早期工作的呼应；另一方面也体现出发展的螺旋式上升特点。

1.2.2 信息技术革命下情报学教育的转型

20 世纪 90 年代至 21 世纪初叶，国内情报学教育进入了调整和转型的重要时期。其间，国内情报事业经历了多项重要改革，情报学教育也需要适应新的发展态势。早在 20 世纪 80 年代中后期，已有研究者敏锐地察觉到科技革命对情报学教育的潜在影响④。而到了 1992 年，国家科委将“科技情报”改为“科技信息”等一系列举措，则体现出信息技术在情报事业中逐渐占据的主导地位，这深刻影响了国内对“情报”概念的理解，“信息”与情报事业联系愈发紧密，甚至呈现出代替“情报”的趋势④，情报事业也不再局

---

① 钱学森 . 科技情报工作的科学技术［J］. 兵工情报工作，1983（6）：3-10.

② 严怡民 . 情报学和情报学教育［J］. 情报学刊，1982（4）：4-9.

③ 王知津 . 大数据时代情报学和情报工作的“变”与“不变”［J］. 情报理论与实践，2019，42（7）：1-10.

④ 吴慰慈 . 社会信息化与图书馆学情报学教育的新使命［J］. 图书馆工作与研究，1993（3）：11-14.

限于图书文献，而是进一步面向更加广义的信息资源。对于情报学教育来说亦是如此，在“信息管理”改名浪潮的基础上，面向信息需求和信息服务的人才培养目标和课程设置成为情报学教育转型的主要方向[①]。

研究者们在此背景下致力于探究情报学教育在信息时代如何转型，彭斐章[②]从人才培养角度谈及情报学教育新的培养目标“既是信息的开发人才，又是信息的经营管理人才”。马费成[③]指出了信息网络时代下，情报人才应掌握计算机、信息系统等方面的知识，并以此为基础提出了对课程设置的看法。马恒通[④]从教育目标、课程设置、教学手段等多个角度全面考察了国外情报学教育在信息时代的发展新趋势，以此作为国内情报学教育转型的参考。另外，随着情报学教育调整的深入，研究者们开始在世纪之交之际总结得失并展望未来的发展方向，这样的讨论几乎贯穿了整个时期，反映出情报学教育改革调整的困难与重要性。董小英[⑤]深入探讨了情报学与信息管理的关系，立足人才需求和情报内容的变化，从课程设置的角度分析了信息管理的定位，强调了情报学教育与信息管理融合的必要性。陈传夫[⑥]通过对中美情报学教育转型实践的对比分析，认为情报事业和情报学教育的转型必须面向信息化的需求。马费成[⑦]指出了情报学教育在培养模式、课程设置和适用性等方面存在的问题，特别强调了计算机技术在情报学教育手段和内容的现代化改革中的重要性；而在吴慰慈[⑧]关于情报学教育新体制和课程设置的设想中，该理念得到了进一步完善。詹德优[⑨]对信息技术在教学内容、教学手段和师资人才培养角度与前者看法相近，此外还指出信息管理大框架下的情报学教育发展建议。情报学教育的信息化转型对传统图书馆学造成了较为深刻的冲击，引起较多反思，如孟广均[⑩]认为不能将图书馆学与情报学教育割裂看待，信息时代下的情报学教育应以图书

---

① 刘迅．知识工程：未来图书馆学情报学教育内容变化的学科归宿［J］．情报科学，1985（5）：1-6.

② 彭斐章．图书情报学教育改革与学科建设［J］．图书馆工作与研究，1994（4）：14-18.

③ 马费成．论网络时代的图书情报教育［J］．图书情报知识，1996（4）：2-6.

④ 马恒通．面向21世纪的国际图书馆学情报学教育的发展趋势［J］．图书馆，1997（1）：4-11.

⑤ 董小英．我国图书馆学情报学教育的转型及其问题［J］．中国图书馆学报，1996（1）：28-36，55.

⑥ 陈传夫．中美图书馆与情报学教育变革的比较与启示［J］．中国图书馆学报，2000（1）：41-47，66.

⑦ 马费成．我国图书馆学情报学教育的现状与发展［J］．图书情报工作，1996（1）：12-15.

⑧ 吴慰慈，董焱．新技术革命对图书馆学情报学教育体系变革的影响［J］．中国图书馆学报，2000（2）：3-9.

⑨ 詹德优．关于图书情报学教育改革的实践与思考［J］．中国图书馆学报，1998（5）：14-18.

⑩ 孟广均．对图书馆学教育的几点看法［J］．大学图书馆学报，1995（1）：36-39.

馆信息工作人员为人才培养目标，围绕图书馆学增设信息管理相关课程。王知津[①]针对图书馆学面临的困境，提出了专业教育改革的一系列举措。文庭孝[②]则犀利地指出信息技术带来的冲击对于整个情报学来说都很严重，情报学教育应当寻求新的发展和生存环境。

信息技术对情报事业乃至情报学教育的影响十分深远，千禧年前后的情报学教育在此背景下经历了较为剧烈的转型。一方面，情报学教育转型发展迅猛，情报学教育的课程设置逐渐转向更综合的信息管理，人才培养更多地开始面向市场的信息需求，计算机技术在教育内容和教育手段中发挥出越来越重要的作用[③]，在“信息与社会、信息与服务、信息与学习”三大领域[④]取得了较为显著的成绩；另一方面，情报学教育的人才培养和课程设置不再仅关注“耳目尖兵参谋”的培养，而是更多地围绕信息服务和信息需求，这产生了关于情报事业和情报学教育的广泛讨论，情报概念的变化让人困惑和混乱，学科的独立地位也让人感到忧虑[⑤]。

在上述讨论中，以 Intelligence Studies 为情报事业和情报学教育重心的观点得到了进一步阐释，其中包昌火[⑥]较早就从 Intelligence 和 Information 两个角度对情报概念进行了清晰的辨析，其解释了情报事业的双重责任，对国内情报事业在信息管理浪潮下的回归发起了呼吁。岳建波[⑦]则进一步从信息管理链的角度辨析了情报的地位，将知识管理、竞争情报和社会情报作为情报学的主要研究内容。梁战平[⑧]设计出了包含 3 层结构的情报学学科架构，并依此构建情报学教育体系，其中顶层为情报学，科技情报学、图书文献情报学等相关学科为应用层，计算机科学、图书馆学和文献计量学等则作为基础层。这些讨论的观点在一定程度上与如今大情报观下情报事业和情报学教育的发展新思路相契合，体现了大数据时代下情报学教育新的发展展望在理论基础上的延续性。

---

① 王知津 . 我国图书馆学教育面临新的转折和选择［J］. 图书情报工作，2003（3）：10-15，56.

② 文庭孝，刘刚，张洋 . 我国情报学发展的危机种种［J］. 情报理论与实践，2005（4）：342-345.

③ 王知津 . 中国图书情报学教育 20 年评述［J］. 中国图书馆学报，2001（2）：68-72.

④ 梁战平 . 情报学的新发展［J］. 情报学报，2001（2）：130-135.

⑤ 赖茂生 . 情报学教育的现状和发展［J］. 情报理论与实践，2003（1）：80-84，88.

⑥ 包昌火 . Intelligence 和我国的情报学研究［J］. 情报理论与实践，1996（6）：7.

⑦ 岳剑波 . 情报学的学科地位问题［J］. 情报理论与实践，2000（1）：5-7，38.

⑧ 梁战平，梁建 . 新世纪情报学学科发展趋势探析［J］. 情报理论与实践，2005（3）：225-229.

1.2.3 进入 21 世纪后情报学教育的探索

2005 年至今，情报学教育在 21 世纪伊始的 10 余年发展中迎来了新的态势，信息技术革命的加速发展，在其中扮演了重要的角色。经历了之前 10 余年转型期的情报学教育，一方面在信息管理的道路上继续探索；另一方面也在不断反思的基础上不忘情报事业的初衷，“坚守与拓展”并进[①]。情报学教育体系在人才培养、课程设置和学科建设等方面取得了显著的进步[②]，呈现出“教学内容的规范化、合作交流国际化、图书情报一体化、信息技术实践性、培养模式多样性”的整体发展趋势[③]。同时，情报学教育在学科影响力、人才培养的适应能力、教学模式和课程设置的创新性等方面还存在明显的短板[④]，情报事业和情报学教育中关于 Intelligence 的讨论仍未得到一致的总结[⑤]。这一时期的情报学教育一方面出现了追随 iSchools 运动的风潮；另一方面则是关于 Intelligence 在情报学教育中地位的进一步讨论，这两种思路恰好对应了美国的 LIS（Iibrary and Information Science）和 IS（Intelligence Studies）两大学派，情报事业和情报学教育在转型过程中产生的困惑由此得到了较清晰的解答[⑥⑦]。

（1）iSchools 与情报学教育新探索

iSchools 是 2003 年美国图书情报学界发起的一项教育改革运动[⑧]，是 LIS 视角下情报学教育的代表，为同样面向信息时代转型的欧美图书情报学教育带来了明确的发展方向。iSchools 运动一方面以图书情报学院的信息化改名；另一方面致力于围绕信息、技术和人进行情报学教育研究和实践[⑨]，在课程设置和人才培养等方面形成了面向信息技

---

① 叶继元，Chaomei Chen. 坚守与拓展：中美图书馆学情报学教育科学定位的思考［J］. 中国图书馆学报，2007（2）：18-23.

② 陈传夫，吴钢，唐琼，等 . 改革开放三十年我国图书情报学教育的发展［J］. 图书情报知识，2008（5）：5-14.

③ 王知津，徐芳，潘永超，等 . 我国图书情报学教育三十年（1978 ～ 2008）回顾与展望［J］. 图书与情报，2010（2）：23-30.

④ 陈传夫，吴钢，盛钊，等 . 新中国图书情报学教育历程与展望［J］. 图书馆杂志，2009，28（8）：3-11.

⑤ 包昌火，李艳 . 情报缺失的中国情报学［J］. 情报学报，2007，26（1）：29-34.

⑥ 包昌火，谢新洲 . 关于我国情报学研究中若干问题的思考：写于《信息分析丛书》前言［J］. 情报理论与实践，2006（5）：513-515.

⑦ 胡雅萍，潘彬彬 . 国外关于两个 IS 的情报教育研究及对我国的启示［J］. 情报理论与实践，2014，37（9）：5-10.

⑧ Blaise Cornin. An I-dentity crisis? The information schools movement ［J］. International journal of information management，2005（25）：363-365.

⑨ 陈传夫，于媛 . 美国 iSchool 的趋势与启示［J］. 图书情报工作，2007（4）：20-24，41.

术的全面的学科体系，其在美国的成功实践也吸引了国内情报学教育者的广泛关注。沙勇忠[①]详细考察了iSchools联盟院校的课程设置，总结出“强调能力导向和未来导向、突出职业需求、突出技术类课程、与其他学科广泛融合、与其他职业广泛合作”5个重要特点，认为这些正是国内情报学教育改革所需要的。司莉[②]在进一步调查iSchools课程设置的基础上，对比了我国情报学教育的相关现状，并提出了多项改革的建议。余红[③]以北卡罗来纳大学为例进行了详细的iSchools课程设置的个案研究，认为国内情报学教育改革可以充分借鉴其在课程战略规划、课程连贯性、课程创新等方面的经验。马费成[④]更进一步将iSchools的课程设置体系与国内情报学教育特点相结合，创建性地提出了信息管理“专业素质链”与“专业课程链”的理念，为iSchools在国内情报学教育中的实践提供了切实可行的方案，并获得了初步的成效。李乾炜[⑤]以美国iSchools对信息科学、图书情报学、通信科学等领域融合的思想出发，提出了中国情报学学科重构的设想，并针对这种重构，对情报学教育提出了自己看法。魏雅雯[⑥]调研了美国高校的Intelligence Studies课程，指出这些课程学习方式灵活，内容注重情报，强调情报技能的培养，尤其关注安全、决策、侦查、军事等领域。

iSchools运动作为欧美图书情报学教育转型的成功实践，直至今日仍有力地推动着欧美情报学教育的发展[⑦]，也带动了国内情报学教育改革探索[⑧]，其在大数据时代面向数据科学和人工智能技术的课程调整使得欧美的图书情报学教育保持了在信息技术上的活力[⑨⑩]。但在其繁荣发展的背后，没能彻底解决图书馆学和情报学有效融合的问题，尤其在美国的图书情报学教育实践中，随着信息科学越发强势，图书馆学越发势弱，两者的

① 沙勇忠，牛春华.iSchool联盟院校的课程改革及其启示［J］.图书情报知识，2008（6）：26-35，55.

② 司莉，刘剑楠，张扬声.iSchool课程设置的调查分析及其对我国图书馆学课程改革的启示［J］.图书馆学研究，2011（21）：21-26.

③ 余红，刘娟.美国iSchool图书情报学课程体系个案：北卡莱罗纳大学近10年课程体系研究［J］.图书情报工作，2014，58（6）：79-88.

④ 马费成，宋恩梅.信息管理“专业课程链”的建设与实践［J］.图书情报知识，2014（2）：4-10.

⑤ 李乾炜.ISchools对中国情报学学科的启示［J］.农业图书情报学刊，2016，28（2）：133-135.

⑥ 魏雅雯.美国高校Intelligence Studies课程调研与分析［J］.竞争情报，2018，14（1）：33-39.

⑦ 曹文振，周庆山.美国顶尖iSchool信息科学专业本科教育的演变与启示：对课程设置10年后的再调查［J］.图书情报工作，2020，64（1）：70-79.

⑧ 吴丹，余文婷.近五年国内外图书情报学教育研究进展与趋势［J］.图书情报知识，2015（3）：4-15.

⑨ 司莉，何依.iSchool院校的大数据相关课程设置及其特点分析［J］.图书与情报，2015（6）：84-91.

⑩ 曹树金，王志红，刘慧云.论大数据时代下的图书情报学教育：基于iSchool院校“大数据”相关课程调查及思考［J］.情报理论与实践，2017，40（12）：17-22.

矛盾越发难以调和，引起了国内情报学教育者的警惕和反思[①②]。

（2）信息技术与情报学教育

LIS 视角下的情报学教育充分重视信息技术在其中能够发挥的作用，因此围绕信息技术的素养教育成为一个重要课题。早在情报学教育转型初期，陈钦智等[③]就提出了情报人才培养的目标应是“能够适应一切情报环境的熟练的情报专家”，因而其知识教育应包括“管理科学、通信科学、行为科学、计算机科学和新技术，以及解决问题的工具性学科”。这种所谓的信息教育被王景珍纳入了素质教育的范畴进行了分析[④]，李武[⑤]则根据美国的情报学教育实践，对此进行了进一步的归纳。王鉴辉[⑥]以数字图书馆用户为对象，分析了信息教育的主要目标和教育的主要途径。清华大学图书馆信息用户教育研究课题组[⑦]专门对这类教育进行了全面的探讨和体系的设置，孙平[⑧]对此进行了进一步的全面和完善。束漫[⑨]则对信息素养教育可能遇到的困难进行了分析，并给出了详细的解决方案。

与信息素养教育密切相关的还有基于 Web2.0 和远程教育等技术的图书馆用户教育[⑩]，这是国内图书情报学教育受美国 LIS 教育影响的体现。在美国的 LIS 教育实践中，Web2.0 技术的有效运用确实给教育和教学带来了积极影响[⑪]；还有研究指出，Web2.0 的使用能够有效拓展情报学教育的主题，使情报学培养的学生具备更宽广的视野，以应对

---

① 肖希明，李琪，刘巧园 .iSchools“去图书馆化”的倾向值得警惕［J］. 图书情报知识，2017（1）：19-25.

② 于良芝，梁司晨 .iSchool 的迷思：对 iSchool 运动有关 LIS、iField 及其关系的认知的反思［J］. 中国图书馆学报，2017，43（3）：18-33.

③ 陈钦智，刘玉明 . 情报的新技术与潜力及其对图书馆学情报学教育的影响［J］. 黑龙江图书馆，1990（4）：73-75.

④ 王景珍 . 素质教育中应强化信息素质教育［J］. 图书馆学研究，1998（4）：46-48.

⑤ 李武，刘兹恒 . 美国大学图书馆开展信息素质教育的两种合作类型［J］. 图书馆建设，2004（5）：96-98，101.

⑥ 王鉴辉 . 数字图书馆的用户教育问题研究［J］. 图书情报知识，2001（2）：30-32.

⑦ 清华大学图书馆信息用户教育研究课题组 . 网络条件下的大学图书馆信息用户教育［J］. 图书馆论坛，2003（6）：228-231，209.

⑧ 孙平，曾晓牧 . 面向信息素养论纲［J］. 图书馆论坛，2005（4）：8-11，106.

⑨ 束漫 . 我国高校数字图书馆用户信息素养教育［J］. 图书馆理论与实践，2005（6）：71-73.

⑩ 胡明玲，王建涛 . 基于 Web2.0 的数字图书馆用户教育研究［J］. 图书馆论坛，2009，29（5）：50-52.

⑪ VIRKUS S. Use of Web 2.0 technologies in LIS education：experiences at Tallinn University，Estonia［J］. Program，2008，42（3）：262-274.

不断变化的信息环境[①]。远程教育则使得教学变得更为灵活，且课程设置、课堂教育和学习方式都会随之发生新的变化[②]。而MOOC（网络教学平台）这种新型远距离教学技术，也可为情报学教育带来新的发展机遇[③]。信息技术在情报学教育中的应用，在一定程度上具有积极的意义[④]，国外LIS教育也在不断通过课程的设置和调整来适应信息技术带来的变化[⑤]。与国外LIS教育不同，国内的情报学教育并没有过多关注具体的信息技术本身；但在面向信息需求和信息能力的人才培养方面，国内外情报学教育则均对其十分重视[⑥⑦]。

（3）Intelligence Studies与情报学教育

以Intelligence为核心的IS教育在这一时期得到了情报学教育者越发广泛的关注。沈固朝[⑧]从科技情报工作的最初目的出发，指出引入“Intelligence Studies”与发挥情报学“耳目尖兵参谋”功能的必然联系，而情报学教育则应注重对情报人员思维能力的培养；王云峰[⑨]在此基础上，通过对国际情报教育协会（IAFIE）Intelligence Studies教育的全面考察，指出其与LIS教育的差别主要体现在专业核心能力培养目标上，Intelligence Studies教育注重的是对信息更多样、更高层次的获取及对知识的学习、运用、创造等多

① AHARONY N. Web 2.0 in U.S. LIS schools：are they missing the boat?［J/OL］. Ariadne，2008（54）［2021-07-17］. http://www.ariadne.ac.nk/issue/54/aharony.

② WILDE M L，EPPERSON A. A survey of alumni of LIS distance education programs：experiences and implications［J］. Journal of academic librarianship，2006，32（3）：238-250.

③ PUJAR S M，BANSODE S Y. MOOCs and LIS education：a massive opportunity or challenge［J］. Annals of library and information studies（ALIS），2014，61（1）：74-78.

④ DILLON A，NORRIS A. Crying wolf：an examination and reconsideration of the perception of crisis in LIS education［J］. Journal of education for library and information science，2005：280-298.

⑤ VIRKUS S，WOOD L. Change and innovation in European LIS education［J］. New library world，2004，105（9/10）：320-329.

⑥ 陈传夫，吴钢，唐琼，等. 改革开放三十年我国图书情报学教育的发展［J］. 图书情报知识，2008（5）：5-14.

⑦ DERAKHSHAN M，SINGH D，NAZARI M. The contributions of library and information science education to the development of competencies in determining information needs：an Iranian case study［J］. Libri international journal of libraries & information services，2014，64（2）：144-154.

⑧ 沈固朝. “耳目、尖兵、参谋”：在情报服务和情报研究中引入intelligence studies的一些思考［J］. 医学信息学杂志，2009，30（4）：1-5.

⑨ 王云峰，沈固朝. 美国Intelligence教育研究初探：以IAFIE为例［J］. 图书与情报，2012（1）：43-47，70.

样的需求。李艳[①]通过回顾钱学森关于情报工作的定义，认为情报学发展的困境根源在于对情报的偏离，提出了基于 Intelligence 重构情报学及情报学教育的设想；并重塑了围绕"耳目尖兵参谋"培养目标的情报学教育新体系[②]，强调了情报分析人才培养在其中的核心地位。邓胜利[③]在面向大数据时代的情报学教育变革探讨中，虽然没有明确使用 Intelligence 一词，但其强调的情报分析（IA）与 Intelligence 在内涵、外延和工作领域上，具有较大的相似性。

Intelligence Studies 与情报学教育的另一个重要分支——竞争情报也有着千丝万缕的联系。竞争情报是在情报事业转型的过程中，面向市场经济并为决策者提供市场情报分析的一种情报工作，其教育目的、培养目标和课程体系等均与以 LIS 为主导的图书情报学教育存在明显差异[④]。竞争情报教育在信息化时代的发展也与图书情报学教育不同，面向市场经济的教育目标使其更加侧重于商业案例分析、实践教育及对管理能力的培养[⑤⑥]。竞争情报对待信息的态度与 Intelligence Studies 十分相近，注重信息的专业分析及决策支持恰好体现了"耳目尖兵参谋"的培养目标，因而包昌火[⑦]曾倡导以竞争情报作为情报学转型的新思路，并构建了基于 Intelligence Studies 的竞争情报理论体系，强调竞争情报分析在竞争情报教育中的重要性。

Intelligence Studies 与 LIS 的辨析是 21 世纪上叶情报事业和情报学教育的重要话题，其清晰地解释了情报学教育在信息化转型中产生的诸多困惑，在情报事业和情报学教育中引起了重要的反响。这一时期的诸多探讨为大数据时代来临后尤其是《国家情报法》颁布后，情报事业和情报学教育在大情报观视角下的全新发展提供了坚实的理论基础。

（4）中外情报学教育对比研究

与此同时，也有不少研究聚焦在国外情报学教育介绍及中外对比上。邵安分析了美国情报学学科结构、专业内容与高校分布，展示了美国情报学教育的两大板块：一块是

① 李艳，赵新力，齐中英．钱学森的情报思想与我国情报学学科体系重构［J］．情报理论与实践，2010，33（6）：1-4.

② 李艳，蒋贵凰，宋维翔．以情报分析人才培养为核心重塑我国情报学专业教育［J］．情报理论与实践，2011，34（7）：13-16.

③ 邓胜利，凌菲．大数据时代基于情报分析的图书情报学教育变革［J］．信息资源管理学报，2014，4（3）：88-94.

④ 柯平．关于竞争情报教育的思考［J］．情报资料工作，1996（1）：33-37.

⑤ 沈丽容，倪波．论我国竞争情报教育体系的建立［J］．中国图书馆学报，2003（3）：86-88.

⑥ 黄晓斌．论我国竞争情报教育的现状与发展方向［J］．情报科学，2006（3）：455-460，474.

⑦ 包昌火，李艳，包琰．论竞争情报学科的构建［J］．情报理论与实践，2012，35（1）：1-9.

Information 类，包括信息科学、图书情报专业、管理科学；另一块是 Intelligence 类，包括军事情报（战略情报、信号情报），执法情报（安全情报、地理情报等）。同时，介绍了美国的普通情报、战略情报、信号情报、执法情报、地理情报的专业目标与内容及其分布[①]。胡雅萍等对美国高校情报教育进行了调研分析，罗列并分析了主要高校的课程设置，这一成果对我国情报学教育调整课程设置具有参考价值[②]。许多学者对中外情报学教育进行了对比分析，并展望了我国情报学教育的发展。马费成、李亚婷等对国内外情报学教育的培养方式、课程体系、就业创业支撑、社会责任进行了梳理，并在各类人才需求、应用技术课程、国家需求、交叉学科人才培养、数据技能等方面，论述了我国情报学教育的发展趋势[③]。王延飞、刘记分析了美国情报专业的 3 类核心课程（情报学基础理论、情报分析研究方法、情报分析应用技术），论证了我国对情报学教育的生态认知，阐述了我国情报学教育调整的重点，提出了情报学教育内容构建模型[④]。鲁晶晶、谭宗颖从博士毕业人数、论文涉及的关键词数量、研究领域等方面，对国内外博士论文进行了比较，从中窥视并展望了我国未来博士教育的发展方向[⑤]。陈则谦等选取了中美情报学各排前 15 名的高校进行了硕士培养目标、培养研究方向、必修课程、学制和学位对比分析，并分析了相互间的个性与共性[⑥]。罗海媛针对日本情报学教育知名度较高的庆应义塾大学、筑波大学、爱知淑德大学、北海道情报大学和东京大学 5 所学校的课程设置、培养重点进行了分析，提出了对我国情报学教育的启示：明确定位、创新教学、提升情报学理念[⑦]。

1.2.4 大数据时代情报学教育的新浪潮

2017 年 6 月 27 日，第十二届全国人民代表大会常务委员会通过了《国家情报法》。

---

① 邵安 . 美国情报学科结构、专业内容与高校分布［J］. 情报理论与实践，2020，43（5）：203-207.

② 胡雅萍，遇妍 . 美国高校情报教育研究［J］. 情报杂志，2016，35（11）：5-9.

③ 李亚婷，赵婉颖，马费成 . 国外图书馆学和情报学教育的进展与趋势［J］. 情报学报，2016，35（8）：787-792.

④ 刘记，王延飞 . 情报学教育生态探析［J］. 情报理论与实践，2018，41（1）：16-21.

⑤ 鲁晶晶，谭宗颖 . 从博士论文看国内外情报学教育的现状与发展［J］. 情报科学，2016，34（3）：161-165.

⑥ 陈则谦，王雪，张鑫 . 中美情报学教育的个性与共性：基于情报学硕士人才培养方案的调查与分析［J］. 图书与情报，2018（6）：120-128.

⑦ 罗海媛 . 从课程设置看日本情报学研究生教育及启示［J］. 中山大学研究生学刊（人文社会科学版），2017，38（3）：109-120.

同年10月29日，情报学与情报工作发展论坛在南京大学召开，并公布了代表情报事业发展新方向的《情报学与情报工作发展南京共识》①。这两个事件及国家总体安全观的提出在国内情报学界引起了强烈的反响，标志着情报事业和情报学教育进入了全新的发展时期，并掀起了一波关于大数据时代情报事业和情报学教育的全新讨论热潮。

2017年至今，情报事业和情报学教育发展的新浪潮在一定程度上体现了在情报学转型和发展过程中，对情报的内涵和外延的不断探索，也是对情报事业和情报学教育中 Intelligence Studies 和 LIS 之辩的一次总结②③，而这建立在大数据技术的迅猛发展及情报事业和情报学教育对未来进一步发展的广泛思考上。大数据及与之相关的数据分析等技术应用于情报分析后④，从内容和方法上改变了信息管理视角的情报学学科架构⑤，也对情报学教育提出了进一步的要求。这样的变化和要求在一定程度上符合情报事业新的发展要求，苏新宁⑥将其总结为“大数据时代下的情报工作应发挥耳目、尖兵、参谋和引领的作用”，其中的“引领”一方面强调了情报机构的智库地位；另一方面则将科技领域的专业智囊作为情报学教育的人才培养目标。《国家情报法》颁布后，赖茂生⑦在总结情报事业贡献的同时，指出了情报事业在大数据时代带来的新环境、新资源和新范式下的发展方向和路径选择问题，提出以情报学专家培养作为其对情报学教育的首要期望，并从培养目标、核心能力、知识体系等多个方面给出了情报学教育发展的新对策。高金虎⑧在《国际情报法》情报工作定位的基础上，结合军事情报学界的理解，对 Intelligence Studies 和 LIS 进行了进一步的辨析，并依此呼吁对情报学学科体系进行重构，其强调情报学人才“必须具备坚定的政治信仰、合理的知识结构、过硬的心理素质、敏锐的情报意识、严密的逻辑思维能力”。杨国立⑨补充了 Intelligence Studies 导向

① 中国科学技术情报学会．情报学与情报工作发展南京共识［J］．情报学报，2017，36（11）：1209-1210.

② 王知津．大数据时代情报学和情报工作的“变”与“不变”［J］．情报理论与实践，2019，42（7）：1-10.

③ 周晓英，陈燕方．中国情报学研究范式的冲突与思考［J］．公安学研究，2019，2（2）：27-44，123.

④ 曾建勋，魏来．大数据时代的情报学变革［J］．情报学报，2015，34（1）：37-44.

⑤ 李广建，化柏林．大数据分析与情报分析关系辨析［J］．中国图书馆学报，2014，40（5）：14-22.

⑥ 苏新宁．大数据时代情报学与情报工作的回归［J］．情报学报，2017，36（4）：331-337.

⑦ 赖茂生．新环境、新范式、新方法、新能力：新时代情报学发展的思考［J］．情报理论与实践，2017，40（12）：1-5.

⑧ 高金虎．从“国家情报法”谈中国情报学的重构［J］．情报杂志，2017，36（6）：1-7.

⑨ 杨国立，苏新宁．迈向 Intelligence 导向的现代情报学［J］．情报学报，2018，37（5）：460-466.

下情报学新体系构建的核心问题，将其界定为“以大数据为发展背景，加强对国外经验的借鉴，加强军民情报学融合”3个方面，并认为情报学教育的目标和体系也应与之相匹配。杨建林[①]全面探讨了面向社会发展、国家需求和技术进步的情报学学科知识体系的建设，提出了情报学教育培养的情报能力，“不仅仅是数据分析能力，更重要的是对情报过程的驾驭能力”，并总结出“塑造情报意识、驾驭情报过程”的学科人才培养理念，以及以数据为驱动的课程设置体系。而在面向情报工作的核心能力培养方面，初景利[②]深入调查了图书情报研究生的核心能力，得到这样的结果：图书情报学生的传统能力表现较好（信息采集、文献服务、文献管理、知识组织、情报研究、数据分析、学科服务等），但领域创新能力较弱。并建议：保持传统能力优势，加强创新能力培养，完善交叉领域知识体系，紧跟实践步伐，提升技术能力，吸纳多学科人才。褚峻[③]也从竞争情报的业务需求出发，强调了竞争情报的专业化教育体系应以情报技能为基础。

情报事业和情报学教育发展的新浪潮在近年来被总结为“大情报观[④]”，苏新宁[⑤]将其阐释为“一个涉足军事、国防、安全、科技、医疗卫生、生态环境、社会经济、政府决策、历史文化等跨学科的学科体系”，该观点与包昌火[⑥]提出的情报学学科体系不谋而合，初景利[⑦]也认为如今的情报学视野“不仅超越了文献的范畴……也超越了科技本身，延伸到社科情报、医学情报、国防情报、安全情报等”。大情报观下的情报学教育以“耳目尖兵参谋”式的高端引领人才为培养目标，以情报专业人员的核心能力与专业技术优势为重心，这种人才培养目标被总结为“全情报能力[⑧]”，张云中[⑨]将此构建为包含知

① 杨建林，苗蕾．情报学学科建设面临的主要问题与发展方向［J］．科技情报研究，2019，1（1）：29-50.

② 初景利，张颖，解贺嘉．新时代图书情报专业研究生核心能力调查与分析［J］．图书情报知识，2019（5）：15-21，53.

③ 褚峻．竞争情报专业化教育问题的思考与实践［J］．情报理论与实践，2019，42（3）：7-11，28.

④ 周京艳，刘如，赵芳，等．新时代大情报观的重塑［J］．情报理论与实践，2019，42（8）：9-12，5.

⑤ 苏新宁．不忘初心、牢记使命 展望情报学与情报工作的未来［J］．科技情报研究，2019，1（1）：1-12.

⑥ 包昌火，金学慧，张婧，等．论中国情报学学科体系的构建［J］．情报杂志，2018，37（10）：1-11，41.

⑦ 初景利．新时代情报学与情报工作的新定位与新认识：“情报学与情报工作发展论坛（2017）”侧记与思考［J］．图书情报工作，2018，62（1）：140-142.

⑧ 李阳，孙建军．中国情报学与情报工作的本土演进：理论命题与话语建构［J］．情报学报，2018，37（6）：631-641.

⑨ 张云中，李紫千．新融合视域下我国情报人才培养的全情报能力框架［J］．情报理论与实践，2020，43（7）：24-30.

识储备、情报思维、情报技能、研究方法和职业品质 5 部分的情报人才培养全情报能力框架。周京艳[①]则进一步指出大情报观下情报教育机构与情报工作机构间的隔阂必须打破，优质情报人才的培养必须在理论与实践紧密结合的工作指导下才有可能真正实现。

1.2.5 现状分析和未来展望

回顾情报学教育的发展历程，可以发现情报学教育在不断前进和发展的过程中，在信息技术发展驱动下取得了丰硕的成果，在人才培养、课程设置等方面经历了转型和调整，以不断适应新技术和新理念带来的发展要求；如今在大数据时代新的大情报观引领下，情报学教育又迎来了新的发展浪潮。这离不开老一辈情报学家对情报工作和情报学教育的坚守、付出和传承，也少不了新一辈情报学者的创新、进取和奋斗，“不忘初心、牢记使命”是对情报事业和情报学教育的最好总结，也是对情报学教育未来发展的最好展望。新的发展浪潮仍在继续[②③]，情报事业和情报学教育正带着前所未有的坚定信念和使命走向未来。

1.3 新时代情报学教育的使命与定位

《中国情报学百科全书》对情报学的定义为：研究事实（事件）、数据、信息、知识和情报的产生极其有效收集、组织、存储、传递、转换和利用规律，并运用现代科学技术有效地管理和利用它们进行分析、合成、发现、解答、学习和决策的一门科学[④]。因此，情报学是一个交叉型、应用型的学科，是直接服务于情报工作的学科。它的交叉性体现在其不断地向其他学科其他领域渗透，新的技术、新的方法不断被情报学所采纳。它的应用性体现在应用于情报工作，应用于国家战略和民众福祉。随着社会发展对情报学的要求不断提高，国家战略对情报学与情报工作有了更高的要求，新的技术促使情报能力大大增强，情报学教育必须跟进和改变。

情报源于战争，“兵马未动、情报先行”。众所周知，情报工作在战争中起着至关重要的作用。和平时期，情报工作得到了拓展和纵深，已经不限于战争，也不仅是谍报活

① 周京艳，张惠娜，黄裕荣，等.新时代大情报观下情报工作的突破［J］.情报理论与实践，2019，42（8）：6-8.

② 杨建林.大数据浪潮下情报学研究与教育的变革与守正［J］.情报理论与实践，2020，43（4）：1-9.

③ 杨建林.情报学学科体系的再认识［J］.现代情报，2020，40（1）：4-13，23.

④ 《中国情报学百科全书》编委会.中国情报学百科全书［M］.北京：中国大百科全书出版社，2010.

动，而是影响到维护国家安全、支持外交活动、促进科技创新、助力企业竞争、开展经济活动、支持政府决策等方方面面，可以说我们周围几乎都存在着情报活动。情报工作促进了情报学学科的创立，情报工作的广泛深入带动了情报学教育的发展。情报学教育也随着情报工作的重点转移，其教学内容和方向也在不断发生变化，情报学人才培养的目标也不断聚焦于情报工作对情报工作者的需求。

在我国，情报学教育历经了半个多世纪的发展，1958年，我国第一所情报大学——中国科学情报大学成立[①]，这是中国情报学教育的开端，虽然后来并入中国科学技术大学，但也充分表明当时国家对情报教育的重视[②]。从周晓英教授对我国情报科技事业发展的回顾并对照我国的情报教育[③]，我国情报学教育是紧随情报事业的发展而跟进的，由于我国早期的情报工作主要是解决科技发展过程中的科技情报，所以，我国情报学教育主要关注科技情报，为国家、企业的科技发展培养科技情报人才。例如，无论是中国科学情报大学招收的第一届情报学学生，还是1978年武汉大学在恢复高考后招收的首届情报学专业本科生[④]，抑或是中国科学技术情报研究所于1978年招收的首届情报学硕士研究生[⑤]，都是面向科技情报的。

随着信息"爆炸"的来临，1992年，在全国科技情报工作会议上，国家科委宣布将"科技情报"改为"科技信息"。一时间，几乎所有关注于社会发展领域的情报活动均开始向信息方面转移，许多科技情报研究所改成了科技信息研究所，许多高校的图书情报学系（院）改成了信息管理系（院）。其后，情报学专业的课程开始从情报向信息处理、组织、分析、服务等方面转移，人才培养也转向为信息分析、信息服务提供人才。情报学研究也正如梁战平教授当时所认为的"正围绕信息与社会、信息与服务、信息与学习三大范畴展开"[⑥]。针对这一情形，包昌火研究员还严肃地指出，这是"情报缺失的中国情报学"[⑦]。

随着大数据时代的来临及情报技术手段与方法的进步，国内外的情报学均开始注重

① 王知津. 大数据时代情报学和情报工作的"变"与"不变"[J]. 情报理论与实践，2019，42(7)：1-10.

② 苏新宁. 不忘初心、牢记使命 展望情报学与情报工作的未来[J]. 科技情报研究，2019，1(1)：1-12.

③ 周晓英，陈燕方，张璐. 中国科技情报事业发展历程与发展规律研究［J］. 科技情报研究，2019，1（1）：13-28.

④ 马费成. 情报学发展的历史回顾及前沿课题［J］. 图书情报知识，2013，（2）：4-12.

⑤ 中国科学技术信息研究所. 中国科技信息事业55年（综合卷）［M］. 北京：科学技术文献出版社，2011.

⑥ 梁战平. 情报学的新发展［J］. 情报学报，2001（2）：130-135.

⑦ 包昌火，李艳. 情报缺失的中国情报学［J］. 情报学报，2007，26（1）：29-34.

数据素养的教育[①②]，数据科学与大数据技术的人才培养已逐步融入情报学的培养计划之中[③]，一些学者在探索大数据思维下的情报学科的发展路径[④]，人们也观察到数据科学给情报学带来的变革影响[⑤]，这些影响需要情报学教育有所改变，希望能够在国家需求、时代呼唤下，情报学教育能够重新定位。

但无论如何改变、如何定位，情报学教育的初心不会变，即为各行各业培养“耳目尖兵参谋”式情报人才。新时代，情报工作对国家安全与发展肩负着重任，作为为情报工作输出情报工作者的情报学教育，担当着新的历史使命。如何在“不忘初心、牢记使命”这样一个神圣的信念下发展情报学教育？如何把握新时代带给情报学教育的良好机遇？我们必须重新规划未来情报学教育。

1.3.1 新时代情报学教育的使命

2017 年 10 月，中国科学技术情报学会和中国社会科学情报学会在南京发布了《情报学与情报工作发展南京共识》（简称《南京共识》），《南京共识》对情报学与情报工作的未来提出了 5 个“重新”：重新定位情报学学科的发展目标，重新认识情报工作的性质与作用，重新设计情报学课程体系，重新认识理论、技术、方法的重要性，重新认识情报的能力[⑥]。要想实现这 5 个“重新”，情报学教育有着重要的作用，这也是历史赋予情报学教育的使命。

（1）培养“耳目尖兵参谋”式人才

情报工作者、情报机构应当成为国家安全与发展的“耳目尖兵参谋”，这是我国老一辈革命家对情报工作的要求和期望。如何促使情报工作者在国家安全与发展战略中发挥更大作为，并成为“耳目尖兵参谋”式人才，情报学教育肩负着重要使命。国家的安

① 钱思晨，肖龙翔，岑灵莲 . 我国图书情报学数据素养教育内容及框架研究［J］. 图书馆研究，2019，49（3）：115-122.

② 司莉，姚瑞妃 . 图书情报专业研究生数据素养课程设置及特征分析：基于 iSchool 联盟院校的调查［J］. 图书与情报，2018（1）：28-36，101.

③ 陈沫，李广建，陈聪聪 . 情报学取向的“数据科学与大数据技术”专业人才培养［J］. 图书情报工作，2019，63（12）：5-11.

④ 李品，杨建林 . 基于大数据思维的情报学科发展道路探究［J］. 情报学报，2019，38（3）：239-248.

⑤ 巴志超，李纲，周利琴，等 . 数据科学及其对情报学变革的影响［J］. 情报学报，2018，37（7）：653-667.

⑥ 中国科学技术情报学会，中国社会科学情报学会 . 情报学与情报工作发展南京共识［J］. 情报学报，2017，36（11）：1209-1210.

全与发展需要情报工作，情报工作者的培养很大一部分来自于情报学专业的培养。过去，我们的情报学教育较为注重学生的信息获取能力和服务理念的培养，情报学专业的人才定位为：从文献服务，到信息服务，再到知识服务。新时代的情报学教育不仅保留以上情报学人才的培养定位，更要坚持决策支持型人才的培养定位，保证情报学毕业生进入工作岗位以后能够尽快成为各行各业的“耳目尖兵参谋”。这是情报学专业教育的使命。

（2）培养科学技术的领航者

新中国民用情报工作起始于科技情报，20 世纪 50 年代，中国的科技事业是在一片废墟上起步的。为了为科技人员获取国内外科技资料，促进我国科技事业的快速发展，中国科学技术情报研究所及各省市的科学技术情报研究所均在那个时期诞生。所以，早期的情报工作主要就是为科技创新、工农业生产收集、整理、翻译、汇编科技情报资料等。因此，情报学教育的开始，也是起步于科技情报人才的培养，主要向学生传授科技情报交流过程中，涉及的科技情报采集、处理、组织、编撰、检索、服务的理论技术与方法。当时的情报学教育也主要是培养为科技发展等服务的情报人才。今天我们进入了新的时代，大数据、人工智能及高速发展的信息技术，大大拓展和提升了情报能力，科技情报分析已把目标定位在引领科学技术的发展这一层面。作为情报学教育，努力培养科学技术的“领航员”，这是情报学专业教育的使命所在。

（3）培养国家安全领域的情报人才

现代社会，国家安全的概念已不仅限于国土安全、主权安全、军事安全、政治安全，还包括影响社会文化和人民生活的国民安全、社会安全、经济安全、文化安全、科技安全、生态安全、资源安全、网络安全、信息安全等。安全工作和情报工作是紧密相连的，情报工作必须融入安全工作之中，并为安全工作担负信息保障作用，为安全工作的决策提供情报支持。因此，过去主要关注科技、经济、社会发展的情报学教育，新时代需要进行教育深度的扩展和涉及范围的扩充，培养能够在国家安全保卫工作中，担当“耳目”式情报重任的人才。这也是新时代情报学专业教育的使命所在。

（4）培养能够担当决策参谋的情报人才

决策需要情报，情报是决策的基础和依据。情报似乎就是为决策而产生，并服务于决策的。情报来源广泛，杂乱无章，决策者不可能直接面对这样浩如烟海的情报，这就需要情报人员对其进行整理、综合、分析、归纳、评价，使之形成决策部门所需要的情报成品。决策者的决策能力除了其本身具有广阔的视野、战略性的思维及敏锐的判断和分析能力外，还应当拥有完备的情报，才能做出高水平的决策。情报人员应当担负起完备情报提供的责任，担负起决策者外脑的责任，具备成为决策者参谋的情报素养。这一素养除了在情报工作中日益锻炼培养外，还需要在情报专业教育阶段打下基础。培养情报专业学生这一素养，也是情报学教育的使命所在。

（5）培养在各行各业具有敏锐嗅觉的情报学家

现代社会竞争十分激烈，各行各业都存在着方方面面的竞争：技术竞争、市场竞争、人才竞争、资源竞争，等等。有竞争活动就需要情报，更需要从事情报采集、处理、分析工作的情报人。过去的情报工作在各行各业的竞争中多为服务与配合的角色，如何使得情报工作者在行业、企业的竞争中成为主角，这就需要他们具有高超的情报能力，敏锐嗅觉和推理判断能力，发散思维及分析能力。例如，当数码技术一出现，就能够捕获这一技术未来可能会对照相机产业、胶卷产业带来革命性的变化；干细胞技术会影响哪些医学领域和临床技术，对人类器官再生会带来哪些突破性进展；等等。杰出的情报学家在自己的专业领域内应当具有这样的能力。同样，情报学教育也应担负起培养这类情报学家的使命。

（6）培养为人民服务的咨询服务人才

人们在社会活动、日常生活、健康卫生、科技常识等方面，会遇到一些困惑或不能解决的问题，需要有人帮助解惑，咨询服务业由此而诞生。咨询服务主要是以专门的知识、信息、经验、事实为资源，针对用户的需求，提供能够解决某一问题的方案、决策建议。咨询服务不仅需要专业知识，还需要对资源的掌握，具有资源的采集、组织、加工处理、编辑整理的能力，这种能力除了在实际工作中逐渐熟练掌握，更需要在情报专业的学习中获得，掌握提升这种能力的技能。因此，情报学教育不仅需要培养“耳目尖兵参谋”式人才，也需要培养为人民服务的情报咨询人员，这也是情报学教育的使命之一。

（7）培养探索情报学理论、技术与方法的情报学人

情报学是一个年轻的学科，其理论、技术和方法在不断发展和成熟；情报学是一个应用型学科，其理论、技术和方法在不断适应应用要求、环境变化和技术进步，同时也需要进一步深化和提升。大数据时代的到来，使数据科学日益得到科学界广泛重视，对于与数据采集、数据处理、数据组织、数据检索、数据服务、数据分析紧密相关的情报学学科，迎来了大好的发展机遇，同时也给情报学理论、技术与方法的创新带来了挑战。为了使情报学理论、技术与方法得到更好的传承与发展，培养探索情报学理论、技术与方法的情报学人，是情报学教育的重要使命。

1.3.2 新时代情报学教育的机遇与未来设计

如前所述，我国情报学教育有两次快速发展机遇：一次是因国家科技发展的需要迎来了科技情报工作的大发展，并自此开创了我国科技情报教育事业；一次是随着信息时代的到来，情报学教育从科技情报的教育转向了以信息管理为主的人才培养模式，这一时期的情报学教育发展十分迅速，大量情报学硕士点和博士点诞生。今天我们进入了大数据时代，情报学迎来了又一次发展机遇，情报学教育必须适应新形势、满足新需求，重新设计情报学教育的未来。

（1）新时代情报学教育的机遇

作为应用型学科的情报学，其发展与时代特征、社会需求、技术进步等都紧密相关，情报学教育也将顺应其发展而变化。在当前大数据时代和国家战略的驱动下，情报学教育迎来了转型发展的极好机遇。我们应当牢记使命，把握机遇，科学规划情报学教育的未来。

研究环境改变引发情报教学内容变化。情报学研究已经历了文献情报的研究、信息情报的研究，大数据时代的到来，人工智能和相关信息技术的发展，使情报学可以真正迈向 Intelligence 的情报研究。大数据时代，科学研究已经由逻辑驱动、实验驱动的主导范式转向了由数据驱动研究的主导范式，这种转变为情报学教育带来了很大的上升空间和发展机遇。情报专业的教学内容广度得到拓展、深度可向纵深发展，教学内容可更加贴近 Intelligence。对于情报学教育而言，这种变化也是机遇、挑战和发展并存。

技术发展使情报教育增添新的活力。情报处理的全过程都需要技术的介入，技术的发展与进步使情报工作如虎添翼，熟练掌握情报技术成为每一个情报工作者的期望，情报技术的教学成为情报学教育的重要内容。信息技术和智能技术的发展，促进情报技术教学不断增添新内容。在情报学教育中，不但介绍新技术，更重要的是讲这些技术如何引入和熟练应用于情报的采集、处理、组织、加工、分析、服务的全过程中，需要传授如何将现有的技术改造成更适合于情报技术的思路与方法，这虽然对新时代情报学教育提出了严峻的挑战，但同时也是很好的机遇。

适应国家战略需要的大情报观思维。国家战略是从国家安全与发展角度全方位考虑的，目前普通高校的情报学教育多数集中在科技、网络安全、信息管理领域，军事公安类院校集中在军事和安全情报的领域。从大情报观出发，情报应当渗透社会的经济、金融、文化、科技、医疗卫生、社会发展、生态、资源、军事、国防、外交、安全及政府决策等方方面面，在这种大情报观指导下的情报学发展，促进了情报学教育的变革，拓展了情报学教育的发展空间，展现了情报学教育的更加广阔前景。

新时代情报学的科学责任和使命。大数据时代，数据科学就像哲学、数学等学科一样，影响着整个科学领域。作为与数据科学密切相关的情报学，有了更大的发展空间。情报学需要将数据科学的理论运用于情报的加工、处理、组织、分析等过程中，更需要将数据科学的基本理论在情报分析中得到升华，使情报分析的理论方法在各个科学领域中得到广泛应用，并成为科学领域中的横断理论方法，这也是情报学应当肩负起的科学责任和使命。这一责任和使命给情报学教育提出了更高的要求，同样也给情报学教育提供了很大的上升空间。

培养造就科学发展的领航员。科学发展需要预测，情报的分析预测方法是科学预测的有效方法。长期以来，情报工作者在事物发展、事件预测、科学领域等做出了巨大贡献，但成为科学的领航者还有不小的差距，这就需要情报学教育能够造就科学的引领人才。“情报学学科培养科学的领航员”并不是一句简单的口号，它需要这个领航人不仅具备情报分析预测的方法，具有敏锐的观察分析能力，开拓性的思维，还需要具有专业领域的坚实基础。因此，情报学教育需要吸引其他专业的博士硕士前来接受情报学教育，希望通过情报学理论、技术、方法的学习和实践的锻炼，成为各个学科的领航人。这也是情报学教育未来发展的又一新的增长点。

（2）未来情报学教育

2017 年，中国科学技术情报学会和中国社会科学情报学会联合发布的《南京共识》对未来情报学教育提出了要求：“全面推进情报人才培养创新模式，建立适应未来情报工作需要的课程体系。不仅要着眼于普通情报服务人员培养，还要注重高端情报人才的培养。”这一要求为我们规划未来情报学教育指明了方向。

紧跟国家战略的情报学教育。未来的情报学教育应使情报人在国家战略中，要有敢于担当的意识培育，让学生认识到情报工作是实施国家战略的重要组成部分。国家战略涉及方方面面，如文化强国战略、科技强国战略、区域发展战略、创新创业战略、国家安全与发展战略、“一带一路”战略等。情报工作如何在国家战略中发挥作用，这需要情报工作者有强烈的国家意识、责任感和使命感，这种国家意识、责任感和使命感需要在情报学的教育中给予培育，并在教学内容与培养方案中体现出来。未来的情报学教育应当紧跟国家战略，让情报融入国家战略的实施中，让情报学教育的成果在国家战略中体现更大作用，以促进情报学学科地位的提升。

加强情报技术的教学。作为应用型及直接面向情报工作的学科，情报学与技术的关联十分紧密，一个优秀的情报工作者必须具备对情报技术的掌握和利用能力，其情报能力很大程度上与其技术能力成正比。因此，未来情报学教育应当加强技术运用的教学，使学生能够将先进的信息技术和方法与情报的采集、处理、组织、加工、分析关联起来，并探索技术在情报活动中的实用性。在技术的教学中，一是注意将数据、信息分析技术或工具向情报分析能力的提升，二是注重利用语义技术产生情报的能力提升。

与时俱进的情报学教育。大数据时代，情报工作需要转型发展，将从以服务为主的情报工作转向引领科技、助力决策、做政府的智囊。情报学学科本身也将顺应时代获得快速发展，其教育内容也必须顺其演进。如增加数据科学及相关领域的内容教学，加大数据分析及情报分析的课程份额，重视数据分析横断技术与方法内容的教学，使学生在未来从事情报工作时，可将这些技术与方法用于各个领域。另外，加强情报教育的实践教学，保证学生毕业后能迅速融入情报工作。此外，在情报教育中要注重情报工作的继续教育，为他们进行情报理论的充实。

新的时代，情报学肩负着新的使命，在谋求学科新的发展过程中，情报学要有新的作为。由于研究对象与工作环境的变化、技术进步与科学发展、国家战略的需要及各行各业的期待，情报学必须有所作为。情报学迎来了新的发展机遇，情报学教育必须顺应这种变化并做出改变。做“耳目尖兵参谋”是我国老一辈革命家对情报工作的要求和期望，也是每一位情报工作者的目标。情报学教育应当促进情报工作者成为这样的角色，努力完成为国家、各行各业培养“耳目尖兵参谋”式人才的历史重任。

1.4　情报学教育研究量化梳理

本节将从文献计量的视角，基于文献统计数据对国内外情报学教育进行更深入地梳理和分析。研究综合使用文献计量和内容分析方法，面向情报学教育在国内的发展沿革情况，利用 CiteSpace 实现文献数据的可视化，并对其中的热点研究进行内容分析，由于本部分研究拟对情报学教育的发展历程进行整体统计，因此并未设置相关文献的发表时间，研究选取的外文研究数据来源为 Web of Science 核心合集中的相关文献，这些文献具有更加突出的代表性，能够体现出一批经典的情报学教育的研究概况，采用的检索式为 TS=（“information science education” OR “informatics education” OR “education of information science” OR “education of informatics” OR “information science teaching" OR "informatics teaching" OR "LIS education"），共得到 2159 条有效数据；而国内文献则来自于 CNKI 中文全文数据库，检索式为 SU = "情报学教育" OR SU = "情报学教学" OR SU = "情报教育" OR SU = "情报教学"，共得到 3827 条有效数据，在关键词共现和热点演化分析阶段，限定了时间范围为近 10 年。

1.4.1 国内外逐年发文量

情报学教育的发展趋势可以通过逐年发文统计得到最直观的展示，根据检索得到的文献，按其发表年份进行统计，得到国内外情报学教育逐年的发表文献量分布，如表 1–1、表 1–2 所示，其变化趋势如图 1–1 所示。

表 1–1 国外（WOS）情报学教育逐年发文量

单位：篇

年份	1985	1986	1987	1988	1989	1990	1991	1992	1993	1994	1995	1996
文献量	3	1	3	8	22	24	28	65	62	51	30	34
年份	1997	1998	1999	2000	2001	2002	2003	2004	2005	2006	2007	2008
文献量	61	37	50	44	28	27	33	34	32	109	106	94
年份	2009	2010	2011	2012	2013	2014	2015	2016	2017	2018	2019	
文献量	122	158	80	90	81	127	15	145	155	140	59	

表 1–2 国内（CNKI）情报学教育逐年发文量

单位：篇

年份	1980	1981	1982	1983	1984	1985	1986	1987	1988	1989
文献量	4	12	23	35	24	45	74	73	83	96
年份	1990	1991	1992	1993	1994	1995	1996	1997	1998	1999
文献量	111	104	117	98	113	111	114	127	109	100
年份	2000	2001	2002	2003	2004	2005	2006	2007	2008	2009
文献量	112	119	146	126	97	124	147	153	150	159
年份	2010	2011	2012	2013	2014	2015	2016	2017	2018	2019
文献量	124	138	128	60	91	78	76	77	83	66

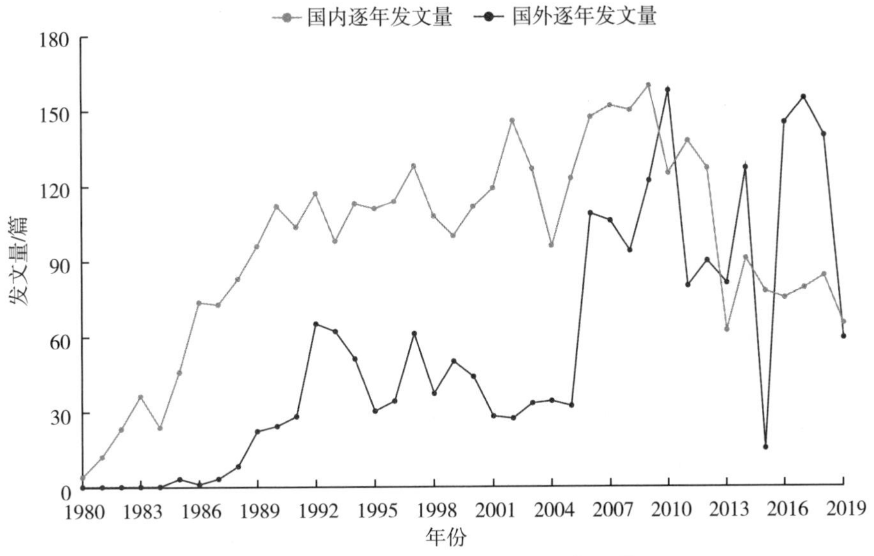

图 1-1　国内外情报学教育逐年发文量

结合上述数据可以看出，国内外情报学教育相关研究文献在 20 世纪 80 年代中后期均出现了飞跃式的增长，国内在 90 年代以后一直保持着年均 100 篇左右的发文数量，国外则在 2005 年之前保持在年均 30 ～ 60 篇，2006 年之后又一次出现激增的态势，并保持在年均 100 左右。国内外的逐年发文量的波动非常大且持续至今，不同于情报学研究的发展，新技术的出现带来了情报学教育的新应用，也带来了情报学教育研究的增长，但这种增长并不是持续式的，这说明情报学教育作为教育学的一部分，学科研究和发展有其自身的规律，总体来看，情报学教育本身得到了研究者的充分关注，研究领域基本成熟。

从国外（WOS）检索到的文献结果来看，最早的文献发表于 1985 年，当年有 3 篇与情报学教育相关的文献。1989 年之前，相关文献数量较少，很显然，此时国外情报学教育研究还处于起步的阶段。从 1989 年之后，文献数量出现了显著的增长，并在 1992 年达到了第一个高峰，该年的文献数量达到了 65 篇，远高于上年的 28 篇。结合具体数据可以发现，WOS 收录了该年的若干个国际会议论文集，这些会议大多关于计算机技术，如“IFIP Transactions A：Computer Science and Technology”和“12th World Computer Congress”等，可见此时信息技术在情报学教育中的应用开始得到了重视。在此之后，文献数量虽有波动，但在 2006 年之前整体保持在年均 30 ～ 65 篇。从文献数量的这种变化态势可以看出，国外的情报学教育相关研究，在度过了短暂的起步阶段之后，已经成为一项重要的研究领域，并且信息技术的应用价值得到了研究者持续的关注，但是研究热度不高，该领域没有出现明显的上升态势，始终处于不温不火的状态。到了 2006 年，文献数量又一次出现了激增，达到了 109 篇，从文献类型的构成来看，2006 年前后期刊论文和会议论文的比例相当，并没有出现太大的变动，也就说明此时文献的激增体现出的就是研究主题的火热。综述中讨论的情报学教育各类主题在此时都得到了广泛的涉及，而移动互联网等新技术的出现为情报学教育带来了新的发展潜力。此后，国外情报学教育相关研究文献整体保持在年均 80 篇以上，到了 2010 年以后甚至突破了年均 111 篇，可以看出信息技术的不断推陈出新确实为情报学教育带来了发展的新动力。下文将通过文献关键词共现分析，对这一现象进行更进一步的挖掘和阐释。

从国内（CNKI）检索到的文献结果来看，最早的文献发表于 1980 年，这与 1978 年国内恢复情报学教育的时间基本吻合。而之后的数十年时间内，文献数量逐年迅速增长并于 1990 年达到了 111 篇，这种增长趋势远超同期国外的发展水平，可见国内情报学教育在发展初期的火热态势，这与当时情报学教育工作者格外的热情与投入密不可分，而国内情报学教育的发展在此时恰好赶上了信息技术带来的新应用，因此研究热度始终不减。从 1990 年以后，国内的文献数量开始出现明显的波动，年均发文量在 100 篇左右，可见此时国内情报学教育逐渐由初期的火热转向稳定和成熟，与同时期国外情报学教育相比，虽然国内文献数量优势明显，但国内外的发展趋势基本一致。在 2006 年，国内的文献数量同样出现了新的激增，达到了 147 篇，并在此后数年持续增长，这表明新兴互联网技术的应用同样得到了国内情报学教育研究者的关注和重视。但值得注意的是，到了 2013 年以后，国内文献数量出现了明显的下降，这之后虽没有持续下降，但年均发文量却始终维持在 60 ～ 90 篇，此时与国外相比已经远远落后，而与国内之前相比甚至没有达到 1990 年前后的平均水平。

从逐年文献数来看，国内外情报学教育的发展均经历了由早期的爆发式增长而进入逐渐稳定的状态。近年来，由于大数据、人工智能等新技术的逐渐成熟，国外情报学教育出现了新的增长点，但国内到目前为止却呈现出落后的态势，没有出现期待中的大发展和大增长，这与大数据时代情报学本身的爆发式发展态势大相径庭。大数据与信息科学的出现给情报学带来了新的增长点和发展活力，却并没能给情报学教育本身带来较大发展，国内外在近年来呈现出的巨大差距，值得情报学教育研究者思考和重视。

1.4.2 国内文献作者计量

(1) 文献作者人数分布

根据从CNKI中检索得到的国内情报学教育相关文献，对题录中的作者信息进行全面的统计。从文献作者人数来看，单独作者的文献共有2635篇，占总文献数的68.85%，可见国内情报学教育的研究大部分都是独立完成的，合作研究还不够深入。在合作完成的文献中，绝大多数文献作者人数为2～3人，其中2人及以下的文献数占总文献数的90.22%，3人及以下的文献数占总数的96.71%；在4人及以上的文献中，最多的一篇文献包含了13个作者。从整体来看，文献作者人数符合齐普夫分布，具体数据如图1–2所示。

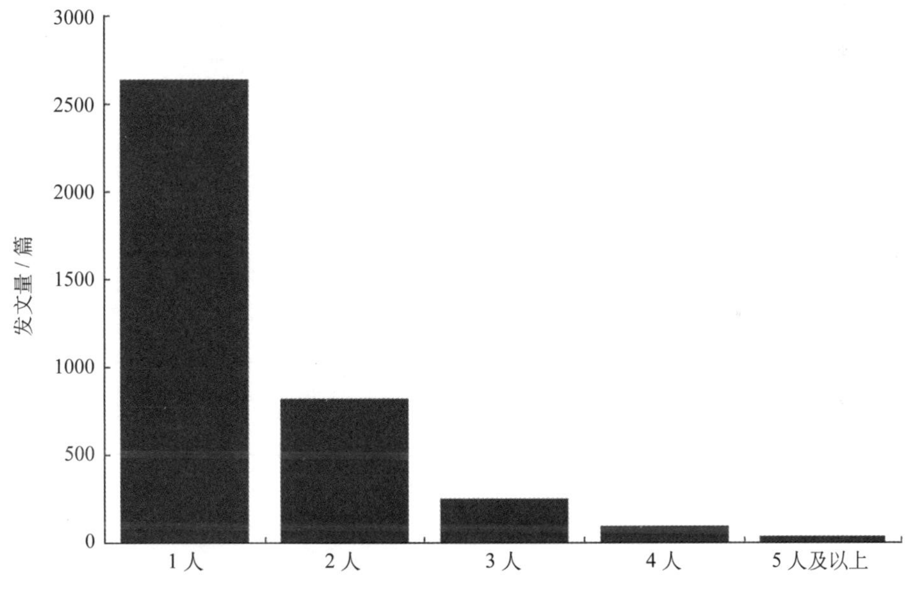

图1–2 国内情报学教育文献作者人数分布

(2) 第一作者和参与作者分布

在检索得到的3827篇文献中，第一作者共有2622人，平均每人发表1.46篇。在第一作者中，绝大多数仅发表了一篇文献，共有2055人，占总人数的78.37%。剩余的567人发表过两篇及以上的文献，共1771篇，占总文献数的46.28%，人均发文3.12篇。第一作者发表文献的分布信息如表1–3所示。

与第一作者相对应的，是参与文献发表的作者分布。据统计，参与作者总数为3664人，其中有2784人只参与了一篇文献的发表，占总人数的75.98%。参与作者发表文献的分布信息如表1–4所示。

从上述统计数据可以看出，无论是作为第一作者还是参与作者，有超过3/4的研究者在发表过一篇情报学教育相关文献后，就不再关注这个领域。这表明国内持续关注情报学教育领域的研究者数量非常少，结合下文文献主题分析和高被引文献分析可以发现，绝大多数研究者只是在情报学综合研究中顺带提及了情报学教育相关内容，这使得国内情报学教育相关研究难以保持热度。如何提高情报学研究者对情报学教育的持续关注度，是情报学教育研究发展和工作推进的重要一环。

表1–3 国内（CNKI）第一作者发表文献数分布

文献数/篇	43	26	20	16	15	13	12	11	10
人数/人	1	1	1	1	2	3	2	6	2
文献数/篇	9	8	7	6	5	4	3	2	1
人数/人	3	4	8	16	20	31	120	346	2055

表1–4 国内（CNKI）参与作者发表文献数分布

文献数/篇	44	29	22	20	18	17	15	14	13	12	11
人数/人	1	1	1	1	1	3	4	1	5	2	4
文献数/篇	10	9	8	7	6	5	4	3	2	1	
人数/人	6	7	11	11	27	29	64	168	533	2784	

（3）高产研究者发文统计

情报学教育研究得到的关注度不够持续，但仍有一部分学者致力于这一领域，并在该领域发表了较多重要的文献。图1–3展示了作为参与作者发文量超过15篇的研究者的发文信息，可以将其定义为情报学教育领域的高产研究者，分别为高产第一作者和高产参与作者。仔细分析可以发现，这些高产的情报学教育研究者，绝大多数都是情报学领域的专家，都在情报学领域有着丰富的研究和教学经验，也为情报学教育的发展做出了突出的贡献。

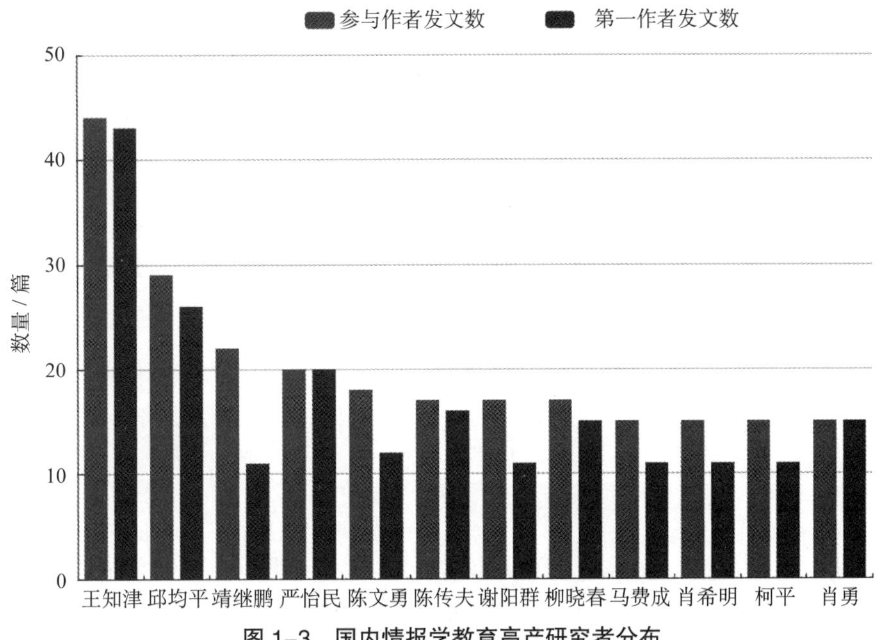

图 1–3 国内情报学教育高产研究者分布

对于教育这个特殊的研究领域，必须要有充分的研究和教学经验才能够发现、提出和解决问题。对于情报学教育来说同样如此，必须深刻地了解情报学与图书馆学、档案学之间千丝万缕的联系，理解“情报”变更为“信息”的原因和意义[①②]，意识到互联网、大数据时代情报学的变革给情报学教育带来的影响[③④]，并能发现大数据环境下情报学发展的新方向[⑤]。对于高产的研究者来说，他们的经验与能力，使得他们更适合进行情报学教育的研究，也更能够在该领域做出贡献。

可以认为，以高产研究者为代表的情报学教育领域的研究，自情报学在国内重新开始之时，就处于不断地转变和调整的过程中，这种转变和调整给情报学教育带来了很大的困惑，使得相关研究也出现了不断转变和调整的现象，这一点从文献数的剧烈波动可以验证。而进入大数据时代之后，信息化和数据化给情报学带来了更为深刻的影响，情

① 马费成 . 我国图书情报教育的回顾与前瞻［J］. 图书与情报，1993（4）：39-42.

② 严怡民 . 情报学和情报学教学［J］. 情报学刊，1982（4）：5-10.

③ 王知津，周九常 . 网络环境下的情报教育体系与模式创新［J］. 情报科学，2005，23（7）：987-991.

④ 邓胜利，凌菲 . 大数据时代基于情报分析的图书情报学教学变革［J］. 信息资源管理学报，2014（3）：88-94.

⑤ 苏新宁 . 大数据时代情报学与情报工作的回归［J］. 情报学报，2017，36（4）：331-337.

报学面临着向信息科学或数据科学转变的又一个新的阶段，这同样给情报学教育带来了很大的挑战，因而这一时期的文献数尤其是高产研究者文献数大量减少。

从研究者发文的数据可以看出，国内情报学教育研究自情报学恢复至今，得到了研究者们的重视，也取得了一定的成果，但始终处于不断波动的状态，并没有获得巨大的发展。归根到底，这是由情报学自身的发展趋势造成的。情报学随着网络时代、信息时代、大数据时代的到来，不断发生着重大转变。在这样的环境下，情报学教育容易迷失方向，徘徊不定。在大数据时代，情报学必须找到一条真正适合自己发展的道路，而不是盲目地追随最新的潮流。情报学需要明确自身的学科定位，并能够在适合自己的道路上坚持发展，这样情报学教育研究也就具备稳定的基础，持续发展。

1.4.3 关键词共现分析

关键词是现代学术文献的重要组成部分，体现了一段时间内某一研究领域内研究人员高度关注的研究主题。通过关键词共现分析，可以发现一段时间内某研究领域的研究热度，一般表现为相关成果大量涌现①，出现频次较高的关键词反映了该领域的研究热点。本节以检索得到的近10年情报学教育文献为数据来源，通过使用CiteSpace5.3工具，将网络节点类型设置"Keyword"，时间切片选为1年，得到图1–4和图1–5所示的国内外情报学教育研究热点，图中节点表示关键词，节点越大表示关键词出现的次数越多，节点之间的边表示关键词之间的共现关系，节点中的同心圆灰度深浅则对应了坐标轴中的年份。

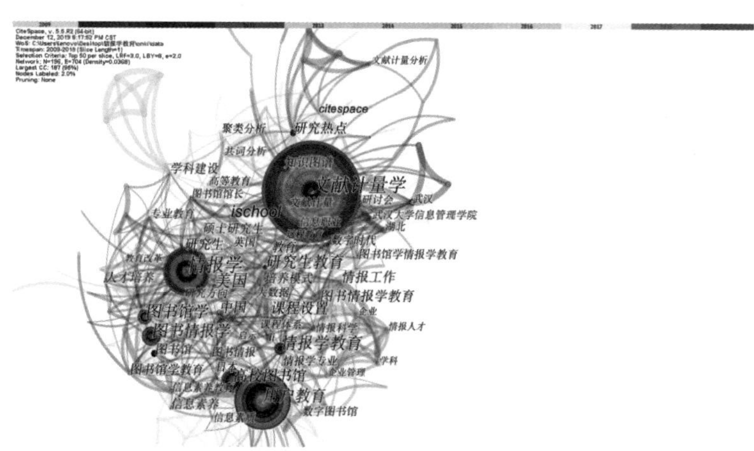

图1–4 国内情报学教育近10年的研究热点（2009—2019年）

① 安秀芬，黄晓鹏，张霞，等.期刊工作文献计量学学术论文的关键词分析［J］.中国科技期刊研究，2002，13（6）：505-506.

图 1–4 清晰地展示了我国情报学教育近 10 年的研究热点。首先，排名第一的是“文献计量学”，出现频次达到了 249，中心度也达到了 0.6，这说明文献计量学在情报学教育的相关研究中是十分重要的，这可能源于两个方面：一是在情报学教育的课程设置上，很多学者对于文献计量学课程有着一定的思考与讨论；二是在该领域的相关研究中，可能有一部分学者采用的研究方法与文献计量学密切相关。此外，文献计量学的重要性也体现出在大数据时代下，情报学教育充分利用大规模数据的特点。

在选取的高频关键词中，中心度不低于 0.1 的关键词有 10 个，近 10 年情报学教育研究的转折点较少，发展较为平稳，还是集中在图书馆学情报学专业相关内容，引发了学者们对课程设置、学科建设、培养模式等问题的深入思考，而对于学生的教育方面，更重视其信息素养的建设，主要研究对象则是研究生教育。“iSchool”“美国”“日本”“武汉大学信息管理学院”等关键词也占有相当的比例，这体现出我国情报学教育的研究可能会借鉴上述国家和机构、联盟等的教育模式和研究成果，取其精华去其糟粕，结合我国的具体教育现状及学生特色，得出更加适用于我国情报学教育的理论和方法。

结合年份数据来看，情报学教育关键词出现了明显的变化情况，用户教育、高校图书馆、信息素养等关键词集中于 2013 年前后，而文献计量学、知识图谱、远程教育则集中于 2017 年前后。结合上文年均发文量的数据可以发现，随着大数据、人工智能技术的发展，国内情报学教育研究并没有停滞不前，而是紧跟潮流及时地做出了转型，知识图谱等新兴技术得到了相应的重视。这样的转型和重视与国外相比还远远不够，而上述关键词的分析结果可以作为国内情报学教育未来发展的重要参考。

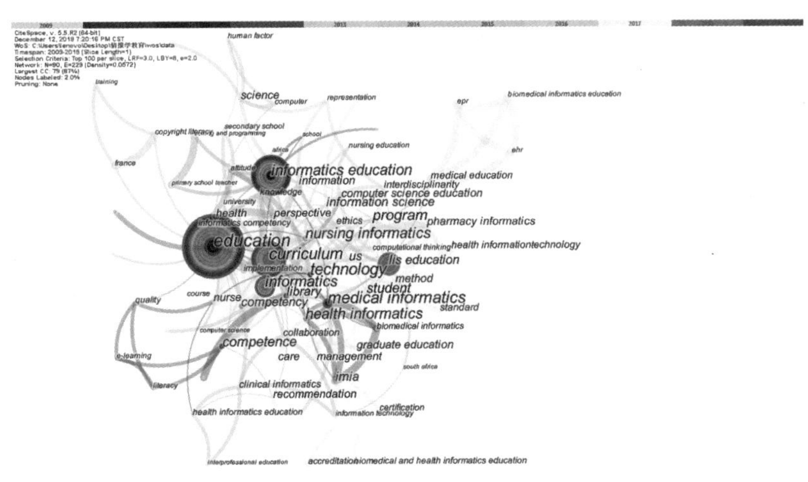

图 1–5　国外情报学教育近 10 年的研究热点（2009—2019 年）

图 1–5 的数据来源则是国外情报学教育相关文献，其描述了国外近 10 年的情报学教育研究热点，除情报学、图书馆学等词汇的近义词和同义词外，与国内研究热点有差异的地方在于：国外的研究出现了如“健康信息”“医学信息”“护理信息”等以其他专业为信息主体的关键词，其中最显著的是与医学相关的专业，这说明在检索结果中，医学与情报学交叉领域的研究十分普遍并取得了一定的成果，也可能说明国外对于医学类信息的处理和研究是相当重视的，而我国情报学教育在这一点上还没有太多的重视，这值得我国情报学教育研究人员思考和借鉴。另外，在国外的研究中，涉及情报学教育受体——学生的相关研究较少，据此研究结果很少看到有诸如国内研究中出现的“信息素养”“硕士研究生”等关键词，更多集中于各学科信息本身。与国内相比，国外情报学教育研究的关键词并没有出现明显的从图书馆向信息技术的转变，这与国内外情报学名称和课程设置相关。值得注意的是，国外情报学教育对于信息技术的重视是较为持续的，从 2014 年至今始终保持着较高的热度，体现出该领域逐渐成熟的发展态势。

1.4.4 研究热点演化

结合关键词出现频率和年份，可以发现研究热点的时序演变情况，情报学教育相关文献中出现频次较高的关键词如图 1–6、图 1–7 所示。关键词所选年份限制在 2009—2019 年，在这一阶段，无论是国内还是国外的文献大部分在 2013—2014 年达到高峰，而国外研究高峰略早于中国。国内研究的突变词除上述分析过的研究热点之外，值得注

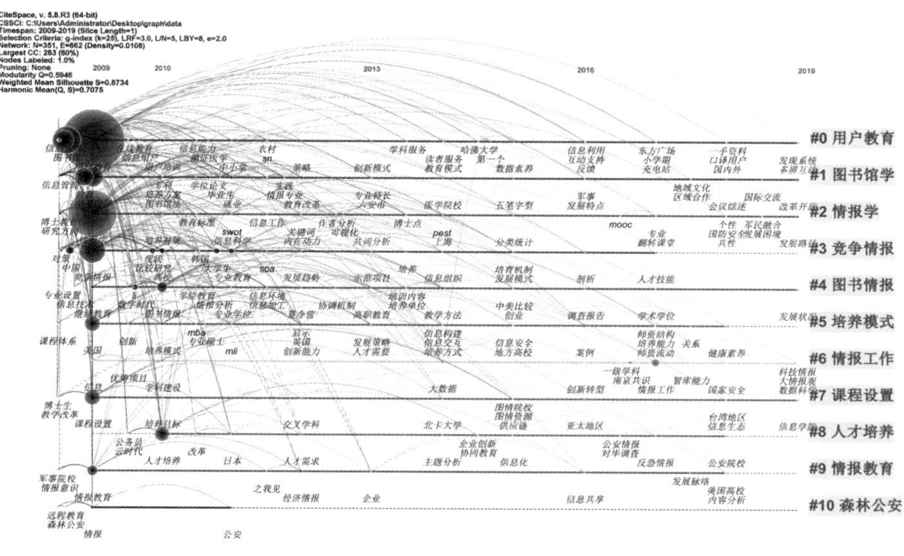

图 1–6 国内情报学教育关键词突现

意的是 2010 年出现了突变词“彭斐章”，彭斐章先生任武汉大学信息管理学院院长，主要致力于目录学、社会科学情报理论与方法的研究，对图书馆学教育、教学、研究及教学管理工作做出了巨大贡献。2016 年之后，国内还陆续出现了军事情报学、健康信息学、公安情报学等相关内容的热点，与国外热点有部分重合。

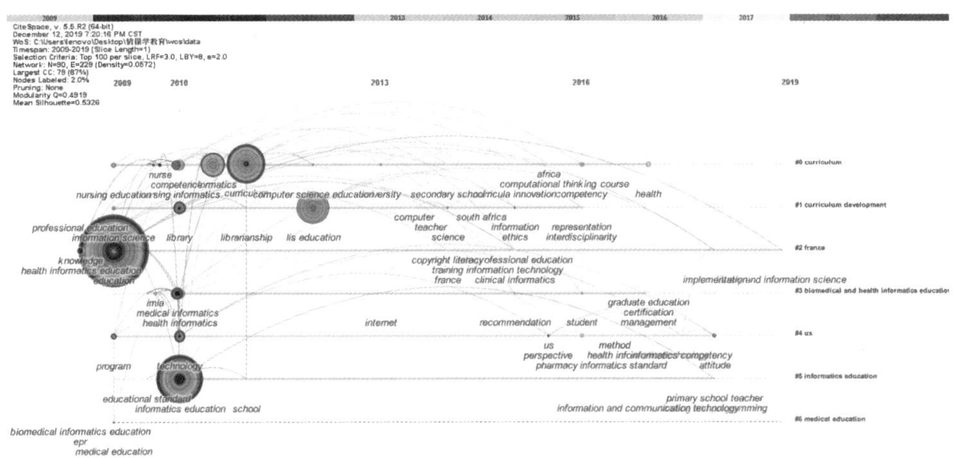

图 1–7 国外情报学教育关键词突现

国外研究热点的转变显得更为迅速，对于课程设置和课程发展的研究基本在 2016—2017 年趋于低谷，这可能是由于在此之前，对于情报学课程的研究已经基本达到了饱和程度，研究者们将视野转向了其他方面。较为突出的一点是出现了“法国”这一突变词，正如上述中国研究热点中出现了美国、日本一样，国外的情报学教育研究始终对法国的相关研究保持着热情。值得注意的是，这其中除本专业内容外，同样出现了医学类信息，但生物健康信息教育在 2017 年之后就很少有研究者涉猎，医药教育更是昙花一现。

1.4.5 主要合作作者和研究机构

通过对文献作者和研究机构共现情况的统计和分析，可以了解情报学教育领域合作研究的基本面貌。在获取数据时，对于国内的情报学教育研究来说，选取了出现频次大于等于 5 的作者，这些作者相对更具代表性。情报学教育研究领域主要合作者共现情况如图 1–8 所示，可以清楚地看出，第一组是以王知津为核心包括严贝妮、李彤、谢瑶等在内的研究团队；第二组是詹德优带领的研究团队；第三组是牟燕、刘岩、刘亚民等组成的研究团队；第四组是以陈传夫为主的研究团队。除此之外，肖希明、李国秋、吕斌、李晶、柳晓春、马费城等学者所在的研究团队也对情报学教育相关研究做出了很大贡献。从研究机构角度来看，国内合作研究多集中于单个机构内部，主要的研究机构包括武汉大学信息管理学院、北京大学信息管理系、武汉大学图书情报学院、南京大学信息管理学院、安徽大学管理学院、南开大学商学院信息资源管理系等（图 1-9）。通过 CiteSpace 进行机构合作网络密度分析得知，各研究机构之间的合作极少，这可能会对情报学教育相关研究的推动造成一定的阻碍。

图 1-8　国内情报学教育相关文献作者 CiteSpace 分析

图 1-9　国内情报学教育相关文献机构 CiteSpace 分析

国外的情报学教育研究则呈现一家独大的情况，R.HAUX 在该领域被 WOS 核心合集收录的文章高达 18 篇，之后便是以 6 篇位居第 2 位的 VALENTINA DAGIENE，主要研究团队如图 1–10 所示。而国外的研究机构相对于中国合作交流更多，有多个机构合作网络的形成（图 1–11），如 Victoria 和 Tasmania 等大学的合作，以 RMIT 大学为中心的合作机构，以及 Heidelberg 大学、Constantine Philosopher 大学和 Amsterdam 大学等组成的合作团队。这种广泛的交流很可能会对所在领域的研究有不小的促进作用，并且相关研究可能更加系统而深入。

通过上述分析可以发现，我国目前情报学教育相关研究虽然跟上了技术的发展潮流，但整体仍略不如国外全面，我国目前及近期的研究热点是针对研究生信息素质培养的情报学教育模式及课程设置等应用研究，而国外研究更多致力于与某一具体信息相关的情报学教育，如医学信息、生物健康信息等，这些内容都可以为我国情报学教育研究提供一定的思路，并为情报学教育相关学者提供热点跟踪及选题参考。

图 1–10　国外情报学教育相关文献作者 CiteSpace 分析

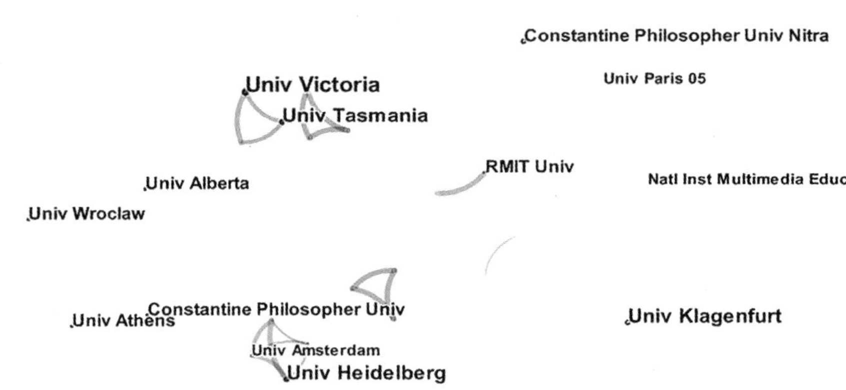

图 1-11　国外情报学教育相关文献机构 CiteSpace 分析

1.5　小结

我国情报学教育无论是在实践上还是在其研究领域都取得了非常大的成绩。情报学毕业生也在各个领域、各行各业中发挥着应有作用。我国情报学教育的研究从引入国外的情报学教育理念、汲取他国情报学教育之经验，到走出自己情报学教育发展之路；从对比分析国内外情报学教育之特色、发现自己之不足，到强调完善我国情报学教育体系，并发展适应国家战略需要的情报学教育，我国情报学教育已走过了科技文献的情报教育、信息领域的情报教育、网络资源的情报教育。目前，情报学界正在规划满足情报职业需求的情报教育，酝酿着大数据时代的大情报教育。

情报学教育不仅是培养学生的情报能力，还需要让学生了解情报工作的本质、情报工作的未来发展。许多学者和情报工作者针对情报职业的需求，对未来情报学教育提出了期望。笔者认为，在新时代，情报工作迎来了转型的大好机遇，其是维护国家安全的盾牌，是国家战略能力的重要组成部分，是保证国家安全与发展的重要保证①，情报工作将成为全球科技领跑的核心领域。情报学教育目标与培养方案必须与之相匹配，情报学教育内容需要变革，通过教育和培养，使学生对未来情报工作本质、发展、职能等有

① 李辉 . 新时代我国科技情报工作的价值定位与发展方略 [J] . 科技情报研究，2019，1 (1)：51-63.

全面的了解，能够成为各行各业中的“耳目尖兵参谋”。

学科本身要想发展，也期待情报学教育的跟进。许多学者从安全与发展的角度、从情报学学科生态等方面探讨了大情报科学的教育与课程设置等问题，这些非常值得我们关注。未来的情报学学科要走大情报学科的发展道路，要把情报学与国家的安全与发展紧密结合在一起，情报工作应当助力各行各业、各个领域。因此，我们必须牢记情报学学科使命，遵循科学规律，结合社会需要，重新定位情报学教育目标，科学设计情报人才的培养方案。

新的时代，情报学肩负着新的使命，在谋求学科新的发展过程中，情报学要有新的作为。由于研究对象与工作环境的变化、技术进步与科学发展、国家战略的需要及各行各业的期待，情报学必须有所作为。情报学迎来了新的发展机遇，情报学教育必须顺应这种变化并做出改变。做“耳目尖兵参谋”是我国老一辈革命家对情报工作的要求和期望，也是每一位情报工作者的目标。情报学教育应当促进情报工作者成为这样的角色，努力完成为国家、各行各业培养“耳目尖兵参谋”式人才的历史重任。

第 2 章 我国情报学教育和人才培养现状分析

情报学教育旨在为我国培养掌握情报学基本理论与方法，能够胜任情报学研究相关领域科学计量、情报咨询、情报分析、竞争情报、知识组织、知识服务等工作的高级专业人才。自 1978 年以来，我国情报学教育已有 40 余年发展历史，为国民经济和社会发展做出了一定贡献。在这一历程中，情报学教育也经历过多次调整，本章将梳理过去 40 年间我国情报学发展变化，从情报学认知、情报工作、学位培养等方面呈现我国情报学教育变迁。

2.1　我国情报学学科定位及其对教育体系的影响

我国情报学教育工作起步于 20 世纪 50 年代，并随着国内情报学定位及情报工作变迁而不断调整，情报学教育的发展历程与我国情报事业发展一脉相承。长期以来，关于情报学学科定位及学科发展方向是学界重要研究内容，情报学教育随着学界对学科定位变化而调整。因此，要厘清我国情报学教育的发展，就要从我国情报学学科定位开始。

2.1.1　从科技情报看学科发展与教育定位

新中国成立之初，由于我国科技发展远远落后于西方国家且科技受到封锁，我国情报学的定位就是围绕科技情报。在这种背景下成立了我国第一所国家情报机构——中国科学院科学情报研究所（1956），后于 1958 年成立了以科技情报教育为方向的中国科学情报大学。从学科定位来看，当时的情报教育工作主要为计划经济下科研工作提供支持。国家科委《1956—1967 年科学技术发展远景规划》为情报工作及教育进行了明确定位："情报工作的任务主要是迅速建立机构，培养情报工作的专家，全面地和及时地搜集、研究和报道国内外特别是科学先进国家的科学技术发展情况和新的成就，使全国科学工作能及时地了解这些发展与成就。”[①] 在“文革”期间，我国科技情报的工作基本停滞，1978 年武汉大学首先恢复了科技情报工作。同年，中国科学技术情报研究所创办了科技情报硕士专业。南京大学、北京大学、吉林大学等高校也逐渐开设了以科技情报为主要培养方向的情报学专业。因而，20 世纪 90 年代以前的情报学教育工作，实际上就是科技情报教育工作，主要围绕科技文献展开。在这一背景下，中国科学院大学文献情报中心、中国国防科技信息中心、中国中医科学院（原中国中医研究院）、北京协和医学院（原中国协和医科大学）、中国航空工业总公司第六二八研究所（原中国航空研究院 628 所）、中国军事医学科学院等科研院所也纷纷开设情报学专业，并与相关单位的科技图书文献工作深度结合。

20 世纪 90 年代开始，信息技术开始在情报工作中广泛应用，因而科技情报逐渐被科技信息所替代。1992 年，全国科技情报工作会议决定将“科技情报”改为“科技信息”，并在 1993 年由国家教委颁布的《普通高等学校本科专业目录》中正式更名[②]。专业名称的调整，意味着情报学定位由原先的科技情报服务为主导，转向网络计算机环境下的科技信息服务和知识服务。大情报观的概念也是在这样的发展背景下提出的，对于我国科技情报事业的推广起到了积极作用，受此影响，情报学专业教育也产生了巨大变动[③]。1998 年，教育部将科技情报专业与经济信息管理、信息学、管理信息系统、林业信息管理合并为“信息管理与信息系统”专业，科技情报作为本科专业的存在正式结束。专业的调整使得情报教育迎合了网络化、计算机化的信息、知识管理需要，在人文、管理、经济、公共卫生、计算机等学科下开设的情报学专业越来越多，但也带来了新的问题：“信息管理与信息系统”本科专业隶属于管理学下的“管理科学与工程”，而情报学硕士和博士培养则隶属于“图书、情报与文献学”，多学科的办学对情报学“耳目尖兵参谋”的核心定位产生了负面影响；在学界关于信息与情报的概念也逐渐模糊，影响了学科教育教学的定位，即情报学教学从以培养国家科技情报人才为主要目标转向为社会提供各种信息服务人才。鉴于此种情况，不少学界知名学者开始关注关于是“Information”还是“Intelligence”的讨论。

① 张久春，张柏春 . 规划科学技术：《1956—1967 年科学技术发展远景规划》的制定与实施［J］. 中国科学院院刊，2019，34（9）：982-991.

② 周晓英，陈燕方，张璐 . 中国科技情报事业发展历程与发展规律研究［J］. 科技情报研究，2019，1（1）：13-28.

③ 刘植惠 . 评“大情报”观［J］. 情报理论与实践，1999（2）：6-8，26.

2.1.2 从 Intelligence 看学科发展与教育定位

学界关于"情报"的理解一直存有争议，即是"Information"还是"Intelligence"。在 20 世纪 90 年代以前，我国的情报工作主要围绕国家的科技情报需求，很好地胜任了"耳目""尖兵""参谋"的定位。90 年代，随着计算机技术和网络技术的飞速发展，大情报观下的情报学得到了快速发展，即从科技情报扩展到各类社会需求的情报。情报学的教育机构也逐渐扩展到管理学、社会学、历史学、信息科学、经济学等相关学科，这种变化为情报学从单一的科技文献服务向社会情报服务转变提供了很好的支持。《中国情报学百科全书》将情报学定义为[①]：情报学是研究情报的产生及有效收集、组织、存储传递、转换和利用规律，并运用现代科学技术管理和利用它们进行分析、合成、发现、解答、控制、学习和决策的一门学科。从定义上可以看出，情报学是一门交叉应用型学科，情报学研究有助于推动相关学科的发展。20 世纪 90 年代以后对于情报学的认知主要是基于"Information"的理解，情报学被理解为"Information Science"或"Library and Information Science"。这种视角下的情报学，更多的是与信息技术相结合，也更贴合计算机科学，传统的情报服务（特别是"耳目尖兵参谋"）定位逐渐淡化，与信息资源管理相关的信息服务成为学科发展的主要定位。情报学的教育教学也更多地围绕数字图书馆、信息计量、信息可视化、知识经济、信息安全、语义网等课程展开，国外 LIS 院校有很大一部分已经呈现计算机化，即计算机科学技术成为 LIS 学院的主导力量。

在这种发展背景下，一些学者认识到"Information"并不能反映社会对情报的诉求，也对学科教育教学建设带来了负面影响，即情报学教学核心内容的缺失。包昌火、沈固朝等学者对此做了深入的阐述，他们认为情报学不应是"Information Science"，而应该是"Intelligence Studies"。包昌火研究员认为"中国情报学应当建立在 Information 和 Intelligence 两大基石上，并把 Information 的 Intelligence 化，即把信息转化为情报和谋略作为我国情报工作和情报学研究的核心任务，而非信息和知识的组织"[②]。沈固朝教授认为信息不等于情报："信息需要加工整合，汲取有特殊价值的部分才能变成可用于决策的情报（Turning Information into Intelligence）"[③]。他进一步指出信息时代需要情

① 《中国情报学百科全书》编委会．中国情报学百科全书［M］．北京：中国大百科全书出版社，2010：191-194.

② 包昌火．对我国情报学研究中三个重要问题的反思［J］．图书情报知识，2012（2）：4-6.

③ 沈固朝．为情报学研究注入 Intelligence 的理论与实践［J］．图书情报工作，2005（9）：10.

报服务（Intelligence Services in Information Age），情报服务要更多地参与企事业、国家重大利益的管理决策问题，情报学研究和教学应当强化信息查寻和使用中的智能问题，担负起从单纯得当信息处理转向研究发现知识和知识的应用。

情报的信息化及情报被竞争情报所取代，使得情报学偏离了原有的定位，学界也在不断反思如何使情报回归“激活的知识”，使情报工作和人才培养能够更多地支持智力决策，而不仅是信息的提供者。近年来，人工智能技术和大数据技术的发展，促使情报工作重回“耳目尖兵参谋”的定位，即智能化决策服务。2015 年，国务院办公厅印发了《关于加强中国特色新型智库建设的意见》，情报机构也开始智库服务的理论与实践探索，中国科学技术信息研究所、中国科学院文献情报中心、北京市科学技术情报研究所等机构都开始提出情报机构提供智库服务的转型。智库服务，从某些方面来说，就是对过去情报工作 Intelligence 的深化，这种深化源自于大数据和人工智能时代的高端智能知识服务。情报机构不再仅仅定位于满足科技创新的信息保障角色，也不再满足于仅为科技决策提供情报支持，而是要将工作扩展到基于科技创新的宏观决策支撑（即“引领”作用），为国家、企事业提供战略知识服务。

2.1.3　从国家安全理念看学科发展与教育定位

新中国成立以来，我国高校情报学定位和教育培养主要围绕科技情报展开，与国家安全相关的情报学及情报工作主要由军事类院校及公安院校完成，两个体系互相平行。具体表现可以通过学科代码体现，军事情报学归属于军事指挥学，而公安情报学则隶属于法学。在新的国际环境下，对于情报学“耳目尖兵参谋”的重新定位成为重塑情报学核心内容的新机遇。复杂国际形势的变化及国家安全的需要，对情报学 Intelligence 提出了新的要求。

在新中国成立之初，我国的情报工作包含军事情报的特色，主要是由于受到西方封锁，必须通过海外人员对国外的新闻、科技发展进行收集和研读，通过资料汇编的形式传递回国。20 世纪 80 年代以后，对于国家安全的情报工作与科技情报工作分离，军事情报学隶属于军事指挥学，而公安情报学则授予法学学位，这些情报教育工作与普通高等院校的情报学互不交叉。随着近年来国际形势的变化，国内学界开始重新反思情报工作的定位，而关于国家安全的情报教育正是“9・11”事件后西方国家对于情报工作的重要组成。从国家安全的情报术语词汇来看，这个概念不是图书情报文献学的“Information Science”，而是“Intelligence Studies”。王君、彭玉芳、张巍巍对美国高校国家安全情报课程教学进行了深层次调研，也对我国安全类情报教学提出了学科教学规划的建议[①]。马德辉、黄紫斐通过解读《国家情报战略》，对美国“国家情报”（National Intelligence）、“国家安全相关情报”（Intelligence Related to National Security）的概念、工作内容、趋势进行了深度解析[②]。高金虎教授全面回顾了美国国家情报的发展历程，从动力、战略、制度、技术、文化、人才培养等多个角度描述了美国国家情报的发展演化，特别是国家情报作为公开的情报学术研究内容[③]。包昌火研究员针对我国国家情报的工作定位、体制、平台、思想、法制体系方面存在的问题进行了深入剖析，提出应当建立举国的情报工作体制，加快建设国家情报一级学科[④]。在以上学术探索中，通过对比西方国家情报的学科建设及我国国家情报工作现状，学界提出应当将国家情报纳入我国情报研究的体系之中，即情报学需要在保障国家安全的工作中扮演更为重要的角色。

2.2 我国情报工作发展及其对教育体系的影响

2.2.1 从科技情报工作看学科发展与教育定位

《1956—1967年科学技术发展远景规划》中对情报工作有明确表述：“筹划专门机构，组织力量，从事摘录全世界科学技术期刊上的论文，用快报和文摘的形式编印出版”。在规划指导下，20世纪50年代我国科技情报工作的主要任务是建立情报机构、培养情报人才、提供科技情报。中国科学技术情报研究所（现中国科学技术信息研究所）及省级情报所逐步成立，并以此为基础成立了中国科技情报学会。在此后约20年间，我国科技情报工作充分围绕“耳目、尖兵、参谋”的定位，为国家科技事业发展提供了较好的科技情报服务。

1978年—1993年，随着计算机及网络技术的发展，科技情报工作的现代化成为这一时期情报工作的主要发展内容。各级情报所围绕科技文献数字化及联机检索开展业务，因而与图书馆学、档案学越发密切，科技情报服务从原本的人工、纸本服务转向数字化的联机文献数据库检索，“科技信息”作为专业定位逐步取代了原有的“科技情报”，

① 王君，彭玉芳，张巍巍．美国高校的国家安全与情报教学研究［J］．情报杂志，2017，36（2）：20-24.

② 马德辉，黄紫斐．美国《国家情报战略》的演进与国家情报工作的新变化、新特点与新趋势［J］．情报杂志，2015，34（6）：1-4，11.

③ 高金虎．一个情报强国的崛起路径：以美国为例［J］．情报杂志，2020，39（1）：1-9，62.

④ 包昌火，马德辉，李艳，等．我国国家情报工作的挑战、机遇和应对［J］．情报杂志，2016，35（10）：1-6，17.

国家级科技情报机构“中国科学技术情报研究所”于1992年改名为“ 中国科学技术信息研究所”。在计算机联机系统的背景下，各级情报研究所的主要服务以科技查新为主。

1993年，美国制定了“国家信息基础结构”计划，推出了Internet并引起了全球效应。在网络化的背景下，大情报观的提出适应了当时科技情报工作的需要，对情报学的重新定位起到了很好的推动作用[①]：①打破了科技情报自我封闭状态，促进了情报学面向社会经济需要的转型；②冲垮了科技情报的壁垒，促进了情报学与社会经济管理的融汇；③推动了科技情报机构的变革，与各类社会信息机构进行竞争；④拓展了情报概念，从科技情报到社会情报，摆脱了20世纪50年代苏联学者关于情报的概念及定位；⑤激发了学者从哲学角度对情报概念的思考与探索。从这个时期开始，学界开始将情报视作Information，淡化了情报与信息的区别，因而也引发了对于情报Intelligence的反思。

2.2.2 从Intelligence工作看学科发展与教育定位

我国学者对于情报学Intelligence的认知源于新中国成立初期对于情报工作的定位，钱学森先生对于情报的定义为：“情报是为了解决特定问题所需要的激活、活化了的知识”[②]。在钱老的情报人才培养理论中，目标定位为“通才”、重点是培养“领导人才”。在当时的时代背景环境下，情报学工作的主要内容是围绕科技文献进行手工采集、处理技术报告和编译二次文献，情报学教育的定位也就是为科技文献汇编提供人才储备。

1979年后，随着计算机技术的飞速发展，使用联机数据库查询科技文献成为情报工作的主要任务，科技情报服务逐渐转变为科技信息服务。情报工作从传统的人工查询，转向建设联机文献数据库，利用联机查询完成科技情报的获取和传递，其使命仍主要为国家科研项目、企业技术攻关提供科技情报。这一时期主要围绕信息技术，培养能够构建联机数据库、利用联机数据库完成情报服务的信息人才。

1992年，国家级科技情报机构“中国科学技术情报研究所”改名为“ 中国科学技术信息研究所”，标志着我国的科技情报服务正式向科技信息服务转变。这一时期，情报工作开始分化为科技查新、竞争情报、知识服务、数据资源建设等。同时，由于科技文献查新与图书馆学研究的相近性，科技情报机构的核心竞争力逐渐减弱，单纯提供文

① 刘植惠.评“大情报”观［J］.情报理论与实践，1999，22（2）：69-71，89.

② 卢胜军，赵需要，栗琳.钱学森科技情报理论体系及其意义［J］.情报科学，2012，30（9）：1418-1423，1435.

献服务使得情报服务弱化为信息服务。在这种背景下，包昌火、沈固朝、刘植惠等学者开始思考情报工作的发展前景，引入了竞争情报的 Intelligence 理念[①②]，以及对大情报观下人才培养的反思，指出情报学工作和人才培养应当回归“耳目尖兵参谋”的定位。杨国立、苏新宁提出 Intelligence 下的现代情报学人才应当分级培养：通识型教育面向本科、应用型教育面向硕士、高级型教育面向博士，着力培养能够胜任真正情报工作的“耳目尖兵参谋”+“引领”式的高端人才[③]。2015 年，国务院办公厅出台了《关于加强中国特色新型智库建设的意见》，对于情报工作从信息服务向智能决策的转型提供了政策上的支撑，为情报机构由信息服务转向提供决策支持的知识服务指明了方向。智库的概念源自西方，一般都具有系统化的情报能力，但主要体现在检测、科技规划等方面，在 Intelligence 理念的影响下，关于智库建设我国学者将为科技创新决策提供知识支撑作为定位，即苏新宁教授所提倡的“引领”作用。刘如认为，基于智库转型的科技情报知识服务是一个知识汇聚和知识增值的过程，是一个以满足用户决策需求为导向的知识服务过程，同样也是推动中国科技创新发展的有力手段[④]。关于智库的研究，为情报学 Intelligence 理念注入了新的活力和学术研究内容。

2.2.3 从国家安全工作看学科发展与教育定位

进入 21 世纪以来，大数据环境与技术的发展为新时期情报学和情报工作发展带来了新的契机。国内外的社会环境变化、传统安全与非传统安全的挑战，对情报学和情报工作提出了新的要求，如何能够适应日益复杂严峻的国家安全形势，为国民情报素养和维护国家安全意识提供通识教育，支撑起国家安全需要的国民情报工作成为情报学教育新动力。提到“国家安全情报”，长期以来在我国总是笼罩着一层神秘的面纱。对比美国国家安全情报工作的开展，我国国家安全情报与情报学的定位、情报学及情报工作者在国家情报安全领域应当发挥的作用亟待加强。

从美国国家安全情报工作及安全情报教育发展来看，主要的变革性因素就是“9・11”事件，该事件使得美国政府反思情报学体制的不足，对美国国民国家安全情报素质及应对非传统安全挑战的情报工作能力提出了变革需要。2004 年，美国政府

① 沈固朝 . 在情报工作中引入 Intelligence 的理论和实践［J］. 图书情报工作，2005（1）：15-16.

② 包昌火 . 让中国情报学回归本来面目［J］. 情报杂志，2011，30（7）：1.

③ 杨国立，苏新宁 . 迈向 Intelligence 导向的现代情报学［J］. 情报学报，2018，37（5）：460-466.

④ 刘如 . 面向智库转型的科技情报机构知识服务体系构建［J］. 农业图书情报学刊，2018，30（1）：27-34.

推出了《情报改革与预防恐怖主义法案》，设立了国家情报总监（Director of National Intelligence）的职位，随后在2005—2014年间，先后由国家情报总监办公室发布了3份《美国国家情报战略》。在《情报改革与预防恐怖主义法案》中，明确对“国家情报”和“国家安全相关情报”的工作内容进行了表述，即涉及美国国家、人民、财产或利益威胁及影响国家和国土安全的事项。2005年，《美国国家情报战略》主要内容就是改组美国国家情报体系，列出了美国国家战略情报体系建设的具体目标，包括：情报搜集和分析流程、情报工作场所、情报工作伙伴、情报工作经验教训等；2009和2014年的《美国国家情报战略》明确了国家安全情报的工作范围，指出国家情报面临的威胁和挑战，还包括暴力极端恐怖主义、跨国犯罪组织及经济危机、气候变化、能源科技竞争、内部泄密等新兴安全威胁。在国家安全情报日益被重视的背景下，美国一些高校开设了与国家安全情报相关的课程，如“Intelligence Analysis and National Security”“Intelligence and National Security”等，这意味着国家安全情报的公开教育教学培养已在美国形成体系，而这种教育教学在我国仍未开展。

我国的情报工作者也在反思国家情报工作的不足和变革，包昌火研究员对此指出：①缺乏明晰化的国家情报工作界定；②缺乏一体化的国家情报工作体制；③缺乏融合化的国家情报数据平台；④缺乏特色化的国家情报思想体系；⑤缺乏制度化的国家情报法治体系[①]。随着近年来我国对于恐怖主义及“走出去”“一带一路”战略下国家安全的需要，国家安全情报工作也逐渐提上政府议程。2014年成立了国家安全委员会，习近平总书记在第一次会议上提出了“总体国家安全观”；同年，国家安全委员会审议通过了《国家安全战略纲要》；2015年，颁布实施《中华人民共和国国家安全法》。这些举措的出台，预示了我国国家安全情报工作的大发展，也将军事、安全、外交、公安、经济、反恐等情报工作进行了统一性规划。在这种背景下，对于军民融合的情报发展成为学界探索的热点，即将军事情报工作融入国家安全和经济发展的历史进程，提倡科学技术协同创新、公共安全协同应对等多项能力建设提供情报资源保障。2017年，中国科学技术情报学会与中国社会科学情报学会在南京大学共同主办了“情报学与情报工作发展论坛（2017）”会议，就新时期我国的情报学和情报工作发展形成了《情报学与情报工作发

① 包昌火，马德辉，李艳，等.我国国家情报工作的挑战、机遇和应对[J].情报杂志，2016，35(10)：1-6，17.

展南京共识》[①]。《情报学与情报工作发展南京共识》指出军民情报融合的大情报科学，学科建设着眼于国家安全与发展，体现情报的“耳目尖兵参谋”的能力和作用，走出一条中国特色的情报学发展道路。

2.3 我国情报学教育发展情况

2.3.1 我国情报学教育起步

我国情报学教育源自于科技情报工作，1956 年中国科学院科学情报研究所的创建标志着我国第一所国家情报机构成立。1958 年，中国科学院科学情报研究所更名为中国科学技术情报研究所，并创立了中国科学情报大学。1959 年，中国科学情报大学并入中国科学技术大学，改称情报学系，并于 1960 年撤销，学生并入物理、化学、生物等其他学科[②]。在当时的环境下，学生既学习科学技术专业，又同时学习情报专业课程。这种系统化的学校学习方式由于缺少办学条件支持，在培养第一批学生后便停止招生。此后，我国情报工作的人员主要来源于其他学科，并通过短时间培训完成情报教育，我国情报学教育工作也以短期轮训为主要方式，因此不能满足情报工作的客观需要。

2.3.2 我国情报学教育恢复与发展

改革开放以后，我国情报学教育逐渐恢复，武汉大学、南京大学、中国人民大学、吉林大学、中国科学技术情报研究所（现中国科学技术信息研究所）等院校和科研院所创办了情报学专业，恢复培养科技情报和社会科学情报专业人才。我国的情报学专业教育恢复于 1978 年，武汉大学创办“科技情报”本科专业。在此之后的 20 年，本科教育一直处于我国情报学教育的核心，中间历经了“科技情报”、“科技信息”及“信息管理与信息系统”阶段[③]。

在“科技情报”阶段（1977—1992 年），我国情报学本科教学逐渐恢复，武汉大学、北京大学、南京大学、吉林工业大学（现吉林大学）等院校建立了一批不同特色的情报学专业，办学单位逐渐增加。这个阶段主要是借鉴世界各国经验，根据各学校专业背景

① 中国科学技术情报学会，中国社会科学情报学会．情报学与情报工作发展南京共识［J］．情报学报，2017，36（11）：1209-1210.

② 严怡民．论我国情报学教育［J］．情报学报，1983（3）：219-225.

③ 邱均平，余以胜．我国情报学专业教育的回顾与展望［J］．情报学报，2007（1）：35-41.

摸索适合我国的情报学教育发展的道路。在课程建设上,“情报学概论”“情报经济学”“文献计量学”等专业主干核心课程逐步完善。在这个阶段,各地方情报所主要工作内容就是围绕联机检索系统,培养信息化的科技查新人员,因而在教学过程和人才培养中与图书馆学逐渐接近,科技查新是这个阶段情报人才培养的主要内容。

在“科技信息”阶段(1996—1998年),国家教委颁布《普通高等学校本科专业目录》,将“科技情报”专业改为“科技信息”专业,给情报学教育带来了新的变革。情报教育从传统的以科技情报为核心逐步向信息管理、社会情报转移,在这一阶段中大情报观提出,情报工作不应只为科技服务,而应走向与社会、经济、管理等学科相结合的道路,培养“宽口径、厚基础”的复合型人才。

在“信息管理与信息系统”阶段(1999年后),随着大情报观下信息管理被高等教育相关学科认可,教育部于1998年将隶属于不同学科的经济信息管理、信息学、科技信息、管理信息系统和林业信息管理这5个相关专业合并为“信息管理与信息系统”专业,并设置在“管理科学与工程”下,与图书馆学、档案学分属管理学下不同一级学科。这一设置使得情报学从传统科技文献服务,逐渐与管理学、计算机科学等学科进一步融合,顺应了社会对信息技术支持下的复合型管理人才需要,信息化(Information)教育教学及人才培养定位成为学科的主要内容,“耳目尖兵参谋”的传统角色逐渐弱化。

在本科生教育阶段,我国情报学主要是以各办学单位根据自身院校、学科背景,摸索课程体系、人才培养目标,王昌亚、丰成君将这一阶段我国情报学本科教育划分为综合性情报学教育、图书馆学情报学教育、理工农医类情报学教育和管理类情报学教育①。综合性情报学教育以武汉大学为代表,在课程设置中强调自然科学、计算机技术、管理学及情报学自身知识;图书馆学情报学教育以北京大学、南京大学、华东师范大学、中山大学等为代表,强调图书馆学、情报学及计算机技术;理工农医类情报学教育以各办学单位学科及情报学为主要内容,如吉林大学、南京农业大学、中国科技大学等;管理类情报学教育以经济管理、情报学为主要内容,多创办于相关院校经济管理学院。“信息管理与信息系统”专业的广泛开设,是情报学适应网络化、信息化需要的调整结果,对于培养国家及各行各业所需的信息人才提供了有效支撑。但“耳目尖兵参谋”的情报人才培养理念在课程教学中的重要性逐渐下降,被计算机技术、网络技术和管理科学等课程替代。“科技情报”专业并入“信息管理与信息系统”意味着信息化加强,而传统情报智力决策的角色弱化,这也正是当下情报学和情报工作发展的隐忧所在。在

① 王昌亚,丰成君.我国高校情报学教学方案的比较研究[J].情报学报,1992(5):329-336.

本科—硕士—博士的培养体系下，因为本科定位于信息管理，硕士和博士的人才培养受制于此，所以呈现信息化加强而传统情报理念弱化的趋势。

我国情报学研究生教育恢复于1978年，在2000年后有了较大的突破，与信息相关的教育教学逐渐成为近20年来情报学教育的核心。在硕士点创办中：1984年，武汉大学和中国科学技术信息研究所获批情报学硕士学位点；1986年，北京大学、中国科学院文献情报中心、中国国防科技信息中心、吉林大学、中国中医研究院获批情报学硕士学位点；1990年，中国协和医科大学（现北京协和医学院）、中国航空研究院628所（现中国航空工业总公司第六二八研究所）获批情报学硕士学位点；1992年，中国军事医学科学院获批情报学硕士学位点；1993年，南京大学、南京理工大学、北京师范大学获批情报学硕士学位点；1996年，中南大学、上海交通大学获批情报学硕士学位点；1997年，华东师范大学、上海大学获批情报学硕士学位点；1998年，黑龙江大学、天津师范大学、西安电子科技大学获批情报学硕士学位点；2000年，中国人民大学、南开大学、兰州大学、东北师范大学、南京农业大学、华中师范大学、中山大学、第二军医大学获批情报学硕士学位点；此后2003、2006年，分别有17家和22家情报学硕士学位点被授予。对我国情报学硕士学位点授予情况，李维、王灼志做了全面调查，如表2–1所示。

表2–1　我国情报学硕士学位点授予情况①

授予时间	数量/家	办学单位
1984年	2	中国科学技术信息研究所（原中国科学技术情报研究所）、武汉大学
1986年	5	北京大学、中国科学院大学文献情报中心（中国科学院文献情报中心）、中国国防科技信息中心、吉林大学（原吉林工业大学）、中国中医科学院（原中国中医研究院）
1990年	2	北京协和医学院（原中国协和医科大学）、中国航空工业总公司第六二八研究所（原中国航空研究院628所）
1992年	1	中国军事医学科学院
1993年	3	南京大学、南京理工大学、北京师范大学
1996年	2	中南大学、上海交通大学
1997年	2	华东师范大学、上海大学

① 李维，王灼志.我国情报学专业硕士研究生教育现状调查分析[J].图书馆学研究，2018(15)：9-17.

续表

授予时间	数量 / 家	办学单位
1998 年	3	黑龙江大学、西安电子科技大学、天津师范大学
2000 年	8	兰州大学、中国人民大学、南开大学、东北师范大学、南京农业大学、华中师范大学、中山大学、第二军医大学
2003 年	17	四川大学、郑州大学、山西大学、浙江大学、安徽大学、中科院成都文献情报中心（已并入中国科学院大学文献情报中心）、福州大学、同济大学、华东理工大学、西南大学、重庆大学、华中科技大学、南京航空航天大学、山东理工大学、天津大学、中国农业大学、西北生态环境资源研究院（原中国科学院兰州文献情报中心）
2006 年	22	云南大学、国防大学（南京）政治学院、北京航空航天大学、北京理工大学、天津理工大学、河北大学、山西财经大学、中国医科大学、苏州大学、河海大学、江苏大学、安徽财经大学、南昌大学、山东大学、山东科技大学、青岛科技大学、新乡医学院、湘潭大学、华南师范大学、西南科技大学、上海社会科学院、山东省医学科学院

通过教育部中国研究生招生信息网及各招生院校研究生院、学院网站查询，至 2018 年年底全国拥有一级学科硕士授予权的学校和科研院所共计 51 家，开设情报学二级硕士授予的单位共 14 家。表 2–1 中，中南大学、兰州大学、浙江大学、同济大学、北京航空航天大学、北京理工大学、天津理工大学、西南科技大学情报学硕士点已撤销。中国国防科技信息中心、中国军事医学科学院招生信息近两年未公布，第二军医大学、复旦大学未见招生，但未明确撤销情报学专业点。以上情报学硕士点授予及撤销表明，我国情报学硕士研究生教育已逐步发展平稳，并由各办学单位根据自身情况进行调整。如中南大学撤销了情报学硕士点，但仍有图书情报专业硕士点。但是，关于情报学的定位及发展仍有隐忧，过度强调 Information 教学，使得情报“耳目尖兵参谋”的定位日益淡化，情报学的核心竞争力不断减弱。在大部分院校的培养方案中，主要的培养目标就是信息管理高级人才：强调用信息技术手段解决信息存储、管理、检索、分析、传播的知识与技能，这与情报的智力服务目标相去甚远。从概念内涵来看，相关的情报教学实际上已经变为信息管理，老一辈情报学家对于情报学内核的思想严重流失。

在博士点创办中，武汉大学（1990 年）、南京大学（1996 年）、中国科学院大学（1995 年）、北京大学（1998 年）、吉林大学（2000 年）是最早获得情报学博士学位点的培养机构；截至 2018 年年底，还包括中国人民大学（2006 年）、国防大学（南京）政治学院

(2011 年)、南开大学（2005 年，2017 年升为一级博士点)、河北大学（2017 年)、南京农业大学 (2017 年)、华中师范大学 (2005 年, 2017 年升为一级博士点)、湘潭大学 (2017 年)、中山大学（2017 年获图书情报与档案管理一级博士授予点)。从博士点的发展规模来看，当下情报学博士的培养仍处于稳定上升的阶段，这与我们信息化、网络化、人工智能化的时代背景相吻合。这些情报学博士点的建设，为我国高级情报人才的培养，为情报学理论的探索提供了有效支撑。

2.3.3 我国情报学专业硕士发展

为适应新形势下图书情报事业发展对图书情报专门人才的迫切需求，2010 年国家图书馆与武汉大学联合培养图书情报硕士专业学位研究生，拉开了我国图书情报专业硕士的培养序幕。图书情报专业硕士的培养目标定位于：掌握扎实的图书情报专业知识和技能，具有综合运用管理、经济、法律、计算机等知识解决图书情报工作实际问题的能力，适应社会信息化和国民经济建设需要的高层次、应用型、复合型图书情报专门人才。图书情报专业硕士的设置，为我国情报学教育复合型、应用型人才培养提供了新的支撑，也扩大了我国情报学教育的规模和教育对象。我国图书情报专业硕士学位点授予如表 2–2 所示。

表 2–2 我国图书情报专业硕士学位点授予情况

授予时间	数量 / 家	办学单位
2010 年	18	武汉大学、中国人民大学、南京大学、南开大学、中山大学、吉林大学、云南大学、华东师范大学、黑龙江大学、安徽大学、河北大学、山东大学、山西大学、四川大学、郑州大学、上海大学、南京理工大学、北京大学(一直未招生)
2014 年	13	复旦大学、南京农业大学、华中师范大学、辽宁大学、福建师范大学、华中科技大学、东北师范大学、湖南大学（2017 撤销)、中南大学、湘潭大学、景德镇陶瓷大学、山西医科大学、天津师范大学
2016 年	1	贵州财经大学
2017 年	18	山西财经大学、沈阳建筑大学、大连外国语大学、长春师范大学、上海师范大学 、河海大学、江苏大学、南昌大学、山东师范大学、曲阜师范大学、郑州航空工业管理学院、湖北大学、吉首大学、广西民族大学、扬州大学、北京联合大学、中国农业科学院

2.3.4 我国情报学专业继续教育发展

除了全日制本科、研究生培养外，继续教育也是我国情报学教育的重要组成部分。早在 20 世纪 50 年代，我国情报学教育就开展了大专层次的继续教育。80 年代，武汉大学、北京大学培养的图书情报函授生每年近 1000 人（专本连读 5 年制本科、大专起点本科函授）。此外，还举办了两年制的情报大专班和半年的短期培训班。邱均平教授总结我国情报学继续教育发展，认为在 80 年代后我国情报学形成了大专（函授、夜大、电大、自考）、函授本科、在职硕士、在职博士的继续教育培养体系[①]。除了相关学位教育外，我国情报学继续教育还包括以行业、领域知识短期培训为主的各类研修班，如上海市图书馆学会、上海市科技情报学会联合举办的图书情报高级研修班。该研修班自 2000 年首期举办以来至 2018 年年底共计有 25 期，以学术讲座和专题调研的形式为图书馆、情报从业人员提供继续学习的途径。综上所述，在人才培养的探索中，多种继续教育模式为我国情报学教育提供了更为灵活的办学手段，提升了情报学从业人员的专业知识与素养，有力支撑了我国情报学工作的开展。

2.4 我国情报学教育人才培养目标与现状

2.4.1 我国情报学教育人才培养目标

我国情报学教育的培养目标跟情报学教育发展历程密切相关，在起步阶段以科技情报工作需要为培养目标，以“信息管理与信息系统”作为本科教学先导，从而确立了信息管理工作为培养目标，图书情报专业硕士的出现则强调了以复合型、专业性人才培养作为新补充。

科技情报、科技信息阶段：在专业成立之初，我国情报学教育由图书馆学专业独立出来，围绕科技情报和科技信息，培养以为科技情报提供智力服务为主要目标的专业人员。20 世纪 90 年代左右，随着社会信息的快速发展，传统文献情报教育对于情报教育而言已远远不够。因此，在大情报观的影响下，科技情报被科技信息所取代，与社会、经济、管理等多领域融合的信息工作成为情报学教育的主要变化，现代信息技术在情报

---

① 邱均平，沙勇忠，陈敬全 . 改革开放以来我国情报学教育的发展历程、现状和趋势［J］. 情报学报，2002（1）：112-120.

信息教育中地位凸显。

信息管理与信息系统阶段：教育部于1998年将经济信息管理、信息学、科技信息、管理信息系统和林业信息管理5个专业合并为“信息管理与信息系统”这一新专业，明确了情报学教育的发展方向。情报学研究以此展开了信息资源管理、信息分析、信息组织、信息服务等研究领域的教育，而情报学教育为相关研究培养专业人才。

二级动态硕士点及专业硕士培养：随着教育部对二级学位管理授权的放宽，与情报学相关的学科均可以在其一级硕士点下设情报学二级硕士点。这就为交叉学科人才培养提供了新思路：具有其一级学科专业知识，同时能够掌握情报学理论与方法解决一级学科具体问题。这些学科中尤其以医学为代表，国内多家医学院校或科研机构设立了情报学硕士点，其研究和培养围绕医学信息组织、管理、服务。在社会需求方面，通过图书情报专业硕士加强复合型、应用型人才的培养，主要是为社会上信息管理相关职位提供实践型人才。

从目前收集的各单位人才培养目标来看，关于Information的人才培养是主要的教学和学术研究内容，与Intelligence相关的培养及关于情报学自身学科特性的培养相对较少。情报学的办学呈现多学科交叉建设的趋势：从正面角度来看，能够与其他学科广泛融合，从而扩展情报学研究的学科领域，也促进相关学科信息化发展；从负面角度来看，情报学自身的智力决策特色难以体现，情报学的学科核心定位有待加强。

2.4.2 我国情报学教育学位点现状

为全面考察我国情报学教育现状，本书对国内具有情报学学位授予权的单位进行了进一步梳理，以具有“图书馆、情报与档案管理”一级学科博士点、一级学科硕士点、情报学硕士点（二级硕士点）、图书情报专业硕士作为考察指标，统计了目前我国从事情报学教育的学术机构情况，如表2–3所示。

表2–3 全国情报学学位授予单位（至2018年年底）

学校名称	一级学科博士点	一级学科硕士点	情报学硕士点	图书情报专业硕士
南京大学	√	√		√
武汉大学	√	√		√
中国人民大学	√	√		√

续表

学校名称	一级学科博士点	一级学科硕士点	情报学硕士点	图书情报专业硕士
北京大学	√	√		
南开大学	√	√		√
华中师范大学	√	√		√
中山大学	√	√		√
吉林大学	√	√		√
黑龙江大学		√		√
上海大学		√		√
云南大学		√		√
国防大学（南京）政治学院	√	√		
华东师范大学		√		√
南京农业大学	√	√		√
郑州大学		√		√
北京师范大学		√		
南京理工大学		√		√
湘潭大学	√	√		√
四川大学		√		√
北京协和医学院		√		
河北大学	√	√		√
苏州大学		√		
福建师范大学		√		√
中国农业大学		√		
天津师范大学		√		√
山西大学		√		√
辽宁大学		√		√
中国科学院大学	√	√		
中国科学技术信息研究所		√		

续表

学校名称	一级学科博士点	一级学科硕士点	情报学硕士点	图书情报专业硕士
中国航空工业总公司第六二八研究所			√	
中国中医科学院		√		
军事科学院			√	
天津大学			√	
山西财经大学			√	√
中国医科大学			√	
辽宁师范大学		√		
东北师范大学		√		√
华东理工大学		√		
上海社会科学院			√	
东南大学		√		
南京航空航天大学			√	
河海大学		√		√
江苏大学		√		√
安徽大学		√		√
福州大学			√	
南昌大学		√		√
山东大学		√		√
山东科技大学				√
青岛科技大学			√	
济南大学			√	
山东理工大学		√		
曲阜师范大学				√
新乡医学院		√		
郑州航空工业管理学院		√		√

续表

学校名称	一级学科博士点	一级学科硕士点	情报学硕士点	图书情报专业硕士
湖北大学				√
华南师范大学		√		
广西民族大学		√		√
重庆大学		√		
西南大学		√		
西北大学		√		
西安电子科技大学		√		
山西医科大学				√
复旦大学		√		√
景德镇陶瓷大学				√
华中科技大学				√
中南大学				√
第二军医大学		√		
上海交通大学		√		
西北生态环境资源研究院			√	
北京航空航天大学			√	
贵州财经大学				√
沈阳建筑大学				√
大连外国语大学				√
长春师范大学				√
吉林财经大学				√
上海师范大学				√
山东师范大学				√
吉首大学				√
扬州大学				√

续表

学校名称	一级学科博士点	一级学科硕士点	情报学硕士点	图书情报专业硕士
北京联合大学				√
中国农业科学院			√	√
山东省医学科学院			√	
总计 / 个	13	51	14	49

在表 2–3 中，“图书馆、情报与档案管理”一级学科点是我国情报学教育的主要力量，包括了 13 个一级博士点、51 个一级硕士点，这些院校和研究机构是我国情报学教育的主力军，历年来为我国情报学教育做出了突出贡献。另外，有 14 所院校和研究机构在管理科学与工程、公共卫生管理等一级学科下设置情报学二级学科。

近年来，随着图书情报专业硕士（MLIS）教学体系的建立，图书情报专业硕士成为情报学科学硕士教育的有力补充，扩大了情报学教育的规模，增加了情报工作专业人员的就业，目前此类办学机构共 49 家。与科学硕士相比，专业硕士更加侧重于利用图书情报的专业知识，通过案例实践、现场学习等方式培养实践型的图书情报高级人才。

从办学机构来看，我国情报学硕士点主要由教学院（系）、高校图书馆、科研机构这 3 类机构组成。在办学院系中，除图书、情报与文献学一级学科外，还包括商学院、经济管理学院、管理学院、历史系、人文学院、信息科技学院等多学科院系，具体情况如表 2–4 所示。

表 2–4　情报学硕士点办学机构分析

单位：家

硕士点类别	机构类别	所属部门	硕士点数
一级学科硕士点	高等院校	信息管理学院（系）	10
		相关院系	29
		图书馆	7
		研究所	2
		部（军校）	1
	科研机构	—	2

续表

硕士点类别	机构类别	所属部门	硕士点数
二级学科硕士点	高等院校	相关院系	6
		图书馆	2
	科研机构	—	6

分析表 2–4 可知，具有图书、情报与文献学一级学科硕士点的高等院校及科研机构共计 51 家。其中，高等院校办学共计 49 家，科研机构办学 2 家。具有情报学二级学科硕士点的高等院校共 8 家，科研机构 6 家，详细分析如下。

①作为校级独立院系的办学机构共 10 家，其中具有博士点的有南京大学、武汉大学、中国人民大学、北京大学、华中师范大学、中山大学。这 10 所院校办学具备全面的学科体系，学科建设包括信息管理与信息系统、信息资源管理等本科专业，还有图书、情报与文献学一级学科硕士专业的全面培养。这些院校是我国高校情报学办学最为坚实的阵地，办学时能够考虑将情报学作为核心专业进行培育，也具备从本科到研究生培养的完整体系。

②有 29 所院系的图书、情报与文献学一级学科硕士点设置在相关学院，具体包括管理学院、经济与管理学院、公共管理学院、政府管理学院、管理与经济学部、经济与工商管理学院、商学院、信息科学与技术学院、信息学院、医学信息学院、历史学院、社会历史学院等。多数相关学院隶属于管理学部，还包括信息学科、社会学、历史学、医学信息等学科。这些机构在办学时，主要是顺应信息化社会的需要，根据自身的师资、研究方向开办了情报学专业教学，其中一些院系甚至具有博士授予权。这些学院的情报学，为完善其核心专业的教育培养提供了有力支撑，也使得情报学广泛地与相关专业进行了交叉融合，促进了交叉学科的学术发展。

③有 7 个一级学科硕士点设置在高等院校图书馆或图书馆挂靠的研究所进行招生和培养，如中国科学院大学、东南大学、上海交通大学等。其中，中国科学院大学一级硕士点源自中国科学院文献信息中心（国家科学图书馆），具有学科一级博士点，是我国图书、情报与文献学学科硕士、博士点较早的办学机构。这些由图书馆办学发展的情报学硕士点，其重要的教学研究内容主要由图书馆学发展而来，围绕科技文献信息资源管理、文献信息检索与利用、文献信息组织等展开。这些机构在办学时，为科技文献服务是其主要的初衷，与此相关的信息组织、信息检索、知识组织、知识服务是主要的培养

方向，其研究生培养与图书馆学的研究生培养具有较大的相似性，发展的沿革也往往从20 世纪 90 年代联机文献检索人才培养需要开始，因此整体的学术研究和人才培养呈现“图—情”一体化。

④具有图书、情报与文献学一级学科硕士点办学的科研机构是中国科学技术信息研究所、中国中医科学院，二级学科硕士点办学科研机构有中国航空工业总公司第六二八研究所、军事科学院、上海社会科学院、中国农业科学院、山东省医学科学院等。这些科研机构的办学主要围绕科技信息、航空科技、农业科技及卫生科技等研究领域，为相关学科培养高素质的信息服务人才。除中国科学技术信息研究所外，相关研究机构的情报学教学及研究往往围绕机构的主要科研事业展开，在科技创新的文献保障之外，还提供深层次知识组织、竞争情报、科技政策等情报服务。

为了进一步厘清我国情报学培养的学科归属，课题组成员刘喜文检索了至 2017 年年底 CNKI 收录的以情报学为专业的博硕士学位论文，并从中图法的学科分类角度探讨了我国的情报学研究生教育[①]。我们对他的研究数据进行了精炼，如表 2–5 所示。

表 2–5　我国情报学研究生学位论文学科分布

序号	学科名	学科二级类目	学科大类
1	情报学（G350）	图书馆学、图书馆事业（G25）	文化、科学、教育、体育（G）
2	读者工作（G252）	情报学、情报工作（G35）	经济（F）
3	信息资源及其管理（G203）	企业经济（F27）	自动化技术、计算机技术（TP）
4	企业计划与经营决策（F272）	计算技术、计算机技术（TP3）	政治、法律（D）
5	传播理论（G206）	信息与传播理论（G20）	医药、卫生（R）
6	高等学校、中等专业 学校图书馆（G258.6）	国家行政管理（D63）	社会科学总论（C）
7	情报检索（G354）	高等教育（G64）	无线电电子学、电信技术（TN）
8	情报资料的分析和研究（G353.1）	中国国内贸易经济（F72）	数理科学和化学（O）
9	经济数学方法（F224）	国内贸易经济（F71）	军事（E）

① 刘喜文．我国情报学博硕士学位论文的学科属性研究［J］．西南民族大学学报（人文社科版），2019，40（4）：232-236.

续表

序号	学科名	学科二级类目	学科大类
10	企业现代化管理（F270.7）	经济计算、经济数学方法(F22)	环境科学、安全科学（X）
11	电子贸易、网上贸易 - 中国国内贸易经济（F724.6）	科学研究理论（G30）	语言、文字（H）
12	信息产业经济总论（F49）	信息产业经济总论（F49）	历史、地理（K）
13	国家机关工作与人事管理(D630)	中国工业经济（F42）	哲学、宗教（B）
14	电子图书馆、数字图书馆(G250.76)	保健组织与事业（卫生事业管理）(R19)	交通运输（U）
15	企业供销管理（F274）	中国法律（D92）	艺术（J）
16	图书馆自动化、网络化(G250.7)	档案学、档案事业（G27）	农业科学（S）
17	文字信息处理（TP391.1）	金融、银行（F83）	自然科学总论（N）
18	电子贸易、网上贸易 - 国内贸易经济（F713.36）	国民经济管理（F20）	天文学、地球科学（P）
19	软件工程（TP311.52）	出版事业（G23）	航空、航天（V）
20	情报资料的利用（G358）	电化教育（G43）	生物科学（Q）

从人才培养的学科归属来看，我国情报学教育人才培养呈现多学科交叉态势，涉及面非常广，除了一级学科“图书馆学、情报与文献学”中图书馆学、情报学、档案学外，还包括管理学、信息科学、经济学、医学、农学、历史、哲学、宗教等多个学科。学位论文能够反映当前我国情报学科学前沿的阵地，也是情报学人才培养的重要考核指标，表明了未来的学术人才关心和研究的热点问题。结合情报学的办学院系归属来看，我国情报学的人才培养是以多学科融合为主要的发展模式。从积极的一面考虑，得益于信息技术的推广，情报学中与 Information 相关的研究（尤其是信息技术）成为其他学科可以借鉴和引入的学科增长点；从消极的一面考虑，与过多学科的融合，使得情报学的定位始终处于弱势地位，这可以从一些院校的专业调整一窥端倪，如有部分院校就取消了情报学的办学，转而开设与知识管理、知识组织相关的专业。

2.4.3 我国情报学教育培养方向

（1）博士研究生培养方向

课题组通过现有情报学博士授予点机构主页、研究生院招生培养文件及各机构学者提供的方式，获取了南京大学、武汉大学、中国人民大学、南开大学、华中师范大学、吉林大学、南京农业大学、中国科学院大学的博士研究生培养方案。在培养方案基础上，我们统计了各机构博士研究生培养的主要研究方向，如表 2–6 所示。

表 2–6 情报学博士研究生研究方向

院校	学制 / 年	研究方向
南京大学	3	情报学理论与方法、情报分析、经贸信息研究、网络信息资源管理、信息智能化处理与检索、知识管理、信息经济学研究、竞争情报、资源服务与用户研究、多媒体信息处理与检索、图像处理与模式识别、网络信息安全与应用、影像信息资源管理、信息政策与法规等
武汉大学	3	情报学理论与方法、信息组织与信息检索、信息分析与竞争情报、信息经济与信息资源管理、信息计量与科学计量、信息服务与信息保障、信息系统管理
中国人民大学	4	信息组织与构建、竞争情报、情报学理论
南开大学	4 ～ 6	信息行为、信息检索、竞争情报、政府信息资源管理、知识发现
华中师范大学	3	情报学理论及应用、信息组织与知识管理、情报分析与知识挖掘、信息化管理与电子政务、经济信息化与电子商务
吉林大学	4 ～ 6	情报学理论与应用、 信息经济理论与应用、网络信息资源管理
南京农业大学	4	信息处理与信息检索、信息组织与服务
中国科学院大学	3	情报理论方法与应用、科学计量学与应用、智库理论与建设研究、知识技术与智能信息处理

梳理表 2–6 博士研究生培养方向，主要集中在以下几个方面。①情报学理论与应用：围绕情报概念与属性、情报学研究对象和研究方法、情报用户的基础理论等学科基本问题；②信息计量与科学计量：运用定量与定性相互结合的评价手段，对科学研究的发展规律、科研活动评价、科研活动特征进行的揭示；③竞争情报：研究竞争情报理论与方法、企业竞争情报、专利竞争、竞争情报工作、信息分析等；④信息组织与信息检索：研究信息组织理论与方法、信息检索理论与技术、信息资源管理与服务等。除此以

外，各机构根据自身师资和学科发展，设计了电子商务、电子政务、智库、信息经济等研究方向，基本涉及军事、管理、经济、信息科学等多个学科，体现了情报学培养“通才”的理念。

（2）硕士研究生培养方向

课题组通过现有情报学硕士授予点机构主页、研究生院招生培养文件及各机构学者提供的方式，获取了南京大学、中国人民大学、南开大学、华中师范大学、吉林大学、黑龙江大学、上海大学、云南大学等 29 家一级学科学位授予单位情报学培养方向及天津大学、上海社会科学院、济南大学二级学科学位授予机构的情报学培养方向，如表 2–7 所示。

表 2–7　情报学硕士研究生研究方向

院校	学制 / 年	研究方向
南京大学	3	情报学理论与方法、信息处理与信息检索、信息服务与信息保障、电子政务、电子商务、信息系统工程、经济信息管理、竞争情报、计算机图像处理与模式识别、保密管理、信息资源管理
中国人民大学	2	情报学理论、竞争情报、信息组织与检索、信息服务
南开大学	2 ～ 3	信息行为与信息检索、竞争情报与知识管理、信息处理与管理
华中师范大学	2 ～ 3	情报学理论与方法、信息组织与检索、信息化管理与电子政务、竞争情报与决策支持系统、信息咨询与服务、知识产权、信息政策与管理
吉林大学	2	信息经济理论与应用、情报学理论与应用、信息系统与信息网络、知识管理与数据挖掘、电子商务信息开发与管理
黑龙江大学	3	信息政策与法律、信息经济与知识管理、信息技术与信息系统
上海大学	3	情报理论与方法、工商（竞争）情报、行业与战略情报分析与研究、情报服务技术、知识产权信息管理
云南大学	2 ～ 4	信息资源管理理论与方法、信息检索与服务
南京农业大学	3	信息检索技术、农村与农业信息资源管理、网络信息管理、竞争情报、信息计量与评价
郑州大学	3	信息经济、知识管理、信息检索与电子出版物、网络信息资源管理、信息计量与评价
北京师范大学	2 ～ 3	信息资源管理、信息组织与检索、信息分析与挖掘、信息计量与评价、数字图书馆、用户与服务研究

续表

院校	学制 / 年	研究方向
南京理工大学	2.5	情报理论方法与应用、信息分析方法与应用、网络信息资源开发与管理、竞争情报与知识管理、信息系统与信息化管理、电子商务与电子政务
湘潭大学	3	情报学理论与方法、信息咨询与决策、电子商务与现代物流、竞争情报与知识管理、信息计量、信息生态
四川大学	3	信息管理技术与方法、知识管理与竞争情报、信息系统研究、情报检索技术与服务
苏州大学	3	信息管理理论研究、企业竞争情报、信息资源开发与服务
中国农业大学	3	情报研究与信息咨询、信息计量与科学评价、信息技术应用
天津师范大学	3	情报学理论与方法、竞争情报与商务智能、信息计量与科学评价、档案管理与电子政务
山西大学	3	信息生态与信息法律、信息组织与数据挖掘、信息服务与质量评价
中国科学院大学	3	情报理论与方法、科学计量学及应用、知识产权分析研究、大数据情报分析方法与技术
中国科学技术信息研究所	2	信息技术应用、信息分析与预测、计量学理论与应用、情报学理论与方法、信息构建与知识构建、文献加工与数据库建设、信息资源整合与共享
辽宁师范大学	3	情报学理论与方法、信息分析与情报计量、竞争情报研究
东北师范大学	3	情报学理论与方法研究、信息资源管理研究、数字图书馆研究、知识管理与服务研究、科学计量与科技评价研究
华东理工大学	2.5	现代情报技术、竞争情报、专业信息学
东南大学	3	信息资源管理、知识组织与发现、科学计量与科研评价
河海大学	3	企业竞争情报、企业经营数据分析与挖掘、信息资源建设规划与管理、信息安全管理
江苏大学	3	专利情报与知识产权战略、情报理论与技术、信息资源组织与管理
南昌大学	3	数字信息资源管理、知识管理与知识服务、竞争情报与战略管理、科学计量与科技评价、大数据分析方法与应用
山东理工大学	3	信息计量与科学评价、信息检索与信息资源管理、知识产权管理与分析评价
西南大学	3	信息用户与服务、信息资源管理与开发利用、信息组织与检索

续表

院校	学制 / 年	研究方向
天津大学	2.5	情报分析与决策咨询、大数据环境下知识组织与服务、科技评价研究、知识产权运用和公共服务研究
上海社会科学院	3	情报学理论与方法、信息资源管理
济南大学	3	医学情报与卫生决策、医学信息分析与评价

由表 2–7 可知，我国情报学硕士研究生的培养主要集中在信息计量、信息资源管理、信息组织、信息检索、竞争情报、信息分析、信息服务等主题上，基本覆盖了学科研究的主要方向。与博士研究生培养方向相对比，对于情报学理论与方法的应用成为硕士培养的重要内容，一些院校也开设了与自身院校、学科特色相关的培养方向，如农村与农业信息资源管理、医学情报与卫生决策、医学信息分析与评价。

（3）图书情报专业硕士培养方向

图书情报专业硕士是与图书情报职业紧密结合的，与图书馆学、情报学等学术型硕士处于同一层次的不同学位类型，是培养应用型高层次图情人才的重要途径。在培养方向上，与学术型硕士相比较，图情专业硕士侧重于应用，其主要培养方向是图书馆、情报工作职业应用。各培养机构根据自身师资力量和培养目标，设计具有自身特色的培养模式。例如，南京理工大学设置了网络信息资源开发与管理、竞争情报与知识管理、信息检索技术这 3 个培养方向，江苏大学设置了农业农村信息资源组织与管理、专利情报与知识产权战略、数据治理与大数据分析、用户信息行为分析等培养方向。

（4）我国情报学研究生学位论文的主题分布

研究生的学位论文是对其在校期间学习和科研的总结，也往往反映了相关科研机构的学术热点。通过学位论文的主题分布，能够更为全面地展示办学机构的学术动态。课题组成员张军亮收集了 CNKI 收录的 2017 年 12 月底前以情报学作为学科的博士、硕士论文，统计了这些学位论文的热点关键词，并利用社会网络分析可视化软件 Gephi 对相关文献进行了研究领域的社区分析①，结果如表 2–8、表 2–9 所示。

① 张军亮 . 我国情报学博硕士学位论文的主题分析［J］. 西南民族大学学报（人文社科版），2019，40（4）：237-240.

表 2–8　我国情报学研究生学位论文热点关键词

序号	关键词	频次	序号	关键词	频次
1	知识管理	142	22	评价	41
2	竞争情报	113	23	对策	41
3	本体	113	24	社会网络分析	40
4	电子商务	110	25	信息构建	38
5	高校图书馆	95	26	模式	36
6	信息服务	91	27	结构方程	35
7	数字图书馆	84	28	文献计量	35
8	图书馆	74	29	信息需求	35
9	层次分析	72	30	信息行为	35
10	电子政务	69	31	竞争情报系统	34
11	数据挖掘	64	32	信息组织	33
12	指标体系	64	33	OA	32
13	影响因素	62	34	绩效评价	32
14	信息资源	59	35	知识产权	31
15	知识共享	55	36	搜索引擎	31
16	信息化	49	37	实证研究	31
17	企业	48	38	知识转移	30
18	Java	46	39	微博	30
19	Web2.0	46	40	公共图书馆	30
20	知识服务	46	41	信息素养	30
21	信息检索	42	42	—	—

表 2–9　我国情报学研究生学位论文的社区分布

社区	主题	主要关键词
1	信息资源建设	C2C、电子商务、信息不对称、信息系统、信息资源、信息管理、模型、信息化、激励机制、政府信息公开、运行机制、政府信息资源、信息资源管理、国际互联网、电子政务、版权保护、对策、信息获取、博弈论、供应链、网络、优化、信息生态系统、政府网站、信息技术、信息流、信息、 信息生态、供应链管理、建设、信息共享、信息生态链、政府、应急管理、信息资源配置、管理、应用、突发事件

续表

社区	主题	主要关键词
2	信息和知识支持决策	客户关系管理、数据挖掘、聚类分析、决策支持系统、数据仓库、信息分析、系统设计、知识发现、 SVM、聚类、关联规则、网络营销、商务智能、文本挖掘、可视化、信息可视化、信息抽取
3	信息组织和知识组织	语义网、信息组织、Java、XML、本体、元数据、语义检索、信息检索、语义 Web、领域本体、知识元、知识组织、 P2P、搜索引擎、主题图、形式概念分析、关联数据、网络社区、网络信息资源、网络信息
4	竞争情报	知识创新、产业集群、博客、竞争情报、核心竞争力、 SWOT、技术创新、知识共享、知识管理、情报研究、竞争情报系统、社会网络、专利战略、价值链、竞争力、构建、 专利分析、发展对策、企业、隐性知识、个人知识管理、知识地图、知识库、模型构建、人际情报网络、机制、信息产业、战略、中小企业、档案、反竞争情报、系统构建、知识
5	用户需求和用户行为	影响因素、结构方程、信息行为、中国、 H 指标、引文分析、情报学、文献计量、用户行为、实证研究、用户研究、 虚拟社区、内容分析法、信息传播、微博、美国、复杂网络、社会网络分析、学术博客、知识转移、网络舆情、大学生、信息需求、技术接受模型、虚拟学术社区、知识图谱、 危机管理、链接分析
6	信息评价	层次分析、模糊综合评价、评价、指标体系、信息素养、企业信息化、信息构建、网站、DEA、问卷调查、用户体验、因子分析、评价指标、网站评价、评价指标体系、风险评估、远程教育、信息安全、评价体系、神经网络、绩效评价、政府门户网站、质量评价、用户满意度、信息公开、风险管理、高校
7	数字图书馆	数字图书馆、个性化服务、图书馆、数据库、个性化推荐、 体系结构、lib2. 0、信息服务、 Web2.0、资源共享、高校图书馆、管理信息系统、OA、OA 期刊、个性化、RSS、个性化信息服务、服务模式、信息交流、信息资源整合、用户信息行为、发展策略、智慧城市、网络环境、数字参考咨询、 信息服务模式、数字资源、服务、网格、服务质量、比较研究、模式、策略、知识产权、公共图书馆、专利、云计算、大数据、知识服务、服务体系、著作权、评估

结合表 2–8、表 2–9 内容来看，我国情报学人才教育以信息化为中心，在内容上也与图书馆学呈现一体化现状。与信息管理相关的研究主题，都可以作为学科研究生的研究内容，情报学研究渗入了科技、军事、社会、经济、国家安全等方方面面。另外，过度的信息泛化使得情报概念弱化，20 世纪 90 年代由联机检索推动的“图—情”一体化仍对情报学教育培养起到非常重要的影响作用，这与当下的情报学的时代定位已经严

重不符。结合热点关键词来看，对于情报学内涵和外延的研究在情报人才培养中严重缺失，与情报相关的热点关键词寥寥无几。

2.5 我国情报学课程体系

2.5.1 博士研究生课程

通过各教学机构主页、研究生院招生培养文件及相关机构学者提供的方式，我们采集了南京大学、武汉大学、中国人民大学、北京大学、南开大学、华中师范大学、中山大学、吉林大学、南京农业大学、中国科学院大学这 10 所博士培养机构的培养方案和相关教学课程计划，并对其进行了归类处理，结果如表 2–10 所示。

表 2–10 情报学博士研究生课程体系

课程方向	相关课程名
学术前沿	情报学前沿专题、情报学研究进展、情报学专题研究、学科进展、信息资源管理研究前沿、信息资源管理前沿讲座
研究方法	图书馆学情报学研究方法、图书情报高级研究方法与设计、图书情报与档案管理高级研究方法与设计、图书情报专门研究方法、信息构建的理论与方法、信息管理理论与应用、信息检索理论与方法研究、信息科学与信息管理研究高级理论模型与框架、科学研究方法、科学与逻辑方法论、抽样调查的理论与分析、管理科学研究方法、管理研究方法论、管理研究计算机辅助系统、管理研究数量分析方法、科学与逻辑方法论、统计模型与应用、投入产出分析
文献研读	国外经典文献选读、情报学主文献研读课、信息资源管理主要文献研读课
信息检索	信息检索理论与方法研究、信息检索前沿研究、信息检索专题研究
信息分析	信息分析技术及方法、信息分析理论前沿研究、信息分析研究、信息分析研究进展、专利信息分析导论、定量信息分析专题研究
竞争情报	工商竞争情报、竞争情报理论与应用、竞争情报研究、情报研究与竞争情报
信息计量与科学评价	信息计量与科学评价研究、科学计量与科学图谱、Informatics 专题研究
信息资源管理	信息资源管理、信息资源服务与评价、信息资源共享专题研究及前沿进展、信息资源评价收集理论与应用、信息资源知识产权专题研究
信息组织	信息组织、信息组织与信息行为研究进展

续表

课程方向	相关课程名
知识管理	知识管理研究、知识管理系统、知识组织专题研究、知识管理与知识发现、知识技术、知识管理理论与方法、知识管理前沿研究、知识网络与知识管理研究
信息经济	博弈论与信息经济研究、信息经济理论与应用研究、计量经济分析、知识经济与技术创新管理
智库研究	智库理论与研究、战略情报研究与决策咨询

从课程设置来看，情报学博士课程主要由必修课和专业选修课构成，其中学术前沿是多数院校博士课程的必修课。在选修课程中，研究方法、文献研读课在各培养机构课程设计中均有体现，其他课程由各培养单位根据自身研究方向确定。经过归类与整理，将其划分为信息检索、信息分析、竞争情报、信息计量与科学评价、信息资源管理、信息组织、知识管理、信息经济和智库研究，这些主题也是博士培养单位的主要科研方向。

2.5.2 硕士研究生课程

通过学院主页、研究生院培养方案及各开设院校教师提供的方式，我们收集了南京大学、武汉大学、中国人民大学、北京大学、南开大学、华中师范大学、中山大学、吉林大学、黑龙江大学、上海大学、云南大学、南京农业大学、郑州大学、北京师范大学、南京理工大学、湘潭大学、四川大学、苏州大学、中国农业大学、天津师范大学、山西大学、中国科学院大学、中国科学技术信息研究所、辽宁师范大学、东北师范大学、华东理工大学、东南大学、河海大学、江苏大学、南昌大学、山东理工大学、西南大学这32所一级学科情报学硕士培养方案，以及天津大学、上海社会科学院、济南大学这3所二级学科情报学硕士培养方案。培养方案中的硕士课程，经过分类整理如表2–11所示。

表2–11　情报学硕士研究生课程体系

课程方向	相关课程名
学术前沿	情报学进展、情报学理论与方法、情报学研究进展、情报学研究前沿专题、情报学专题研究

续表

课程方向	相关课程名
情报学理论与方法	情报学理论与方法、情报学理论研究、情报学理论、情报学基础理论和方法、情报学基础理论、情报学基础、情报科学理论、情报科学理论与方法、情报研究方法与技术、图书情报学科研究方法、图书情报学理论研究、图书情报学研究方法论、图书情报学研究前沿、图书情报学研究思维与方法、图书情报与档案管理前沿研究课题评介、图书情报与档案管理研究方法论、图书情报与档案管理研究方法及研究设计、图书情报与档案管理原理
信息检索	网络信息资源检索与利用、信息检索、信息检索理论与技术、信息检索研究、信息检索研究进展、信息检索原理、信息检索原理与方法、信息检索技术研究进展、信息检索理论与技术研究、信息资源检索、信息资源与信息检索、医学文献检索与利用、电子资源检索与利用、高级信息检索与分析、计算机检索技术、人文社科类电子资源检索与利用、现代信息检索、信息处理与检索技术
信息分析	信息分析、信息分析方法概论、信息分析工具专题、信息分析软件工具、信息分析研究、信息分析与竞争情报、信息分析与决策、信息分析与决策咨询、信息分析与评价、信息分析与文献计量、信息分析与预测、战略决策与信息分析、科技情报分析与研究
竞争情报	竞争情报、竞争情报分析方法、竞争情报分析实务、竞争情报研究、竞争情报与决策咨询、竞争情报与知识管理、竞争情报原理、竞争战略与竞争情报战略管理及竞争情报、高级竞争情报研究
信息计量与科学评价	信息计量学、信息计量学及其应用、信息计量学进展、信息计量学研究进展、信息计量研究、信息计量与分析、信息计量与科学评价、网络信息计量学、网络信息计量与评价、科学计量方法论、科学计量学、科学计量学与科技评价、科学计量与技术评价研究、科学知识图谱、网络计量研究
信息资源管理	信息资源管理、信息资源管理基础、信息资源管理技术、信息资源管理理论、信息资源管理理论与方法、信息资源管理前沿、信息资源管理前沿讲座、信息资源管理研究、信息资源管理研究方法、信息资源管理原理、信息资源获取与利用研究、信息资源检索、信息资源建设、信息资源建设与评价、信息资源开发与利用、信息资源数字化建设、信息资源整合与利用、网络信息资源开发与管理、网络信息资源组织理论与实践、网络信息资源组织与建设、卫生信息资源管理
信息组织	信息组织、信息组织理论与方法、信息组织理论与技术、信息组织前沿研究、信息组织与检索、信息组织与信息检索、信息组织与信息建构、信息组织与应用研究、网络信息与信息组织、知识组织研究、知识组织研究进展、知识组织与知识服务

续表

课程方向	相关课程名
知识管理	知识管理、知识管理导论、知识管理方法与技术、知识管理技术与方法、知识管理研究、知识图谱、知识网络研究、知识组织研究、知识组织研究进展、知识组织与知识服务
信息经济	信息经济学、信息经济理论、信息经济学高级专题、博弈论与信息经济学、博弈论、国外信息经济学著作选读
信息安全	信息保密与信息安全
信息政策	信息政策、信息政策法规、信息政策法规专题、信息政策与法规专题、信息政策与法律、信息政策与数据治理、科技政策与战略情报
信息咨询	信息咨询、信息咨询研究、信息咨询与信息分析、信息咨询与知识服务
智能信息技术	智能信息处理、智能信息处理技术、智能信息系统研究、智能信息系统专题、自然语言处理、自然语言处理与文本分析、人工智能及其应用、人工智能与安全保密、机器学习导论、机器学习基础与实践
数据挖掘	数据挖掘、数据挖掘技术、数据挖掘与决策支持、数据挖掘与信息分析、数据与知识工程、数据模型与决策、数据仓库与数据挖掘、数据分析软件及其应用、数据分析与管理技术、数据科学理论与实践、数据可视化、Web 情报挖掘、Web 挖掘与知识发现
专利分析	专利情报研究、专利实务与专利情报分析、专利与专利信息、专业情报分析案例研究
知识产权	信息资源知识产权研究、知识产权保护与利用、知识产权研究、网络知识产权

从表 2–11 来看，对比博士研究生课程设置，情报学硕士研究生课程设置实践性更强，设置也更为具体。围绕情报学的主要研究内容，各培养单位根据自身研究方向和师资设计课程体系。主要课程方向仍围绕情报学理论与方法、信息检索、信息分析、信息组织、信息资源管理、竞争情报、信息政策、信息安全等展开。在课程设置上，多了一些具体理论、技术与实践内容，如信息检索中应用的理论与技术、竞争情报研究中的专利分析。在大数据与人工智能的研究背景下，一些研究机构开设了《人工智能及其应用》《机器学习导论》《自然语言处理》等智能信息技术类课程。

2.5.3 图书情报专业硕士研究生课程

课题组收集了南京大学、武汉大学、南开大学、中山大学、吉林大学、黑龙江大学、上海大学、云南大学、华东师范大学、南京农业大学、郑州大学、南京理工大学、四川大学、山西大学、河海大学和江苏大学这 16 家图书情报专业硕士研究生培养机构的课程设置，经整理主要课程方向如表 2–12 所示。

表 2–12　图书情报专业硕士研究生课程体系

课程方向	相关课程名
学科前沿	图书情报档案前沿、图书情报行业发展前沿、图书情报行业发展前沿讲座、图书情报行业前沿、图书情报学研究前沿
理论与方法	图书情报学研究方法、图书情报学研究方法论、图书情报调查研究方法、图书情报研究方法、情报学基础理论、情报学理论、情报学理论与技术
信息检索	信息检索、信息检索理论与技术、信息检索系统、信息检索与利用、情报检索语言、情报检索语言研究
信息资源管理	信息资源管理、信息资源管理基础、信息资源管理理论与方法、信息资源获取与利用研究、信息资源建设、信息资源数字化建设、政府信息公开与现行文件开放利用、政府信息资源管理
信息组织	信息组织、信息组织研究、信息组织与检索实务
信息系统	信息系统、信息系统分析与利用、信息系统分析与设计、信息系统开发技术与工具
数据挖掘	数据挖掘、数据挖掘及其应用、数据仓库与数据挖掘、数据存储与管理、数据分析、数据库系统原理与应用、数据描述语言、数据驱动的知识服务
信息分析	信息分析、信息分析与预测、信息分析与预测技术、数据分析、情报分析案例、情报分析与研究
数字图书馆	数字图书馆、数字图书馆关键技术、数字图书馆技术与应用、数字图书馆研究、数字图书馆原理与方法、数字资源开放获取、数字资源长期保存、数字化资源发现与提供
信息咨询	信息咨询、信息咨询与服务、信息咨询与情报分析、中外信息咨询研究
竞争情报	竞争情报、竞争情报研究
专利与知识产权	专利情报研究、专利与专利情报、参考咨询与科技查新

除了表 2–12 的课程外，各专业硕士培养机构的教学课程中均包含实践教学这一环节，一般要求不低于 6 个月，部分培养机构还与相关用人单位合作实行双导师制，这体现了专业硕士培养与职业教育相结合的特征。从课程设置来看，专业硕士的岗位工作技能需要更为直观，与信息分析、竞争情报、信息技术、知识产权等岗位需求直接挂钩的

课程更多。图情专业硕士的培养目标就是掌握图书情报专业知识和技能，能够综合运用管理、经济、法律、计算机知识解决图书情报工作中的实际问题，具有较高职业素养，胜任图书情报行业的实际工作，适应国民经济与社会信息化、文化建设需要的高层次、应用型、复合型专门人才。

2.6 我国情报学教学面临的挑战

2.6.1 学科定位的思考

关于设立情报学一级学科的问题，已经成为近年来学者关心的重大问题。一方面，源自于情报学信息化后，核心竞争力下降带来的危机感，即很多本学科、其他学科学者认为情报学就是信息科学，这与新中国成立初期钱学森先生对情报学“耳目尖兵参谋”的定位相去甚远；另一方面，鉴于美国等西方国家关于国家情报安全学科的设置，将我国高校的情报学与军事情报、公安情报统一规划，这种建设既能迎合国家安全需要，也能重塑情报学“耳目尖兵参谋”的定位。对于学科的定位，直接关系到学科的教学体系设置和人才培养目标。目前，以“信息管理与信息系统”作为情报学的本科教学，带来的负面作用就是过于强调信息素养的培养，而情报智力人才的培养则往往被忽略。因而，情报学界一直有建立情报学一级学科的呼声，要求与图书馆学、档案学本科培养拉开学科差异。

目前，学界对设立一级学科的讨论意见不一：中国社科院著名情报学家黄长著先生认为目前时机还不成熟，主要因素是对于“情报”的理解“Information”“Intelligence”还未统一，仍然需要对情报的内涵和外延进行更为科学化的理论阐述，这直接影响情报学的学科定位[①]，同时一级学科的建立也会影响图书馆学和档案学的学科归属定位；中国公安大学的谢晓专教授认为，将军事情报学、公安情报学、国家安全情报学、科技情报学、商业情报学（竞争情报学）等从各自领域剥离融合并不现实，但应当鼓励和支持研究各情报领域的情报工作规律，建立通用的情报学理论知识体系[②]；南京大学袁勤俭教授认为，从教学研究、中国特色“国家情报智库”、学科人才培养、子学科的基础、情报学科扩展等5个方面来说，情报学都应具备成立一级学科的条件，有助于国内学界

① 黄长著.关于建立情报学一级学科的考虑［J］.情报杂志，2017，36（5）：6-8.
② 谢晓专.关于设立“情报学一级学科”之浅见［J］.情报杂志，2017，36（7）：1-2，15.

大情报观的认知[①]；南京大学苏新宁教授认为，对于情报学一级学科的思考，有助于情报学做大做强，并指出“未来的情报学应当是一个涉足军事、国防、安全、科技、医疗卫生、生态环境、社会经济、政府决策、历史文化等跨学科的学科体系”，当下的主要任务应当是构建包括军事情报学、科技情报学、医学情报学、社会情报学等在内的大情报科学体系[②]。

与学科教育相关的定位思考，还包括对于情报人才培养的反思。新中国成立初期，由于科技情报工作的形式和国际形势，情报学定位为“耳目尖兵参谋”；20 世纪 80—90 年代，联机查询工作环境下的科技文献服务使得情报学与图书馆学逐渐靠近；90 年代后的信息化，使得情报学与信息科学 Information Science 更为接近。无论是“图—情”一体化还是信息科学，对情报学“耳目尖兵参谋”的定位产生了弱化影响，对此苏新宁教授指出，未来情报教育人才的培养需要重视高端情报人才的培养，即“耳目尖兵参谋”+“引领”，我们应当转变情报工作的服务观念，以“引领”创新、发展、做决策的耳目参谋为主，而非单纯强调“服务”。在“大情报观”的指导下，情报高端人才的博士培养可以从相关其他学科进行选材，也可以为其他学科的继续教育提供相应课程。

2.6.2 社会变革的思考

西方国家特别是美国对于国家安全情报的反思与重构，对于我国国家安全情报研究具有非常重要的借鉴意义，情报研究应当成为维护国家安全的重要组成部分。但长久以来，情报学服务性学科地位使得情报工作沦为“仆人”，对于情报工作人员的培养也主要是从服务角度展开，这不利于当前国际形势下的国家安全。包昌火研究员对于我国国家情报工作的不足有着深入阐述[③]：① 缺乏明晰化的国家情报工作界定；② 缺乏一体化的国家情报工作机制；③缺乏融合化的国家情报数据平台；④ 缺乏特色化的国家情报思想体系；⑤ 缺乏制度化的国家情报法治体系。

与图书馆学、档案学的学科一体化建设，使得对于情报学的认知从“耳目尖兵参谋”沦为文献服务，军事、公安情报一直是非公开研究领域。在这一点上，美国学者将情报学上升为国家情报，即情报（Intelligence）与国家安全（National Security）工作深度结

① 袁勤俭．关于设立情报学一级学科之我见［J］．情报杂志，2017，36（6）：8-9.

② 苏新宁．不忘初心、牢记使命：展望情报学与情报工作的未来［J］．科技情报研究，2019，1（1）：1-12.

③ 包昌火，马德辉，李艳，等．我国国家情报工作的挑战、机遇和应对［J］．情报杂志，2016，35（10）：1-6，17.

合，特别是“9·11”事件发生后，美国情报学界一直在反思国家安全情报下的情报失察。在国家安全的概念下，情报工作应当包括军事、政治、经济、安全、社会、公共卫生等重大国家社会问题，而当下的情报学研究仍是以信息技术为主导的信息服务或知识服务。

从各地方情报机构（情报所）来看，作为情报学人才培养的重要出口单位，我国情报所正面临着前所未有的挑战：20 世纪 50 年代，面对西方国家的封锁，情报所作为我国科技情报的重要组成，通过文献汇编为我国重要的科技成果提供了“耳目尖兵参谋”的角色服务，得到了国家领导人、学术界的广泛认同，著名科学家钱学森先生就对科技情报工作做了很多的思考和探索；80—90 年代，在计算机联机技术的背景下，各地方情报所完成了对我国科技文献联机查询系统的构建工作，科技查新成为各地方情报所的重要工作内容；90 年代以后，随着网络技术的发展，各类信息服务、咨询公司对情报所服务内容形成了强烈冲击，情报所情报服务的竞争力不断下降，对于情报学人才的吸引力也逐步下降。对比图书馆学、档案学岗位的明确培养，当下情报学更多的是培养以信息技术为核心的高级人才，就业也以 IT 为主要的行业。在科技情报体制逐渐萎缩的背景下，地方情报机构亟须适应国家和社会需要进行自我调整，立足自身机构优势重塑地方情报事业，吸纳情报学毕业生。面对现实的困境，各地情报机构以 Intelligence 认知为解决方案进行了系列调整，“某些部委科技情报机构的部门、某些行业科技情报机构被剥离出来并入新型智库；某些地方政府部门的信息院所机构名称保留或恢复使用‘情报’字样；某些地方综合性科技情报机构被列入智库试点单位[①]”。李辉研究员认为，在当下的时代背景下，地方情报机构必须通过转型适应社会和国家的需要，具体来说应考虑科技情报机构向智库转型、情报工作由“跟踪型”转为“计算型、引领型”、拓展竞争情报及军民融合。

2.7 小结

大数据技术、人工智能技术、5G 通信技术下新技术与新理论飞速发展，要求情报学及情报工作必须立足于这些先进技术，情报学的人才培养也离不开相关课程的设置。大数据本身不是一项新技术，但海量数据的出现，已经影响了科学研究的范式，即以数据驱动的科学研究为主导。人工智能技术就是在大数据环境下，对于数据、信息、情报

① 李辉．新时代我国科技情报工作的价值定位与发展方略［J］．科技情报研究，2019，1（1）：51-63.

的海量处理需要，由计算机算法模型自动学习数据内在的联系和规律，研究用户对于数据的行为规律，从而自动根据用户需要完成情报的智能服务。5G通信技术则为大数据和人工智能技术提供了更为便捷的接入方式，在更快的传输速度下，势必对大数据技术和人工智能技术提出更高的要求，这就对情报的快速反应提出了更高的要求。

以数据驱动为主导的研究范式转变，对于长期从事文献、信息、数据的采集、加工、存储、组织、分析的情报学而言，是一个极好的发展机缘。从海量的无序信息里，根据用户的需要，汲取可用信息，序化加工成为情报，这正是过去这些年情报学所研究的重要内容。情报就是利用数理统计方法、归纳演绎方法、分类聚类等数据科学技术，捕捉来自数据与信息中的可用部分。而人工智能技术，特别是机器学习技术，为这种情报的有效捕捉提供了有力的技术支撑，机器学习技术可以从海量数据中捕捉细微差异、数据联系、隐形关联等，将为情报的深度加工提供技术解决方案。杨建林教授对大数据时代的情报学研究进行了展望[①]。①大数据范式不仅促进情报学理论研究与应用研究的深层次变革，而且对情报工作在数据管理、数据分析、数据使用及数据服务中的作用提出更高的要求。②大数据分析与情报研究两者在视角、分析过程等方面联系紧密，大数据技术与方法的应用将对情报学的理念、研究内容、主要技术方法等产生持续的重要影响。③大数据时代的情报工作在范围、特征、作用、形式、对象等各个方面发生巨大变化，其主战场不仅是科技与军事领域，还被拓展到社会、经济、文化等方方面面。④基于大数据范式的情报学思维将促进情报学研究与情报工作实践彻底变革。因而，未来大数据环境下的情报学教育需要加强基于数据驱动的情报学理论、方法与技术研究，在课程体系设计中，应当加强与此相关的自然语言处理、人工智能、机器学习等课程，也包括相关的数理统计课程，培养具有相应技能的高级情报人才，加快情报学智能化的发展。

① 杨建林，苗蕾.情报学学科建设面临的主要问题与发展方向［J］.科技情报研究，2019，1（1）：29-50.

第3章 教育者视角下的情报学教育及人才培养调查与分析

在大数据和人工智能引领的新时代下，情报研究和教育对象得到进一步的延伸，数据的地位和作用愈发重要[①]，培养具有数据处理和分析能力的高端情报人才[②③]甚至数据科学家[④]成为情报学教育的新目标，这给情报学教育的发展带来了新的挑战，也为之提供了新的工具和发展方向。尤其是在《情报学与情报工作发展南京共识》[⑤]提出的背景下，情报学教育体系与人才培养亟待新的思路来应对这样的变化和挑战，而情报学教育者和研究者在近年来也就此进行了较为广泛的讨论。

以大数据为主的新兴技术和思维得到了较多的认可和重视，如苏新宁[⑥]认为大数据时代是情报学学科面临的一个重要发展契机，情报学应当积极抓住此次机会，在教学体系和课程体系上做出相应的改变，要专注于情报技术的研究；同时在人才培养上，也要注重多层次、分类型地培养情报分析人才。杨建林等[⑦]提出大数据时代必须创新，将情报学研究的主导范式转变为数据驱动，培养基于大数据范式的情报学思维。同时，杨

---

① 王知津.大数据时代情报学和情报工作的“变”与“不变”[J].情报理论与实践，2019，42(7)：1-10.

② 苏新宁，杨国立.我国情报学学科建设研究进展［J］.情报学进展，2020，13（0）：1-38.

③ 李品，杨建林.基于大数据思维的情报学科发展道路探究［J］.情报学报，2019，38（3）：239-248.

④ LANDON-MURRAY M . Big data and intelligence：applications，human capital，and education［J］. Journal of strategic security，2016，9（2）：94-123.

⑤ 情报学与情报工作发展南京共识［J］.情报学报，2017，36（11）：1209-1210.

⑥ 苏新宁.大数据时代情报学学科崛起之思考［J］.情报学报，2018，37（5）：451-459.

⑦ 杨建林，苗蕾.情报学学科建设面临的主要问题与发展方向［J］.科技情报研究，2019，1（1）：29-50.

建林①还认为在情报学课程体系中引入大数据相关专业对情报学来说是存在冲击与挑战的，提出对待大数据时代的情报学研究应保持理性、变革与守正并重。唐明伟等②通过将大数据分析流程结合到具体的分析案例中，把大数据思维和技术串联到情报学研究思路中，构建出了大数据环境下情报学的研究过程。陈沫等③充分调研了国内外高校大数据相关专业的课程设置，发现各个高校在课程设置和研究重心上各有侧重，通过其共性分析，分多层次构建出一个较为完整的课程体系。初景利④认为智能情报分析应该作为当下情报学研究的中心，在以大数据技术为核心的条件下引入数据科学，构建情报学与情报工作新的核心能力与竞争力。李树青等⑤专门就研究生文献检索课程的改革进行了深入的探究，从检索资源、学习方法、教学方法和教学内容等方面设计了课程教学改革的方案和策略。盛小平等⑥则通过中美课程设置的比较，从专业设置、研究方向及课程设置的异同出发，提出了一系列针对我国情报学教育硕士课程设置的改进建议。

另外，也有大量研究从情报学及情报学教育的定位出发，探讨未来情报学教育的重心。例如，王艳卿⑦认为情报学教育应当以“情报”为主，应通过开设一系列课程帮助学生理解情报学发展历程，强调情报分析的重要性并辨析情报与信息的关系，对情报学教育进行“拨乱反正”式的改革和变化。柯平⑧着重指出了情报学教育发展定位的问题，认为情报学教育一方面需要从国家战略需求出发定位于培养情报人才而不是信息管理人才；另一方面从专业特色出发定位于“耳目尖兵参谋”式人才的培养。杨国立等⑨面向情报工作将情报学教育分为通识型、应用型和高级型 3 类，分别对应了本科、硕士和博士 3 个层次的人才培养，其中情报学教育的博士培养应以“耳目尖兵参谋”+“引领”

① 杨建林 . 大数据浪潮下情报学研究与教育的变革与守正［J］. 情报理论与实践，2020，43（4）：1-9.

② 唐明伟，蒋勋，徐臻元，等 . 大数据环境下情报学方法与技术体系构建［J］. 情报科学，2020，38（5）：106-111.

③ 陈沫，李广建，陈聪聪 . 情报学取向的“数据科学与大数据技术”专业人才培养［J］. 图书情报工作，2019，63（12）：5-11.

④ 初景利 . 新时代情报学与情报工作的新定位与新认识：“情报学与情报工作发展论坛（2017）”侧记与思考［J］. 图书情报工作，2018，62（1）：140-142.

⑤ 李树青，曹杰，刘凌波 . 新时代背景下研究生文献检索课程教学改革的思路创新［J］. 科技情报研究，2020，2（1）：74-82.

⑥ 盛小平，苏红霞 . 中美 LIS 硕士专业与课程设置的比较研究：基于 ALA 认可的 LIS 院校和中国“985”与“211”LIS 院校的分析［J］. 科技情报研究，2019，1（1）：75-83.

⑦ 王艳卿 . 关于我国情报学发展的问题研究［J］. 图书情报研究，2020，13（1）：29-34，39.

⑧ 柯平 . 情报学教育向何处去？［J］. 情报理论与实践，2020，43（6）：1-9.

⑨ 杨国立，苏新宁 . 迈向 Intelligence 导向的现代情报学［J］. 情报学报，2018，37（5）：460-466.

式的高端人才为主要目标。孙建军等[①]强调在情报学教育中“以情报教育与信息教育的一体化成长为基础”，拓展 Intelligence 类的课程，以适应社会发展的新需求，并面向应用培养跨专业和跨领域的情报学人才，回归“正宗”情报学教育。苏新宁[②]特别指出了情报人才应在科技创新、政府决策等活动中起引领和参谋的作用，情报学教育也应以此为目标，注重学历教育和继续教育共进的高端情报人才培养。

从上述文献梳理可看出，大数据时代情报学的发展问题得到了情报学各领域学者的重视，这些研究虽未直接指出大数据时代的情报学课程体系及人才培养该如何着手，但对本章的研究具有十分重要的参考价值。情报学教育体系和人才培养目标体现了情报学当下的发展现状和趋势，也影响着情报学未来的发展方向。在大数据和人工智能引领的新时代下，情报学在探索发展新道路的同时，也对情报学教育体系和人才培养目标提出了新的要求。

3.1 情报学教育体系的现状

本章以调查问卷的形式获取情报学教育者对情报学教育体系和人才培养现状的认识，整理他们对教育体系和人才培养目标调整的看法，通过梳理和分析为下一步的情报学教育体系和人才培养设计提供宝贵的借鉴和参考。该调查问卷面向情报学教育体系和人才培养，分别从现状分析、课程设置、人才培养等方面设计了 29 个问题，面向国内情报学研究生培养院校中的情报学教育者，共回收有效问卷 60 份。

根据表 3–1“对情报学教育体系与情报人才培养目标了解程度分布”得到的结果来看，参与调查的全部对象对情报学教育体系和人才培养目标都有了解，并且有将近 3/4 的情报学教育者认为其了解较多，这确保了本问卷调查结果的可靠性。同时，这也是本研究得以开展的重要前提，鉴于被调查对象对于国内情报学教育很熟悉，其对大数据时代下情报学教育未来发展的理解和看法，将成为未来情报学教育体系建构及情报人才培养目标定位的重要参考与指南。

针对当前情报学教育体系与人才培养现状，本问卷设计了两个问题，分别为“已有的情报学教学体系能否适应当前时代的发展要求”“情报学教育体系是否需要调整分布”，调查选项均按程度分为 5 个层次。这两个问题的调查统计结果如图 3–1、图 3–2

① 孙建军，李阳．论情报学与情报工作“智慧”发展的几个问题［J］．信息资源管理学报，2019，9（1）：4-8.

② 苏新宁．不忘初心、牢记使命 展望情报学与情报工作的未来［J］．科技情报研究，2019，1（1）：1-12.

所示，除第二个问题有 1 个人未填写外，其余均得到填写。

表 3–1　对情报学教育体系与情报人才培养目标了解程度分布

单位：人次

选项	小计	比例
A 非常了解	16	26.67%
B 比较了解	28	46.67%
C 了解	7	11.67%
D 了解较少	9	15.00%
E 不了解	0	0
总计	60	

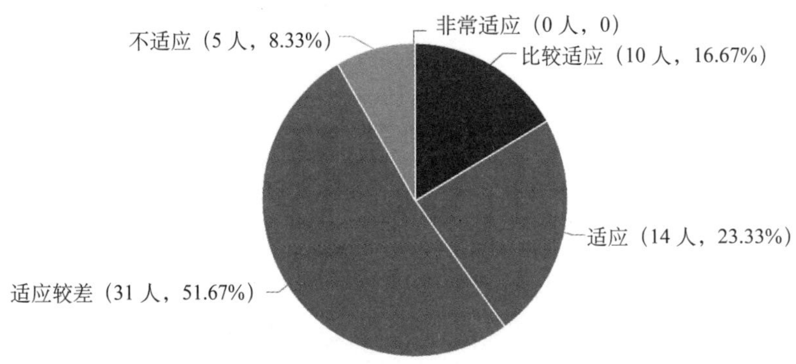

图 3–1　“已有的情报学教学体系能否适应当前时代的发展要求”调查分布

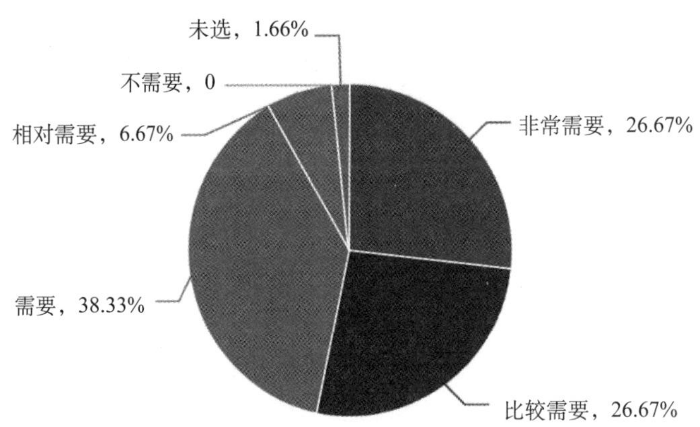

图 3–2　“情报学教育体系是否需要调整分布”调查分布

可以看出，现有的情报学教学体系已经无法较好地适应当前时代的发展要求且亟须调整，这已经成为受调查的情报学教育者的共识，如何调整将成为情报学教育的重要内容。这一调查结果与当前情报学教育体系相关研究的思路相符，尤其是大数据和人工智能带来了情报环境的变化后，如何应对这种变化以“化挑战为机遇”，成为情报学教育体系调整的关键。本研究依此围绕大数据和人工智能技术，结合数据科学近年来的重要地位，就课程设置等方面进行调查问卷的设计，从细节问题考察情报学教育者对情报学教育体系调整的完整看法和认识，并通过对结果的统计分析，整理和总结当前情报学教育体系调整的整体见解和展望。

3.2 情报学教育体系与课程设置

3.2.1 情报学教育体系的调整与强化

针对情报学教育体系调整的需求，本问卷设计了 4 个问题，关注情报学教育者关于理论与方法及新兴的数据技术的看法和认识。相关问题包括“是否需要强化理论与方法”“需强化哪些方面的理论与方法”“是否需要加强数据技术方面的课程”“需加强哪些数据技术方面的课程”。

（1）理论与方法

从图 3–3 可以看出，情报学教育者对于理论与方法的强化十分重视，这一方面体现出现有情报学教育中理论与方法的薄弱；另一方面也体现出大数据时代下，情报学教育者的新认识。面向情报学的新使命和新定位，情报学教育不能仅满足于培养初级情报服务人员，而应以“耳目尖兵参谋”乃至引领式的高级情报专家为培养对象和目标，这就要求在情报学教育体系中必须更加重视理论与方法的教育，以提高情报人才和情报专家的理论和技术素养。

在理论与方法的诸多类别中，情报分析受到了格外的重视，几乎所有受访情报学教育者均认为这是情报学教育最需要加强的理论与方法类别。这体现出当前情报工作的重中之重就是情报分析，情报分析也是高级情报专家所应具备的核心能力，而从情报学教育角度来看，重视情报分析理论与方法的培养也势在必行。情报挖掘从另一个角度体现了大数据视角下情报处理的能力，因而受到与情报分析程度相当的重视，对于情报学教育来说，以情报分析和情报挖掘的理论与方法为基础建构教育体系，是当前大数据环境下情报学发展的必然要求，也是培养高级情报专家的基本前提。

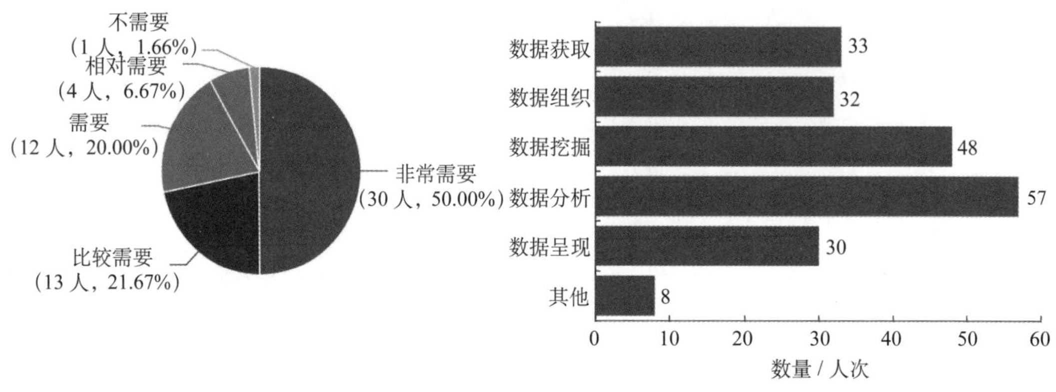

a 情报学教育体系是否需要强化理论与方法　　b 需强化哪些方面的理论与方法

图 3–3　关于情报学教育体系在理论与方法方面调整的调查结果

（2）数据技术

图 3–4 中的结果表明，情报学教育者对于数据技术的加强非常重视。数据技术是大数据环境下有效地进行情报分析和情报挖掘的必然选择，也是高级情报专家应具备的基本素养。对于情报学教育来说，从体系角度出发加强数据技术势在必行，这也应成为新时代情报学教育的核心。面向具体的技术内容时，与情报分析和情报挖掘相对应的数据分析和数据挖掘受到的关注程度最高，这也与上述的分析相符。在面向海量数据时，准确高效地从中获取有价值的信息和知识，并分析总结形成情报以供决策，是当下发挥“耳目尖兵参谋”式情报功能的基本思路。使用数据分析、数据挖掘等数据技术，是实现和完善新时代下情报分析、情报挖掘能力的基本手段，也符合近年来关于情报学发展调整的重要设计和理念[①②]。

情报学教育者对数据技术的重视，与近年来情报学自身的发展关系密切，尤其是数据分析和数据挖掘，更是逐渐成为情报学主流的研究技术和方法。情报学面向数据的调整一方面体现出情报来源在新时代的显著变化；另一方面也反映了数据科学的新兴方法对情报研究的深刻影响。对于加强数据技术的普遍认同反映出情报学研究者和教育者的一种共识，这种共识有助于情报学教育体系调整的具体设计和未来的实施落实。

① 曾建勋，魏来．大数据时代的情报学变革［J］．情报学报，2015，34（1）：37-44.

② 李广建，化柏林．大数据分析与情报分析关系辨析［J］．中国图书馆学报，2014，40（5）：14-22.

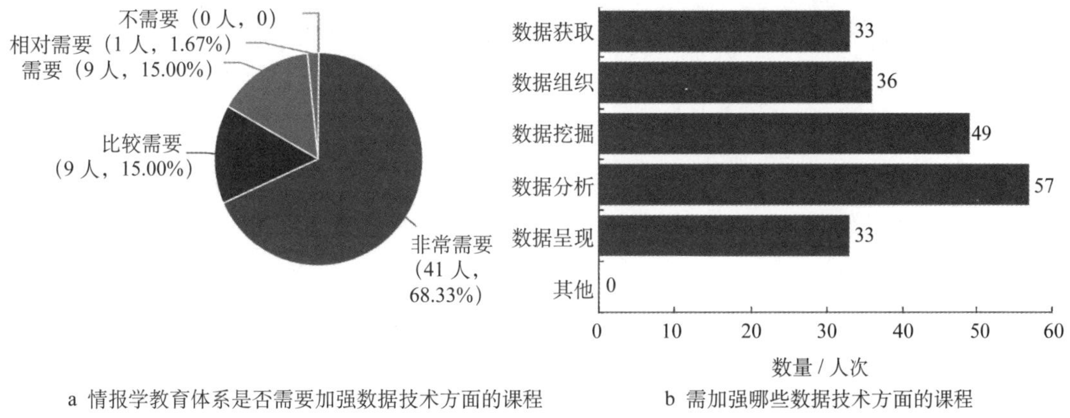

a 情报学教育体系是否需要加强数据技术方面的课程　　b 需加强哪些数据技术方面的课程

图 3–4　关于情报学教育体系在数据技术方面调整的调查结果

3.2.2　大数据与人工智能课程设置

情报学教育适应新时代发展需求的调整，实际上就是应对大数据和人工智能迅猛发展的调整。一方面，随着大数据时代的来临，数据的体量迅速膨胀，因而无法在一定时间内用常规软件工具进行捕捉，管理和处理的数据集合，需要新处理模式才能具有更强的决策力、洞察力和流程优化能力的海量、高增长率和多样化的信息资产；另一方面，以机器学习为代表的人工智能时代的来临，改变了传统的数据分析理念和方法，从数据出发自动分析和挖掘的技术，使社会从数字时代、数据时代进入了智能时代。从情报学教育体系调整的角度来看，是否需要增设大数据和人工智能相关课程，如何有效地设置相关课程成为关键。

本研究面向上述现状设置了 6 个相关问题，包含了“是否开设了大数据相关课程”“是否开设了人工智能相关课程”“是否需要增设大数据方面的课程”“需增设哪些大数据方面的课程”“是否需要增设人工智能方面的课程”“需增设哪些人工智能方面的课程”。

（1）课程开设现状

目前，已有部分院校开设了大数据和人工智能相关课程，其中大数据相关课程开设的占比达到一半，而人工智能相关课程开设比例较低，如图 3–5 所示。对于数据技术的加强已得到情报学教育者的广泛认可，而且已经有一部分院校在这方面走在了前列，展开了大数据课程在情报学教育中的实践。但与上文迫切的需求现状相比，仍有接近一半的院校并没有开设大数据课程，这表明在情报学教育实践中并未就大数据乃至数据科学的教育达成一致的认识。在情报学教育前沿研究中，关于大数据课程的体系设计已较为普遍，关键就在于如何结合实际从细节落到实处，本研究也将在下一节进一步考察相关问题。

人工智能相关课程的设置则更为特殊。虽然人工智能常与大数据并称为当前时代的技术潮流，但其相关技术和方法与情报学之间的关联并不如大数据紧密，较之于大数据从理论到方法对情报学产生的全面影响，人工智能更多的是在技术方法上被应用于解决情报学的传统问题，因此情报学教育较少专门去关注人工智能领域的内容，限制了相关课程的开设。此外，人工智能领域学科交叉非常显著，数学、计算机、语言学等相关学科课程如何与情报学课程有效结合，需要非常深入地探索和实践，因此目前相关课程开设还处于起步阶段。另外，鉴于近年来以深度学习为主的人工智能技术革新浪潮不断推进，在以数据科学技术为助力的情报学发展新态势下，高端情报专家具备人工智能前沿技术能力成为必然要求，必须考虑如何有效地将人工智能相关课程纳入新的情报学教育体系中，本研究也将在下文进一步就此进行考察分析。

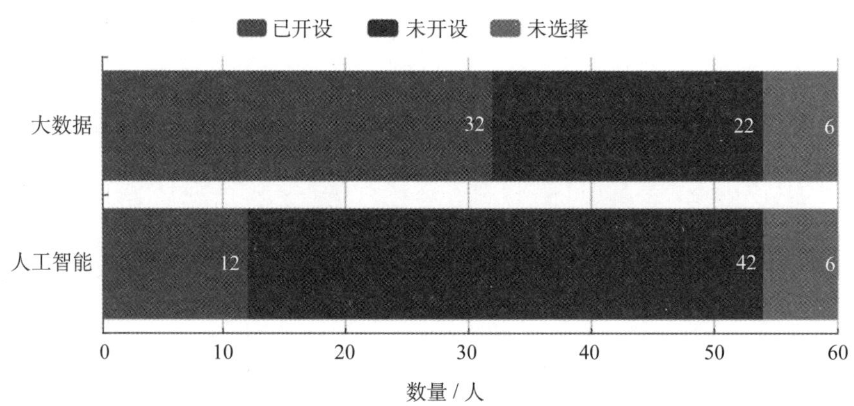

图 3–5　情报学教育中开设大数据和人工智能方面课程的调查

（2）大数据相关课程设置

针对大数据相关课程设置具体需求的调查结果如图 3–6 所示。绝大多数情报学教育者认为应该增设大数据相关课程，这与之前关于数据技术的调查结论相吻合，也符合当前情报学教育相关研究的主要倾向。在已有近半数受调查者所在院校开设了大数据课程的前提下，继续增设相关课程体现出情报学教育者对于大数据教育的迫切需求。而应该设置哪些方面的课程以满足当前情报学教育发展新目标，调查结果体现出对技术和方法的重视。这是因为高端情报人才的能力优势主要就在于应用大数据相关前沿技术和方法来解决复杂数据环境下的情报分析决策等问题，有针对性地设置课程以培养相关能力，是当前情报学教育体系调整最直接的方法。目前，大数据相关技术和方法已经比较成熟，教育和学习的成本逐渐降低，也适合开展完整的课程体系建设。与之相对的是大数据思维、大数据理论、大数据理念等占比较低，这表明情报学教育目前更多还是关注情报学自身的思维、理论和理念等，大数据只是用于解决情报学问题的技术工具。

大数据类课程的设置顺应了大数据时代发展潮流，也被情报学教育者广泛接受，相关课程可以增强情报学学生的数据处理、数据组织与数据管理能力，也能够培养学生的大数据理念和思维，从而为新时代下的情报学发展提供有力支撑，培养出具有大数据视角和技术能力的情报学专家。另外，大数据虽然在近几年发展迅猛，但其出现时间并不长，其相关研究的特点在于，重视技术与方法而非理念和思维，因而其对情报学的影响也主要体现在技术和方法层面。在大数据课程设置时，应在重视技术和方法的基础上，保证理念和思维的比重，以确保数据专家型情报人才培养的全面性。

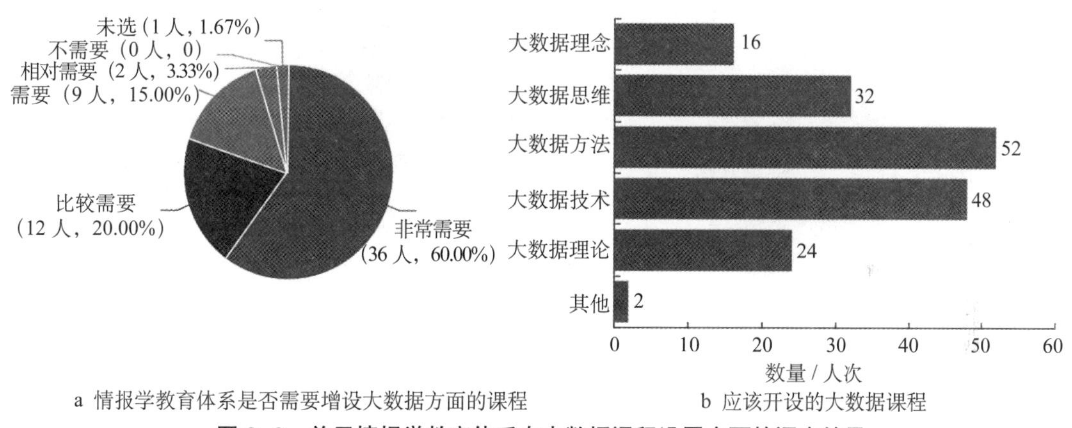

图 3–6 关于情报学教育体系在大数据课程设置方面的调查结果

（3）人工智能相关课程设置

针对人工智能相关课程设置需求的调查结果如图 3–7 所示。情报学教育者对人工智能课程的需求并不如大数据那么高，但整体上还是呈积极需求的态度，这与当前情报学教育中人工智能课程开设的比例也相符。而在具体的课程设置方面，受访情报学教育者仍然倾向于技术和方法类课程，部分受访者还提出了应该考虑“人工智能应用”这样更贴合实际的课程。情报学教育者对人工智能课程开设的重视，体现出人工智能诸多技术和方法对情报学的深刻影响。近年来，从情报获取、情报组织到情报分析、情报评价等，越来越多的研究在大数据资源和技术的基础上，运用了人工智能领域的前沿方法，以自然语言处理领域为代表的一系列研究范式和模型被用于解决与情报学相关的经典和前沿问题，如知识获取、信息组织、情报智能分析、信息计量与评价、引用内容分析等，并且取得了较为理想的效果。

实际上，在情报学教育体系中引入人工智能课程与引入大数据课程应当是相辅相成、同步进行的。大数据课程能够培养学生以新的视角看待和分析情报，而人工智能课程则能够培养学生以新的技术去理解和挖掘情报，两者协力才能培养出具备新思维和新技术能力的情报学专家。人工智能的发展同样体现出技术快于理论的态势，因而在课程设置方面，情报学教育者普遍更加关注技术和方法类课程。虽然理论和思维类人工智能课程同样被考虑和重视，但其重要性远不如技术和方法，因而在课程设置上存在一定程度的偏向。

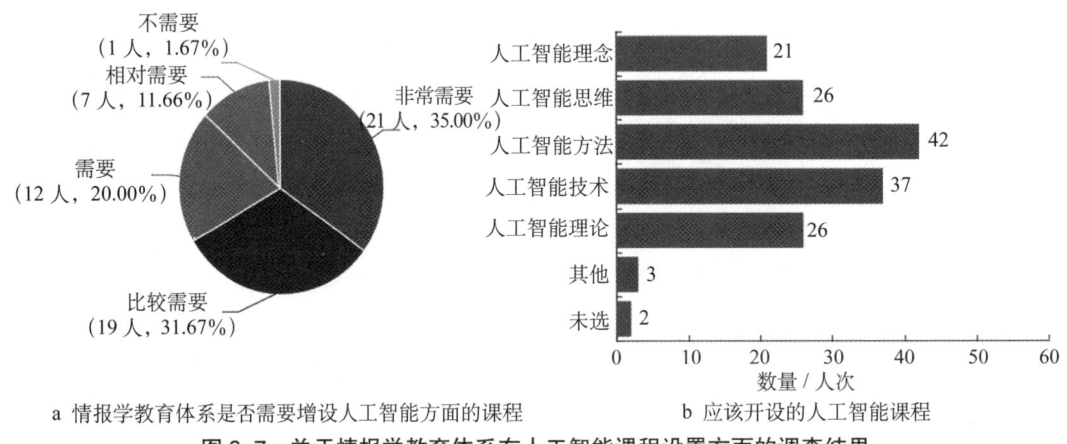

a 情报学教育体系是否需要增设人工智能方面的课程　　b 应该开设的人工智能课程

图 3–7　关于情报学教育体系在人工智能课程设置方面的调查结果

3.3　情报学教育与数据科学的关系

如上文所述，情报学教育者普遍重视在情报学教育体系中增加与大数据和人工智能相关的课程，这也体现出当前情报学教育相关研究的基本趋势。而在增加相关课程的前提下，如何准确围绕情报学教育的目标，有效地开展大数据和人工智能教学，对于培养新型情报学人才同样至关重要。此时，不仅要合理进行课程体系的设置，更需要厘清大数据和人工智能等数据科学领域的诸多技术和方法与情报学及情报学教育之间的区别与联系，分清主次、梳理重点、辨析关键、归纳细节，从而围绕课程设置完善情报学教育体系。本节重点调查情报学教育与数据科学的关系，理解数据科学如何在情报学教育体系中发挥出积极作用，为相关课程设置和情报学教育体系建设提供可靠借鉴。相关问题包含“情报学教育体系是否应该强化数据科学的内容”“情报学与数据科学之间是否有密切的联系”“基于真实数据进行实验设计是否重要”“数据主要是通过哪些方式获取”，调查结果如图 3–8 所示。

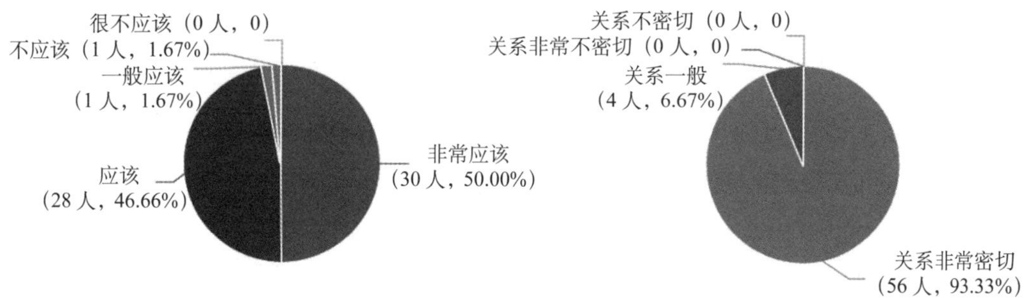

a 情报学教育体系是否应该强化数据科学的内容　　b 情报学与数据科学之间是否有密切的联系

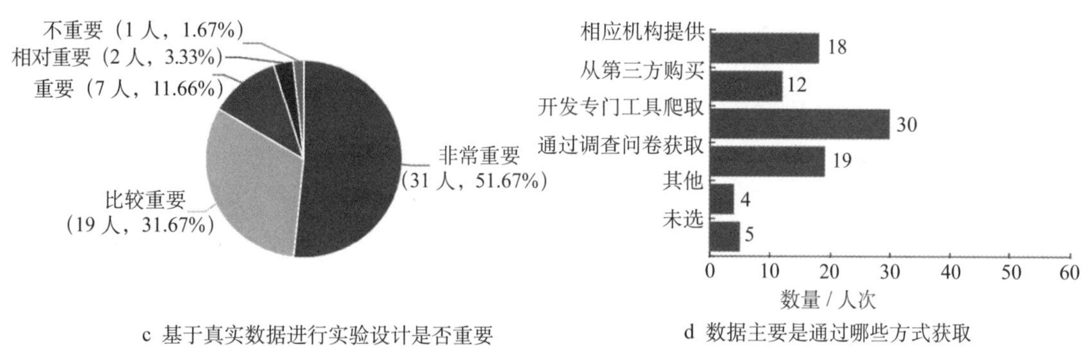

c 基于真实数据进行实验设计是否重要　　d 数据主要是通过哪些方式获取

图 3–8　情报学教育体系与数据科学相关问题调查

受访情报学教育者几乎一致认为应在教育体系中强化数据科学的内容，而这与认为情报学和数据科学存在着密切联系的比例大致相同。这表明了当下数据科学在情报学中占据重要位置已经成为一种共识，而这种共识也在《情报学与情报工作发展南京共识》中得到了体现。因此，在情报学教育体系的调整中，明确数据科学的重要性已毋庸置疑，进一步加强数据科学内容以更充分地发挥其能带来的技术和方法优势，是情报学教育当下的重中之重。

值得注意的是，几乎所有受访情报学教育者均看中真实数据的价值，这体现出大数据环境下情报学的核心价值所在。基于客观真实的数据，通过情报分析和情报挖掘等方法得到真实可靠的结论，这是高端情报专家得以在各行业领域乃至国家战略中发挥决策指导功能的必然要求。而情报学教育必须将此理念融入其中，在课程设置、人才培养等方面明确一种围绕真实数据的教育和研究框架，从而构建出面向真实数据的、可信的情报领域高端人才培养模式。

另外，在情报学教育和研究中使用真实数据时，如何获取相关数据是一个无法回避的问题，根据受访调查结果，数据获取方法主要是开发专门的工具爬取，也就是借助网络爬虫等技术，而这类技术本身也源于数据科学领域。传统的调查问卷方法及通过相应机构提供虽然仍占据一定比例，但与爬虫方法已经差距较大。从情报学教育的角度来看，在课程设置中增加数据爬取技术相关内容已经势在必行，借助前沿数据技术，自动高效地获取所需数据，并基于这些数据进行分析和挖掘以助决策，将是高端情报人才的必备能力。传统的调查问卷等方法也不能一概舍弃，综合应用多种渠道和方法获取所需数据，是大数据时代情报学教育的重要内容，是情报学教育体系调整中应当重点关注的一个问题。

3.4 情报学教育体系与人才培养

3.4.1 人才培养目标现状与调整方向

情报学人才培养目标能够体现出情报学教育体系的大方向，该目标一方面应能满足人才市场需求和国家发展战略；另一方面应符合课程体系设置与能力培养要求。本研究首先调查了当前情报学教育人才培养的现状，相关问题包含“情报学人才培养目标能否满足当前人才市场的需求”、“情报学人才培养目标是否需要调整”和“你认为目前最好的情报学人才培养目标的方向”（图 3–9、图 3–10）。

受访情报学教育者认为当前情报学人才培养目标并不满足人才市场需求，急需对其进行调整。正如相关研究所述，随着大数据和人工智能的发展，社会对情报人才的需求发生了较大的变化，国家发展也对情报专家提出了新的要求。传统的面向信息咨询与服务的人才培养目标已经无法适应当前的市场需求，从学生就业角度来看，可能存在就业容易但缺乏竞争力、报酬前景低、就业面窄等情况；从国家战略发展角度来看，现有培养目标也难以培养出高端情报人才。从调查结果来看，情报学教育者一致认为技术和方法应是未来情报学人才培养的主要方向，这符合相关研究中以熟悉数据分析和数据挖掘等能力的高端情报人才为首的培养目标。因此，人才培养目标的调整，需围绕数据科学技术和方法，通过强化数据科学相关课程，尤其是上述调查中提及的大数据和人工智能课程，着眼于国家战略和市场热点，在教育体系中明确人才目标调整方向，以满足当前环境对情报学人才的新需求。

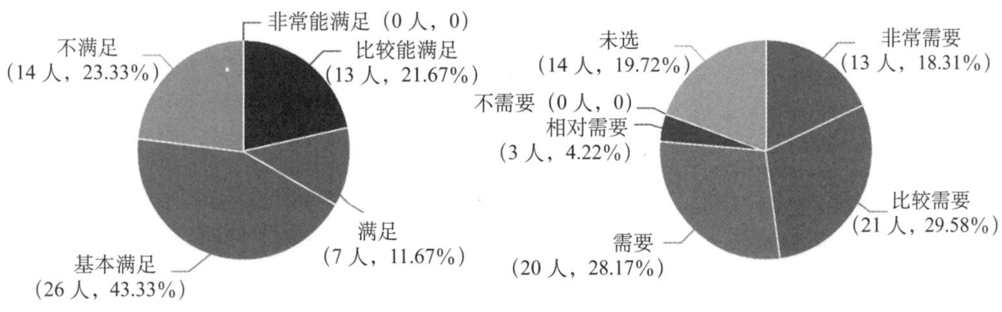

图 3–9 情报学人才培养目标调查

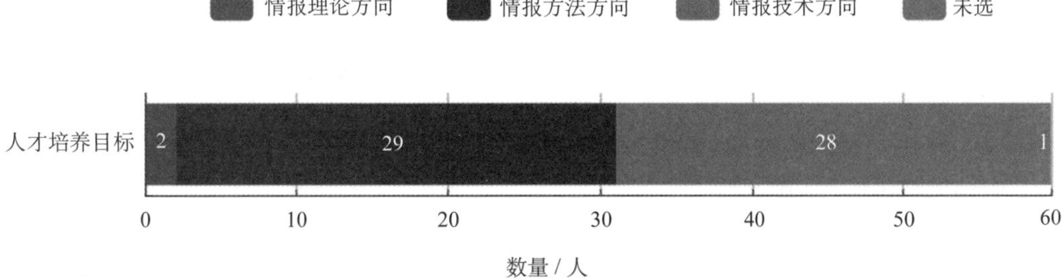

图 3–10 情报学人才培养目标的方向调查

3.4.2 人才培养能力

人才培养目标的调整需以细致准确的能力培养方案为基础才能真正落到实处。本研究从该角度设计了 6 个相关问题，包含了“情报学人才培养最应强化哪些能力的培养”、“情报学人才培养是否需要增加学生数据科学的能力”、“情报学人才培养需增加哪些数据科学相关的方向”、“您所在单位是否已经增设了跨学科内容”、“是否需要强化学生跨学科的知识、技能和方法”及“需增加哪些跨学科内容”。

从图 3–11 可以看出，数据处理和分析能力最受重视，可以认为这是情报学人才所需要掌握的核心能力，数据的洞察能力和分析问题的能力也比较重要，这些都是大数据环境下数据科学对于人才能力的基本要求，情报学教育者关于增加学生数据科学的能力看法也表明了这一点。这带来的启示在于，情报学人才能力培养需围绕数据科学展开，在大数据和人工智能相关课程的基础上，着重培养学生的数据分析和处理能力，同时兼顾数据洞察和分析问题能力，这些能力的具备与否也应该成为课程考核的基本要求。

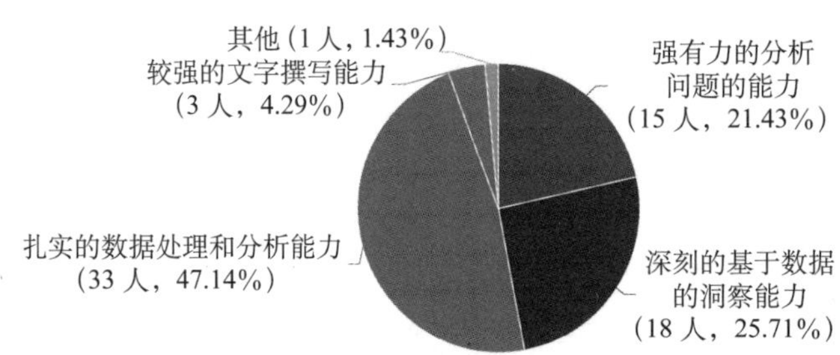

图 3-11　情报学人才培养最应强化哪些能力的培养调查

在具备了数据相关能力的基础上，情报学人才的职业发展方向也需做出相应的调整。得到最多认可的数据分析师和数据科学家同样也是当前情报学教育相关研究的主要培养目标。而业务数据分析师、数据架构师和数据产品经理等均体现出大数据时代的产业和市场特色（图 3-12）。围绕数据科学相关的职业特点，情报学教育通过对课程设置和人才培养目标的调整，可以为学生和人才提供更多的就业方向和机会，在不失情报学自身特色的前提下，把握时代发展潮流，适应国家发展需求，既增加情报学人才的竞争力，也增加情报学学科的竞争力。

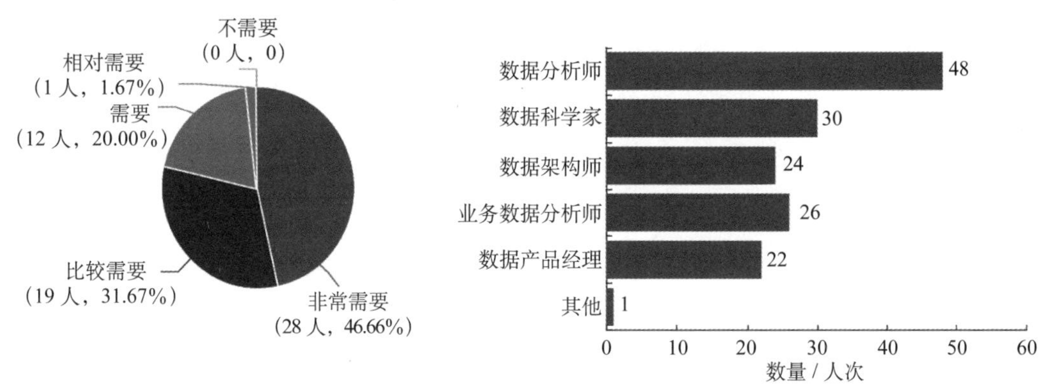

a 情报学人才培养是否需要增加学生数据科学的能力　　b 情报学人才培养需增加哪些数据科学相关的方向

图 3-12　情报学人才培养与数据科学能力的调查

在情报学教育中全面增加数据科学的作用和地位，势必会带来跨学科性的影响，而除数据科学之外，是否还应增加其他学科相关内容以丰富情报学教育体系，也值得全面深入调查。从现状来看，已有超过半数的受访情报学教育者所在院校在人才培养中考虑了跨学科内容（图 3–13）。这符合当前情报学教育研究中复合型高端情报人才培养的主旨，这类人才的培养要求是在情报学、数据科学之外掌握多领域知识，以丰富的跨学科背景来胜任情报专家的职责。这需要在人才培养过程中强化学生跨学科的知识、技能和方法，得到了情报学教育者的广泛认同。一方面结合数据科学的理念和资源；另一方面利用人工智能的技术，这将是复合型情报学专家培养的两大助力，也将是未来情报学人才培养的一大特点。在跨学科教育中增加计算机和数学相关内容，是培养上述人才能力的有效途径，这一点也得到了受访教育者的较高认同，现有的情报学教育体系本就会涉及这些学科的部分课程，特别是计算机和管理学，在一些学校中和这两个学科交叉的课程占据的比例较为可观。社会学、心理学等其他学科的交叉则能够充分体现新时代情报学的“耳目尖兵参谋”和“引领”作用，这实际上是在原有学科的基础上，增加情报学的跨学科内容，发挥情报学技术与方法的优势，从而实现相关研究中所说的各学科领域的高端情报专家的培养（图 3–14）。

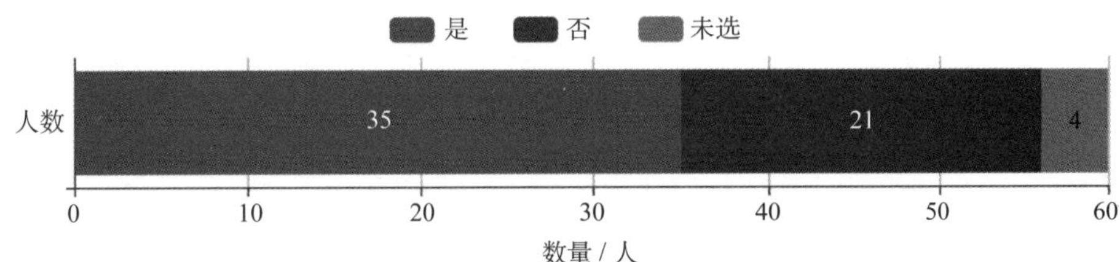

图 3–13　受调查者所在单位情报学人才培养中跨学科内容的现状

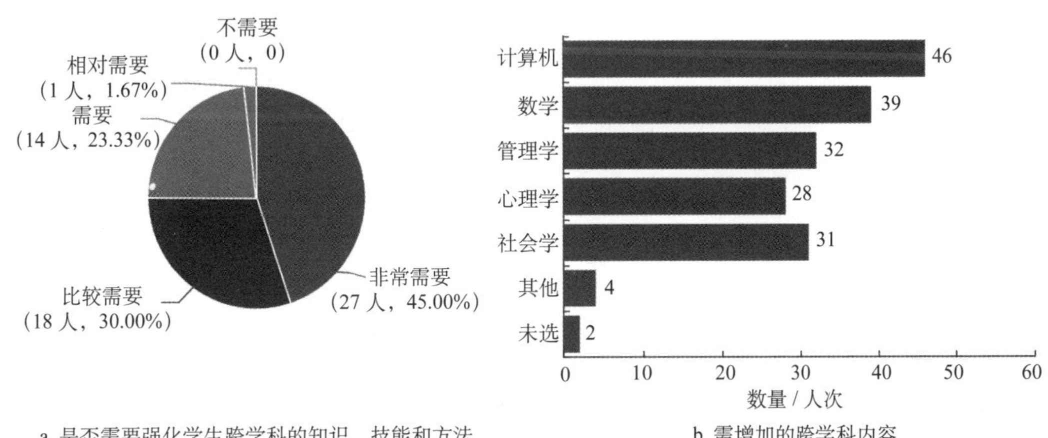

图 3–14　情报学人才培养与跨学科内容的调查

3.4.3 人才培养与毕业论文

毕业论文是人才培养的一个阶段性验收指标，能够体现出人才培养的成果，检验情报学教育体系设计的合理性。本研究就此设计了两个问题，分别是“情报学人才培养的毕业论文选题方向”和“基于哪种方法体系指导学生完成毕业论文”（图 3–15）。

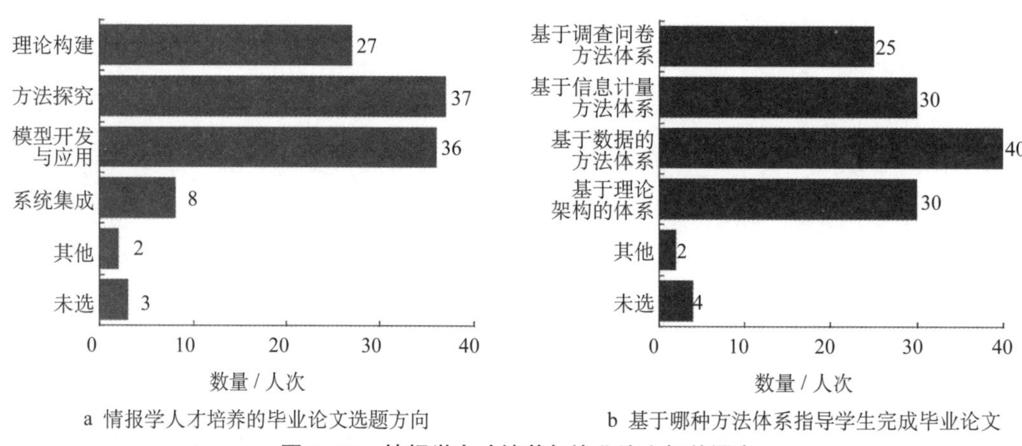

图 3–15 情报学人才培养与毕业论文相关调查

从毕业论文选题上看，当前主要的选择方向是方法探究和模型开发与应用，整体偏向于技术和应用，与数据科学领域研究范式较为契合，这一特点同样体现在以数据为主导的方法体系中。可见，目前情报学人才培养已经出现了数据科学的倾向性，与教育体系和人才培养目标的方向一致，同时也表明了情报学教育中数据科学实践的有效性。较之传统的情报学毕业论文选题，以数据科学技术和方法为主力的研究主题更能够契合教育体系中面向大数据和人工智能的课程设置，以及面向数据科学的人才培养目标，从结果上保证上述体系得以完整地落到实处，从而实现具备数据科学技术能力的高端情报学人才的培养。

3.4.4 人才培养与实践

实践是检验情报学教育体系调整合理与否的重要标准，通过实践才可以真正发现学生是否能够将课程所授知识转化为自身的能力，从而解决实际遇到的问题，成为一个真正的情报学人才。因此，对于情报学教育人才培养来说，实践能力和结果的考察至关重要。从调查结果来看，情报学教育者对当前人才培养中的实践环节不甚满意，现今社会越来越要求人才需要有实践经历，实践能够帮助人才尽快熟悉岗位和工作，适应情报学专家的身份，从而更好地从事情报工作和研究。因此，应该将实践作为人才培养的核心环节，结合课程、毕业论文等前置环节，最终以实践的形式完成情报学人才培养。而对于情报学教育体系设计来说，建立对口实习单位，设置实践任务目标，完善实践考察方案，才能确保将实践这一环节落到实处。

从实习单位调查现状来看，当前情报学学生实习的主要去处为各处情报所、大数据或人工智能类的公司和各类图书馆。其中，情报所和图书馆是传统情报学学生常见的去处，而大数据或人工智能类公司则是当下大数据时代的一大特色。这一现状表明在人才实习方面，情报学教育还未充分重视大数据和人工智能带来的市场环境的变化，这与在课程设置和人才培养目标方面的数据科学倾向并不完全契合。未来，情报学教育在人才实习方面，应更多地关注大数据或人工智能类公司的实习机会，使得情报学人才能够在学习数据科学相关课程，完成数据科学主题毕业论文的基础上，在与数据科学相关的企业和部门有效地利用所学知识完成相关工作，从而成为面向数据科学的情报学教育体系的高端情报人才（图 3–16）。

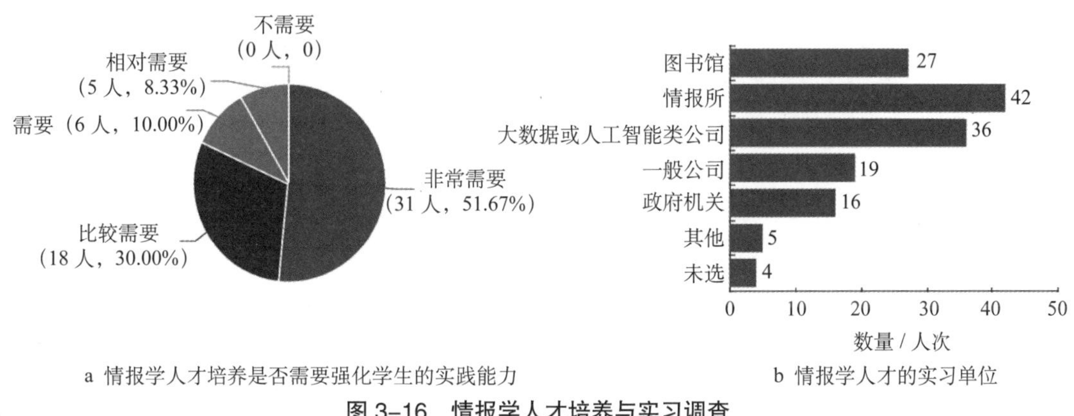

a 情报学人才培养是否需要强化学生的实践能力　　b 情报学人才的实习单位

图 3–16　情报学人才培养与实习调查

3.5　小结

本章对国内情报学研究生培养单位进行了情报学课程设置和人才培养目标的问卷调研。在调研的基础上，统计和分析了国内情报学研究生培养单位在课程设置和人才培养目标上的整体现状，并结合当前情报学教育研究趋势，就这些现状进行了分析和总结，分别从体系方向、课程设置、人才培养目标等方面对情报学教学体系调整提出了具体的建议。

当下，情报学教育面临的一大机遇就是数据科学的兴起，大数据和人工智能方法和技术已得到了情报学教育者的普遍关注和重视，而在情报学教育体系中增加数据科学的地位和比重也得到了情报学教育者的一致认可。在教育体系方面重视数据科学的地位，在课程设置中增加大数据和人工智能比重，在人才目标和能力培养中强调数据技术，保证数据科学理念和方法在毕业论文和实践实习中占据主导，以此构建的情报学教育新体系才能够培养出“耳目尖兵参谋”和“引领”式的新时代高端情报人才。

第 4 章
就业者视角下的情报学教育及人才培养调查与分析

自 1956 年我国正式展开情报工作以来，历经 60 余年的发展，目前我国情报学教育体系已较为完整、合理，且层次齐全。我国情报学教育工作在各方面已取得很大进展[①]。但高校之间发展差异较大、情报学人才培养质量欠缺、情报学毕业生就业情况不理想、情报学的研究和实际情报工作需求之间的脱节[②]等问题仍然存在。与过去相比，我国情报学人才培养日趋综合化、多元化。目前，我国情报学人才培养主要集中在硕士研究生。陈则谦等[③]通过调查发现，我国情报学硕士研究生的培养目标主要有两个，一为实现德智体美劳全面发展；二为培养情报学领域的“高层次管理人才”。在具体的培养要求中，主要要求学生掌握情报学学科的基础知识、与情报学相关的数据处理专业技能及实践工作所需知识。

作为一门需要利用现代化信息技术和手段来处理情报全过程的学科[④]，情报学与信息技术的发展情况紧密相关。近年来，随着信息社会的不断发展和信息技术的不断进步，迎来了大数据和人工智能时代，这给我国新一代情报工作者带来了新的发展契机，同时也提出了新的要求[⑤]。新时代下，随着大数据对情报学的逐步渗透，情报处理需求和对象都不断得到拓展和细化，社会各情报机构对高水平、跨学科复合应用型情报人才

① 赵蓉英，郭凤娇，魏绪秋 . 我国情报学教育发展透析［J］. 情报学进展，2016，11（0）：47-75.

② 王艳卿 . 关于我国情报学发展的问题研究［J］. 图书情报研究，2020，13（1）：29-34，39.

③ 陈则谦，王雪，张鑫 . 中美情报学教育的个性与共性：基于情报学硕士人才培养方案的调查与分析［J］. 图书与情报，2018（6）：120-128.

④ 李淑清 . 关于情报学与科技信息管理学的比较分析［J］. 民营科技，2011（4）：167.

⑤ 苏新宁 . 不忘初心、牢记使命 展望情报学与情报工作的未来［J］. 科技情报研究，2019，1（1）：1-12.

的需求也日益强烈[①]。同时，随着大数据时代的到来，许多学科之间开始逐步融合，形成了许多分支学科和新的研究主题[②]，甚至催生了一门新的学科——数据科学[③]。这给情报学教学和人才培养带来了更多的挑战。因此，如何让情报学和情报工作在这个时代稳健地持续发展成为一个重要的问题。2017 年，中国科学技术情报学会与中国社会科学情报学会在南京共同召开了“情报学与情报工作发展论坛”，会上就情报学与情报工作的未来发展发布了《情报学与情报工作发展南京共识》[④]。此共识指出，情报工作应以“耳目尖兵参谋”为准绳，转变情报工作的方式，与大数据环境和国家发展及安全的要求相适应。同时，要重新设计适应未来情报工作需要的情报学课程体系，创新情报人才培养模式。

针对情报人才的培养问题，已经有很多学者进行过系列的研究。主要有如下几种研究方式：一是从学校方面，考察情报学人才培养的现状。一种是通过调研国外各个高校情报学的课程设置、培养方向、教学内容和师资队伍等，与我国高校形成对比，发现其中的不足或者优势，结合我国本土国情，为建设我国特色的情报学教育体系和情报人才培养模式提供参考[⑤]。另一种是从学生的就业数据出发，通过分析情报学专业毕业生的就业方向来反观高校对情报学人才的培养方向[⑥]。也有学者选择情报学博士这一科研群体，从博士论文出发，分析情报学教育关注的领域，分析情报学人才的培养方向[⑦]。二是从企业方面，调研企业对情报工作者的需求。第一个途径是通过问卷调查的方式，通过在职情报工作人员填写问卷的形式了解企业和别的情报机构对情报工作者能力的实际需求[⑧]。第二个途径是通过获取各个企业的招聘信息，运用一些文本处理方式对其进行

① 苏新宁，杨国立 . 我国情报学学科建设研究进展［J］. 情报学进展，2020，13（0）：1-38.

② 杨建林 . 情报学学科体系的再认识［J］. 现代情报，2020，40（1）：4-13，23.

③ 朝乐门 . 数据科学及其对情报学的影响［J］. 情报学进展，2018，12（0）：28-49.

④ 中国科学技术情报学会，中国社会科学情报学会 . 情报学与情报工作发展南京共识［J］. 情报学报，2017，36（11）：1209-1210.

⑤ 邵安 . 美国情报学科结构、专业内容与高校分布［J］. 情报理论与实践，2020，43（5）：203-207.

⑥ 李杨，赖纪瑶，刘姝雯，等 . 我国图书馆学情报学人才培养现状与趋势分析：基于北京大学信息管理系招生就业数据［J］. 大学图书馆学报，2018，36（2）：92-99.

⑦ 鲁晶晶，谭宗颖 . 从博士论文看国内外情报学教育的现状与发展［J］. 情报科学，2016，34（3）：161-165.

⑧ 肖希明，李硕，田蓉 . 不同信息职业对图情档专业人才需求的调查分析［J］. 图书与情报，2014（1）：35-40.

加工和整理，从就业市场的角度，得到企业对情报学人才的具体需求[①]。除了以上两个方面，有学者结合学校和企业两个方面，在了解现实需求的情况下，对国外高校情报学教育各个环节进行分析，结合我国情报学学科发展特点提出针对性意见[②]。也有的学者另辟蹊径，从专业认同的视角出发，通过调查在校及毕业生对情报学专业的认同情况，反思情报学教育和人才培养环节存在的问题[③]。还有的学者通过文献法，整合现有情报能力框架，结合时代背景，构建出囊括知识储备、情报思维和技能、研究方法和职业品质在内的全面的能力要素，对新时代情报工作者提出了更高的要求[④]。

已有的研究全方位、多角度对情报学人才培养问题进行了探索。但关注的情报学人才培养问题都较为宽泛，一般没有提出具体方向的人才培养需求。很少有研究从在职情报工作人员的实际需求出发，结合当前时代背景，给出具体情报工作应具备的专业技能。人才需求调查视角下的情报学教育和人才培养，是从实际所需要的情报学工作者的角度出发，紧密结合情报学教学和实际情报工作，真实客观地反映实际情报工作中所需人才样貌，从而能更好地制定情报学人才培养方案。

4.1 研究设计与调查基础

本章以问卷的形式展开调查，问卷发放对象为情报所工作人员。通过获取并整理情报所工作人员对情报人才能力的需求及培养的认识和看法，梳理出人才需求调查视角下情报学如何开展教学和人才培养的一系列措施。该问卷共包括34个问题，分别从情报学人才能力需求和人才能力培养两个方面着手设计。共有21名情报所工作人员参与本次问卷调查。

只有在调查对象对调研目标足够了解的基础上，调查结果才能具有说服力。为考察调查对象对情报所人才需求状况的了解程度，设计了“对情报所人才需求状况了解程度”这一问题，如表4–1所示。总体来看，情报所工作人员对人才需求均有所了解，且总体

① 王文娟，马建霞.基于就业市场需求的我国情报人才培养探讨［J］.情报理论与实践，2017，40（6）：27-32.

② 王晰巍，李玥琪，刘宇桐，等.大数据及人工智能时代背景下国外图书情报专业研究生人才培养趋势研究［J］.图书情报工作，2019，63（11）：5-14.

③ 付立宏，李美洁.我国情报学专业认同实证研究［J］.图书情报知识，2019（2）：51-59，119.

④ 张云中，李紫千.新融合视域下我国情报人才培养的全情报能力框架［J］.情报理论与实践，2020，43（7）：24-30.

了解程度较高。因此，本问卷所选择的调查对象是合理的。但“非常了解”的人群总数仍具有较大的提升空间，所以要在情报所各部门间开展更加积极有效的沟通，加强工作人员对各研究方向人才缺口和人才集中情况的了解，使工作人员对现有人才状况和人才需求有更加直观和全面的认识，从而为将来的情报人才引进和培养打下坚实基础。

表 4-1　对情报所人才需求状况了解程度分布

单位：人次

选项	小计	比例
A 非常了解	5	23.81%
B 比较了解	10	47.62%
C 了解	2	9.52%
D 了解较少	4	19.05%
E 不了解	0	0
本题有效填写数量	21	

4.2　情报学人才需求情况调查

关于情报所工作人员对当前情报学人才结构现状的看法，本问卷设计了三大方面具体 8 个问题。第一方面为学历及工作经验与学科背景需求调查，包含 4 个问题。第二方面为跨学科学习经历需求调查，包含 2 个问题。第三方面为学科知识与基本能力需求调查，共计 2 个问题。

4.2.1　学历及工作经验与学科背景需求

从图 4-1 可以看出，被调查者认为拥有“硕士学位”的情报工作者更适合在情报所发挥所长，并适应日常的工作强度和工作难度；拥有“学士学位”的情报工作者可能由于学术能力不足和研究经历较少的原因，在情报所日常工作中发挥并不出色；拥有“博士学位”的情报人才具有非常强的情报研究和工作能力，在当前的工作难度和强度下并不能完全发挥自身工作实力和研究能力，也不适合在情报所工作。

大多数情报所工作人员认为，拥有“硕士学位”的情报人员是目前情报所急需的人才，同时超过六成调查对象认为刚进入情报所的研究生适合情报所的工作。但可能因为刚刚进入情报所的研究生工作经历较少，对情报所的工作理解不够深入等原因，部分人认为他们并不适合马上就开展情报工作。但不管是否适合在情报所工作，情报所都应该对刚进入情报所的研究生进行有效的培训和教育，提高新人的工作能力和成长速度。

就情报工作者年龄而言，年龄低于 25 岁的研究人员由于工作经验较少，在具体的工作中可能不能高效解决所有问题；年龄超过 35 岁的情报工作人员由于年龄较大，在繁重的情报所日常任务中工作效率会受到限制；年龄在 25 ～ 35 岁的情报人员具备足够的研究经历，并能够快速接受社会和学科变化带来的情报工作的变化，能够更加熟练和灵活地处理各类新旧问题，并具备很大的发展潜力，是目前情报所最需要的情报工作人才。

大多数工作人员认为，具有两个或两个以上学科背景的工作人员在情报所日常工作中表现更加出色。在情报所日常工作中，拥有多个学科背景的工作人员往往能够结合多学科领域知识解决当前问题，在处理具体问题时能表现得更加灵活，提出的解决方案更加全面和创新。因此，有意愿加入情报工作的人群更应尽可能接触除情报学科以外的其他领域，掌握多学科知识，以便在处理情报所日常问题时能表现得更加优秀。

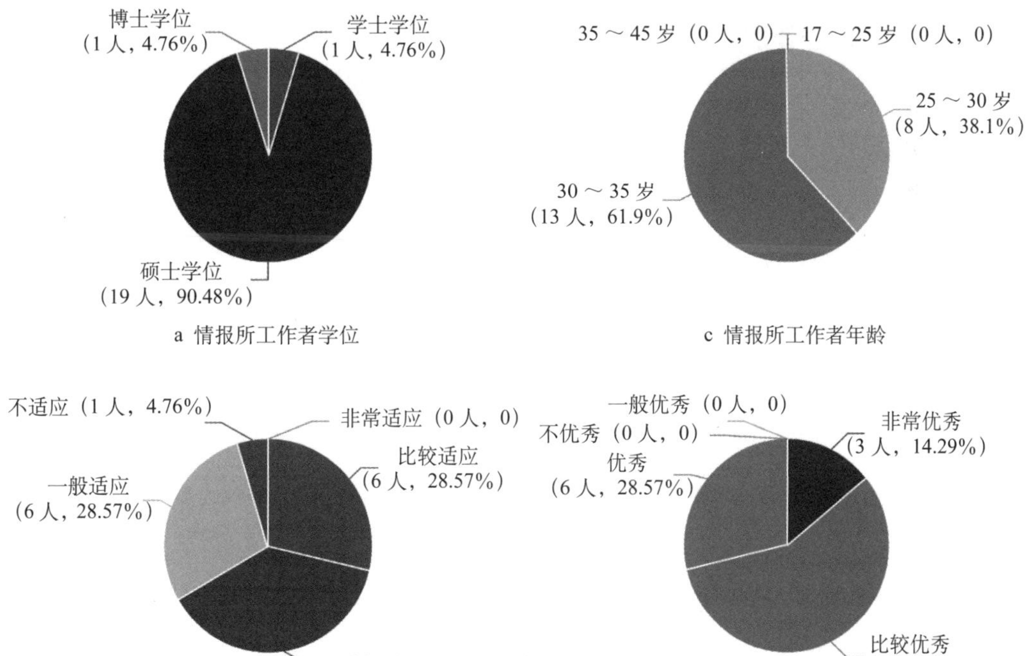

图 4–1　情报所工作人员人才结构现状

4.2.2 跨学科学习经历需求

情报所工作人员均认为情报工作者应该拥有跨学科的学习经历。拥有跨学科学习背景的情报工作人员，在结合各学科知识解决某一具体问题时往往能考虑得更加充分全面，解决问题的方法更多样，且总体来说具备跨学科知识的情报人员自我学习和知识结合组织能力更加强大，能够在面对多学科交叉问题时表现更加出色。在情报学中，对信息的分析与处理少不了对数据进行统计分析，而海量庞杂的数据经过统计分析，可以反映一个群体的共性特征或不同群体间的差异性特征。系统掌握与统计学相关的知识与方法，是高效开展情报工作的重要先决条件。情报工作者不仅要熟练运用计算机工具来开展信息处理的方法，还要具备社会学的相关知识。只有二者相结合，才能够揭示该现象背后所反映出的社会行为与人类行为特点。而“数学”和“心理学”这两类跨学科知识的重要性相对不大。调查结果如图 4–2 所示。

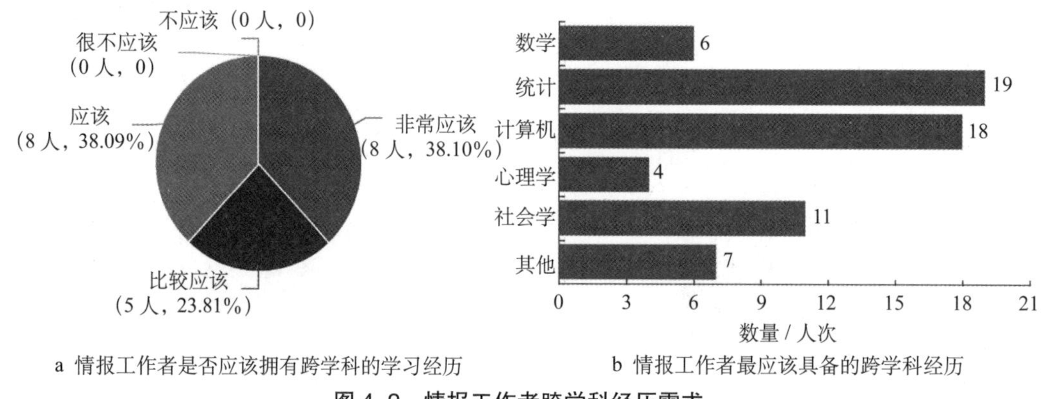

a 情报工作者是否应该拥有跨学科的学习经历　　b 情报工作者最应该具备的跨学科经历

图 4–2 情报工作者跨学科经历需求

4.2.3 学科知识与基本能力需求

随着大数据时代的到来和人工智能技术的迅猛发展，情报工作者需要及时更新自己的情报工作相关知识。被调查者对情报工作者应该具备的学科知识和应该具备的素质和能力的看法如图 4–3 所示。一方面，对信息的挖掘与分析是情报工作的重要内容，情报工作者应该具备这两类学科知识；另一方面，系统地掌握情报理论与方法，可以从整体上合理有效地规划情报的获取、组织、挖掘、分析与呈现这一情报工作流程。同时，情报的获取与组织是后续情报工作得以开展的基础，因此情报工作者也应该具备相关学科知识。以上调查结果充分说明了精准发现问题背后的原因和数据隐含的规律现象是情报所工作人员开展情报工作的重要任务和首要条件。一个分工合理、任务分配明确的团队可以事半功倍地开展任务，达到“1 + 1 > 2”的效果。而良好的团队合作精神是情报所开展情报工作的重要保障。同时，由于文字是呈现科研成果的主要载体之一，因此具备较强的文字撰写能力，能够条理清晰地展现整个研究流程，详略得当地展示科研成果，也是极为重要的。

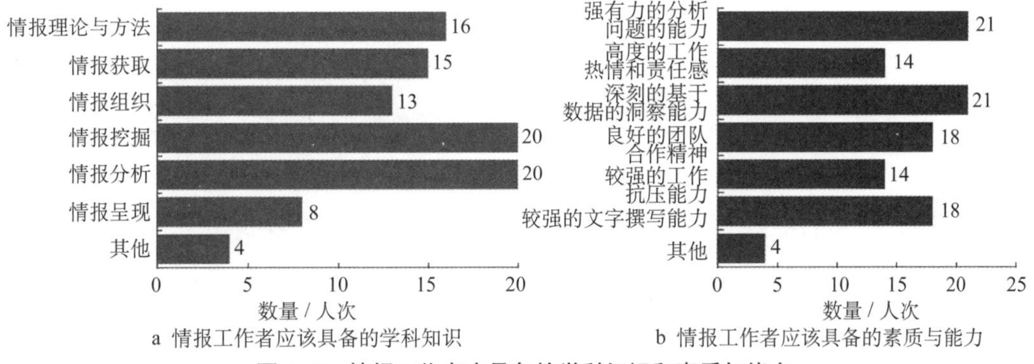

a 情报工作者应该具备的学科知识　　b 情报工作者应该具备的素质与能力

图 4-3　情报工作者应具备的学科知识和素质与能力

情报所中的情报工作是繁重且灵活多变的，因为实际情报工作对象的多样性，所以在解决具体的问题时往往需要移用其他学科的方法。同时，大数据环境也对数据的处理和分析提出了新的要求。情报工作所要面临的数据处理任务也日渐繁多，在如此具有动态性和复杂性的背景下，对情报工作人员的工作能力和工作精力都提出了要求。总体来说，年龄在 25 ～ 35 岁，拥有两个及两个以上学科背景的获得硕士学位的人才在情报工作中将表现更为优异。一般来说，研究生刚进入情报所时是能适应情报研究工作的。在具体的情报工作中，为高效完成工作，一个合格的情报工作者应掌握情报分析和挖掘等学科知识和相关的跨学科知识，同时也应具备团队合作和分析问题等学科之外的基本素质与能力。

4.3　情报学人才能力培养调查

了解到情报工作中对情报学人才的具体需求后，结合大数据和人工智能的背景，对情报学人才能力的具体培养设计了此部分问题。新时代背景下，情报学人才培养有了许多新的目标。此部分问题主要围绕情报学教学体系、专业技能培养、学科融合和实践能力培养 4 个方面进行设计。

4.3.1 情报学教学体系

情报学教学体系的调整部分主要依据以下 3 个问题，分别为“与情报工作者可能会缺少的知识类型”、“与情报工作相关的重要课程”和“理想的情报学课程体系构建应该包括哪些方面的知识内容”。从图 4–4 可以得知，情报分析和挖掘是情报工作者最应具备的学科知识，而此调查结果却显示情报工作人员在对数据的处理和深度挖掘方面有所欠缺，这是未来在制订情报人员培养计划和开展培养工作时应该重点关注的问题。另外，情报工作人员对于情报学领域的一个重要分支“信息计量学”相关知识的掌握仍然不足。同时，将情报的分析结果运用于决策等应用时仍然不够熟练。未来对情报工作者进行培养时，应结合以上不足之处，针对性地开展知识与技能培训。

为了让情报学的毕业生能够顺利适应情报所的工作，经过短期培训即可投入生产作业。21 位被调查者选择了他们认为与情报工作相关的课程，排名前三的分别为“信息分析”、“数据科学”和“科学计量”。信息分析作为信息资源管理的核心环节之一，是从信息中提炼规律、挖掘知识的重要手段。因此，情报学专业的学生应该对其进行系统的学习。在大数据时代下，数据科学的新兴数据分析与挖掘技术可以对传统情报学方法进行有效的补充，因此也是需要学习的重要课程之一。信息计量学作为情报学的重要组成部分，不仅能通过统计学、相关性分析、社会网络分析等方法挖掘数据背后的真相，还可以用多种可视化方式呈现研究成果，因此也是学生需要学习的课程之一。

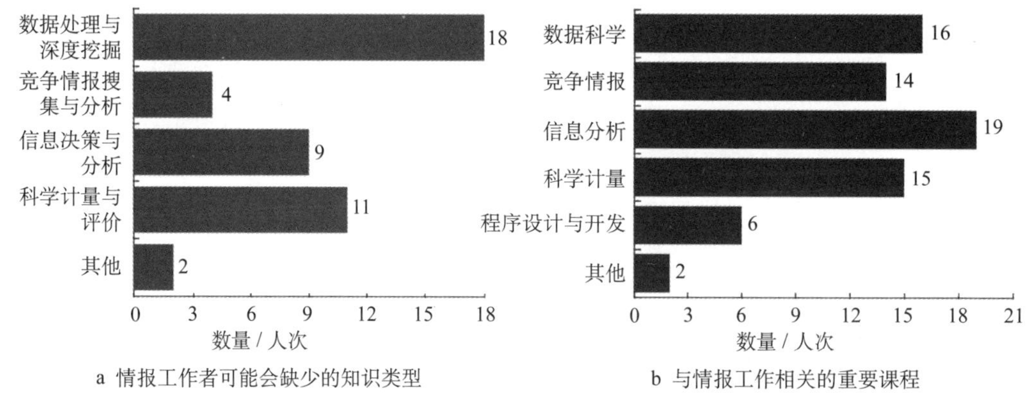

图 4–4 情报工作者可能缺乏的知识类型和与情报工作相关的重要课程调查

从图 4–5 的结果可以看出，为了培养情报学领域人才，尤其是适合服务于情报所的情报工作人员，需要构建完善的课程体系，让受训者能够系统化、理论化、全面化地掌握情报学理论与方法。作为面向情报学的课程体系，最重要的是让学生学习情报学专业的理论、方法、技术，从而能够熟练运用专业知识去解决实际信息分析与知识挖掘问题。由于该人才培养计划主要服务于情报所的人才培养，因此，结合情报所的业务范围，有针对性地开展有关情报所情报服务相关的知识培训是很有必要的。情报所的服务对象有很大一部分来自于企业，因此，将企业情报工作相关知识纳入课程体系，可以从服务内容和对象的角度提升情报工作人员的技术能力。

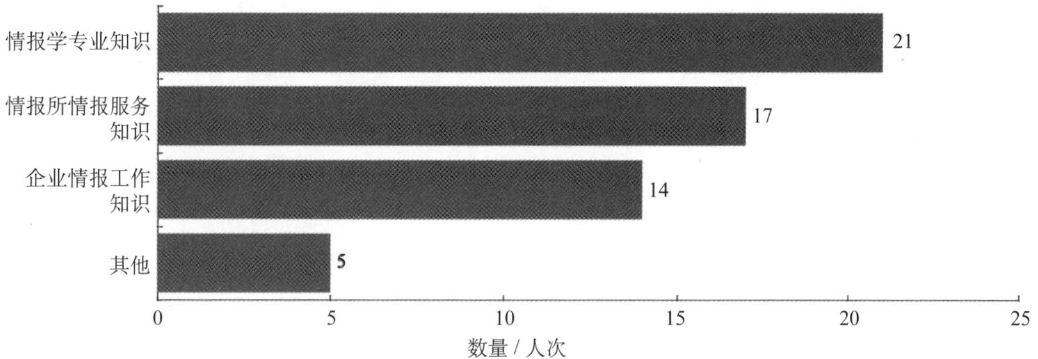

图 4–5 “理想的情报学课程体系构建应该包括哪些方面的知识内容”调查

4.3.2 专业技能培养

大数据时代，随着数据范式的兴起，对情报学人才的培养将变为注重数据处理能力的提升。这些数据处理能力包括数据挖掘技能、数据对象、数据来源、机器学习技能、大数据技能、数据分析技能、数据库技能、程序设计语言技能、数据可视化技能 9 个层面。此部分针对每种技能各设计 2 个问题，共计有 18 个问题。

（1）数据挖掘技能

从调查结果来看，如图 4–6 所示，数据挖掘技能是情报机构工作人员必须具备的技能之一。数据挖掘是很多数据处理工作的基础，特别是在大数据时代下，面对海量数据，要有从其中找寻规律、获得目标数据集的能力。对于想要在情报所工作的相关人才来说，在前期的准备过程中，应当对数据挖掘相关技能进行具有针对性的了解和学习，满足情报所对于情报工作者的人才需求。数据挖掘技能的重要性毋庸置疑，但在数据挖掘技能需求中各技能的重要程度存在一定差别。而在本问卷提出的四大类具体数据挖掘技能中，数据挖掘结果的分析技能被公认为 4 种数据挖掘技能中比较重要的。情报工作者应当把对数据挖掘结果的分析能力作为一种必备的基本素养。当然，对于数据挖掘模型的构建、调用和特征的确定也应当在一定程度上加以重视。

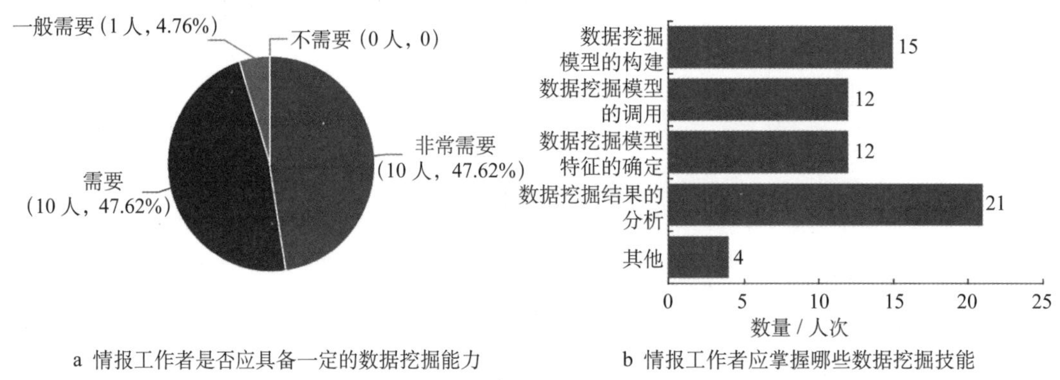

a 情报工作者是否应具备一定的数据挖掘能力　　b 情报工作者应掌握哪些数据挖掘技能

图 4–6　情报工作者专业技能培养与数据挖掘技能调查

（2）数据对象

从情报工作的角度考虑，在当前时代背景下，情报工作的数据对象在一定程度上发生了改变。这可能与数据的存储方式、数据量等方面存在着一定的关联。目前，情报工作者工作中接触的数据对象主要包括传统互联网数据和期刊数据。具体结果如图 4–7 所示。值得注意的是，有一位情报工作者特别提出了，在其工作过程中还接触过统计数据这一数据对象。在新时代下，借助互联网技术，数据存储方式变得多样化，获得了更多更好的技术支持，各种存储框架层出不穷。同时，大数据环境下情报工作者所处的数据环境极其复杂，数据来源极大丰富，数据对象的类型多样。对于情报工作相关人才来说，及时精准把握不同时代背景下情报工作的变化十分重要，这也是情报所对于人才需求方面较为重要的一点。

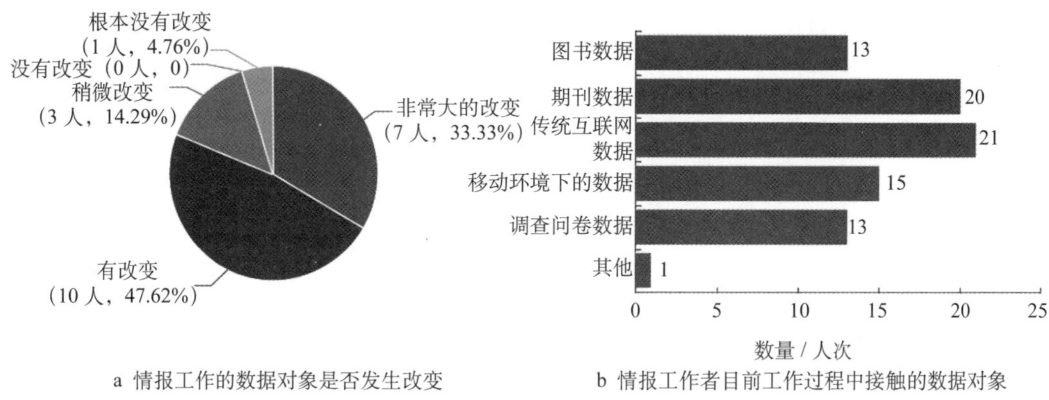

a 情报工作的数据对象是否发生改变　　b 情报工作者目前工作过程中接触的数据对象

图4–7　情报工作者专业技能培养与数据对象调查

(3)数据来源

作为一名情报工作者，获取数据是一种必备的能力。如图4–8所示，情报工作者获取数据普遍从一些官方渠道直接获取，如政府、企业，或是从第三方间接获取。通过问卷调查或爬虫技术获得第一手数据的方式相对没有前面三者普遍，但也是经常用到的途径。情报所所需人才要求必须具备处理传统互联网数据和期刊数据的能力。同时，对移动环境下的数据、图书数据和调查问卷数据的处理也是不容忽视的。在数据多元化的情况下，掌握多种数据的处理手段是在激烈的人才竞争中脱颖而出的必要方式。情报所人才也应具备多途径获取数据的能力，以便能获取到更加准确、全面的数据，进而提供严谨、完整的情报信息。

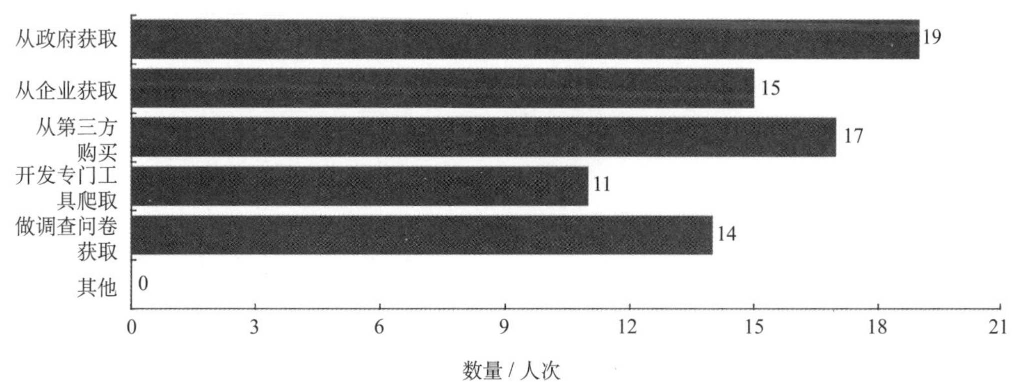

图4–8　情报工作者获取数据的来源调查

（4）机器学习技能

作为人工智能的核心，机器学习是计算机实现智能化的根本途径。机器学习作为热门领域，在情报所人才需求中是一个加分项。机器学习的理论与方法现已广泛应用于解决各种领域的复杂问题。在具体的机器学习模型中，选择分类和聚类系列模型的人占大多数，选择希望掌握深度学习系列模型的位列第二（图 4–9）。分类和聚类问题是传统机器学习中最常见的任务，简单来说，分类就是向事物分配标签，聚类就是将相似的事物放在一起。深度学习作为机器学习领域中一个新的研究方向，在实际任务中取得了比传统机器学习更好的学习效果。深度学习是学习样本数据的内在规律和表示层次，它的最终目标是让机器能够像人一样具有分析学习能力，能够识别文字、图像和声音等数据。同样，隐马尔可夫模型、最大熵模型、条件随机场模型等统计模型在实际应用中运用广泛，且与计算机科学、信息科学有着密切结合，对信息、数据的加工处理提供了很大的帮助。掌握了机器学习系列模型，很大程度上能减轻处理数据过程中的劳力，提高处理过程的一致性与准确性。

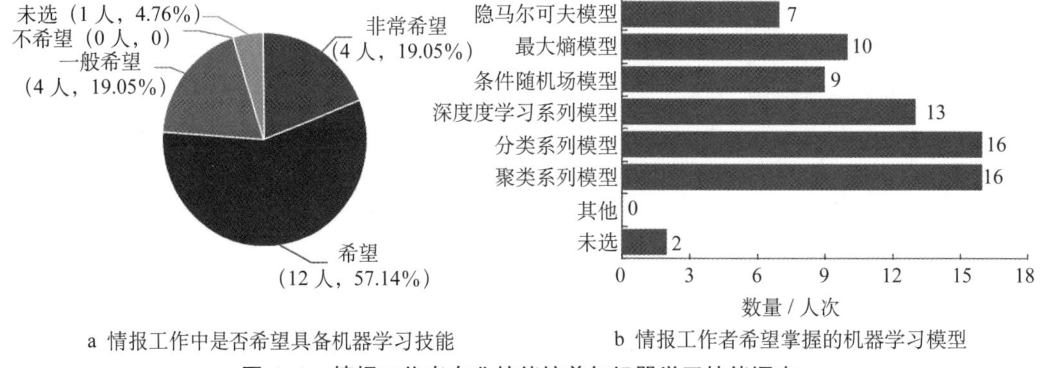

a 情报工作中是否希望具备机器学习技能　　b 情报工作者希望掌握的机器学习模型

图 4–9　情报工作者专业技能培养与机器学习技能调查

（5）大数据技能

情报所工作人员均认为情报工作者需要具备大数据技能。在大数据时代，时间很大程度上决定了信息的价值。而人工处理数据不仅费财费时，还不切实际。海量的数据根本无法在一定时间范围内用常规软件工具进行捕捉、管理和处理。因此，面对这些信息资产，必须要掌握大数据技能才能具有更强的决策力、洞察发现力和流程优化力，从而提高对数据的“加工能力”，实现数据的“增值”。大数据分析技能被情报工作者视作最重要的技能。通过对规模巨大的数据进行分析，从中提取有用信息并形成结论，从而对数据加以详细研究和概括总结，并通过分析可对未来趋势进行较为准确的预测，以制订计划。然而，从庞杂的数据中挖掘有效情报，清洗是一个至关重要、不可或缺的过程，其中包括检查数据一致性、处理无效值和缺失值等。此外，数据的可视化呈现可使得数据更加直观易于理解（图 4–10）。

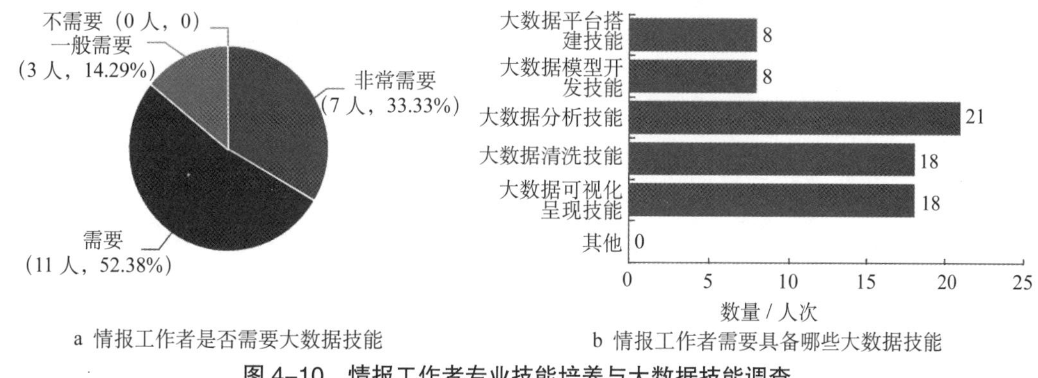

a 情报工作者是否需要大数据技能　　b 情报工作者需要具备哪些大数据技能

图 4–10　情报工作者专业技能培养与大数据技能调查

（6）数据分析技能

图 4–11 表明，所有工作人员均认为情报工作者应该具备数据分析能力。而比较分析法和归纳分析法是数据分析技能中最需要掌握的两项技能。同时，内容分析法和层次分析法也同样重要。数据分析是把大量看似杂乱无章的数据进行有目的的收集、提炼，并从中找出内在规律，将其转化为有用的信息的过程。经过分析，数据能够得到尽可能的开发和利用，促使数据信息走向有效情报。数据分析的结果也能帮助人们迅速做出判断，并采取适当的行动。比较和归纳是数据分析中最常见的两种方法。在逻辑学中，从个别走向一般的思维形式称为归纳。比较则是通过对不同事物的比较，寻求其同中之异或异中之同的研究方法。二者相结合，可以把零散的、不成系统的知识系统化、理论化，还可以把相近的事物区分开来。而内容分析法是一种主要以各种文献为研究对象的研究方法，主要具有系统性、客观性和定量性 3 种特征。层次分析法是指将与决策有关的元素分解成目标、准则、方案等层次，在此基础之上进行定性和定量分析的决策方法，其所需定量数据信息较少且简洁实用。由此可见，在情报工作中，掌握数据分析相关方法是十分有必要的。

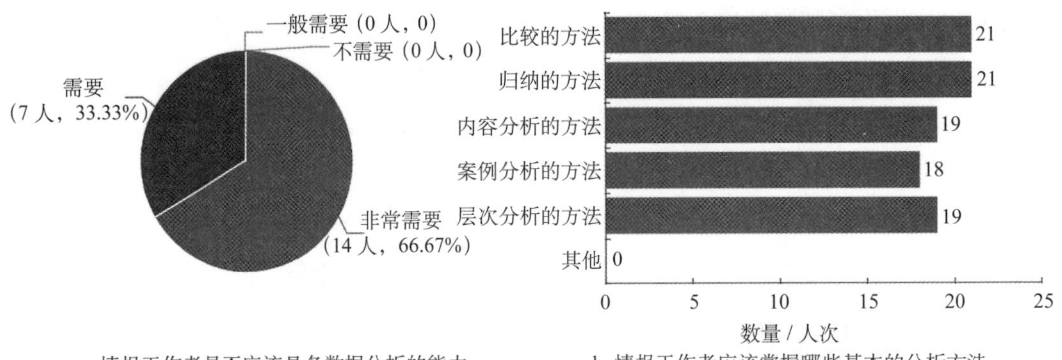

a 情报工作者是否应该具备数据分析的能力　　b 情报工作者应该掌握哪些基本的分析方法

图 4–11　情报工作者专业技能培养与数据分析技能调查

（7）数据库技能

从图 4–12 可以看出，情报工作人员认为，掌握一项数据库技能十分必要。情报工作离不开数据，而数据库是存放数据的仓库。通过掌握一项数据库技能，用户可以对文件中的数据进行新增、查询、更新、删除等操作，大大提高应用开发的效率。同时，也可以有效地组织和存储大量数据，实现数据共享、保障数据安全及高效地检索数据和处理数据，提高数据的利用率和一致性，节约大量的人力物力。在具体的数据库中，多数人认为 Sqlserver 和 Access 是情报工作者在当前工作中需要学会操作的数据库。Access 是一种桌面数据库，适合处理数据量较少的项目。Sqlserver 是基于服务器端的中型数据库，可以处理大容量数据。Sqlserver 和 Access 可以满足不同量级数据处理的需求。其中，Sqlserver 因其在处理海量数据时的高效率与灵活性等优点，更受情报工作者的欢

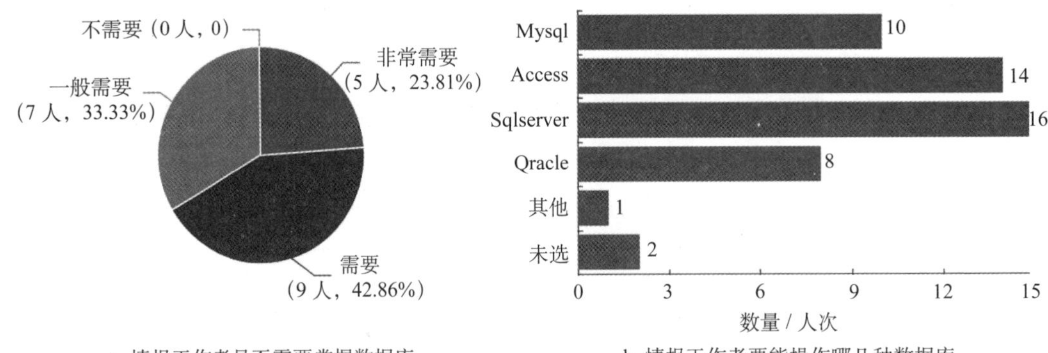

a 情报工作者是否需要掌握数据库　　b 情报工作者要能操作哪几种数据库

图 4–12　情报工作者专业技能培养与数据库技能调查

迎。可以看出，情报工作者认为需要学会操作的数据库主要集中在4种数据库当中，其中Mysql和Oracle在情报工作中的使用程度不如Sqlserver与Access。

（8）程序设计语言技能

通过图4–13可以发现，大部分的情报工作者对于程序设计语言的态度是倾向于“重要”的。大数据时代下，传统情报工作的重心转移为对数据资源的处理与分析。由于数据资源越来越碎片化、数据内容越来越非结构化，对数据的处理方式也变得越来越复杂，传统的情报工具不能胜任处理与分析海量数据的工作要求，因此掌握一门程序设计语言的重要性在大数据背景下越来越凸显。当被具体问到“情报工作者应该掌握的编程语言”时，C++、Java、Python这3门编程语言在情报工作中最受欢迎。Python作为可移植、类库丰富的开源编程语言，因其简洁易读和容易上手的特点超越其他众多编程语言，获得大多数情报工作者的认可。Java是面向对象的编程语言，运行效率高，比C++更受情报工作者的欢迎。

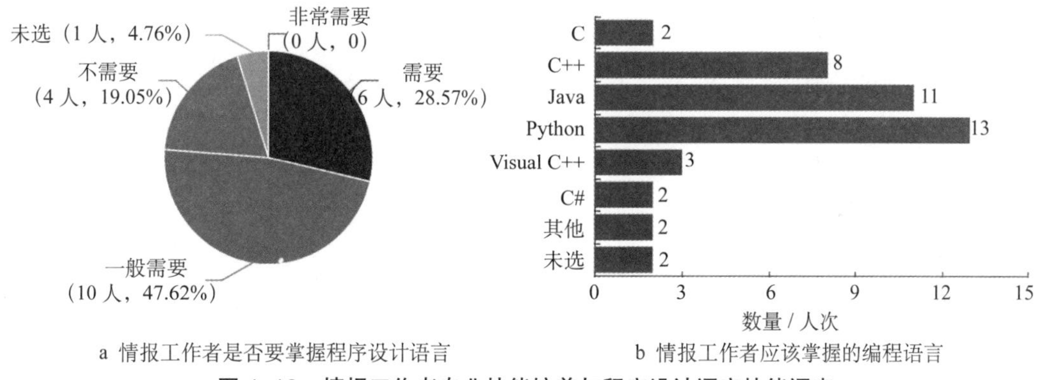

a 情报工作者是否要掌握程序设计语言　　b 情报工作者应该掌握的编程语言

图4–13　情报工作者专业技能培养与程序设计语言技能调查

当被问到“情报工作者最应该掌握的编程语言是哪一种”时，Python的优势与受欢迎度则体现地更加明显。超过一半的人认为，Python是情报工作者最应该掌握的编程语言。Python简洁易读，并且吸取了很多其他编程语言的优点，不仅初学者可以很快上手，对于专业人士来说也是一种适用范围广泛的友好免费开发工具。并且根据情报所处理数据的需求，学习Python要比Java来得更轻松与实用（表4–2）。

表 4-2 情报工作者最应该掌握的编程语言分布

单位：人次

选项	小计	比例
C#	0	0
C++	2	9.52%
Java	6	28.57%
Python	11	52.38%
空	2	9.52%
本题有效填写数量	21	

（9）数据可视化技能

数据可视化提供了一种简单清晰的沟通方式，将复杂的数据分析结果用一种通俗易懂的方式呈现出来。参与调查的情报所在职人员都认为情报工作者应该掌握数据可视化的技能。具体需掌握的可视化工具如图 4–14 所示。Excel 作为常规的办公软件被提及的次数最多，可以看出在数据可视化操作中掌握 Excel 的运用是最基础的。在情报工作中，如何从海量文献中找到适合深究的关键文献是一个亟须解决的问题。作为一款优秀的文献计量学软件，Citespace 在情报工作中经常被用来绘制研究热点及科学知识图谱。通过绘制知识图谱，把隐藏在文献中的关系以可视化的方式呈现在用户面前，帮助用户直观、简洁地梳理研究内容。在实际工作中，Citespace 与 Ucinet 经常搭配使用，运用

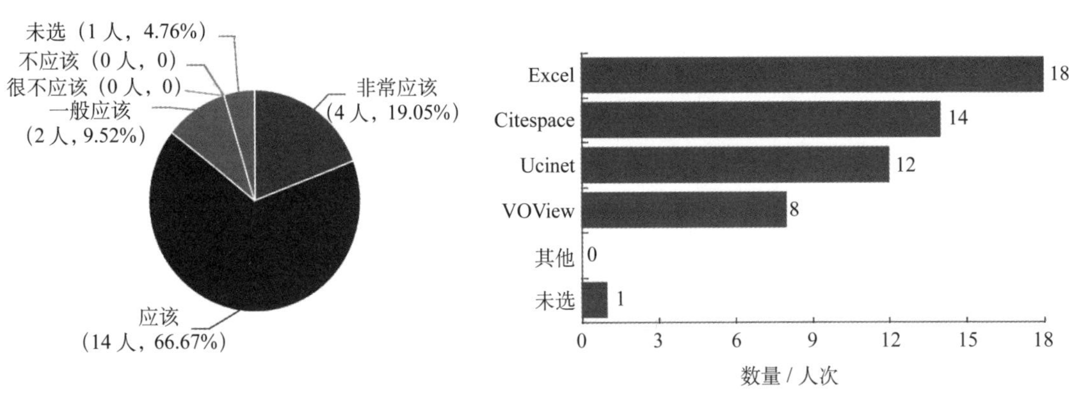

a 情报工作者是否应该掌握数据可视化的技能　　b 情报工作者应该掌握的可视化工具

图 4–14 情报工作者专业技能培养与数据可视化技能调查

Citespace 生成可视化图谱，从而进一步利用 Ucinet 对可视化图谱中的节点与连线进行知识网络的绘制。

4.3.3 学科融合

鉴于数据科学与情报学研究内容中对于数据问题的交叉，情报学相关高校是否应该将数据科学相关课程纳入教学大纲也成为情报学未来发展必须考虑的问题之一。本章设计了两个问题来考虑这一点，分别为“是否应该强化数据科学的相应教学内容”“情报学与数据科学之间是否有密切的联系”，调查结果如图 4–15 所示。

情报学旨在用科学的方法组织知识信息、使之有序化，以便人们利用，并快速向用户提供所需情报。1976 年，丹麦学者 Peter Naur 首先对数据科学（Data Science）进行了定义，他认为数据科学是一门关于数据的行动的科学①。而后《数据科学》杂志进一步将其界定为“与数据有关的所有研究内容，包括数据的采集、组织、分析与应用等”。数据科学的主要研究对象是大数据现象。随着大数据时代的到来，数据科学与情报学之间的联系及联系的密切程度成为目前情报学界的关注点之一。而调查结果也说明情报学和数据科学之间存在联系已经成为国内情报学从业人员的共识。从二者的共同点来看，由于情报学现在的研究对象也逐步扩展至数据层面，因此二者面向的研究对象是一致的；二者目前都提倡“数据驱动”，即基于数据来解决问题；二者在理论逻辑和技术方法上存在很大共性。由此可见，二者之间的共性颇多，因此，情报学和数据科学之间的关系是密不可分的。相信未来融入数据科学的情报学研究能给传统情报学研究带来新的火花。

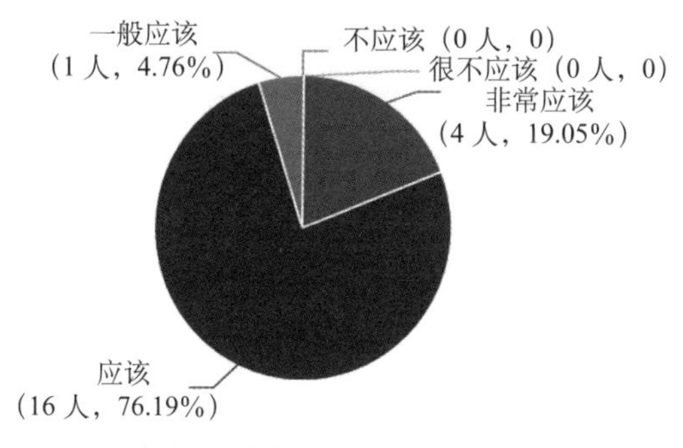

a 是否应该强化数据科学的相应教学内容

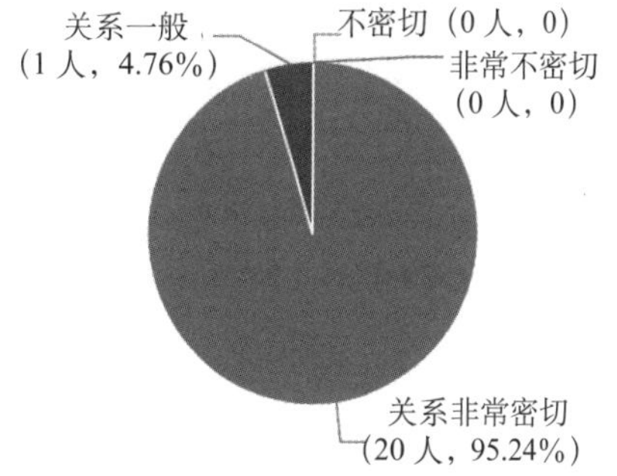

b 情报学与数据科学之间是否有密切的联系

图 4–15 情报学与数据科学相关调查

① NAUR P. Concise survey of computer methods [M]. Lund：Studentlitteratur AB，1974.

4.3.4 实践能力培养

从情报学学习者到成为一名正式的情报学工作者，理论学习固然不可或缺，但是否仍需要在课程中纳入实践环节、有效的实习模式是否发生了转变是情报学人才培养应考虑的重要问题。本章设计了两个问题来考察，分别为“是否有必要强化情报学学习者的实践经历”“情报学学习者较为有效的实习模式”。

从调查结果来看，对于情报学人才的培养来说，实践非常重要。目前，我国大多数院校的情报学课程设置仍然是偏重理论，如果不强化学生的实践经历，这会导致学生在就业时理论知识丰富但缺乏实践经验，从而出现工作不适、效率低下等情形。采用多选的方式进一步调查有效的实习模式，结果如图 4–16 所示。情报工作人员对于有效实习模式的回答，与目前大部分高校安排学生在图书馆实习的现状形成了较大反差，说明目前的实习模式亟待调整。就有效的实习模式而言，出于便利性或方便学生完成学业考虑，目前多数高校仍然会将学生安排在图书馆实习，但实际上，虽然情报学的很多理论是来自图书馆学，但二者之间是存在区别的。就实际经验来说，相较于情报学，图书馆学的学生更适合在图书馆实习。而情报所、以数据驱动的企业等场所，面临的情报处理需求更多，更能锻炼学生的实践能力，能有效帮助学生把理论知识转化为适应情报工作的实践知识，也为后续从事情报工作打下基础。

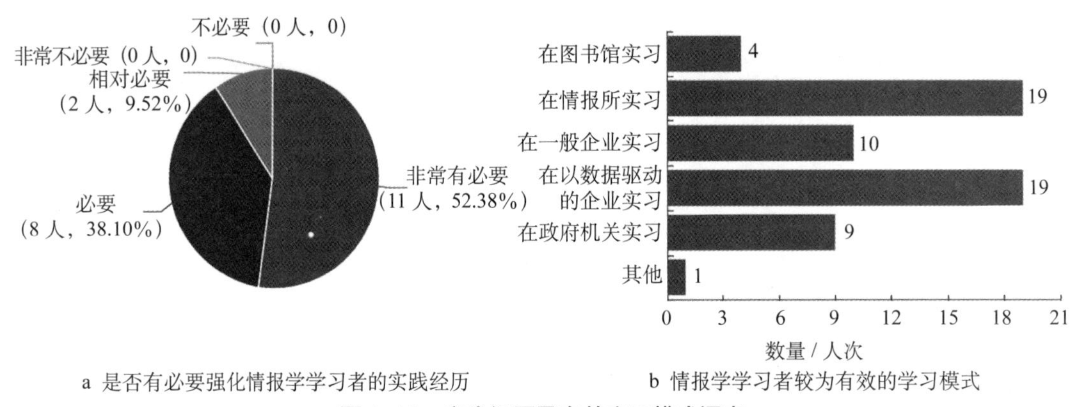

a 是否有必要强化情报学学习者的实践经历　　b 情报学学习者较为有效的学习模式

图 4–16　实践经历及有效实习模式调查

当今时代所需的情报人才应当是跨学科复合应用型。根据调查结果，情报学人才的培养应从以下几个方面做出调整。一是情报学教学应该与情报工作紧密结合，改变过去拘泥于纯理论的教学模式，将实际情报工作中会遇到的问题融入情报学课程体系中。

情报学院校在安排课程体系时，适当在课程中增添实际情报工作中可能会用到的实用的专业技能教学；二是基于大数据时代对情报人才的需求偏重于掌握数据处理与分析的技能，因此，在人才培养的过程中应加强专业技能的学习，如应掌握数据挖掘技能、机器学习技能、数据分析和存储技能、程序语言设计与数据可视化技能等；三是以大数据技术为核心的数据科学应与情报学相融合，构建新的情报学学科体系；四是有效结合情报学理论知识和实践知识，实现二者有效连接，同时，也应根据实际情况调整学生实习模式。

4.4 小结

大数据和人工智能时代的到来，给情报学教育的发展注入了新的思想，带来了新的方向。与此同时，也带来了诸多挑战。为此，情报学人才的培养要适当进行调整。本章以人才需求为切入点，选择情报所为主要调查单位，获取了情报所对人才需求状况的调查问卷，并基于该调查问卷统计和分析了对情报学人才的基本要求。在所统计的结果基础上，从情报学教学和人才培养的目标上，对如何展开情报学教学和人才培养进行了深入的探究。从调查结果来看，情报学就业者对于大数据和人工智能领域的认可和技能需求与情报学教育者基本一致，对于数据科学相关课程和数据分析相关能力也同样重视，这反映出社会和行业发展对情报学教育的要求与情报学自身发展的要求相一致，值得引起情报学教育体系设计者的重视和思考。本章的问卷调查结果分析并不能完全代表整体情报学人才培养需求，但仍然可以对情报学教学和人才培养相关研究提供一定的借鉴。

第 5 章 学习者视角下的情报学教育及人才培养调查与分析

大数据和人工智能时代，为情报学及情报学教育发展带来的机遇和挑战，受到了情报学教育者和就业者广泛的关注。根据前两章的前期调研和问卷调查分析，可以认为当前情报学教育体系需要进行较为全面的调整和改革，以适应当前社会环境变化和国家发展需求。从情报学教育者角度来看，在确定了大数据和人工智能技术和方法的重要性之后，契合情报学及情报学教育自身发展的新思路，满足社会发展和国家战略对情报人才的新需求，成为情报学教育体系调整的关键，而这必须落实到课程设置和人才培养的方方面面。从情报学就业者的角度来看，大数据和人工智能相关技能和能力至关重要，新时代的情报学人才必须获得充分的能力培养和实践培训来胜任情报环境变化带来的就业新挑战，而这一角度的需求同样需要从情报学教育体系出发，通过统筹调整以适应甚至引领相关行业的发展。另外，情报学教育体系的调整也需同时考虑学生这一教育主体的需求，尤其是以“耳目尖兵参谋”+“引领”式情报学专家为培养目标的情报学研究生。情报学研究生尤其是博士生一方面对于情报学专业已经具备了一定的基础认识和研究经验；另一方面对于前沿的技术和方法具有较高的敏感性。考察情报学学生对大数据和人工智能的认识，能够为情报学教育体系调整与改革提供不一样的视角，也可为相关研究补充有价值的建议和意见。

在情报学教育中，如何将情报学专业学生培养成一名合格的情报工作者，实属为老生常谈的话题，历年来学者对此众说纷纭。高校作为培养情报学专业学生的主力军，其培养模式受到了诸方关注。

在 20 世纪末，我国早期从事情报学教育的专家学者已对此进行初步探讨。其中，高沙丽[①]所在大学图书馆为有效发挥其教育和情报智能，满足学生学习和工作的需求，从对新生进行图书馆技能训练和设计与毕业论文相关的文献检索课两个方面进行了有益尝试，均取得了不错的效果；鸡西大学同样将"文件检索课"纳入其教育计划，并创立了一套培养学生情报能力的做法[②]；周国丰等[③]认为，当前的高校教育并未十分重视培养本科学生收集与利用情报的能力，高校有必要针对学生设计一套图书馆检索技术课程，以便学生能及时获取最新的情报信息。王桂忠[④]认为，情报学教育的目的是为了培养学生的情报意识和技能，教会学生检索信息固然重要，但在传授检索技能过程中应合理安排、连续有序。孙志梅[⑤]认为，提高情报学学生情报教育的质量不仅要从手段和方法上提升，更重要的是要提高授课教师的素质及图书馆的整体管理水平，只有各个环节多管齐下，才能达到预期效果。与此同时，国外的情报学教育也在蓬勃发展。日本学者为学生开设了"信息教育"课程，并且对学生进行了计算机能力测试[⑥]，同时，他们认为，信息处理课程应该分阶段进行，找到一种适合教学目的的教育方法[⑦]。美国学者 Kathryn Luther Henderson 在谈及其作为图书管理员和老师的职业时，指出了其工作中实际处理图书馆编目的情况，并且认为作为情报教育工作者，应当在教学时具备持续性的热情[⑧]。进入 21 世纪后，国外学者对此进行了更多有益的尝试。Bharat Mehra 等[⑨]针对美国 LIS 国际博士生的培养模式，探索了 LIS 教育过程中的国际化进程。Barbara Combes 等[⑩]则调查了澳大利亚学生对其所接受的 LIS 教育

---

① 高沙丽．高校学生情报教育新探［J］．大学图书馆学报，1995（2）：41，56.

② 刘俊英．在校学生信息情报能力培养［J］．图书馆建设，1998（6）：3-5.

③ 周国丰，萧蕾，刘晓鸣．培养高校学生获取情报的能力［J］．图书馆学刊，1993（1）：42-43.

④ 王桂忠．深化高校学生情报教育的几点看法［J］．图书与情报，1988（2）：24-27.

⑤ 孙志梅．浅谈高校学生情报教育现状及其改进［J］．河北科技图苑，1997（3）：32-33.

⑥ KAWASAKI M. Proposal for information education in colleges readiness test for new students about computer[J]. Educational information research，1992，7（4）：20-27.

⑦ UWAGAWA M. Special feature：Diversification of information education. women&apos；s junior college students and information processing education[J]. Journal of information science & technology association，1994，44（10）：538-544.

⑧ MARK J. Cataloging and classification standards and practices，library and information science education，and a student legacy：an interview with kathryn luther henderson[J]. Cataloging & classification quarterly，2002，33（1）：3-16.

⑨ BHARAT M，ANN P. Bishop. Cross-cultural perspectives of international doctoral students：two-way learning in library and information science education[J]. International journal of progressive education，2007，3（1）：44.

⑩ BARBARA C，JO H，MARY C，et al. Student voices：re-conceptualising and re-positioning Australian library and information science education for the twenty-first century[J]. The international information & library review，2011，43（3）：137-143.

的看法，结果表明在澳大利亚，学生能通过多种途径获得LIS资格，并且他们对LIS专业当前的课程及未来就业持乐观态度。同时，他们认为掌握检索技术会在未来的职业选择中发挥关键作用，课程设计应与未来职业选择紧密结合。新时期，在知识服务产业蓬勃发展的背景下，从情报学学生就业前景的角度来看，包括实际招聘中的需求及从业后的现状，肖洪等[①]认为教育机构应拓宽思路、注重产学结合，更好地优化人才培养体系。

本章即以江苏省各高校所培养情报学学生为对象，在前两章考察思路的基础上，进一步面向学生自身的特点和需求，设计了包含50个问题的调查问卷，以期从新的视角获得对于情报学教育体系调整有益的观点和思路。

5.1 基本情况分析

5.1.1 被调查者基本信息

参与调查的144名情报学学生中，女性学生占比超过半数，就培养阶段而言，仍以硕士研究生阶段为主，占比约为80%，符合情报学硕博士研究生大致分布（图5–1）。

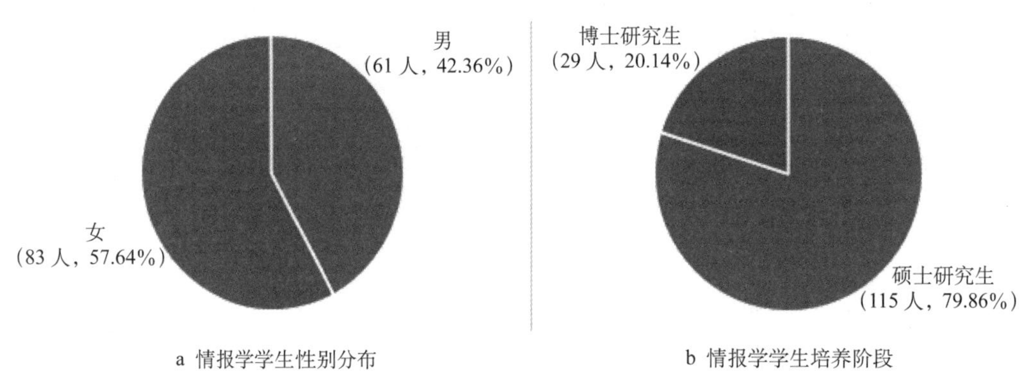

图5–1 情报学学生性别及培养阶段分布

144名情报学学生除3名未透露其具体所在单位之外，其余共涉及11所单位。其中，以南京大学参与人数最多，达到44人，其次是江苏大学和南京农业大学。除去问卷发放的不可避免的因素外，在此项问题的统计中，南京大学学生居多，这与学生基数的大小是分不开的。南京大学在硕士研究生和博士研究生的招生规模上相较其他大学有

① 肖洪，毋晓霞．知识服务产业发展背景下图书情报专业学生就业前景探析［J］．情报科学，2019，37（9）：66-71.

着数量上的优势。同时，也与高校的办学资源和能力有关。另外，江苏大学、南京农业大学、扬州大学、南京理工大学、南京工业大学等也分别有一定数量的学生代表参与调查。因此，此项调查对象的来源多样，能在一定程度上客观反映情报学学生专业及就业认知情况（图 5–2）。

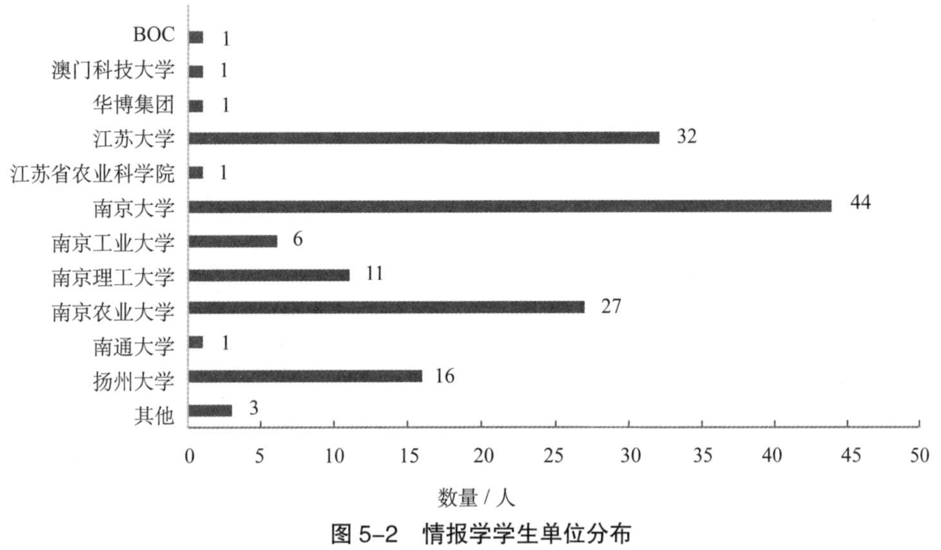

图 5–2 情报学学生单位分布

被调查者具体的研究方向如图 5–3 所示。其中，“自然语言处理”“图书馆学”“科学数据管理”等研究方向的占比较大。一个学科发展到一定阶段就会衍生出各类研究领域。传统情报学研究领域主要可分为图书馆学文献学、竞争情报、信息资源管理、信息服务 4 种。近年来，随着大数据工作开始在我国逐渐展开，其逐渐成为各大领域的研究热点。“自然语言处理”作为与大数据息息相关的文本处理技术，成为情报学中的一大研究热点；另外，“图书馆学”出现也较多，说明情报学的传统研究内容仍然受到众多研究者的关注；“科学数据管理”“档案管理”“文本挖掘”“大数据”等也是出现频次较高的词汇。而从各个高校来看，其所关注的情报学研究方向也各有不同。与之前的研究方向相比，当前的情报学专业的研究方向更加广泛与具体，且紧跟时代发展的潮流，符合社会发展的需要。

图 5-3　具体的研究方向

5.1.2　调研基础

近年来，关于情报学学科如何定位的研究成为情报学界的一个重要论题，引起了诸多的争论。与此相对应的，情报学的教育体系和人才培养目标也在跟着不断调整。事实上，大数据和人工智能的发展不仅改变着情报学的发展环境，更从多个方面影响着情报学的教育体系及其对人才培养的方式。在正式调研之前，为了解情报学学生的专业认知情况及学校相关课程设置总体情况，本章特设“对本校情报学教育体系与情报人才培养目标了解程度”和“本校课程对大数据和人工智能发展的涉及情况”二题。只有在明确了情报学教育体系与情报人才培养目标之后，才能明确自身的发展需求是否与其一致。而情报课程是情报学教学体系的核心，是情报学人才培养模式的基础。

总体来看，如图 5-4 所示，大部分被调查者对本校的情报学教育体系与情报人才培养目标均有一定了解，而且学校所设置的课程对大数据和人工智能发展多有所涉及。虽然如此，但“非常了解”人群总数仍然较少，今后要在平时的教学中展开更加积极的教学说明，加强学生对学校情报学教育体系及人才培养目标的了解，从而更加明确自身的学习和发展方向，为将来更好地从事情报工作打下基础。现如今，在大数据和人工智能的浪潮下，仍有一些院校较少甚至没有开设这方面的相关课程。如若想要将大数据和人工智能技术落到实处，应先从学校的课程设置开始，逐步将大数据和人工智能相关课程纳入教学体系，让学生在理论层面的知识丰富起来，为日后能更好地投入新时代下的情报工作做准备，做到理论和实践不脱节。

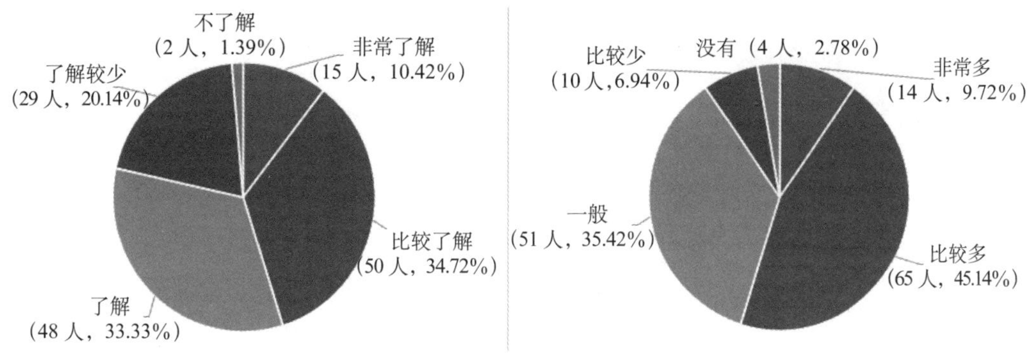

a 对本校情报学教育体系与情报人才培养目标了解程度　　b 本校课程对大数据和人工智能发展的涉及情况

图 5–4　调研基础

5.2　情报学教育课程设置调查

5.2.1　理论与方法相关课程

绝大多数被调查者认为本校的情报学教育中理论与方法方面的课程需要加强，而当被问到具体需要强化哪些理论与方法时，多数人都提到了“情报分析”和“情报挖掘”两个方面，结合前两章可以看出，无论是教育者、就业者还是学习者，均十分看重情报分析和情报挖掘。情报学教育中，理论与方法贯穿整个情报学教育体系，引导学科发展。无论出现任何新技术和新研究点，它都是情报学教育的基石，揭示的是情报学最为本质的规律，解决的是情报学最为基础的问题。情报学研究的核心内容包括情报获取、组织、挖掘、分析和呈现等，其中情报分析和情报挖掘当选为最应强化的理论与方法，说明在实际教学和面临的实际任务中，学生缺乏相关的能力。而从海量数据中挖掘并分析其中有价值的内容，是情报研究人员面临的重要任务。情报获取是进行后期工作的前提，因此也应该强化这方面的理论与方法。对情报进行组织和呈现能更好地展现情报分析的结果，也是情报学研究中必不可少的一环（图 5–5）。

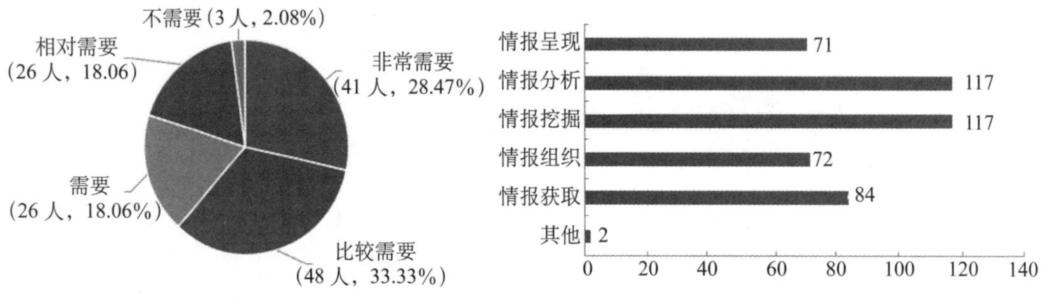

a 本校情报学教育中理论与方法方面的课程是否需要加强　　b 应强化哪些理论与方法

图 5-5　情报学教育中理论与方法强化情况

5.2.2　数据技术相关课程

数据技术在情报学教育中的地位举足轻重。在情报学教育中，加强数据技术相关课程是众望所归。而其中的“数据挖掘”和“数据分析”的相关课程被提及最多，这一点与前两章相关问题的结论也基本一致。此处的数据技术是指对数据进行获取、组织、挖掘、分析和展示的全过程。当前，情报学研究的对象已逐步拓展至数据，而不再局限于传统的研究对象。与情报学研究的过程相似，数据挖掘和数据分析同样是数据处理过程中的重要环节，数据挖掘是很多数据处理工作的基础，特别是在目前大数据时代下，面对海量数据，要有从其中找寻规律、获得目标数据集的能力。而数据经过分析，能够得到尽可能的开发和利用，促使数据信息走向有效情报。数据分析的结果也能帮助人们迅速做出判断，并采取适当的行动。同时，数据的获取是数据处理的第一步，数据展示和数据组织能让数据有序、完整地展示在用户面前，帮助人们理解数据，因此，也是应该得到加强的（图 5–6）。

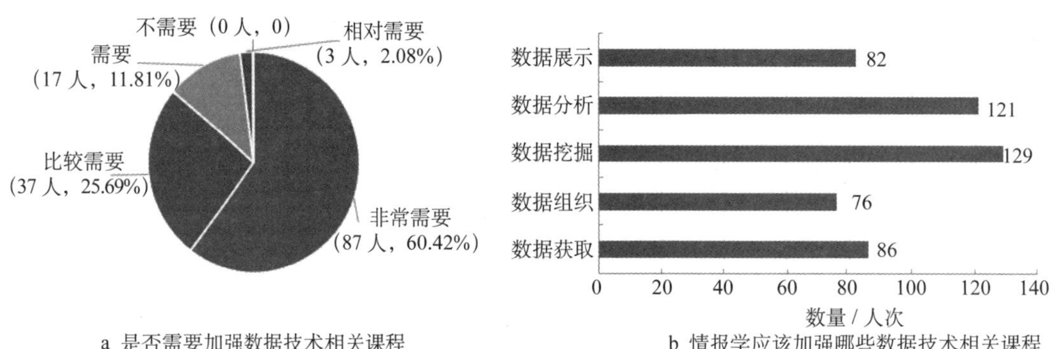

a 是否需要加强数据技术相关课程　　b 情报学应该加强哪些数据技术相关课程

图 5–6　数据技术相关课程强化情况

5.2.3 大数据与人工智能相关课程

当被问到“目前的情报学教育体系是否需要增设与大数据相关的课程”时，所有被调查者的回答都是肯定的，其中，半数人认为非常需要。而实际上，仅有不到 60% 的院校开设了与大数据相关的课程。对于情报学而言，开设与大数据相关的课程是必然选择。大数据技术能够为情报学学科提供更加强大的数据处理分析方法和工具及更加丰富的情报源，大数据范式能从研究对象、研究过程和研究方法与应用领域多个方面给情报学带来全新的变化。虽然大数据给情报学教育带来的好处颇多，但仍未能具体落到实处，仍有诸多高校并未将大数据相关课程纳入其中（图 5–7）。

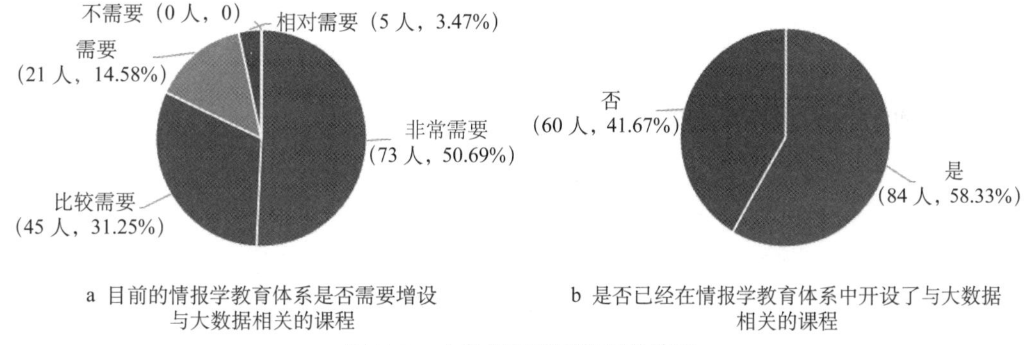

a 目前的情报学教育体系是否需要增设与大数据相关的课程

b 是否已经在情报学教育体系中开设了与大数据相关的课程

图 5–7 大数据相关课程强化情况

在情报学教育体系中，与人工智能相关的课程设置同样引起了广泛的重视，绝大多数被调查者认为其课程的开设是有必要的。人工智能研究的一个主要目标是使得机器能够替代人类完成一些复杂的工作，属于计算机学科的一个分支。由于其涉及的学科面广，能被应用到各个学科中。对于情报学而言，人工智能能拓宽情报学的研究范围，使得情报学的研究主题更加丰富，同时，在情报学领域引入人工智能能够推动情报学研究方法的创新。但在实际情况中，仅有不到 30% 的院校开设了与人工智能相关的课程。由于与人工智能相关的课程设置可能会偏向于技术环节，一些技术需要得到计算机学科的人员支持，因此许多院校暂时并未开设相关课程（图 5–8）。

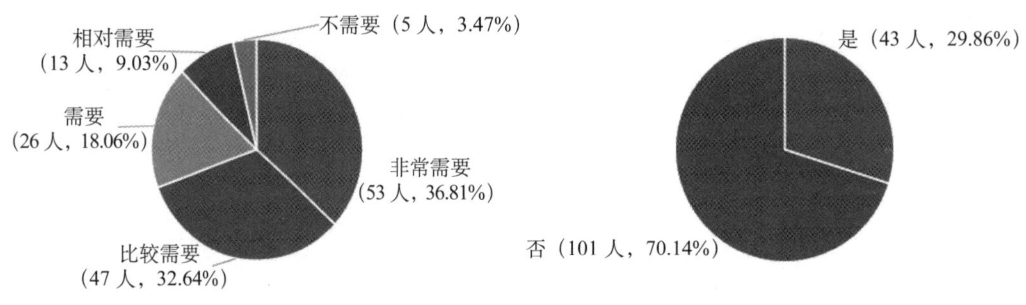

a 目前的情报学教育体系是否需要增设与人工智能相关的课程

b 是否已经在情报学教育体系中开设了与人工智能相关的课程

图 5–8 人工智能相关课程强化情况

当被问到具体“对哪方面的大数据相关课程最感兴趣”时，“大数据技术”和“大数据方法”被提及的次数最多。同样，在被问到“对哪方面的人工智能相关课程最感兴趣”时，多数被调查者对“人工智能技术”和“人工智能方法”展露出明显兴趣。在将大数据和人工智能相关课程纳入教学体系时，应考虑其与传统情报学知识体系的结合，将其放置在合理的位置。如图 5–9 所示，无论对于大数据相关课程还是人工智能相关课程的调查，学生都对其中的技术和方法表现出浓厚的兴趣，这更能体现出大数据和人工智能技术作为工具的属性，学生学习此方面的相关课程是希望借助先进的技术手段来解决实际的问题。大数据思维和人工智能思维分别位列第三，更能体现被调查者学习此二者的目的是为了更好地为后续的情报工作服务，将其思想与情报学理论相结合。

情报学学习者对于大数据和人工智能课程的兴趣和需求与前两章的相关调查也基本相符，不过教育者、就业者和学习者的出发点各不相同。教育者更多地考虑学科的发展，就业者更多地考虑工作的需求，学习者则会兼顾教育及就业两个角度。不同角度看待大数据和人工智能课程的态度完全一致，这更加表明了这些课程的重要程度。设置相关大数据和人工智能课程，培养相关技术能力，既能促进情报学及情报学教育的未来发展，还能满足情报相关工作的现实需求，更能提高情报学学习者各方面的竞争能力，其迫切程度可见一斑。

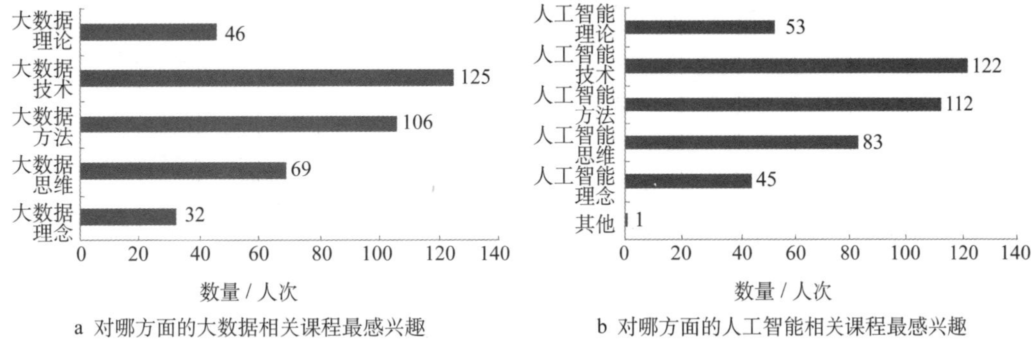

a 对哪方面的大数据相关课程最感兴趣　b 对哪方面的人工智能相关课程最感兴趣

图 5–9　具体对哪些大数据和人工智能相关课程感兴趣

5.2.4　数据科学相关课程

大多数被调查者认为应该强化数据科学的相应教学内容，并且认为情报学与数据科学之间的联系密切。数据科学作为大数据环境下一门新兴的交叉性学科，其理论基础涉及多个方面。而作为与数据紧密相关的情报学学科，与直接从数据本身进行学习的一门处理数据的科学在关注和研究的问题上多有交叉，联系密切（图 5–10）。

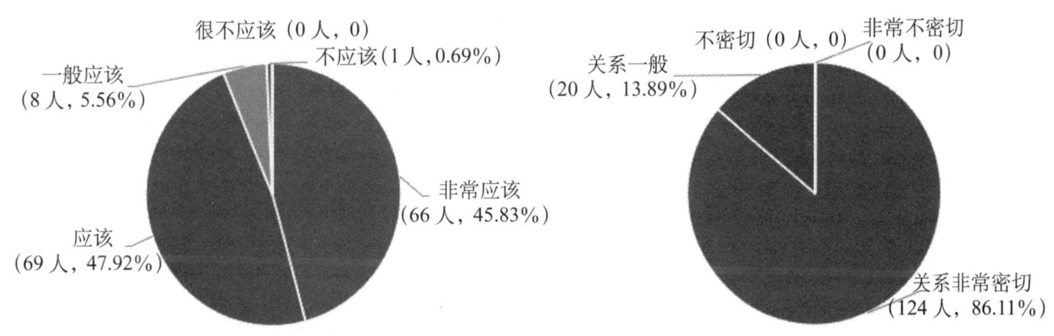

a 是否应该强化数据科学的相应教学内容　b 情报学与数据科学之间是否有密切的联系

图 5–10　数据科学与情报学相关情况

数据的获取能力是情报学学生必须掌握的技能之一。当前，情报学学生获取数据的主要方式是通过开发专门工具进行爬取，其次是通过调查问卷获取和依靠相应机构提供，少部分从第三方购买，另外，还有一些其他的数据获取方式。在数据多元化的情况下，掌握多种数据的获取方式能得到更加准确、全面的数据，从而也能在此基础上，提供更加完整的情报信息。数据爬取技术作为最常用的数据获取方式，被调查者均认为应该掌握。随着网络的迅速发展，互联网成为大量信息的载体，随着数据量的增多，依靠人工完成对海量数据的采集代价过大，因此，对于网络上结构化的数据进行采集，掌握一门数据爬取的技术是一个十分高效的选择（图 5–11）。

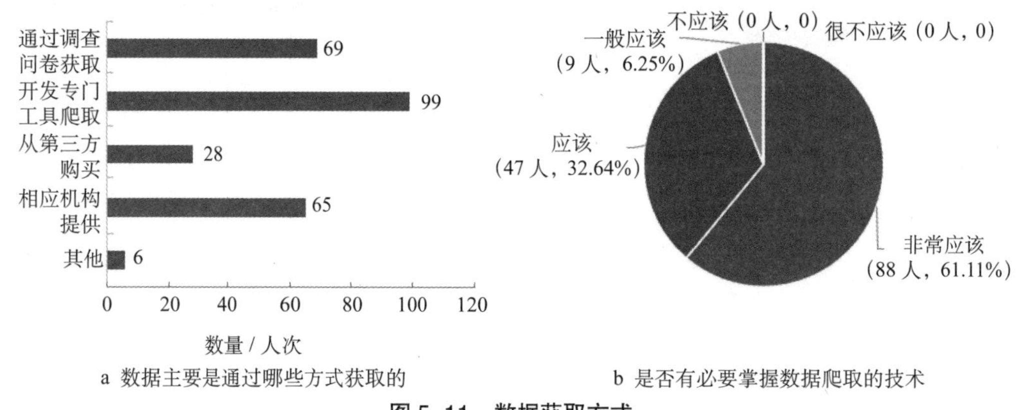

a 数据主要是通过哪些方式获取的　　b 是否有必要掌握数据爬取的技术

图 5–11　数据获取方式

5.3　情报学人才培养目标调查

5.3.1　总体情况

矛盾的是，86.81% 的被调查者认为当前情报学人才培养目标是能满足人才市场需求的，但与此同时，又有 98.61% 的被调查者认为目前的情报学人才培养目标是需要进行调整的。从情报学学生角度出发，考量当前情报学人才培养能否满足人才市场的需求的办法是通过观察同学的就业情况，如果就业情况良好，学生会认为学的知识能派上用场。而后，之所以会觉得应调整目前的情报学人才培养目标，可能是觉得通过调整情报学人才培养目标，能对学校的课程设置做出调整，以更好地适应更加灵活多变的就业市场。

对情报学学生而言，情报技术方向是目前最好的情报学人才培养目标方向，其次是情报方法方向，只有极少数人愿意在情报理论方向深造。被调查者对最希望能得到的能力培养的看法如下。一方面，必须具备扎实的数据处理和分析能力；另一方面，强有力的分析问题的能力和深刻的基于数据的洞察能力对于情报学学生来说也是必不可少的，同样，较强的文字撰写能力也不容忽视（图 5–12）。

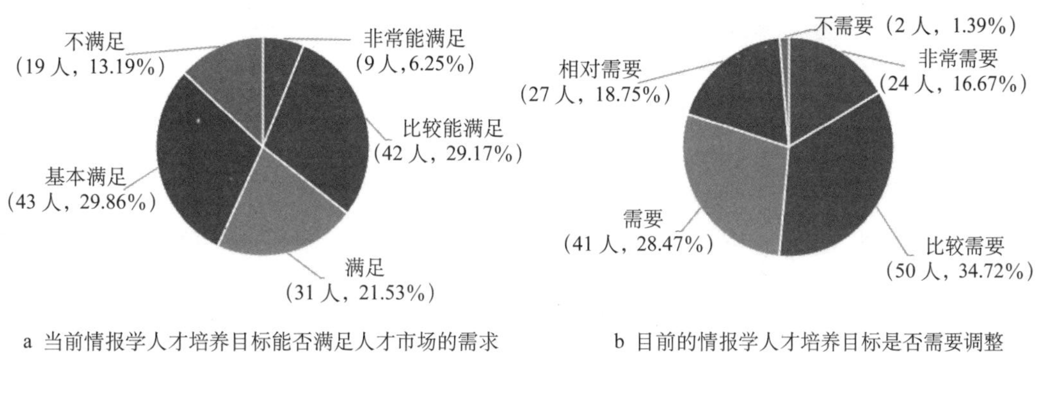

a 当前情报学人才培养目标能否满足人才市场的需求　　b 目前的情报学人才培养目标是否需要调整

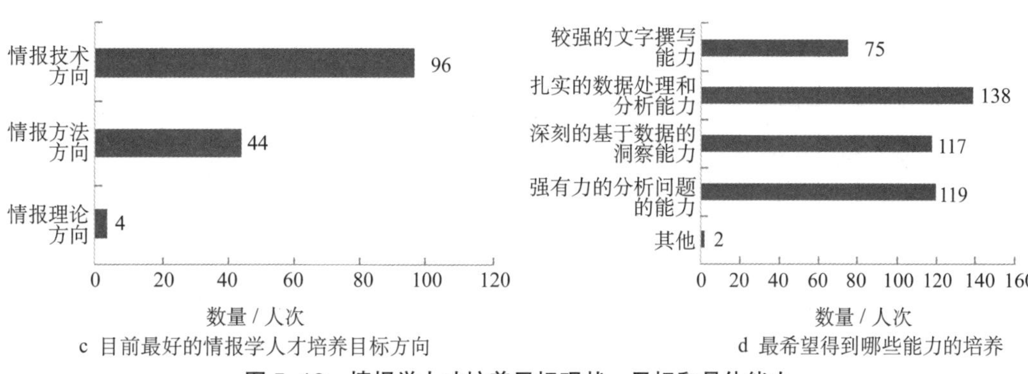

c 目前最好的情报学人才培养目标方向　　d 最希望得到哪些能力的培养

图5–12　情报学人才培养目标现状、目标和具体能力

5.3.2　数据科学能力培养

从图5–13可以看出，在情报学人才培养目标中增强数据科学能力方面的培养是毋庸置疑的。从实际的职业发展情况考虑，被调查者普遍认为数据分析师是与数据科学能力关系最为密切的职业，其次是数据科学家和业务数据分析师，数据架构师和数据产品经理也与数据科学能力有着千丝万缕的联系。数据科学的发展处于初期阶段，尚缺乏成熟的人才培养方案和培养体系，若想其能更好地助力情报学的发展，则需要将其能力培养考虑到人才培养目标中去，形成专业的教学体系，提高学生的实际应用能力。

数据科学能力的培养体现了教育者及就业者对于学习者的期望和要求，而学习者对相关能力的态度与教育者和就业者一致，有助于情报学教育在人才培养目标中增加数据科学能力的要求。从职业发展角度来看，数据分析师和数据科学家受到的格外重视，也体现出教育者、就业者和学习者的一致性。因此，统筹考虑，在情报学教育中增加这些能力培养的要求是可行且必要的。

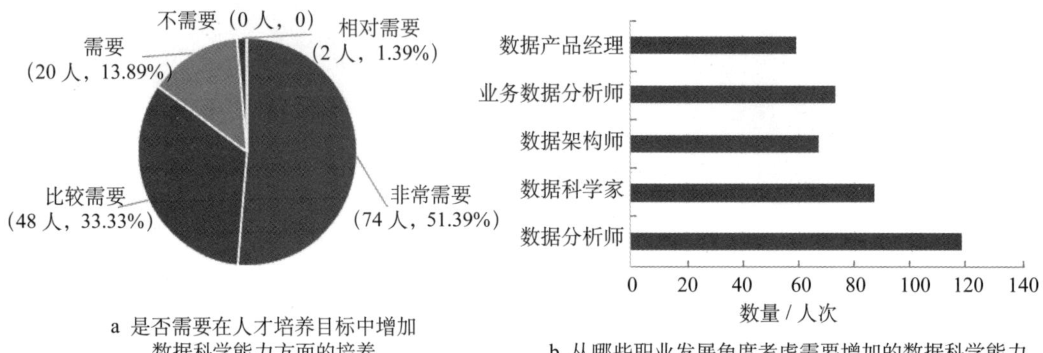

a 是否需要在人才培养目标中增加数据科学能力方面的培养

b 从哪些职业发展角度考虑需要增加的数据科学能力

图 5-13 数据科学能力培养

5.3.3 跨学科内容培养

情报学是一门与各领域结合广泛的学科，情报学学生均认为本专业需要跨学科的知识技能和方法，超过半数（54%）的学生认为跨学科的学习是非常需要的。在参与调查的学生所在院校中，超过 60% 的院校增设了跨学科内容。情报学专业绝大多数的学生认为与计算机相关的内容是非常重要的，管理学、数学和社会学相关知识也是不能忽视的，有一部分学生认为心理学也是情报学需要掌握的重要内容。通过调查数据可知，跨学科内容的增设在情报学专业中是十分必要的，是受到学生们广泛认同的。目前，许多院校已经将计算机、管理学和数学相关课程纳入情报学人才培养方案中，作为学生的必备知识，而在情报学专业学生的认知中，社会学和心理学等同样对自身能力提升有重要价值。将这些学科内容融入情报学人才培养中，能够充分发挥情报学理论和技术的优势，丰富情报学研究的方法和思路，为情报学研究提供理论和方法支持，同时，也能够更好地为各领域输送情报学学生，进而产生跨学科复合型人才，促进社会多元化高效发展（图 5–14）。

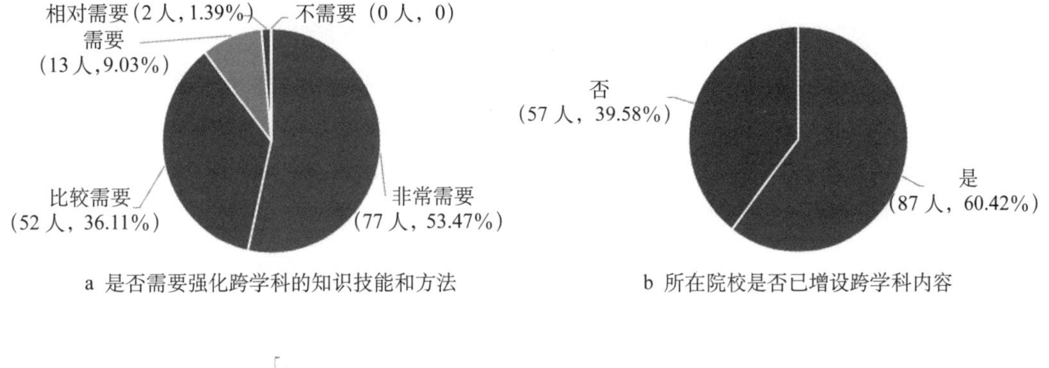

a 是否需要强化跨学科的知识技能和方法　　b 所在院校是否已增设跨学科内容

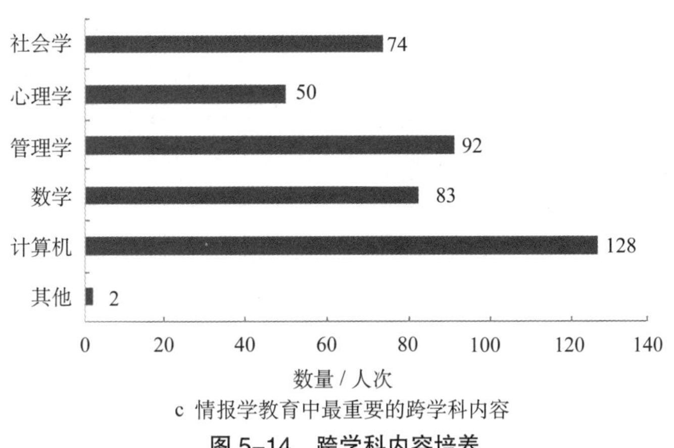

c 情报学教育中最重要的跨学科内容

图 5-14　跨学科内容培养

5.3.4　毕业论文与实习

对于高校学生而言，毕业论文是十分重要的，在人才培养过程中，这也是一个重要的考核指标。一方面，在一定程度上反映了学生的学业和研究水平；另一方面，也体现了情报学课程体系的培养成果。在调查结果中，情报学学生毕业论文的选题方向主要集中在方法探究和模型开发与应用两个方面，也有部分学生的毕业论文选题涉及理论构建和系统集成。在方法体系的应用方面，采用基于数据的方法体系的学生最多，其次是基于信息计量的方法体系。采用基于理论架构和调查问卷方法体系的学生相对较少，这和当前数据科学驱动影响下的情报学人才培养体系完善方向不谋而合，数据和技术是情报学学生需要掌握的内容，同时作为情报学经典方法体系的信息计量法同样是不容忽视的，这充分证明了在情报学教育发展中“守阵创新”的必要性，调查结果也体现了情报学学生对这一观点的认同（图 5–15）。

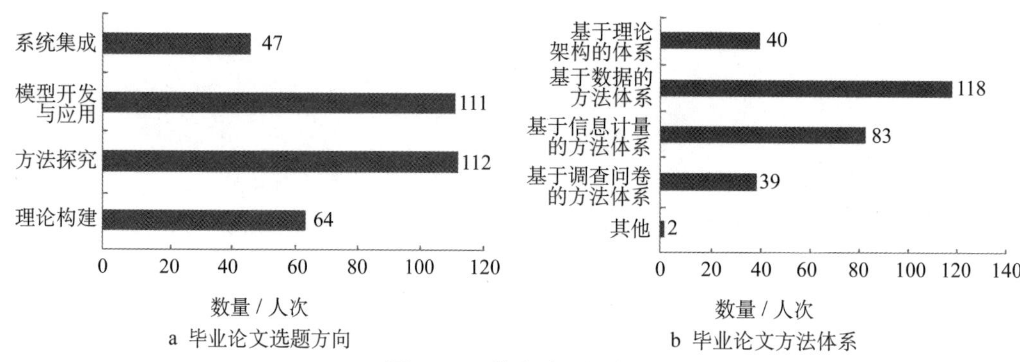

a 毕业论文选题方向　　b 毕业论文方法体系

图 5–15　毕业论文调查

因此，在情报学人才培养体系的完善中，除保留经典的情报学研究方法和理论外，对于数据科学理论和技术的培养也应当加入情报学课程设置中，进而培养出能够适应数据科学迅速发展大趋势的全面型情报学人才。

实习环节在人才培养中至关重要，在情报学培养体系中同样如此，企事业单位对于人才的实践能力都是比较看重的，这是社会需求的趋势，许多岗位要求人才能够迅速熟悉岗位职责并展开工作。这样的需求体现了学生具有一定的实践经验的重要性，因此，高校在培养情报学人才时，对于实习能力的强化也是必不可少的，高校情报学学生的认知也印证了这一点，近半数的学生认为专门强化实习能力是非常需要的。

在参与调查的高校情报学学生中，所在院校选择的实习单位基本集中于图书馆、情报所及大数据或人工智能类的公司，还有部分院校的实习单位选择政府和事业单位或其他公司。而学生们最倾向于到数据驱动的企业实习，其次是情报所及政府机关和事业单位，也有部分同学选择图书馆和一般企业。这种现象体现出学生需求和高校培养在一定程度上的不匹配，以及目前情报学人才培养需要完善的地方。学生的需求和当前数据驱动下的社会需求相对一致，而高校情报学人才培养体系的实习环节还未注意到这一点，因此在情报学教育的完善中，应及时适应社会需求，合理安排实习能力强化环节，加强专业人才与对应岗位的匹配程度，有效利用相应能力完成高校与行业的对接（图 5–16）。

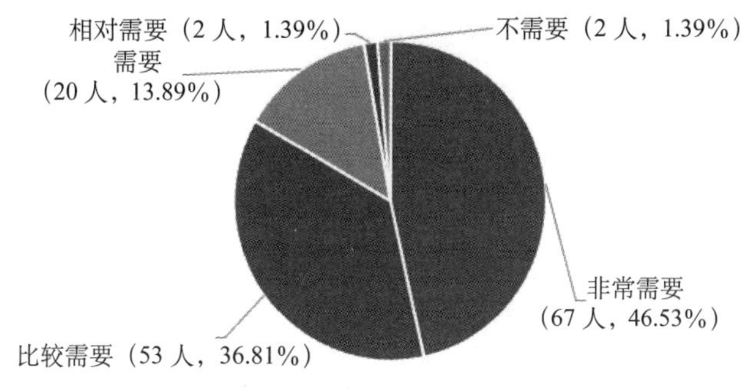

a 是否需要专门强化实习能力

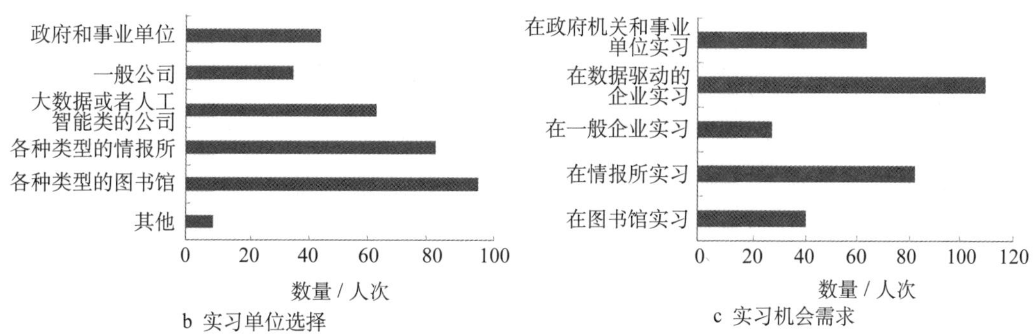

b 实习单位选择

c 实习机会需求

图 5-16　毕业实习调查

5.3.5　素质能力与学科知识

无论是高等教育还是基础教育，都在强调素质教育的重要性，综合素质的培养也应当纳入人才培养体系之中。衡量教育是否有效时，不仅要对专业技能进行评价，对于毕业生的素质能力也应当进行考核，分析问题能力和数据洞察能力都是高校学生认为的毕业必备能力，工作热情和责任感、团队合作精神也是步入社会需要具备的综合素质，在社会发展迅速的当下，较强的工作抗压能力也是必不可少的，而很多工作都会涉及方案设计、项目对接、工作总结等文案工作，那么较强的文字撰写能力也能够有效提高情报学毕业生的竞争力。因此，在情报学人才培养体系制定时，应当考虑如何在保证学生专业知识技能水平的同时，提高学生的综合素质能力，在步入社会时脱颖而出，为行业建设和社会发展贡献力量。

学科知识的重要性对于高校学生来说不言而喻，那么在情报学专业学生的认知中，情报学毕业生最应当具备情报分析、情报挖掘相关知识，情报获取和情报组织的方法内容也是非常重要的，情报理论与方法和情报呈现也受到很多学生的重视。因此，在情报学人才培养体系中，对于各方面学科知识的课程安排都是必不可少的，要完善学生知识体系，使毕业生具备全面且扎实的知识储备（图 5–17）。

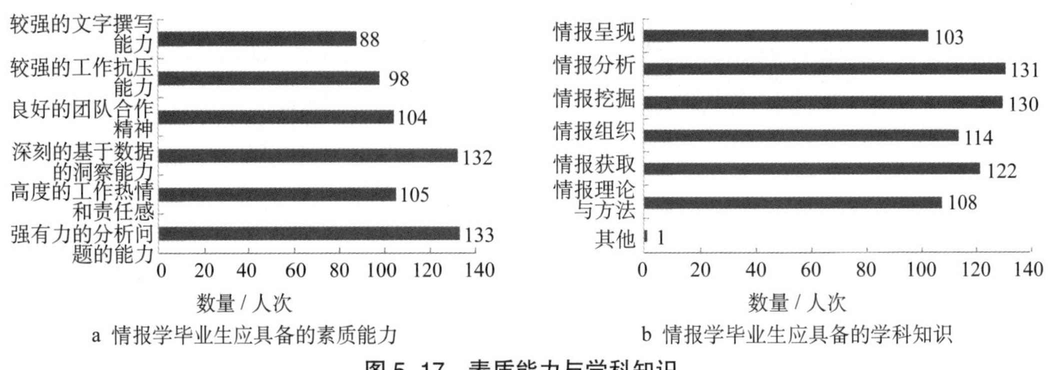

a 情报学毕业生应具备的素质能力　　b 情报学毕业生应具备的学科知识

图 5–17　素质能力与学科知识

5.4　专业技能培养

在情报学学生的认知中，情报工作者需要具备的专业技能也应当及时反映到情报学人才培养体系中，本问卷据此设计了 14 道相关题目，主要针对情报工作者是否需要具备数据挖掘、机器学习、大数据、数据分析、数据库、程序设计语言和数据可视化等技能和方法进行调查。

5.4.1　数据挖掘

在此次调查中，认为数据挖掘技能是情报工作者的必备技能的学生占绝大多数，有超过半数的学生认为该项技能非常需要，这样的调查结果也与上一题中绝大多数学生认为情报挖掘应作为情报学毕业生必备学科知识的结果相吻合。针对具体数据挖掘技能，学生们认为模型调用和结果分析都是非常重要的，而对于模型特征的确定和模型的构建也应当有所涉猎，这些能力的培养都需要高校的关注（图 5–18）。

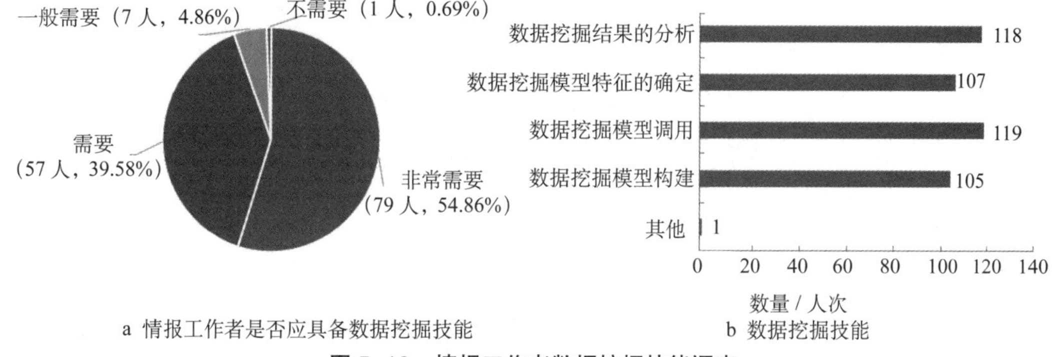

图 5-18 情报工作者数据挖掘技能调查

5.4.2 机器学习

机器学习的出现为数据分析、数据挖掘等研究提供了新兴且高效的方法和技术，大幅促进了数据科学相关领域的迅速发展，也给予情报学领域新的发展机遇。不仅是传统的机器学习，近年来深度学习的产生及与情报学相关研究的结合，都成为许多情报工作者需要了解和掌握的热点内容，因此，面向数据科学相关领域的情报学学生或情报工作者对于机器学习相关内容是比较重视的，1/3 左右的情报学学生认为情报工作者非常需要具备机器学习能力，另外还有近半数的学生认为作为情报工作者，机器学习能力是需要具备的。在高校情报学学生的认知中，机器学习模型最应该掌握的是深度学习系列模型，这主要是由于近几年深度学习系列模型确实高效地解决了许多与数据相关的问题，在一定程度上缓解了大数据环境下数据量大、人工处理耗时费力等困难。聚类和分类系列模型也是情报学学生认为情报工作者应该掌握的，许多数据分析任务都可以转化成聚类、分类问题来解决。条件随机场模型在深度学习系列模型产生前，也是占有一定地位的，而隐马尔可夫模型和最大熵模型作为机器学习经典模型，也被不少学生认为是情报工作者应当掌握的，这些机器学习模型的教学都可以在情报学人才培养体系中体现出来（图 5-19）。

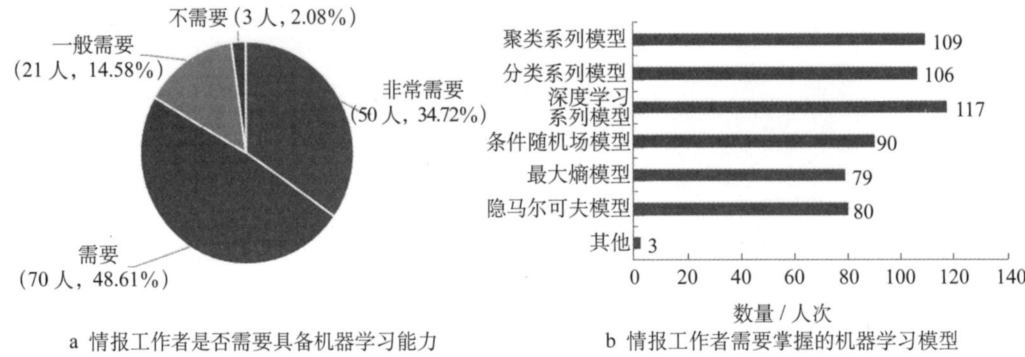

a 情报工作者是否需要具备机器学习能力　　b 情报工作者需要掌握的机器学习模型

图 5–19　机器学习技能

5.4.3　大数据

在大数据环境下，绝大多数情报学学生认为情报工作者应该具备大数据技能，其中近半数的学生认为大数据技能非常需要。在各项大数据技能中，情报学学生认为，对于情报工作者来说大数据分析技能是最重要的，其次是大数据可视化呈现技能，再次是大数据清洗技能。数据分析的重要性毋庸置疑，情报工作者需要能够在海量数据中筛选有效数据、过滤“脏数据”，并将分析结果通过可视化的方式呈现给受众。认为情报工作者需要掌握大数据模型开发和大数据平台搭建这类对计算机技术要求更高的大数据技能的人数则相对较少。

随着大数据技术的快速发展，在情报学人才培养过程中，高校应当注重情报学学生的大数据技能培养，特别是大数据分析、大数据可视化呈现和大数据清洗技能，而针对计算机水平较高或学有余力对技术方面有更高要求的学生，也应适当增设大数据模型开发和平台搭建等相关课程，使情报学人才培养体系更完善、更灵活（图 5–20）。

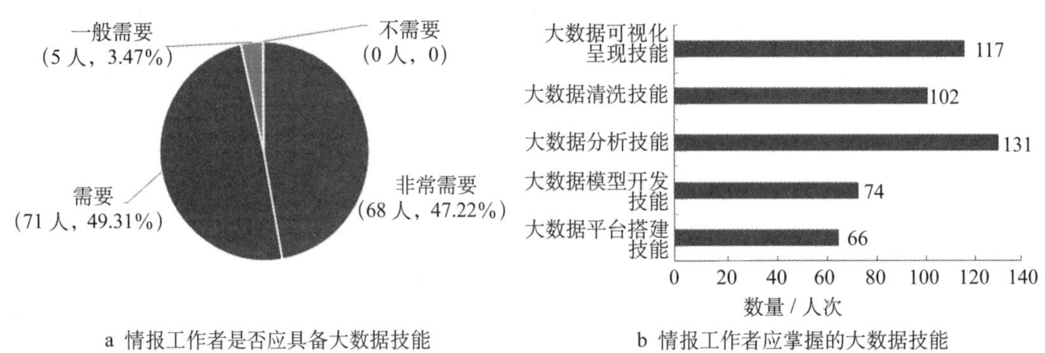

a 情报工作者是否应具备大数据技能　　b 情报工作者应掌握的大数据技能

图 5–20　大数据技能

5.4.4 数据分析

在针对情报学学生认为情报学毕业生应具备的学科知识调查中，选择情报分析的人数最多，和本节内容得以相互验证。高校情报学学生普遍认为情报工作者需要掌握数据分析方法，且超过半数的学生认为数据分析方法非常需要。数据分析方法有很多种，内容分析法是学生们认为情报工作者最应该掌握的数据分析方法，选择层次分析法、案例分析法、归纳法和比较法的人数非常接近，这也说明了数据分析法在情报学领域是十分重要的，无论是哪种数据分析方法，情报工作者都是应该掌握的。因此，在情报学人才培养体系中，与数据分析方法相关的课程是必不可少的，并且应当将具备良好的数据分析能力作为情报学人才培养的目标之一，为数据分析师等岗位输送高精尖人才（图 5–21）。

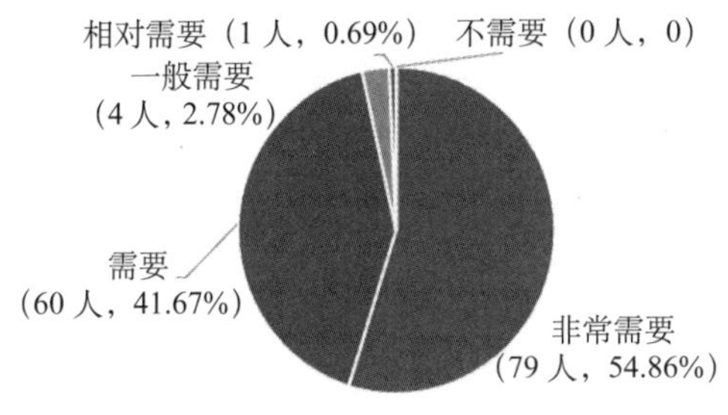

a 情报工作者是否应掌握数据分析方法

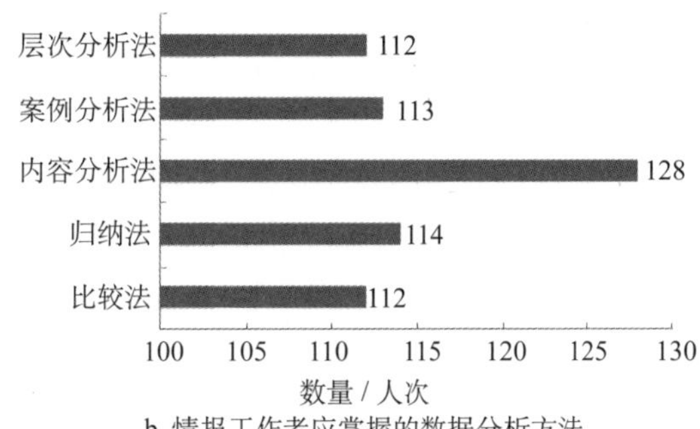

b 情报工作者应掌握的数据分析方法

图 5–21 数据分析技能

5.4.5 数据库

数据库是数据分析过程中非常重要的工具，掌握数据库技能并精通一个或几个数据库对于情报工作者来说也是很重要的。大多数情报学学生认为 Mysql 数据库是情报工作者应当掌握的，Sqlserver、Oracle 和 Access 也被一些学生选择。据此，在情报学专业的数据库课程中，可以在详细讲解数据库理论原理和基本操作方法后，以一两个数据库平台为主，辅以多个其他数据库进行讲授，使情报学学生关于有关数据库的知识和技能更加完备（图 5–22）。

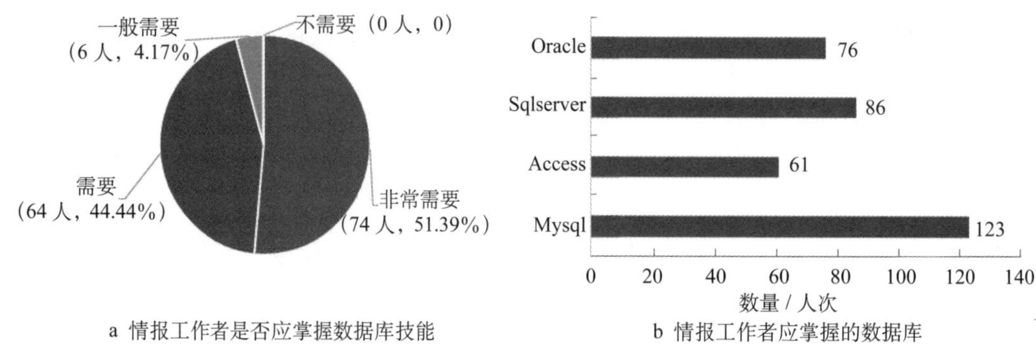

a 情报工作者是否应掌握数据库技能　　b 情报工作者应掌握的数据库

图 5–22　数据库技能

5.4.6　程序设计语言

程序设计语言是进行许多数据相关任务的基础，在数据驱动趋势日益明显的当下，掌握程序设计语言对于情报工作者来说是较为重要的。随着编写代码的要求不断提高，人们希望能够以更简洁且高效的方式应用一门语言，Python 则以其清晰美观、简洁易读等优势从诸多程序设计语言中脱颖而出。更重要的一点，对于初学者来说，Python 相对于 Java、C++ 等更加简单易学，因此，情报学学生普遍认为 Python 是情报工作者最应该掌握的程序设计语言，而 C# 的重要性则相对较低。目前，已有一些院校的情报学专业开设了 Python 相关课程，其他尚未将 Python 纳入课程体系的院校也应当随科技发展调整培养体系（图 5–23）。

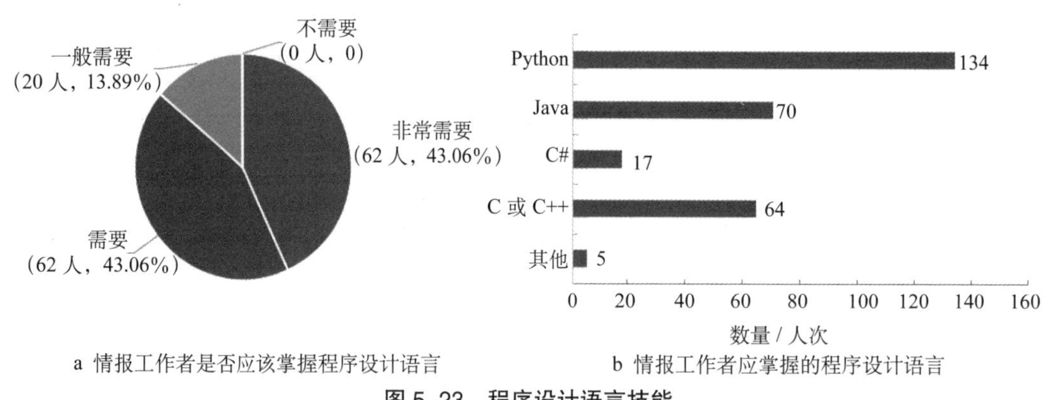

a 情报工作者是否应该掌握程序设计语言　　b 情报工作者应掌握的程序设计语言

图 5–23　程序设计语言技能

5.4.7　数据可视化

作为一名合格的数据驱动下的情报工作者，不仅应该能够处理数据、分析数据，还应该能够将数据分析结果以合适的方式呈现出来。在参与调查的学生中，所有学生都认为情报工作者是应该掌握数据可视化技能的，超过半数的学生认为这项技能非常重要。在目前常用的数据可视化工具中，Excel 和 Citespace 是情报学学生认为最应该掌握的。高校对于情报学人才的培养不仅要注重前期数据的分析与挖掘，同样应该重视数据的可视化呈现，在培养体系的制定方面应该有所体现，使情报学人才培养方案更加完整且全面（图 5–24）。

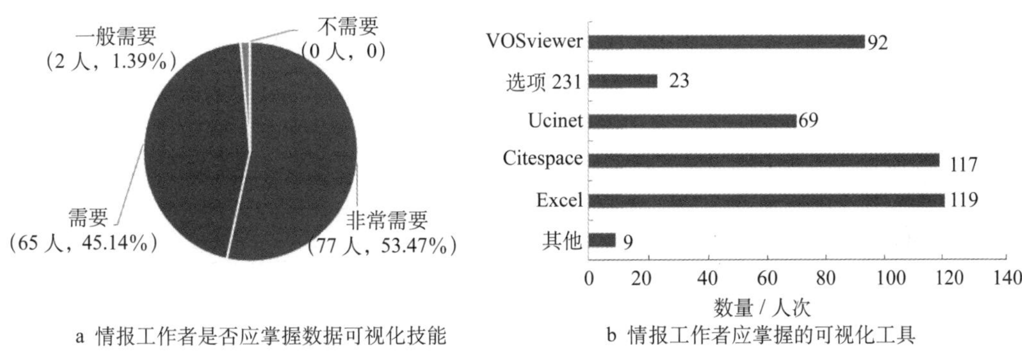

a 情报工作者是否应掌握数据可视化技能　　b 情报工作者应掌握的可视化工具

图 5–24　数据可视化技能

5.5 小结

本章以调查问卷的形式考察了情报学学生对情报学教育体系现状和未来发展趋势的认知。根据前两章的调查分析，大数据和人工智能对情报学和情报学教育已经产生了较为深刻的影响，这一影响同样体现在本章关于学生的调查分析结果上。不同于教育者和就业者，情报学学生以学习知识和技能为第一要务，并以就业或升学为重要目标。因此，无论是课程设置、人才培养目标还是专业技能培养，从学生的视角来看，其看法和目标是较为一致的。一方面，大数据和人工智能乃至数据科学的重要性得到了十分鲜明的体现；另一方面，受访学生对于相关技术和方法的需求远高于教育者和就业者。作为情报学未来的生力军，学生对于情报学的认知和理解将在很大程度上影响学科未来的发展，其对于新兴技术及这些技术在情报学教育中地位的看法，更值得认真思考和对待。

第 6 章
情报招聘实体挖掘下的情报学教育及人才培养

情报学是研究情报的产生、获取、组织、存储、传递与利用过程中所涉及的理论、技术与方法的学科，是一门应用型、交叉型学科①。情报学在维护国家安全和促进科教文卫事业的发展与创新中扮演者重要的角色②，因此，如何培养高端情报人才，使情报学从业人员在各领域发挥“耳目尖兵参谋”作用，是情报学学科发展过程中的重要内容之一。

各大招聘网站上的情报学招聘公告是有关岗位需求的第一手资料，也是最能体现情报学相关岗位人才需求的文本形式之一。通过计算机自动抽取的方式，从海量招聘公告中提取情报学相关岗位的学历要求、专业要求、经验要求、能力要求、性格要求等相关信息，并通过大数据分析技术从中挖掘出岗位的共性需求，一方面，可以帮助了解情报学相关行业的发展现状与未来趋势，促进情报学相关岗位的资源分配与岗位调整，构建更加合理完善的情报学就业体系；另一方面，可以简明清晰地展现情报学岗位对就业人员各方面素质与能力的期望，从而指导情报学相关院校适时调整课程结构与人才培养方案，面向新时代，不断培养出能够肩负起“耳目尖兵参谋”职责的尖端情报人才。此外，这对于情报学理论体系的变革与创新也具有重要的实际意义。

当前，有部分学者分析了我国情报学岗位的人才需求。陆志洋等③通过内容分析法，对 109 条情报学人才招聘广告中的技能需求进行了分析，发现当前情报学教育基本

① 苏新宁．不忘初心、牢记使命 展望情报学与情报工作的未来［J］．科技情报研究，2019，1（1）：1-12.
② 陈芬，苏新宁．我国情报学学科发展现状与未来思考［J］．情报学报，2019，38（9）：988-996.
③ 陆志洋，王姗姗．从招聘信息看企业对情报学人才技能的需求［J］．情报探索，2017（1）：80-83.

满足招聘需求，但教育与职业发展出现明显背离的趋势。周霞等[①]对273条情报学相关招聘信息分析后，指出当前业界对情报学的认可度仍然较低。华小琴等[②]在北美各大招聘网站上获取了163条情报学相关招聘公告，对其中的单位类别、岗位类别、能力需求等进行定量与定性分析，并提出了图书馆学情报学人才培养的建议。但是，上述研究中存在支撑分析的数据量不足、内容更新不及时、分析挖掘的方法落后等问题，因此，难以从整体上客观公正地反映当前情报学相关就业岗位的人才需求。而本章采用命名实体识别的方式，基于前沿的深度学习模型算法，面向网络上采集的真实职位招聘公告，对学历、专业、经验、能力、性格等多个方面需求进行识别抽取与挖掘分析，可以更加准确地呈现情报学相关岗位的人才需求。

情报学招聘实体的识别与抽取本质上属于中文命名实体识别的范畴。命名实体识别（Named Entity Recognition）是指从文本中识别出人名、地名、机构名、时间等特定内容的过程，是组块标注、自动句法分析、信息检索和机器翻译等深层次和应用方面的自然语言处理研究的基础[③]。国内外对于英文命名实体识别的研究比较早。由于中文内在的特殊性决定了在文本处理时首先必须进行分词等词法分析，中文命名实体识别的难度要远大于英文，因此起步较晚。近几年，随着各类机器学习与深度学习算法的提出，中文命名实体识别已经在医学[④⑤⑥]、财经[⑦]、学术文本[⑧⑨]、

① 周霞，赵静．情报学硕士课程设置研究：我国情报学硕士企业招聘的反思［J］．情报杂志，2015，34（8）：26-30.

② 华小琴，郎杰斌．美国图书馆学情报学专业招聘需求对人才培养的启示［J］．大学图书馆学报，2019，37（1）：115-121.

③ 黄水清，王东波，何琳．基于先秦语料库的古汉语地名自动识别模型构建研究［J］．图书情报工作，2015，59（12）：135-140.

④ DERBEL H，CHAIBI A H，GHEZALA H H B. Disease named entity recognition using long-short dependencies［J］. Journal of bioinformatics and computational biology，2020，18（3）：2050015-2050015.

⑤ ZHAO Q，WANG D，LI J，et al. Exploiting the concept level feature for enhanced name entity recognition in Chinese EMRs［J］. The journal of supercomputing，2020，76（1）：1-22.

⑥ LI X，ZHANG H，ZHOU X H. Chinese clinical named entity recognition with variant neural structures based on bert methods［J］. Journal of biomedical informatics，2020：107.

⑦ 丁晟春，方振，王楠．基于Bi-LSTM-CRF的商业领域命名实体识别［J］．现代情报，2020，40（3）：103-110.

⑧ 谭荧，唐亦非．面向科学文献的事实知识元自动抽取方法研究［J］．情报科学，2020，38（4）：23-27，36.

⑨ 章成志，张颖怡．基于学术论文全文的研究方法实体自动识别研究［J］．情报学报，2020，39（6）：589-600.

古文[①②]等方面得到了一定研究。

国内有关中文命名实体识别的研究如下。黄炜等[③]对比了Bi-LSTM和Bi-LSTM-CRF模型在反恐怖主义新闻文本上对人名、地名、组织机构名3类涉恐实体识别性能的优劣，结果表明Bi-LSTM-CRF表现更优，准确率、召回率和F值均超过了90%，且抽取的实体结果符合当时国际局势。丁晟春等通过爬虫采集了东方财富网的财经公告数据，标注并构建了商业领域实体识别语料库，采用多特征Bi-LSTM-CRF模型对其中企业全称、企业简称和人名3类实体进行自动识别，实验结果表明添加了分词、词性和边界特征后，整体F值超过了90%。谭荧和唐亦非基于开源命名实体识别工具Stanford NER，实现了对学术文本中有关科学事件和科学观点的两类事实知识元的识别与抽取，在2017年《情报学报》上取得了77%的实体识别F值。章成志等探究了深度学习方法在学术全文本上对研究方法实体抽取的性能，通过组合不同种类的预训练字向量、LSTM神经网络、Softmax分类器与CRF线性层，共获得了8种深度学习模型，并在《情报学报》语料上进行“论文使用研究方法”和“论文引用研究方法”实体抽取，与基准方法CRF模型相比，深度学习模型Char-CRF-Bi-LSTM（Joint）取得了更好的效果。此外，还对《情报学报》近10年研究方法的分布情况进行了分析，发现在情报学学科中，“实验法”相关方法的使用与引用频次均为最高，揭示了情报学研究的方法特点。崔竞烽等对比了传统机器学习模型CRF和深度学习模型Bi-LSTM、Bi-LSTM-CRF和BERT在菊花古典诗词语料上对时间、人名、花名、地点等7类命名实体的识别结果，发现BERT模型表现最优，F值达到了91.60%，验证了其强大的文本表示能力。

国际上，Zhao等提出了一种概念增强的命名实体识别深度学习模型（CNER），通过在原始字符特征的基础上增加词汇和概念特征，从而实现对中文电子病历（EMRs）中复杂医学术语的准确识别，在完全标记语料库与部分标记语料库上均优于基线模型CW-BLSTM-CRF的表现，F值最高提升了1.15%。Ye等[④]发现在中文命名实体识别任务

① 徐晨飞，叶海影，包平．基于深度学习的方志物产资料实体自动识别模型构建研究［J］．数据分析与知识发现，2020，4（8）：86-97.

② 崔竞烽，郑德俊，王东波，等．基于深度学习模型的菊花古典诗词命名实体识别［J］．情报理论与实践，2020，43（11）：150-155.

③ 黄炜，黄建桥，李岳峰．基于Bi-LSTM-CRF的涉恐信息实体识别模型研究［J］．情报杂志，2019，38（12）：149-156.

④ YE N，QIN X，DONG L，et al. Chinese named entity recognition based on character-word vector fusion［J］. Wireless communications and mobile computing，2020（3）：1-7.

中，基于字符向量会缺失边界与词义信息，而使用词向量对于分词算法的性能具有很高要求。为了解决上述缺陷，提出了一种基于字符词汇向量融合的 CWVF-Bi-LSTM-CRF 神经网络模型，在实体识别过程中既有效地利用了词汇的语义特征，又减少了对分词算法准确性的依赖。Wang 等[①]提出了一种基于对抗训练的 LSTM-CNN（ASTRAL）模型，通过 Gated-CNN 获取相邻词汇间关联信息，并采用对抗训练（Adversarial Training）的方式防止模型过拟合，最终在 CoNLL-03、OntoNotes 5.0 和 WNUT-17 3 个基准数据集上取得了当前命名实体识别的最佳性能。

在一些领域中会缺少用于支撑机器学习模型的大规模的标注语料库。Li 等[②]为了解决中文临床命名实体识别任务（CNER）中标注数据集缺失的问题，使用 BERT 文本表示模型在未标注的中文临床记录上学习医学领域知识，并提出了一种引入词典特征的 LSTM-CRF 模型，最终在 CCKS-2018 和 CCKS-2017 数据集上分别取得了 89.56% 和 91.60% 的 F 值。Hu 等[③]针对微博文本语料不足的问题，探究了多领域与多任务下的命名实体识别，提出了基于生成对抗网络的 DoubADV 模型，通过新闻文本和中文分词任务提升了微博文本命名实体识别效果，且优于基准模型的水平。

通过对上述情报学岗位人才需求和中文命名实体识别相关研究的梳理，发现当前基于机器学习与深度学习算法的命名实体识别技术已经较为成熟，可以应用于情报学招聘人才需求分析任务中，实现从大规模招聘公告文本中快速自动识别并抽取情报学招聘实体，从而辅助后续统计分析与知识挖掘任务的开展，以便获取更加全面、精确、真实的行业需求。因此，本章通过爬虫抓取了国内主要招聘网站上的情报学相关职位招聘公告，构建了中国情报学招聘语料库，综合对比了 CRF、Bi-LSTM-CRF、BERT 和 BERT-Bi-LSTM-CRF 模型的实体识别性能。在此基础上，使用效果最佳模型，自动抽取语料库中全部情报学招聘实体，并使用信息计量分析和社会网络分析方法，对情报学招聘实体的分布情况进行挖掘分析。

---

① WANG J, XU W, FU X, et al. ASTRAL：adversarial trained LSTM-CNN for named entity recognition[J]. Knowledge-based systems，2020：105842.

② LI X，ZHANG H，ZHOU X H. Chinese clinical named entity recognition with variant neural structures based on bert methods［J］. Journal of biomedical informatics，2020：103422.

③ HU Y，ZHENG C. A double adversarial network model for multi-domain and multi-task chinese named entity recognition［J］. IEICE transactions on information and systems，2020，103（7）：1744-1752.

6.1 情报学职位数据简介

本章利用 Python 网络爬虫在智联招聘、51job 等国内招聘网站上共采集了 16 616 条情报学职位招聘公告。该语料涵盖了经验、学历、招聘人数、发布时间、公告正文等多方面信息。为了保证语料质量，筛选剔除了部分存在招聘内容缺失、招聘信息不完整、来源失效等问题的文本，并对内容重复的公告进行去重处理。最终，共保留了 5287 条符合要求的情报学招聘公告，在此基础上构建了情报学招聘语料库。

通过对情报学专业的研究生进行相关培训，邀请了 20 位研究生对语料库中选取的 2000 条职位招聘公告进行人工实体标注，用于构建机器学习模型的训练集与测试集。结合情报学学科特点与招聘公告的内容结构，定义了表 6–1 所示的实体标记集。

表 6–1 情报学招聘实体的标记与含义

单位：个

序号	实体标记	实体含义	数量
1	xl	学历要求	685
2	nl	能力要求	3541
3	zy	专业要求	1996
4	xg	性格要求	536
5	jy	经验要求	301

在具体的语料标注过程中，使用诸如“<xl> 学历要求实体 </xl>”“<zy> 专业要求实体 </zy>”的格式定位招聘公告中的全部实体。经过手工实体标注后的语料样如图 6–1 所示。

岗位要求：1、<xl>本科及以上学历</xl>，<zy>计算机</zy>、<zy>信息系统</zy>、<zy>电子信息</zy>、<zy>通信</zy>、<zy>数学</zy>、<zy>自动化</zy>、<zy>数据科学</zy>等相关专业；2、具备3年以上相关<jy>售前</jy>、<jy>文案</jy>、<jy>项目经理</jy>、<jy>产品经理</jy>等工作经验；3、<nl>优秀的技术方案文档撰写能力</nl>并能<nl>熟练使用office办公软件</nl>；4、出色的<nl>文字</nl>、<nl>口头表达能力</nl>与<nl>逻辑思维分析能力</nl>，<nl>应变能力强</nl>，<xg>性格开朗</xg>，<xg>乐观向上</xg>，具有优秀的<nl>抗压</nl>和<nl>学习能力</nl>，<xg>敬业专注</xg>，<xg责任心强</xg>具备<nl>较强的逻辑能力</nl>，<nl>学习创新能力</nl>，<nl>解决问题能力</nl>，<nl>提供解决方案能力</nl>。

图 6–1 情报学招聘实体标注样例

6.2 模型介绍

6.2.1 CRF 模型

条件随机场[①]（Conditional Random Field）是一类用于解决序列标注（Sequence Tagging）问题的概率无向图模型，通过计算整个输入序列的联合条件概率分布输出对应标记序列。在给定输入序列 $x = \{x_1, x_2, \dots, x_i, \dots x_n\}$ 的条件下，通过下列公式计算输出标记序列 $y = \{y_1, y_2, \dots, y_i, \dots y_n\}$ 的条件概率。

$$p(y|x, \lambda) = \frac{1}{Z_x} \exp(\Sigma_{i=1}^{n} \Sigma_j \lambda_j f_j(y_{i-1}, y_i, x, i)), \tag{6-1}$$

$$Z_x = \Sigma_y \exp(\Sigma_{i=1}^{n} \Sigma_j \lambda_j f_j(y_{i-1}, y_i, x, i))。 \tag{6-2}$$

6.2.2 Bi-LSTM-CRF 模型

长期短期记忆网络 Long Short-Term Memory（LSTM）通过引入记忆单元和三种门控制器，解决了 RNN 容易引发梯度消失和梯度爆炸现象的问题。Bi-LSTM 模型则是拥有两个相反方向 LSTM 并行层的双向 LSTM 神经网络。Bi-LSTM-CRF[②] 模型通过 CRF 线性层而不是 Softmax 层对标签进行预测，从而不仅能够同时考虑上下文信息，还能计算整个状态标记的联合条件概率分布。图 6-2 是 Bi-LSTM-CRF 模型的网络结构。

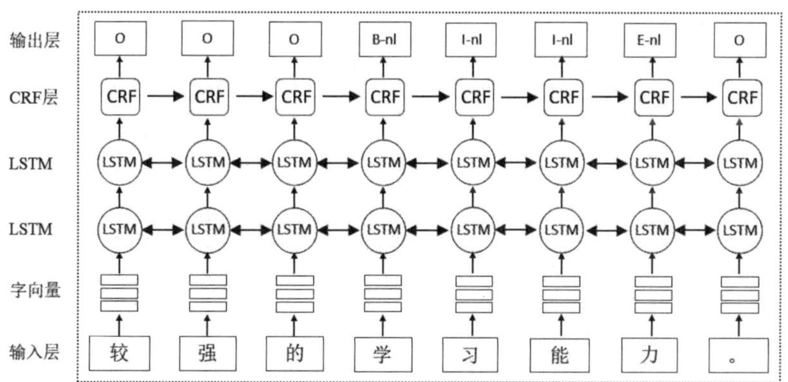

图 6-2 Bi-LSTM-CRF 模型的主要架构

① LAFFERTY J，MCCALLUM A，PEREIRA F C N . Conditional random fields：probabilistic models for segmenting and labeling sequence data［C］// Proc. 18th International Conf. on Machine Learning. 2001.

② LAMPLE G，BALLESTEROS M，SUBRAMANIAN S，et al. Neural architectures for named entity recognition［C］// Proceedings of the 2016 conference of the north American chapter of the association for cornputation linguistics: human language technologies，2016.

词向量映射层通过 word2vec 工具将每一个单词嵌入（Word Embedding）为 128 维的词向量。双向 LSTM 神经网络层可以从两个方向进行特征提取与训练。

6.2.3 BERT 模型

BERT[①]（Bidirectional Encoder Representation from Transformers）是一种用于深度文本表示的预训练模型，通过 MLM（Masked Language Model）方法和 NSP（Next Sentence Prediction）方法，使其在海量真实语料上充分学习上下文语义关联特征。本研究使用开源的 $BERT_{BASE}$（Chinese Simplified and Traditional，12-layer，768-hidden，12-heads，110M parameters）中文预训练模型作为初始化词向量。图 6–3 是 BERT 模型的主要结构。

此外，通过把 BERT 的输出层替换为 Bi-LSTM-CRF 模型，即可将嵌入深层文本表示的训练文本用 Bi-LSTM-CRF 神经网络进一步进行特征的提取与学习，使得 BERT 在输出时也可以考虑上下文间的联系，通过计算联合概率输出类别标记。

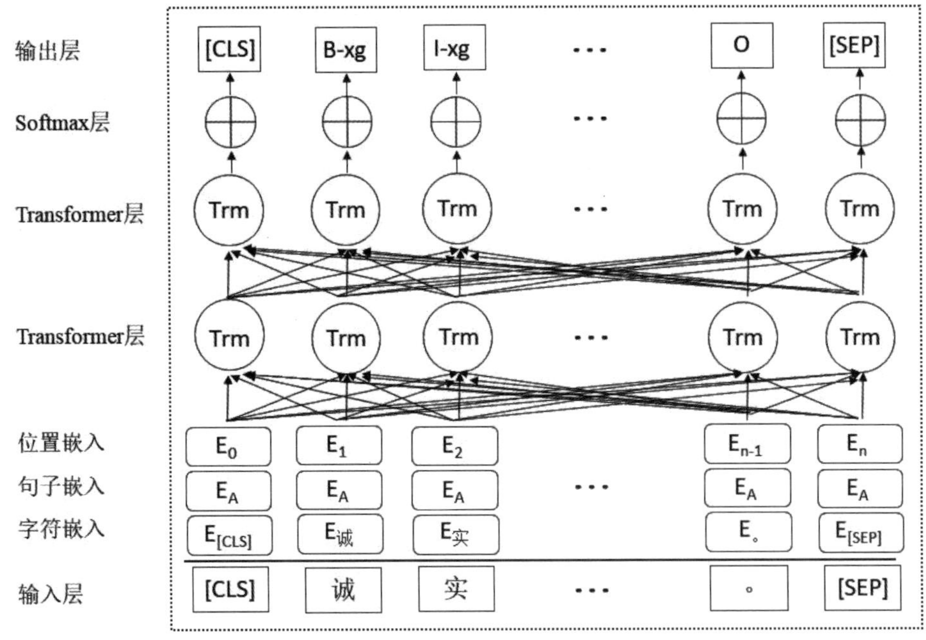

图 6–3　BERT 模型的主要架构

① DEVLIN J，CHANG M W，LEE K，et al. Bert：Pre-training of deep bidirectional transformers for language understanding［J］. arXiv preprint arXiv：1810.04805，2018.

6.3 情报学招聘实体识别实验

对于 2000 条经人工标注过的情报学招聘公告，通过编写 Python 程序转化为模型可识别的 tokens 格式，最终训练数据集共包含超过 70 万行 tokens。通过 9 ∶ 1 的比例将数据划分为训练集和测试集。每种机器学习与深度学习模型均使用十折交叉验证的方式来保证训练集与测试集中样本的概率分布一致。

6.3.1 招聘实体识别性能评价指标

对基于 CRF、Bi-LSTM-CRF、BERT 和 BERT-Bi-LSTM-CRF 模型的情报学招聘实体识别性能的评价，分别使用准确率(Precision)、召回率(Recall)和调和平均值(F-score) 3 个评价指标来衡量，各指标的计算方法如下。其中，A、B、C 分别表示正确识别、错误识别和未识别出来的情报学招聘实体个数。

$$\text{准确率：} P=\frac{A}{A+B}\times 100\%, \tag{6-3}$$

$$\text{召回率：} R=\frac{A}{A+C}\times 100\%, \tag{6-4}$$

$$\text{调和平均值：} F=\frac{2\times P\times R}{P+R}\times 100\%。 \tag{6-5}$$

6.3.2 前期探索性实验

首先对 5 种情报学招聘实体按不同类别分别定义标记集，进行实体识别实验，具体标记集为：{B-xl，I-xl，E-xl，B-nl，I-nl，E-nl，B-xg，I-xg，E-xg，B-zy，I-zy，E-zy，B-jy，I-jy，E-jy，O}，其中 B 代表实体的起始字，I 代表实体的中间字，E 代表实体的末尾字，O 用于表示一切非实体文本。4 种模型的训练结果的评价指标如表 6–2 所示。

表 6–2 分类别实体识别效果对比

模型	准确率	召回率	调和平均值
CRF	34.63%	34.51%	34.57%
Bi-LSTM-CRF	35.25%	41.05%	37.93%
BERT	27.37%	42.12%	33.18%
BERT-Bi-LSTM-CRF	28.76%	43.84%	34.73%

可以发现，无论是传统的机器学习模型 CRF，还是基于深度神经网络的 Bi-LSTM-CRF 模型，甚至是在机器阅读理解领域超越人类表现的 BERT 模型，*F* 值都未达到 40%。通过对自动识别结果和语料内容的研判，本章认为有以下 3 方面的原因。

①用于支撑模型训练的数据量不足。训练集的规模大小与质量优劣在很大程度上决定了深度学习模型的性能高低。由于本章仅对情报学招聘语料库中的 2000 条招聘公告进行了人工实体标注，语料库的总字数尚未达到百万级别，因此无法提供足够的上下文信息与语境信息供模型开展特征提取，从而导致学习效果较差。

②招聘实体种类过多。语料库规模较小限制了模型学习的性能，而在此基础上却还同时需要对“学历要求实体”、“能力要求实体”、“性格要求实体”、“专业要求实体”和“经验要求实体”共计 5 类实体进行识别，这就使得每一类实体在语料库中存在的数量都比较少，而相比之下，非实体文字数量就显得非常多，从而影响了识别效果。

③含有大量长度较长的招聘实体。由于情报学招聘公告的内容特殊性，使得其包含了大量长实体，如图 6–1 中的“优秀的技术方案文档撰写能力”“熟练使用 office 办公软件”等实体，不仅长度较长，且单个实体出现的频次很低，与出现频次较高的“本科及以上学历”“学习能力”等实体相比，机器学习模型识别的准确性会大打折扣，从而降低了整体识别的 *F* 值。

因此，最终在不缩减实体类别的前提下，对情报学招聘实体识别实验进行了改进，仅考虑实体长度不大于 6 个汉字的情报学招聘实体。通过删去长度过长且出现频次过低的实体，使得实体的共性特征更为显著，增强机器学习与深度学习模型对实体的识别能力。

6.3.3 超参数设置与实验环境

经过前期探索性实验，确定了各种机器学习与深度学习模型的最佳超参数设置。对于条件随机场模型使用封装好的 crf++tools 0.58 工具进行训练，选用 5 窗口特征模板指导模型对上下文信息的提取。

深度学习模型的超参数设置如下：对于 Bi-LSTM-CRF 模型，每个隐藏层的隐藏单元数（Hidden Unit）设置为 256 个，每批数据量（Batch Size）大小为 64，隐藏单元随机删除概率（Dropout Rate）为 0.5，学习率（Learning Rate）为 0.001，迭代次数（Epochs）为 100，梯度裁剪（Clip）为 5，通过 word2vec 进行词嵌入，向量维度为 128 维。对于 BERT 模型，最大序列长度（Max Seq Length）设置为 256，用于训练、验证、测试的 Batch Size 分别为 32、8、8，Learning Rate 为 5e-5，Epochs 为 10。对于 BERT-Bi-LSTM-CRF 模型，除上述 BERT 的参数配置外，LSTM 的 Dropout Rate 为 0.5，Clip 为 5，Hidden Unit 为 256 个。

本实验使用的计算机配置情况介绍如下。CPU：Intel（R）Xeon（R）CPU E5-2650 v4 @ 2.20 GHz；内存：256 GB；GPU：NVIDIA® Tesla® P40；显存：24GB；操作系统：CentOS 3.10.0。

6.3.4 CRF 实验结果及分析

CRF 模型可以直接调用 crf++tools 0.58 在 Windows 环境下运行。该模型十折交叉验证的具体性能如表 6–3 所示。

表 6–3 基于 CRF 模型的情报学招聘实体自动抽取测评

序号	准确率	召回率	调和平均值
1	90.33%	74.66%	81.75%
2	86.48%	79.73%	82.97%
3	88.62%	76.49%	82.11%
4	90.48%	76.32%	82.80%
5	88.54%	76.00%	81.79%
6	85.61%	75.33%	80.14%
7	88.19%	73.08%	79.92%
8	88.74%	81.70%	85.07%
9	86.80%	71.77%	78.57%
10	84.88%	82.54%	83.70%
平均值	87.87%	76.76%	81.88%

由表 6–3 可知，在 CRF 模型的 10 组测评数据中，第 8 组实验测评结果最佳，最优调和平均值为 85.07%。在十折交叉验证中，效果最佳与效果最差的模型调和平均值相差 6.50%，说明 CRF 模型的性能容易受到训练集分布情况的影响。从均值来看，准确率（P）的平均值为 87.87%，召回率（R）的平均值为 76.76%，调和平均值（F）的平均值为 81.88%。与前期探索性实验中 CRF 模型 34.57% 的调和平均值相比，模型的实体识别

性能得到了一定程度的提升。该结果一方面说明对于情报学招聘实体识别实验的改进是有效的；另一方面也表明使用 CRF 模型基本达到了本次研究的目标。表 6–4 列出了十折交叉验证中调和平均值最高的一组实验的详细测评结果，分别展示了 5 种情报学招聘实体的识别性能。

表 6–4 性能最佳的 CRF 模型各类别实体识别效果测评

实体类别	准确率	召回率	调和平均值
jy	33.33%	16.67%	22.22%
nl	88.22%	77.29%	82.39%
xg	86.81%	82.78%	84.75%
xl	91.38%	88.33%	89.83%
zy	92.18%	91.16%	91.67%
整体	88.74%	81.70%	85.07%

CRF 模型对“专业要求”实体的识别效果最优，准确率达到了 92.18%，召回率与调和平均值也都超过了 90%，说明 CRF 模型对情报学相关岗位的专业要求识别能力已经达到了可应用的水平。“经验要求”实体的识别效果最差，调和平均值（F）仅为 22.22%，这表明“经验要求”实体相对而言特征较为不显著。通过对训练数据集中各类实体的分布进行统计，发现该类别实体仅占实体总量的 4.26%，而占比最高的“能力要求”实体的数量为实体总数量的 50.16%。这说明较为稀少的训练语料也是造成识别效果较差的原因之一。该组实验在对“能力要求”、“性格要求”和“学历要求”3 种实体的识别任务中，调和平均值也都超过了 80%，基本满足了任务需求。

6.3.5 Bi-LSTM-CRF 实验结果及分析

Bi-LSTM-CRF 是对 LSTM 模型的优化，Bi-LSTM 模型能够很好地解决长距离依赖问题，但在标签预测过程中，只是将每个时刻的最优解简单拼接，而使用 CRF 线性层替代了 Softmax 输出层后，可以对输出的相邻标签之间的前后依赖关系加以考虑，实现对整个输出标签序列的优化。十折交叉验证测评指标的具体数值如表 6–5 所示。

表 6-5 基于 Bi-LSTM-CRF 模型的情报学招聘实体自动抽取测评

序号	准确率	召回率	调和平均值
1	81.86%	74.04%	77.75%
2	78.20%	76.14%	77.15%
3	82.20%	73.40%	77.55%
4	82.40%	72.73%	77.26%
5	82.90%	74.33%	78.38%
6	81.18%	73.33%	77.06%
7	84.76%	70.63%	77.05%
8	81.69%	78.06%	79.83%
9	76.41%	70.70%	73.44%
10	77.56%	78.87%	78.21%
平均值	80.92%	74.22%	77.37%

从表 6–5 中不难看出，采用 Bi-LSTM-CRF 模型对语料进行标注，总体效果不如 CRF 模型，10 组实验的平均调和平均值为 77.37%，比 CRF 模型减少了 4.51%。具体而言，准确率（P）最高的是第 7 组实验，达到 84.76%，召回率（R）最高的是第 10 组实验，达到 78.87%，调和平均值（F）最好的结果是第 8 组实验，达到 79.83%。与 CRF 模型类似，Bi-LSTM-CRF 模型对于情报学招聘实体识别效果整体得分最高的也是第 8 组实验，表 6–6 同样列出了该组实验中各类别实体的测评得分。

表 6-6 性能最佳的 Bi-LSTM-CRF 模型各类别实体识别效果测评

实体类别	准确率	召回率	调和平均值
jy	33.33%	33.33%	33.33%
nl	78.71%	71.98%	75.19%
xg	81.21%	80.13%	80.67%
xl	89.47%	85.00%	87.18%
zy	87.91%	88.40%	88.15%
整体	81.69%	78.06%	79.83%

“专业要求”实体和“经验要求”实体同样为调和平均值得分最高和最低的两个类别，且5种实体得分的排序情况与CRF模型相同。这说明语料中实体的分布情况对于模型最终的识别结果确实会产生一定的影响。与CRF模型相比，Bi-LSTM-CRF模型在识别“经验要求”实体任务中调和平均值得分为33.33%，比CRF模型提升了11.11%，这一结果反映了序列到序列（seq2seq）架构的神经网络模型在出现频次较低的实体上具有更强的特征学习能力。

6.3.6 BERT实验结果及分析

本小节基于BERT模型开展情报学招聘实体自动识别实验，最后十折交叉验证得到的评测指标结果如表6–7所示。

表6–7 基于BERT模型的情报学招聘实体自动抽取测评

序号	准确率	召回率	调和平均值
1	77.09%	77.59%	77.34%
2	72.85%	81.42%	76.90%
3	81.51%	78.14%	79.79%
4	80.08%	77.45%	78.74%
5	75.18%	79.05%	77.07%
6	68.92%	79.96%	74.03%
7	75.00%	77.03%	76.00%
8	77.53%	83.04%	80.19%
9	76.80%	76.80%	76.80%
10	69.71%	82.45%	75.54%
平均值	75.47%	79.29%	77.24%

BERT模型作为自然语言处理领域新兴的模型，曾在11种不同NLP测试中创出最佳成绩。在本次实验中，10组实验的BERT模型效果差距较大，第8组*F*值最高，为80.19%，第6组*F*值最低，为74.03%，这说明语料的分布情况对于BERT模型的实体识别结果具有较大的影响。这10组实验结果的平均准确率、平均召回率和平均调和平均值分别为75.47%、79.29%和77.24%。虽然BERT模型的平均调和平均值较Bi-

LSTM-CRF 模型略微降低了 0.13%，但效果最佳的第 8 组实验的调和平均值却比后者提升了 0.36%，且 BERT 模型效果最差的一组实验在调和平均值方面的得分也高于 Bi-LSTM-CRF 模型，这说明两种模型对于情报学招聘实体的识别能力基本相同。表 6–8 同样列出了 BERT 模型性能最佳的一组实验测评结果。

表 6–8　性能最佳的 BERT 模型各类别实体识别效果测评

实体类别	准确率	召回率	调和平均值
jy	20.00%	33.33%	25.00%
nl	75.84%	78.76%	77.27%
xg	70.94%	74.77%	72.81%
xl	79.41%	91.53%	85.04%
zy	89.42%	94.94%	92.10%
整体	77.53%	83.04%	80.19%

BERT 模型对于“专业要求”实体的识别调和平均值（F）高达 92.10%，优于同条件下的 CRF 和 Bi-LSTM-CRF 模型，其召回率更是高达 94.94%。同样的，BERT 模型对于出现频次较低的“经验要求”实体识别效果也有所欠缺。此外，不同于 CRF 和 Bi-LSTM-CRF 模型“性格要求”实体的识别效果优于“能力要求”实体，BERT 模型在“能力要求”实体方面的表现要更优。

6.3.7　BERT–Bi–LSTM–CRF 实验结果及分析

BERT-Bi-LSTM-CRF 模型通过 BERT 深度文本表示模型，将情报学招聘语料映射为词向量，再通过 Bi-LSTM-CRF 神经网络进行特征提取及与上下文信息的学习。最终十折交叉验证的结果如表 6–9 所示。

表 6–9　基于 BERT–Bi–LSTM–CRF 模型的情报学招聘实体自动抽取测评

序号	准确率	召回率	调和平均值
1	76.34%	77.72%	77.02%
2	71.96%	80.78%	76.12%
3	80.57%	77.23%	78.86%

续表

序号	准确率	召回率	调和平均值
4	78.00%	78.67%	78.33%
5	74.03%	79.81%	76.81%
6	67.86%	79.60%	73.26%
7	73.23%	75.32%	74.26%
8	77.38%	82.88%	80.03%
9	73.91%	76.95%	75.40%
10	70.66%	81.90%	75.87%
平均值	74.39%	79.09%	76.60%

在表 6–9 中的 10 组测评数据中，第 8 组实验测评结果最佳，最优调和平均值为 80.03%，比 BERT 模型中最佳一组实验降低了 0.16%。从均值看，准确率（P）的平均值为 74.39%，召回率（R）的平均值为 79.09%，调和平均值（F）的平均值为 76.60%。BERT-Bi-LSTM-CRF 模型中，调和平均值最高（第 8 组）和最低（第 6 组）的一组差距达到了 6.77%，再一次说明语料质量对于 BERT 模型性能具有较大影响。表 6–10 是第 8 组在 5 种类别实体上识别的详细测评得分。

表 6–10　性能最佳的 BERT–Bi–LSTM–CRF 模型各类别实体识别效果测评

实体类别	准确率	召回率	调和平均值
jy	26.67%	33.33%	29.63%
nl	74.44%	76.45%	75.43%
xg	73.39%	81.98%	77.45%
xl	80.60%	91.53%	85.71%
zy	86.91%	93.26%	89.97%
整体	77.38%	82.88%	80.03%

BERT-Bi-LSTM-CRF 模型同样在对“经验要求”实体识别时表现较差，这说明传统机器学习模型与深度学习模型都无法很好地解决低频实体特征学习的问题，在面对类别

分布不均衡的训练集时，往往在低频类别的识别任务上表现较差。此外，无论是传统的机器学习模型 CRF，还是神经网络模型 Bi-LSTM-CRF，甚至是当前较为火热的深层文本表示模型 BERT、BERT-Bi-LSTM-CRF，在情报学招聘实体识别十折交叉验证中，均在第 8 组语料上取得了最佳的表现，这说明训练集与测试集的分布情况对于机器学习模型与深度学习模型的特征提取能力和泛化能力存在影响，也证明了采取十折交叉验证的方式开展实验，能够较好地消除数据分布不均衡而造成的随机误差，从而较好地保证了实验测评结果的准确性与真实性。

6.3.8 整体性能对比

表 6–11 展示了 4 种机器学习模型和深度学习模型十折交叉验证的准确率（P）、召回率（R）和调和平均值（F）的数值对比。可以发现，除了 CRF 模型，其他模型的 F 值都低于 80%。Bi-LSTM-CRF 模型和 BERT 模型分列第二、第三。识别效果最差的模型是 BERT-Bi-LSTM-CRF 模型。BERT 模型和 BERT-Bi-LSTM-CRF 模型虽然相比较而言具有更强的文本特征提取能力与上下文信息捕获能力，但是受限于情报学招聘语料库规模较小，且实体的数量不多，所以在该任务下的性能并未发挥到极致。而 CRF 模型虽然相对而言较为传统，但是在一些小规模稀疏数据集上，仍然可以取得很好的效果。

表 6–11　全部机器学习模型的测评数值对比

模型	准确率	召回率	调和平均值
CRF	87.87%	76.76%	81.88%
Bi-LSTM-CRF	80.92%	74.22%	77.37%
BERT	75.47%	79.29%	77.24%
BERT-Bi-LSTM-CRF	74.39%	79.09%	76.60%

6.4 情报学招聘实体信息计量与社会网络分析

6.4.1 实体信息计量分析

本章基于 2000 条经过人工标注的情报学招聘公告，分别使用 CRF、Bi-LSTM-CRF、BERT、BERT-Bi-LSTM-CRF 模型开展了情报学招聘实体自动识别与抽取的实验。选择效果最佳的 Bi-LSTM-CRF 模型，对 5287 条通过网络爬虫所抓取的情报学招聘语料中的招聘实体进行自动抽取，经过人工辅助校对后，构建了情报学招聘实体知识库。表6–12展示了出现频次最高的前40个招聘实体相关信息。

表6–12 前40个高频次情报学招聘实体

序号	招聘实体	频次	序号	招聘实体	频次
1	沟通能力	214	21	协调能力	54
2	大专以上学历	168	22	英语	54
3	责任心强	155	23	应变能力	50
4	市场营销	132	24	本科及以上	50
5	学习能力	113	25	数据分析能力	47
6	团队合作精神	104	26	团队精神	45
7	沟通	88	27	经济	41
8	本科以上学历	87	28	大专及以上	39
9	本科	86	29	责任心强	39
10	计算机	72	30	管理	39
11	大专	70	31	责任感	38
12	日语	69	32	认真负责	38
13	吃苦耐劳	69	33	电子商务	38
14	积极主动	67	34	表达能力	38
15	抗压能力	65	35	耐心	36
16	大专以上	64	36	统计学	35
17	沟通协调能力	64	37	国际贸易	34
18	性格开朗	62	38	自动化	33
19	执行力	57	39	市场洞察力	33
20	逻辑思维能力	55	40	语言表达能力	33

通过对经常出现的招聘实体进行梳理分析，可以清晰地反映情报学相关岗位对人才各方面素质的需求，从而指导情报学构建更加科学合理的人才培养体系。

（1）学历要求

在表6–12中，有关“学历要求”的相关实体有：“大专以上学历”“本科以上学历”“本科”“大专”“大专以上”“本科及以上”“大专及以上”。这些实体反映出情报学相关岗位进入的门槛较低，取得大专学历即可从事相关工作，且企业的需求多为大专和本科学历的毕业生。这一方面说明情报学专业毕业后具有较广的就业前景；另一方面也反映出情报学相关岗位缺乏硕士及博士学历的人才。

（2）专业要求

由于情报学广泛与军事和社会中的各个领域相结合，情报学理论方法可以为各个行业与专业的数据分析与知识挖掘提供服务，因此，除了情报学专业人才，在招聘中还会考虑其他相关行业的人员。例如，“市场营销”“计算机”“日语”“英语”“经济”“管理”“电子商务”“统计学”“国际贸易”“自动化”等相关专业培养的人才也是情报学相关岗位所需要的。这也从侧面说明，当前情报学相关技术在对外贸易、电子商务、计算机、“互联网+”等领域得到了广泛的应用。因此，在情报学人才培养过程中，应该对上述领域知识进行一定程度的普及教育。

（3）能力要求

情报学相关岗位对应聘人员的能力需求有：“沟通能力”“学习能力”“抗压能力”“沟通协调能力”“执行力”“逻辑思维能力”“应变能力”“数据分析能力”“表达能力”“市场洞察力”等。这些多次出现的能力需求表明，在情报学岗位任职需要具备极强的综合素质，无论是灵活地与人打交道，高效地处理任务，还是进行专业性操作，都是胜任情报工作的必备技能。这也为情报学教育提供了新的思路，除了对专业技能的训练外，待人接物的能力也需要加强培养。

（4）性格要求

由于性格在一定程度上会影响一个人的做事风格与学习方式，因此情报学岗位在招聘的过程中，有以下性格方面的需求：“责任心强”“团队合作精神”“吃苦耐劳”“积极主动”“性格开朗”“耐心”。情报学岗位在开展工作的过程中，免不了团队协作，因此，在应聘者的团队合作和与人相处方面具有较高标准的性格要求。此外，在进行信息分析与数据挖掘时，面临海量多维的数据，需要具备极强的耐心和责任心，才能保质保量地完成任务。

（5）经验要求

与经验要求有关的实体并未出现在前40个高频招聘实体中，这说明入职情报学岗位并不要求必须具备从事相关职业的经验。一方面，表明情报学专业培养的人才在首次就业的过程中，碰到有工作经验要求的壁垒限制会相对较少；另一方面，反映出情报学专业与其他计算机相关专业对于经验要求方面存在不同。

6.4.2 情报学招聘实体网络构建

为了更加直观地了解情报学招聘实体的分布规律，分析相关实体的共现情况，挖掘招聘过程中的热点需求与核心要求，研究使用 Pajek 工具构建了情报学招聘实体社会网络。图 6–4 是由从随机选取的 30 条情报学招聘公告中抽取出来的实体构成的小型社会网络。

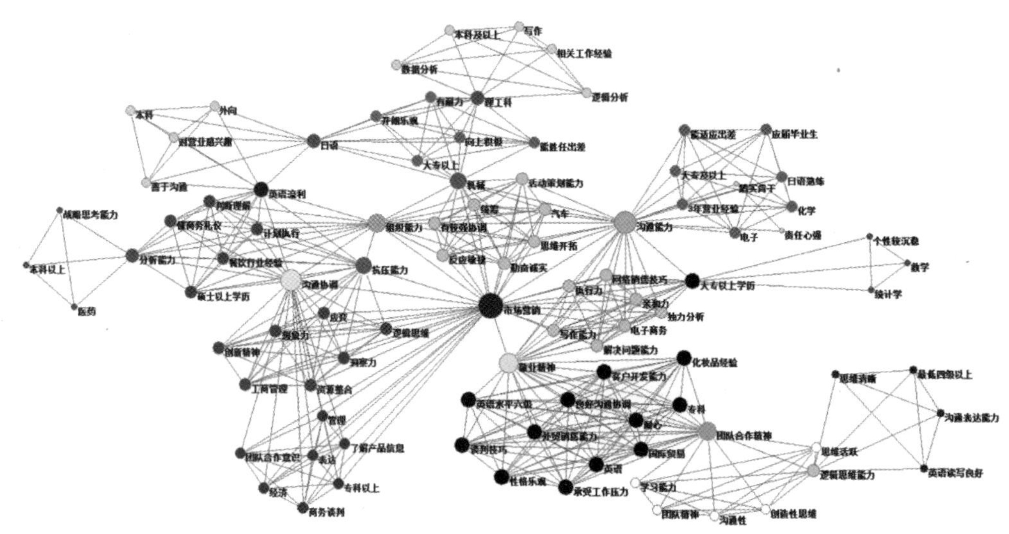

图 6–4　情报学招聘实体网络示例

情报学招聘实体网络是由共同出现的情报学招聘实体所构建的无向网络，网络中的节点表示实体。节点的标签由该节点的度和所代表的实体名称构成，节点的度越大，在图中表示节点的圆就越大，相同度的节点颜色相同。网络中的边表示两个实体之间存在共现关系。本章对于实体共现的定义如下：如果两个情报学招聘实体出现在同一条招聘公告中，那么即认为这两个实体共现。由于不同的情报学招聘公告中有存在相同实体的概率，因此，相同的实体则会成为网络中两个甚至多个子网的共同节点。例如，图中的“市场营销”“组织能力”“沟通能力”等实体，就承担着连通网络的重要职能。

构建好的情报学招聘实体网络可以简明直观地呈现招聘公告中的重要内容。以右上角节点群为例，深度学习模型从该招聘公告中自动识别并抽取出了“责任心强”“3 年营业经验”“大专及以上”“应届毕业生”“能适应出差”“日语熟练”等情报学招聘实体，我们可以很轻易地得知招聘公司分别从学历、性格、能力、经验等方面对应聘者提出了一定要求。下一小节将从表面特征和内部特征两个方面对情报学招聘实体网络进行全面分析。

6.4.3 社会网络分析

通过上一小节的简单示例，我们可以得知构建情报学招聘实体网络，可以帮助我们简明直观地洞察实体的分布情况与不同实体间的关联。然而，对于大规模的社会网络而言，难以呈现其网络全貌，无法通过可视化的方式发现网络中的重要节点，因此，需要借助一定的量化指标来衡量网络中节点的重要程度。本章采用了最为常用的节点的度（Degree）和中介度（Betweenness Centrality）两项指标，对情报学招聘实体网络中的重要节点进行分析。

节点的度（Degree）指的是网络中与该节点有联系的节点的个数。一般来说，节点的度越大，说明其位置越靠近网络的中心。对于社会网络，结点 i 的度 k_i 可以用式（6-6）进行计算：

$$k_i = \sum_j a_{ij} = \sum_i a_{ij}。 \tag{6-6}$$

中介度[①]衡量了一个节点位于其他节点中间的程度，体现了节点对网络中资源控制的程度。对于网络中的给定节点 v_i，它的中介度可用式（6-7）计算：

$$\langle k \rangle = \frac{1}{N}\sum_i k_i = \frac{1}{N}\sum_{ij} a_{ij}。 \tag{6-7}$$

使用 Pajek 软件，基于全部 5287 条情报学招聘公告中实体构建的网络称为情报学招聘实体网络（QBN），由于整个网络过于庞大，为了便于展示，图 6–5 呈现了基于 50 条招聘公告构建的网络中规模最大连通子网，在后文中使用 QBSN 表示（Qing Bao Sub Network）。

① FREEMAN L C. Centrality in social networks conceptual clarification［J］. Social networks, 1979, 1（3）: 215-239.

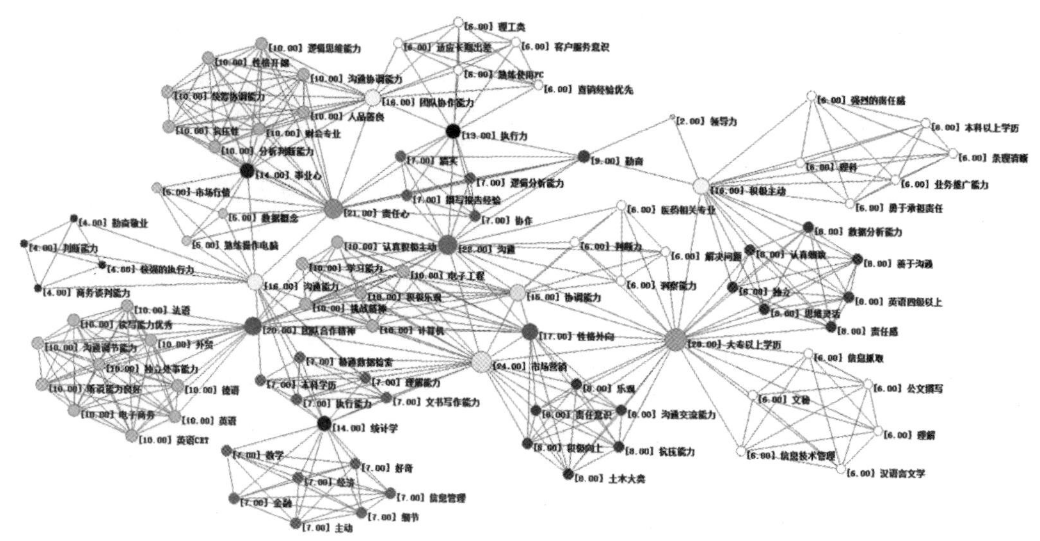

图 6–5　情报学招聘实体 QBSN 网络示意

从 50 条情报学招聘公告中自动抽取的情报学招聘实体，构成的情报学招聘实体网络的平均节点度（Average Degree）为 7.6。这一数值说明在 QBSN 网络中，平均每个节点都有多于 7 个其他节点与之直接相连。这反映出 QBSN 网络的内部连接较为紧密，表明对于情报学这一学科领域，不同用人单位对任职条件和岗位职责的描述存在一定程度的内容重叠，对应聘者的能力要求方面也有部分相似之处。由此可以总结出，不同公司之间情报学相关职位的共性较大，有利于求职者跳槽。

从情报学招聘实体 QBSN 网络中可以看出，节点的度最大的 3 个节点分别表示的实体为“大专以上学历”“市场营销”“沟通”。通过这 3 个实体，即可清晰地得出，情报学相关的职位对应聘者的学历要求较低，对市场营销相关专业人才需求较高，对组织协调能力和良好的人际交往能力要求较高。此外，“团队合作精神”“性格外向”“责任心”“沟通能力”“积极主动”等实体也出现在 QBSN 网络中，表明用人单位除了对业务能力有要求，对求职者的心态和性格也有一定的标准。

在上述情报学招聘实体 QBSN 网络中，仅能观察到小型子网中节点度的差异，并不能从整个网络角度对全部情报学招聘实体网络（QBN）进行综合分析，也无法体现出节点的中介度（BC）情况。因此，本章列出了在全部情报学招聘实体构成的整个情报学招聘实体网络（QBN）中，节点的度排名前 30 的情报学招聘实体及其度的大小，以及中介度排名前 30 的情报学招聘实体及其中介度数值的情况，如表 6–13 和表 6–14 所示。

表 6-13　节点度最高的 30 个情报学招聘实体

序号	情报学招聘实体	度（Degree）
1	沟通能力	785
2	责任心	675
3	市场营销	580
4	沟通	578
5	学习能力	467
6	团队合作精神	461
7	大专以上学历	441
8	计算机	406
9	吃苦耐劳	369
10	本科以上学历	324
11	抗压能力	309
12	沟通协调能力	308
13	积极主动	307
14	执行力	302
15	本科	293
16	性格开朗	271
17	责任感	257
18	应变能力	254
19	管理	253
20	团队精神	253
21	协调能力	245
22	英语	234
23	协调	232
24	以上学历	229
25	经济	218
26	逻辑思维能力	218

续表

序号	情报学招聘实体	度（Degree）
27	表达能力	213
28	新闻	206
29	电子商务	204
30	中文	203

表 6–14　中介度最高的 30 个情报学招聘实体

序号	情报学招聘实体	中介度（BC）
1	沟通能力	0.11 663
2	责任心	0.073 699
3	市场营销	0.064 495
4	沟通	0.060 728
5	大专以上学历	0.046 012
6	学习能力	0.03 971
7	团队合作精神	0.039 498
8	计算机	0.034 282
9	本科以上学历	0.031 879
10	本科	0.030 715
11	吃苦耐劳	0.027 149
12	沟通协调能力	0.024 787
13	性格开朗	0.02 411
14	抗压能力	0.023 079
15	日语	0.022 539
16	协调能力	0.021 872
17	大专以上	0.020 662
18	本科及以上	0.019 839
19	积极主动	0.019 518
20	执行力	0.019 108

续表

序号	情报学招聘实体	中介度（BC）
21	责任感	0.018 987
22	大专	0.017 068
23	英语	0.01 609
24	责任心强	0.015 684
25	管理	0.015 422
26	逻辑思维能力	0.013 214
27	团队精神	0.012 826
28	分析能力	0.012 068
29	统计学	0.011 443
30	大专及以上	0.010 514

从表 6–13 可以看出，在整个情报学招聘实体网络中，节点的度排名前三的实体为“沟通能力”“责任心”“市场营销”。这也再一次说明具有较强的责任心、能够组织团队活动、在团队中能良好的沟通、了解市场营销，是一个情报学相关职位求职者必备的素质与能力。此外，“学习能力”“团队合作精神”“大专以上学历”等实体的度也排名靠前，说明情报学相关职位处于不断学习、不断进步的过程，其入门的门槛不高，但应聘者必须勤奋好学。

表 6–14 从中介度的视角，对情报学招聘实体网络中各节点的重要程度进行了衡量。“沟通能力”“责任心”“市场营销”这 3 个实体的中介度是整个网络中最高的，这说明网络中的其他节点对这些实体所表示的节点依赖程度很高，该实体在整个情报学招聘实体网络中起到了非常重要的“中介”作用，连通了各个独立的子网络，也因而处于整个网络的中心位置。这一现象反映出情报学相关职位的工作者，具备上述关键能力、性格和专业背景是极为重要的。此外，表中中介度排名较靠前的实体，也几乎都是节点的度较大的实体。这一结果从中介度和节点的度两个方面，均表明在开展情报学相关的工作时，良好的学习与沟通能力、具备责任心与团队合作精神、时刻关注市场动态、掌握过硬的计算机操作技术是至关重要的。同时，这也是在情报学学科建设和情报学人才培养过程中，应该重点关注的内容，为国家为社会培养素质优异、本领过硬、作风优良的情报人才。

6.5 小结

面向新时代的情报学学科建设与人才培养，本章构建了情报学招聘语料库，利用深度学习技术建立了情报学招聘实体知识库。对情报学招聘实体的挖掘与分析，既呈现了情报学岗位招聘的真实需求，又为情报学培养体系的完善提供了参考，可以帮助情报学相关工作者有针对性地提升自身应对情报学工作的能力。基于 CRF、Bi-LSTM-CRF、BERT 和 BERT-Bi-LSTM-CRF 4 种机器学习与深度学习模型，实现了情报学招聘实体自动识别与抽取，构建了情报学招聘实体网络，并从信息计量分析和社会网络分析的角度揭示了情报学相关岗位的素质要求。在未来的研究中，一方面要继续扩大情报学招聘语料库的规模，使其满足开展大规模深度学习模型训练的需求；另一方面选择更加先进的深度学习模型，并尝试对其他招聘岗位进行需求挖掘。

第7章
数据科学任职要求挖掘下的情报学教育及人才培养

在当前科技发展的大环境下，无论是科研机构、商业公司，还是政府部门，都对情报学相关领域人才的需要表现出极大的热忱。情报学作为一门与数据密切相关的科学，在大数据背景下凸显出了巨大的活力，那么作为推动情报学发展的重要力量——情报学领域人才，他们的培养尤为重要。教育是人才培养的主要途径，其最终目标之一是向社会输送各领域人才，这一目标归根结底是作用于社会的。那么，教育与社会需求的完美对接是教育界需要考虑的重要内容。在情报学教育方面，越来越多的研究人员和教育者开始针对社会需求讨论情报学的界限及课程设置等问题。而招聘信息通常具有来源广、表达简洁明确等特点，可以较为直接地体现用人单位对于人才的要求。因此，当前时代对于某类专业人才的需求恰恰可以通过招聘信息较为直观、准确、及时地反映出来，通过较大规模的招聘信息可以总结出该领域人才应当具备的知识素养，及其社会需求的发展变化。

在信息多元、数据异构的当下，情报学和数据科学的交叉融合日益明显，从方法技术到教育教学，许多方面都成为二者研究的共同问题。数据科学使情报学领域面临了新的技术挑战，但也为促进情报学发展带来了新机遇。在大数据时代下，数据科学的理论和技术影响着情报学乃至科学领域的发展①。相较于情报学，数据科学更加频繁地出现在科研机构、商业公司、政府部门的招聘信息中。因此，通过数据科学的技能要求由此及彼，能够弥补情报学岗位较少而导致的缺少大量真实数据、情报学技能素养分析难度大等问题，能够在面临巨大竞争压力的情况下，指导情报学人才完善知识体系，提升自

① 苏新宁.不忘初心、牢记使命 展望情报学与情报工作的未来[J].科技情报研究，2019，1(1)：1-12.

身综合竞争力。

本章将利用采集到的数据科学相关招聘信息，对其中的任职要求进行提取，并基于深度学习算法对任职要求数据进行处理，训练出任职要求实体自动抽取模型，进而得出情报学人才所需数据科学相关技能素养，实现在大规模数据上进行任职要求知识挖掘与分析的目的。同时，抽取结果能够较为充分地展示情报学领域人才在培养过程中需要掌握的技能，以期对情报学教育体系建设起到一定的作用，并对情报学教育发展方向提出一些建议。对于情报学学生而言，能够更好地提升自身素质，提高市场竞争力。对于高校而言，能够弥补人才培养方案的不足，完善情报学教育体系，促进学科发展。对于社会而言，能够接收更为匹配的专业人才，推动行业高效运转，促进社会经济发展。

7.1 研究方法与背景分析

从数据科学相关招聘信息中挖掘出对情报学教育有价值的信息，利用的核心技术主要是命名实体识别，之后才能够对抽取出的知识进行进一步的分析和总结，进而对情报学教育发展相关研究有所裨益，因此本节将对命名实体识别和情报学教育的研究现状进行梳理。

7.1.1 命名实体识别

命名实体识别（Named Entity Recognition，NER）是信息抽取和信息检索的重要任务之一，可用于识别出文本中的命名实体，如人名、地名和机构名等，并对其进行分类[①]。传统上，NER 的方法与一般自然语言处理（NLP）的子任务方法类似，主要有基于规则的命名实体识别、基于同级的命名实体识别及二者的混合方法。但通过人工制定规则来识别命名实体的效果并不能满足研究人员的需求，人们开始使用统计机器学习的方法来进行相关研究，主要包括隐马尔可夫（HMM）[②]、条件随机场模型（CRF）[③]、

① 刘浏，王东波 . 命名实体识别研究综述［J］. 情报学报，2018，37（3）：329-340.

② BIKEL D M，SCHWARTZ R，WEISCHEDEL R M.An algorithm that learns what's in a name［J］. Machine learning，1999，34（1-3）：211-231.

③ MC CALLUM A，LI W.Early results for named entity recognition with conditional random fields，feature induction and web-enhanced lexicons［C］//Proceedings of the Seventh Conference on Natural Language Learning at HLT-NAACL. Stroudsburg：Association for Computational Linguistics，2003，4：188-191.

支持向量机模型（SVM）[①]等。

2006年，“深度学习”这一概念由Hinton等[②]提出，它以其非监督或半监督的特征学习和分层特征提取的高效算法，在当前科技迅速发展的时代脱颖而出。深度学习与命名实体识别相结合的方法也被越来越多的研究人员实现。深度学习算法从经典的RNN、CNN，再到LSTM、Bi-LSTM等，都在不断给NER和NLP注入新的活力，通过对数据进行深层处理，逐层提取相应特征，提高了知识聚合的效率[③]。上述研究为深度学习与知识挖掘的进一步结合提供了良好的支撑。目前，基于深度学习的知识挖掘在语音识别和图像处理方面取得了很大的进展[④]，而在自然语言处理方面还是有很大进步空间的。Huang等[⑤]率先将Bi-LSTM-CRF模型应用于NLP基准序列标记数据集，Wu等[⑥]研究了新的无监督深度学习方法，二者的标注结果均优于当时最先进的识别模型。刘丽佳[⑦]、朱丹浩等[⑧]、隋臣[⑨]也提出了基于深度学习的命名实体识别或关系抽取模型。而在特定文本的处理上，在医学领域如电子病历[⑩]、潜在药物挖掘[⑪]、政府公文处理[⑫]、数字图书馆知识服务[⑬]等方面，深度学习算法也有一定的进展。前人的研究证实了深度学习在自然

---

① ISOZAKI H，KAZAWA H.Efficient support vector classifiers for named entity recognition［C］//Proceedings of the 19th international conference on computational linguistics.Stroudsburg：Association for Computational Linguistics，2002，1：1-7.

② HINTON G E，OSINDERO S，TEH Y W.A fast learning algorithm for deep belief nets［J］.Neural computation，2006，18（7）：1527.

③ 瞿辉，邱均平.基于语义化共词分析的馆藏资源聚合研究［J］.情报科学，2016，34（2）：15-20.

④ 曲宏锋.深度学习在数据挖掘中应用及相关介绍［J］.电子技术与软件工程，2016（11）：193.

⑤ HUANG Z，XU W，YU K.Bidirectional LSTM-CRF models for sequence tagging［J］.arXiv preprint arXiv：1508.01991，2015.

⑥ WU Y，JIANG M，LEI J，et al. Named entity recognition in chinese clinical text using deep neural network［J］. Stud health technol inform，2015，216：624-628.

⑦ 刘丽佳.领域实体属性关系抽取方法研究［D］.昆明：昆明理工大学，2015.

⑧ 朱丹浩，杨蕾，王东波.基于深度学习的中文机构名识别研究：一种汉字级别的循环神经网络方法［J］.现代图书情报技术，2016（12）：36-43.

⑨ 隋臣.基于深度学习的中文命名实体识别研究［D］.杭州：浙江大学，2017.

⑩ 欧阳恩，李作高，李昱熙，等.基于深度学习的电子病历命名实体识别及其在知识发现中的应用［J］.中国卫生信息管理杂志，2018，15（4）：469-473.

⑪ 桑盛田，杨志豪，刘晓霞，等.融合知识图谱与深度学习的药物发现方法［J］.模式识别与人工智能，2018，31（12）：1103-1110.

⑫ 赵洪，王芳，王晓宇，等.基于大规模政府公文智能处理的知识发现及应用研究［J］.情报学报，2018，37（8）：805-812.

⑬ 王勋.基于深度学习的数字图书馆网络知识发现研究［J］.图书馆学刊，2018，40（7）：116-120.

语言处理特别是命名实体识别方面有较强的优势，因此，本研究将把深度学习的命名实体识别技术应用到招聘信息的知识挖掘中，从而更深层次、更高效率地获取数据科学领域行业需求，进而为情报学人才培养提供指导。

7.1.2 招聘信息与情报学教育

随着 Web 2.0[①]、大数据[②]等信息技术的出现，数据科学迅速发展，社会对情报学相关人才的技能要求不断提高，同时这些技术也在不断为情报学教育提供新的发展方向。而社会需求最直接的反映方式之一就是招聘信息。因此，我国的一些情报学研究人员开始将招聘信息与情报学教育发展相关联，最早在 2006 年，以青[③]基于企业竞争情报人才的招聘信息分析了我国竞争情报教育的相关问题，并给竞争情报教育提出了相应的建议。吕斌等[④]基于组织招聘信息中的情报岗位等进行挖掘，认为情报职业是一种通用性职业，这一观点将成为情报学教育研究的新视角。李国秋和桑培铭[⑤]同样基于各种组织招聘信息提出情报职业的核心在于情报过程，因此情报学教育应当围绕情报过程展开。赖茂生和邢博[⑥]没有将招聘信息局限于企业，而是将视角转到公务员招聘上，分析了情报学专业公务员就业情况，进而对情报学教育进行了总结和展望。胡蓓钰[⑦]、周霞和赵静[⑧]则针对我国情报学研究生的教育和相应人才需求的关系进行深入分析，为情报学课程设置等方面提出了建议。丁洁兰等[⑨]、陆志洋和王姗姗[⑩]分别通过计量和描述性统计的

① VIRKUS S. Use of Web 2.0 technologies in LIS education：experiences at Tallinn University, Estonia［J］. Program，2008，42（3）：262-274.

② 邓胜利，凌菲．大数据时代基于情报分析的图书情报学教育变革［J］．信息资源管理学报，2014（3）：88-94.

③ 以青．从企业竞争情报人才需求谈谈我国竞争情报教育［J］．情报探索，2006（12）：72-74.

④ 吕斌，张通，周珏．面向组织的具有通用性的情报职业及情报从业人员：基于组织招聘网页信息挖掘的分析之一［J］．图书情报工作，2009，53（4）：19-23.

⑤ 李国秋，桑培铭．情报过程——情报职业的核心：问题域及方法论——基于组织招聘网页信息挖掘的分析之二［J］．图书情报工作，2009，53（4）：24-28.

⑥ 赖茂生，邢博．从公务员招聘看我国情报学人才培养［J］．情报科学，2010，28（10）：1464-1468.

⑦ 胡蓓钰．论我国情报学研究生培养与人才需求的关系［J］．情报探索，2015（2）：118-122.

⑧ 周霞，赵静．情报学硕士课程设置研究：我国情报学硕士企业招聘的反思［J］．情报杂志，2015，34（8）：26-30.

⑨ 丁洁兰，刘清，刘媛媛，等．面向企业需求的情报学人才技能分析：基于招聘广告的挖掘与计量分析［J］．情报理论与实践，2011，34（6）：74-78.

⑩ 陆志洋，王姗姗．从招聘信息看企业对情报学人才技能的需求［J］．情报探索，2017（1）：80-83.

方式分析了当前情报学岗位分布、技能要求等方面，为情报学教育的定位提供了一定的参考价值。司莉和贾欢[①]、叶晓丹和梁益铭[②]从国外（美国、日本）图书情报学招聘信息入手，分析了本领域人才需求，从而以在我国情报学教育培养下的人才综合实力提升为目标，提出了相应建议。

上述研究大多以计量分析和描述性统计的方法为主，但依然为本实验的开展奠定了良好的基础。本实验将从国内部分主流招聘网站中的数据科学相关招聘信息入手，结合深度学习算法，从新的技术视角对招聘信息中的任职要求相关内容进行抽取并深入分析，希望在探索基于深度学习的知识挖掘的同时，对情报学领域人才学习目标的设定及情报学教育课程设置等方面提供帮助。

7.2 任职要求数据加工的流程和规范

7.2.1 数据加工的流程

本实验对智联招聘、51job 等招聘网站上数据科学相关工作岗位的招聘信息，利用 Python 编程进行爬取，并对爬取结果进行清洗，包括解析、去重等工作。由于本节研究重点在于对中文招聘信息的处理和分析，因此，在这一清洗过程中同时去除了全英文文本数据，共获得 10 534 条招聘信息。

由于深度学习是基于数据进行的，数据质量很大程度上可能会对学习效果产生影响，因此，在实验前对数据进行预处理是十分必要的。本实验在数据获取及清洗之后，通过人工标注，将处理后的招聘信息中数据科学相关实体标出，包括“岗位职责”“任职要求”“职位描述”中的实体，而“招聘人数”“薪资报酬”“工作地址”等内容不予标注。语料中的具体实体以“[ ]”为标记，标注形式如下：

“任职要求：1. 有 [扎实] 的 [Java][开发基础]，或者 [实践经验]，对 [网络爬虫] 感兴趣 2. 熟悉 [SSH] 等 [主流开源框架]3.[熟悉][MySQL] 或同类 [关系型数据库]4. 熟悉 [httpclient]、[jsoup]、[webdriver]、[htmlunit]、[Nutch]、[selenium] 等技术。”

由于本章将对招聘信息中的“任职要求”内容进行深入分析，所以笔者通过编写

① 司莉，贾欢 . 欧美信息职业对图书情报学人才需求的调查与分析［J］. 图书馆论坛，2015，35（3）：102-108.

② 叶晓丹，梁益铭 . 日本图书馆人才需求分析及启示［J］. 图书馆工作与研究，2017（7）：31-33，40.

Python 代码对上述语料进行数据筛选后，保留了语料中包含“任职要求”关键词的数据，随后同样通过Python对人工标注出的以“[ ]”为标记的任职要求实体进行抽取和词频统计。

本实验对深度学习模型性能的评价采用的指标主要为准确率（Precision）、召回率（Recall）、F 值（F-score）。具体计算公式如下：

$$\text{准确率}(P)=\frac{\text{正确识别的实体}}{\text{正确识别的实体}+\text{被错误识别的实体}}\times 100\%, \tag{7-1}$$

$$\text{召回率}(R)=\frac{\text{正确识别的实体}}{\text{正确识别的实体}+\text{未被识别的实体}}\times 100\%, \tag{7-2}$$

$$\text{调和平均}(F)=\frac{2\times P\times R}{P+R}\times 100\%。 \tag{7-3}$$

7.2.2 数据加工的规范

在人工标注过程中，笔者首先对标注人员进行了培训，规范了标注实体的格式和方法，将具体实体用中文中括号“[ ]”标出。

①技能实体。在数据科学相关招聘信息中，必然会涉及一些专业技能，本实验会对“[数据分析]”“[统计分析]”“[数据挖掘]”等实体进行标注。

②脚本语言。一些招聘信息会要求相关人才掌握 Python、Java、C++ 等语言，为保证标注结果的统一，本实验只标注出语言的名称，如“[Python]”“[Java] 脚本语言”“[C++] 程序设计语言”等。

③软件实体。和②的规则类似，在具体软件实体标注过程中，将以以下形式标注：“[SPSS] 数据分析软件”“[SAS] 软件”等。

④学历要求。在招聘信息中出现的学历要求一般以“[本科及以上学历]”“[研究生及以上学历]”的形式进行实体标注。

⑤能力水平。在职场中除了要具有必备的技术能力之外，沟通能力等同样重要，因此，这些实体也在本实验的标注范围内，例如，“要求相关人才具备良好的 [沟通能力]、[执行力]，同时要有 [合作精神]”等。

⑥其他实体。上述 5 项并不能涵盖所有需要标注的实体，因此，在具体的人工标注过程中，针对不包含在上述 5 项实体中的标注规范，标注人员须与笔者及时沟通，并对这些实体标注规范进行统一，以尽可能保证标注的准确性。

除了上述标注规范外，在数据加工过程中，英文实体的大小写不统一的问题也会对后期词频统计结果等造成影响，因此，在抽取实体之后，本实验将所有英文实体全部转化为小写，再进行词频统计。

7.3 模型介绍

随着研究人员的不断探索，深度学习模型也在发生着日新月异的变化，本节将结合任职要求知识挖掘的需求对长短时记忆网络（LSTM）、Bi-LSTM-CRF 和 BERT 模型进行简单的介绍。

7.3.1 Bi-LSTM

循环神经网络（RNN）①的本质特征是在处理单元之间既有内部的反馈连接又有前馈连接，在理论上可以处理任意长度的序列，处理序列相关问题的能力更强。但遇到长序列时，随着预测信息和相关信息间的距离越来越大，普通的 RNN 就很难将二者关联起来了。这时，LSTM 应运而生。

长短时记忆网络（Long Short-Term Memory，LSTM）②是 RNN 的一种变形形式，其在语音识别、手写识别、机器翻译等自然语言处理工作中有着更为广泛的应用。但无论是 RNN 还是 LSTM，都只能根据之前时刻的时序信息来预测下一时刻的输出，而在某些问题中，当前时刻的输出不仅和之前的状态有关，还可能和未来的状态相关联，如预测一句话中缺失的单词时，不仅需要根据前文来判断，还需要考虑它后面的内容，即基于上下文的判断。

因此，本实验采用双向长短时记忆网络（Bi-directional Long Short-Term Memory，Bi-LSTM）③，它是由前向 LSTM 与后向 LSTM 共同组成，可以看作两层神经网络分别以正向和逆向输入序列，例如，正向输入“熟悉数据仓库、模型设计”，再逆向输入“计设型模、库仓据数悉熟”，最后综合两个结果，因此能够更好地处理上下文信息，可以解决上文中普通 RNN 和 LSTM 的不足。

7.3.2 Bi-LSTM-CRF

条件随机场（Conditional Random Fields，CRF）于 2001 年由 Lafferty 等学者们提

---

① RUMELHART D E，HINTON G E，WILLIAMS R J，et al. Learning representations by back-propagating errors［J］.Nature，1988，323（6088）：696-699.

② HOCHREITER S，SCHMIDHUBER J. Long short-term memor y［J］. Neural computation，1997，9（8）：1735-1780.

③ GRAVES A，SCHMIDHUBER J. Framewise phoneme classification with bidirectional LSTM and other neural network architectures［J］. Neural networks，2005，18（5-6）：602-610.

出[①]，可以用来标记和切分序列化数据。CRF 近年来在自然语言处理相关工作上的表现十分突出，特别是命名实体识别。传统的 CRF 在输入某一词语向量时很容易损失词语语义信息，LSTM 作为一种深度学习模型，其性能很容易受到数据大小和质量的影响，而 Bi-LSTM-CRF 模型（图 7–1）既拥有 LSTM 同时考虑上下文的优势，又可以通过 CRF 层考虑输出独立标签之间前后的依赖关系，输出结果将以最佳标签序列的形式代替相互独立的标签，既能缓解神经网络结构过于依赖数据的问题，又能弥补语义缺失的漏洞。

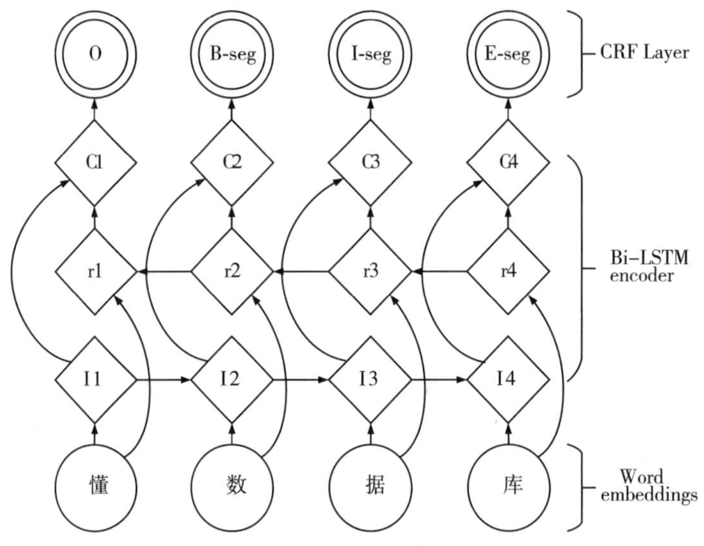

图 7–1　Bi-LSTM-CRF 算法体系架构

7.3.3　BERT

BERT（Bidirectional Encoder Representation from Transformers）是由谷歌提出的一种深度学习模型[②]，即基于 Transformer 的双向编码器表征。其中的双向与上述 Bi-LSTM 中的双向有所不同，表示模型在处理某一个词时，它能同时利用前面的词和后面的词两部分信息。这种双向的来源在于 BERT 与传统语言模型不同，它不是在给定所有前面词的

① LAFFERTY J，MCCALLUM A，PEREIRA F C N . Conditional random fields：probabilistic models for segmenting and labeling sequence data［C］// Eighteeth international conference on machine learning. Morgan Kaufmann Publishers Inc，2001.

② DEVLIN J，CHANG M W，LEE K，et al. Bert：Pre-training of deep bidirectional transformers for language understanding［J］. arXiv preprint arXiv：1810.04805，2018.

条件下预测最可能的当前词，而是随机遮掩一些词，并利用所有没被遮掩的词进行预测。

BERT 的核心过程主要是，它会先从数据集抽取两个句子，假设抽取出的“熟悉数据仓库”和“掌握模型设计”是两句话，且是连续的，其中第二句是第一句的下一句的概率是 50%，这样就能学习句子之间的关系。随机去除两个句子中的一些词，如“熟悉 xx 仓库”和“掌握模型 xx”，并要求模型预测这些词是什么，这样就能学习句子内部的关系。最后再将经过处理的句子传入大型 Transformer 模型，并通过两个损失函数同时学习上面两个目标就能完成训练，以本试验为例，逻辑结构如图 7–2 所示。它的优势在于它可以同时综合考量词的上下文信息，更好地利用文本信息来预测当前词、句子内外部关系等。

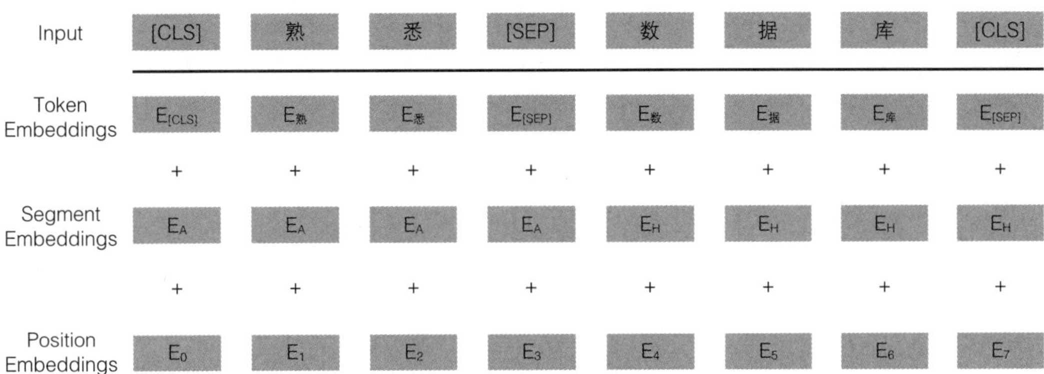

图 7–2　BERT 结构示意

7.4　基于深度学习的知识抽取

7.4.1　实验环境

本实验采用的环境为以下几点。操作系统：ubuntu 16.04；内存：16GB DDR4；显　存：4GBGDDR5；CPU：Intel（R）Core（TM）i5-4590 CPU @ 3.30GHz；GPU：NVIDIA Quadro K1200。

7.4.2　参数设置

为保证实验结果的严谨，本实验将同一语料经过相同的文本处理后，在相同的实验环境下，分别经过 3 种深度学习算法进行实验。其中，参数设置如表 7–1 所示。

表 7–1　模型参数设置

模型	参数设置
Bi-LSTM	预训练字向量 128 维，神经元数量 200，每批数据量的大小 200，最大训练时期数 100
Bi-LSTM-CRF	预训练字向量 128 维，神经元数量 200，每批数据量的大小 200，最大训练时期数 100
BERT	预训练模型：BERT-Base，Chinese：Chinese Simplified and Traditional，12-layer，768-hidden，12-heads，110M parameters，共 12 层，隐层 768 维，12 头模式，110M 个参数。最大截断长度 256，训练批次大小 32，学习率 2e-5，迭代次数 10.0

7.4.3　实验过程

本实验采用的模型构建字位标注集为 4 个标记，即标注集 R={B-seg，I-seg，E-seg，O}，其中 B-seg 表示知识实体初始字，I-seg 表示知识实体中间字，E-seg 表示知识实体结尾字，O 用以标注非知识实体的字，若知识实体长度大于 3，则用 I-seg 对除去初始字和结尾字的中间字进行扩展标注（表 7–2）。

表 7–2　实体抽取标注样例

编号	语料	标记
1	熟	O
2	悉	O
3	数	B-seg
4	据	I-seg
5	仓	I-seg
6	库	E-seg
7	、	O
8	模	B-seg
9	型	I-seg
10	设	I-seg
11	计	E-seg

标注完成后，利用 Python 按照 9 ： 1 的比例，将标注好的语料划分为训练集和测试

集，为防止神经网络随机初始化带来的偶然性，对训练集文本和测试集文本进行了相同的文本处理。由于神经网络计算过程为矩阵化向量化运算，因此需要先将语料中的汉字进行向量化表示，即字嵌入向量。本实验中 Bi-LSTM 和 Bi-LSTM-CRF 采用的字嵌入向量文件是根据本实验语料训练出的针对性更强的字向量，而 BERT 模型中的字向量文件则是由该深度学习模型自身训练的字向量。

经过上述文本处理之后，将标注好的训练集、测试集及预训练字向量文件等分别输入到 Bi-LSTM，Bi-LSTM-CRF 和 BERT 模型中进行训练。

7.4.4　实验结果及分析

通过 PRF 评价指标来比较 3 个模型针对同一语料进行训练的结果，可以判断对于招聘信息这一语料哪种模型的实体抽取效果更好，增加 CRF 层是否能提高识别效果，BERT 这一热点新兴模型是否在此类语料的抽取中同样具有优越性等。经过相同的文本处理等实验过程后，应用 Bi-LSTM、Bi-LSTM-CRF 和 BERT 模型在该 10 534 条招聘信息中进行 10 折交叉验证，最终结果取 10 次实验的平均值，实验结果如表 7–3 所示。

表 7–3　实验结果评价指标

模型	P	R	F
Bi-LSTM	83.37%	80.81%	82.07%
Bi-LSTM-CRF	84.55%	83.55%	84.05%
BERT	81.16%	81.08%	81.12%

在 Bi-LSTM 模型和 Bi-LSTM-CRF 模型的实验中，调和平均值 F 分别为 82.07% 和 84.05%。增加了 CRF 层的 Bi-LSTM 模型的效果要明显优于普通的 Bi-LSTM 模型，除了整体上的调和平均值有所提高，在准确率 P 和召回率 R 上，后者也具有明显的优势，准确率提高了 1.18%，召回率提高了 2.74%，证实了将条件随机场与深度学习思想相结合可以优化深度学习模型效果，同时弥补了数据依赖和语义缺失的问题。

理论上 BERT 模型的效果应该相当出色，但是这一优势在本实验中却未能完全体现出来，在 BERT 模型实验中，调和平均值 F 仅为 81.12%，召回率（81.08%）略高于 Bi-LSTM 的召回率，但明显低于 Bi-LSTM-CRF 的召回率，而准确率（81.16%）要低于 Bi-LSTM 和 Bi-LSTM-CRF 的实验结果。这其中的原因可能有很多种，BERT 模型是与词的上下文信息密切相关的，而一部分招聘信息是以一个独立短句的形式存在的，还有一部分句子过长，超出了模型输入的最大字符这一参数。另外，其他参数设置等问题也可能对其结果产生影响。

总体上，针对本实验的招聘信息任职要求语料的知识实体自动抽取，Bi-LSTM-CRF 的效果要明显优于其他两种深度学习模型，具有一定的优越性。

7.5 基于所抽取的任职要求知识的分析

本节通过对前文提到的标注结果进行处理，利用 Python 编程对任职要求相关实体进行自动抽取，并将所有英文实体统一转换为小写字母之后，同样运用 Python 编程进行了词频统计。由于相关实体过多，无法全部展示，因此笔者选取部分高频词进行重点分析，结果如表 7–4 所示。

表 7–4 任职要求实体词频降序 Top 20

序号	技能素养实体	频次 / 次
1	mysql	871
2	excel	758
3	经验者优先	743
4	数据分析	742
5	工作经验	697
6	经验	656
7	python	639
8	sql	595
9	java	594
10	统计学	585
11	hadoop	574
12	计算机	564
13	oracle	537
14	spark	523

续表

序号	技能素养实体	频次 / 次
15	本科及以上学历	503
16	sas	491
17	hive	451
18	spss	445
19	相关工作经验	436
20	经验优先	379

7.5.1 实践能力

由表 7–4 可知，任职要求实体出现最多的类型是对于应聘者工作经验的要求，分别以“经验者优先”“工作经验”“相关工作经验”“xx 经验优先”等形式存在于招聘信息中，这就要求相关人才需要具有一定的工作经验，具有实践能力的人才可能会在招聘过程中获得一定程度的加分。

7.5.2 学历要求

在本语料中，对于学历更多的是提出了“本科及以上”的要求，事实上，这一要求体现出用人单位大多将其关注重点放在了应用能力、工作经验上，并没有过于苛求应聘者的学历，相关人才应该将注意力更多地集中在相关技能的培训和能力的提升上，这样可能更加符合任职要求的描述，满足用人单位的要求。

7.5.3 脚本语言

任职要求中，关于脚本语言的要求主要是“python”和“java”，Java 这门语言吸收了 C++ 优点的同时也去除了很多难以理解和应用的劣势，应用面向对象的理论对程序员编程工作做出了巨大的贡献，虽然 Java 在近两年的热度处于平稳甚至下滑的趋势，但是，Java 作为一种随着时代快速发展的语言，仍然保持着无限的生命力；Python 这门程序设计语言以其简洁、易读、可扩展等优势，迅速得到了众多开发人员的青睐，其优雅、明确、简单的设计哲学更是满足了数据处理人才对编程的想象，同时这也造就了 Python 易学、可移植的特点，因此，其出现频次远高于其他脚本语言。

7.5.4 数据处理

排在第 4 位的“数据分析”这一实体，也充分体现了数据科学领域对于相关人才的要求集中在从数据背后挖掘有用信息的特点，如何选取合适的方法从大量数据中筛选有用信息，并对组织决策提供支持，相关人才需要日积月累。

在表 7–4 中，“统计学”和“计算机”也均占有一席之地，这主要是由于在大数据时代下，数据科学的相关工作难免需要应用到统计学和计算机领域的知识，以上文提到的数据分析为例，在这一过程中，首先要做的就是对数据进行统计分析，而对于海量数据的处理，人工进行几乎是无法做到的，那么计算机的辅助就显得尤为重要；那么各公司对于人才应当会使用“sas”和“spss”的要求也就不足为奇了，这两个统计分析软件在各个领域都得到了广泛的应用，且均具有功能强大、操作简便、结果呈现方式多样的特点。

在数据存储方面，招聘单位也是会对人才提出相应要求的，在高频出现的前 20 个实体中，与数据库相关的实体就有“mysql”“sql”“oracle”“hive”，这体现出对于熟练掌握常用数据库及相关语言基础的人才是有很大需求的，那么应聘者在此之前应当注重数据库方面的学习训练，争取在众多竞争者中脱颖而出。

在基础办公软件中，普遍对于 Excel 的掌握程度要求较高，根据“excel”这一实体出现的频次来看，已经达到了第 2 位。众所周知，Excel 的使用是很多数据科学方面工作的基础，有一些原始数据是以 Excel 形式进行存储的，还有一些数据会以 Excel 的形式导出，除此之外，Excel 软件也可以对数据进行一些基础的分析，并且分析的深度正在不断发展，熟练掌握 Excel 的使用应当成为相关人才的必备能力。

“hadoop”和“spark”这两个开源集群计算平台也大量出现在数据科学招聘信息的任职要求中，这说明当前公司对于这方面的人才需求还是很大的，同时也说明现在的数据科学公司对于大规模数据处理的要求很高，相关人才应当加强对这些平台的关注和应用。

7.5.5 综合素质

除了上述要求之外，还有很多非专业技能方面的要求，如“团队协作”“沟通能力”“抗压能力”等对人才综合素质提出的要求。当各类人才从校园进入社会后，面对的竞争压力、需要处理的人际关系问题等，都要求其具有各种综合素质能力，以减少在工作中由于沟通不畅产生的矛盾及竞争压力大导致的不良后果等问题的产生。因此，这些非专业技能的综合素质培养也是十分重要的。

7.5.6 人才培养方案

根据上文抽取出的任职要求进行分析，笔者认为情报学人才培养课程应当从以下 4 个方面设置（表 7–5）。

表 7–5 课程设置范例

<table>
<tr><th>序号</th><th colspan="2">课程大类</th><th>具体课程设置举例</th></tr>
<tr><td rowspan="2">1</td><td rowspan="2">专业课程</td><td>情报学基础理论与方法</td><td>信息检索、情报语言学、信息组织、情报学进展、信息计量学、竞争情报等</td></tr>
<tr><td>现代信息技术</td><td>Python、Java 等脚本语言，数据库语言及应用，网络爬虫，数据分析等</td></tr>
<tr><td>2</td><td colspan="2">通识课程</td><td>政治、英语、数学等</td></tr>
<tr><td>3</td><td colspan="2">实践课程</td><td>社会实践环节等</td></tr>
<tr><td>4</td><td colspan="2">其他课程</td><td>心理学、古汉语文学、统计学、管理学等</td></tr>
</table>

（1）专业课程

首先是专业课程。无论是情报学还是其他任何专业，专业课程的比重一定是较大的，对于各专业领域人才培养都是重中之重。专业课程的设置主要可以分为两个方面：一是情报学基础理论与方法；二是现代信息技术。关于情报学的主要理论、方法及发展史等都对情报学的学习理解有着巨大的作用，是后续课程继续深入的重要基础。这部分课程主要包括信息检索、情报语言学、信息组织、情报学进展、信息计量学、竞争情报等。随着信息技术的飞速发展，各学科都需要结合现代科技来完善研究方法，提高实验效率，对于情报学课程来说，目前，Python、Java 等脚本语言、数据库语言及软件的使用，网络爬虫、数据分析等相关技术的培养计划都应当适时加入到课程安排之中。

（2）通识课程

通识课程主要包括政治、英语、数学等内容。高校教育是以培养为我国社会主义建设服务的德、智、体全面发展的人才为目标，应当要求相关人才掌握马列主义、毛泽东思想的基本原理和邓小平理论等中国特色社会主义理论，树立正确的世界观和人生观，具有坚定正确的政治方向，热爱祖国，热爱科学。因此，如马克思主义与社会科学方法论、中国特色社会主义理论与实践研究等课程是必不可少的。另外，由于科学研究是世界的，国际交流非常重要，因此，英语学习也是不容忽视的。而数学是很多学科的基础工具，特别是情报学涉及许多模型的构建、运筹学的应用等，那么高数、概率论等课程的设置也要考虑到情报学教育培养体系中。

（3）实践课程

根据前文的分析，笔者发现用人单位会要求情报学人才具有一定的工作经验，以及团队协作精神等，因此，在课程设置时，可以适当增加一些社会实践课，一是可以培养相关人才的合作意识、人际交往能力、抗压能力等，二是在工作经验相对较少的情况下，也可以提升一些实践能力，为步入社会打下良好的基础。

（4）其他课程

除此之外，当今社会越来越需要复合型人才，学科交叉性日益凸显，那么，情报学教育也可以融合一些其他学科课程，如心理学、古汉语文学、统计学、管理学等。在情报学相关研究中，经常运用到涉及心理学的访谈法，在做与古籍相关的自然语言处理内容时会结合古汉语文学等，而调查问卷一类的研究方法很可能会运用到统计学相关知识。因此，这些其他学科课程的学习将为丰富和完善情报学相关人才的知识体系提供一定的帮助。

7.6 小结

本章将深度学习思想与招聘信息知识自动抽取相结合，以求得到最佳的任职要求自动抽取模型，并应用到更广泛的招聘信息分析利用中，从而达到及时获取社会对于情报学甚至其他领域相关人才的最新需求的目的，再将社会需求反映到情报学教育中，实现高校教育与社会需求的合理对接和匹配。

基于实验抽取出的实体及前人研究的观点，结合数据科学对情报学理论和技术的影响和驱动，笔者认为情报学教育在调整和完善等方面应注意以下几点。

（1）重视面向行业的应用型人才培养

毋庸置疑，专业技能的培养是重中之重，情报学教育应当紧跟科技发展，及时完善课程体系，调整课程设置，将新兴信息技术的教学加入到教学安排中，如 Python 脚本语言、深度学习理论与应用等方面的指导，都有利于情报学人才更好地满足社会需求，为社会建设贡献力量。

同时，情报学教育应该将培养重点放在技能培训和经验积累上，用人单位大多对这些方面有较高的要求，且更重视应用能力，这非常符合当今商业公司的诉求。专业技能的基本要求固然重要，但是，公司与研究机构存在一定程度的区别，商业公司更需要从竞争中突出重围，求得快速发展，需要员工把能力应用到具体的项目上，从而带来更大的利益和长足的进步，因此，很多公司都会在招聘信息中提出工作经验等要求，这就需要情报学教育要更重视一些实习环节或是实践课程的安排。

（2）注重学科交流，培养复合型人才

当今社会更需要的是复合型人才，情报学本身作为一个与计算机、管理学等学科交叉融合性极强的学科，为情报学人才提供了较强的职业竞争力，未来的情报学教育应当延续这一优势，适当增加数学、心理学、汉语言文学，甚至是生物技术等方面的选修课，为情报学人才提供更多选择和可能性。

（3）针对社会需求提高人才综合素养

在前文的分析中，有关非专业技能的综合能力也是招聘单位十分关注的素养，如沟通协作能力、积极向上、执行力等关键词，都大量出现在了招聘信息的任职要求中，虽然这些不是专业技能，但是，这些能力都是学生步入社会需要具备的基本素养，这些基本素养能够提升人才的综合实力，从而提高自身应聘的竞争力。

另外，由于语料本身是招聘信息，口语化的表达方式占大多数，且多种多样，各企业采用不同的表述来表达相同的概念，这就对本实验的语料处理和模型学习阶段增加了一定的难度。另外，下一步的研究会将效果最佳的模型应用到最新的大规模招聘信息上，来了解社会对情报学领域人才的最新需求，以求更快速有效地为情报学教育的调整和完善提供帮助。

第 8 章
数据科学技能素养挖掘下的情报学教育及人才培养

情报学是研究情报的产生、传递、利用规律和用现代化信息技术与手段使情报实现流通过程、情报系统保持最佳效能状态的一门科学。大数据时代的来临，信息科学群崛起，情报学作为信息科学群的一个分支学科，能够为信息科学群各个范畴提供新思路、新概念和新方法[①]。随着大数据和数据科学的急速发展，学术界开始强调以数据驱动为科学研究的主导范式，而作为与数据紧密相关的情报学学科将如何发展下去、情报学教学如何更加高效和有针对性地推行下去，成为情报学研究者、工作者和教育者必须关注和思考的问题[②]。

数据科学属于第四科学范畴，是将数据分析视为经验科学，不做预先假设，直接从数据本身进行学习的一门处理数据的科学。大数据时代下，信息、数据资源的种类、层次愈加多样化和立体化、内容越来越异构化、非结构化，目前看来，情报学和数据科学存在许多研究的交叉点和融合趋势，两者都较为关注从数据、知识、智慧到解决方案的理论、方法、技术和服务机制的探究，具体可包括基于各种大规模数据的数据挖掘、数据分析、知识发现和关联等。在教学上，数据科学和情报学不仅在基础课程上有较多的重合，而且在专业技能较强的课程上两者也有很多的交叉之处。随着各行各业结构化、半结构化和非结构化数据的日益增多，如何对这些数据进行相应的清洗、组织、挖掘、分析和呈现，不仅成为情报学和数据科学从业人员在技能素养上共同关注的问题，而且也成为情报学和数据科学的课程体系共同需要面对的问题。但由于数据科学自身与计算

① 梁战平．情报学若干问题辨析［J］．情报理论与实践，2003，26（3）：193-198.

② 苏新宁．大数据时代情报学与情报工作的回归［J］．情报学报，2017，36（4）：331-337.

机技术的密切融合性、与数据的直接关联性，数据科学发展极为迅速，而且随之衍生了与其关系密切的数据科学家、数据分析师、数据标注师等不同的职位。这些职位不仅需求量大，而且薪资高，增长速度快，呈现出了蓬勃发展的趋势。上述这一趋势的一个重要表现就是不同的招聘网站上出现了海量的与数据科学相关的招聘通知。海量数据科学相应职位招聘通知的出现不仅为基于非结构化文本进行相应技能素养的挖掘和分析提供了宝贵的数据素材，而且弥补了由于情报学招聘职位过于稀少而不能基于大规模真实数据进行情报学教学技能素养分析的缺憾。

8.1 相关研究背景

结合大数据、数据科学的发展特点与趋势，针对情报学学科的具体发展情况，国内学者分析了情报学所面临的机遇和挑战。范美玉等[①]从信息资源管理和情报学角度，提出了将大数据应用于情报学发展的建议。叶鹰、马费成[②]指出了数据科学与信息科学在理论和技术方法上的一脉相承，建议用“三位一体”统一两者。朝乐门[③]则是讨论了数据科学对信息科学的影响，指出了新时代下信息科学研究的新课题。李阳等[④]认为图书情报的研究对象可从科学大数据扩展到社会大数据，从而开展新型情报服务。苏新宁[⑤]也倡导情报界要有新思路，情报工作既要当好“耳目尖兵参谋”，更要发挥出政府决策的智囊作用。上述研究不仅为本章的探究提供了相应的理论支持，而且为本章的探究提供了方法论的支撑。

最初的命名实体识别主要是基于规则的识别，通过人工制定的规则，识别出命名实体，但效果欠佳。随着技术的发展，人们越来越多地用机器学习的方式进行。20 世纪 70 年代，隐马尔可夫（HMM）[⑥]被提出，最早应用于语音识别，在命名实体识别上也取得较好的效果，它由一个隐藏的马尔可夫链随机生成隐藏状态序列，再由各状态生成

① 范美玉，陈敏 . 大数据时代的情报学发展战略［J］. 图书情报导刊，2015（2）：118-119.

② 叶鹰，马费成 . 数据科学兴起及其与信息科学的关联［J］. 情报学报，2015（6）：575-580.

③ 朝乐门 . 数据科学及其对情报学的影响［J］. 情报学进展，2018，12：28-49.

④ 李阳，孙建军 . 中国情报学与情报工作的本土演进：理论命题与话语构建［J］. 情报学报，2018，37（6）：631-641.

⑤ 苏新宁 . 大数据时代情报学与情报工作的回归［J］. 情报学报，2017，36（4）：331-337.

⑥ RABINER L R. A tutorial on hidden Markov models and selected applications in speech recognition［J］. Readings in speech recognition，1990，77（2）：267-296.

一个观测随机序列。之后，Jaynes 等[①] 于 20 世纪 80 年代提出最大熵模型（ME），认为使得模型的熵最大的分布，就是所求分布。2001 年，Lafferty 等[②] 提出了条件随机场模型（CRF），它克服了隐马尔可夫模型和最大熵模型的缺陷，主要应用于基于条件概率处理序列标注问题。随着海量数据的出现，计算机硬件飞速发展，深度学习算法不断优化，利用深度学习算法进行命名实体抽取的研究也越来越多。

Dyer 等[③] 改进了 LSTM 模型，他们对堆栈 LSTM 提出一种新的控制结构，在传统结构的基础上增加一个 LSTM 维持堆栈内容的连续空间嵌入。Huang 等[④] 第一次将 Bi-LSTM-CRF 模型应用于自然语言处理基准序列数据集，通过一系列神经网络模型对比，证明了该模型可以在命名实体识别上达到最先进的精度。Kim 等[⑤] 描述了一个只需要字符级输入的简单神经网络，在不同的语种上进行实验，结果表明字符输入对语言模型就能够满足，但是并未在汉语语料上进行对比。Dong 等[⑥] 第一个将基于字符的 BI-LSTM-CRF 模型应用在 CNER 上，并且他们的工作在第 3 次 SIGHAN 分词竞赛的 MSRA 数据集上达到调和平均值 90.95% 的最佳效果。张子睿等[⑦] 和任智慧等[⑧] 分别使用字嵌入的分词语料，证实了 LSTM-CRF 模型的优越性。Ma 等[⑨] 则是在英文语料 CoNLL 2013 的命

① JAYNES E T. On the rationale of maximum entropy methods［J］. Institute of electrical and electronics engineers，1982（70）：939-952.

② LAFFERTY J，MCCALLUM A，PEREIRA F.Conditional random fields：probabilistic models for segmenting and labeling sequence data［C］// The International Machine Learning Society.Proceedings of the eighteenth international conference on machine learning. California：Morgan Kaufmann Publishers Inc.，2001：282-289.

③ DYER C，BALLESTEROS M，LING W，et al. Transition-based dependency parsing with stack long short-term memory［J］. Computer science，2015，37（2）：321-332.

④ HUANG Z，XU W，YU K. Bidirectional LSTM-CRF models for sequence tagging［J］. arXiv preprint arXiv：1508.01991，2015.

⑤ KIM Y，JERNITE Y，SONTAG D，et al. Character-aware neural language models［C］//Thirtieth AAAI conference on artificial intelligence. US：MIT Press，2016：67-69.

⑥ DONG C，ZHANG J，ZONG C，et al. Character-based LSTM-CRF with radical-level features for Chinese named entity recognition［C］// Natural language understanding and intelligent applications. Cham：Springer International Publishing，2016.

⑦ 张子睿，刘云清. 基于 BI-LSTM-CRF 模型的中文分词法［J］. 长春理工大学学报（自然科学版），2017，40（4）：87-92.

⑧ 任智慧，徐浩煜，封松林，等. 基于 LSTM 网络的序列标注中文分词法［J］. 计算机应用研究，2017，34（5）：1321-1324.

⑨ MA X，HOVY E. End-to-end sequence labeling via bi-directional LSTM-CNNs-CRF［J］. arXiv preprint arXiv：1603.01354. 2016.

名实体识别上实现了真正端到端的自动处理，他们组合的双向 LSTM、CNN 和 CRF 模型能够达到 91.27% 的调和平均值。

上述相关研究为本章的数据科学语料中技能素养实体抽取实验奠定了基础，这也是本章选用深度学习模型进行实验的原因。在第三节，本章将首先介绍模型的构建框架及其原理，其次描述整个实验流程，最后确定所构建的模型。第四节应用训练获得的模型在更大规模语料上进行相关实体分布情况统计、分析。最后，笔者对实验中的困难的局限进行总结，提出关于情报学学科建设的下一步探究方向。

8.2 数据科学技能素养知识挖掘

8.2.1 模型简介

在本节中，我们将描述本章所用的神经网络架构的组件，包括 Bi-LSTM、Embedding 层、CRF 层。图 8–1 展示了本章的整体模型框架组成结构。

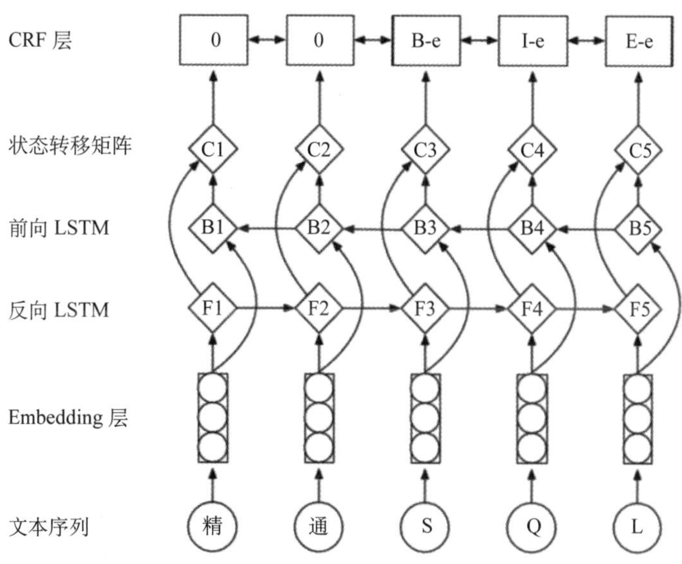

图 8–1 本章的模型框架

（1）Bi-LSTM 模型

RNN 是一个功能强大且简单的模型，其可以容易地计算出 RNN 随时间反向传播的梯度，但实际上由于反向传播训练的困难和梯度消失及爆炸的存在，致使它们难以产生理想中的效果。LSTM① 是 RNN 的变体，结合了一个内存单元来解决这个问题，能够解决梯度消失和爆炸的问题，显示出很强的捕捉远程依赖的性能。

因此，通过前向状态利用过去的特征和通过后向状态利用未来的特征变得十分必要，双向 LSTM 能够较好地处理这个问题。双向 LSTM（Bi-LSTM）实际上相当于两个 LSTM，一个正向输入序列，一个逆向输入序列，最后将两者的输出结合起来作为最终的结果。为了减少文本处理难度，避免分词困难，本章以汉字级别进行命名实体识别，需要考虑当前字的上下文联系，这也是本研究选用双向 LSTM 作为模型的原因。

在使用神经网络训练参数前，首先要将文本向量化。词语作为自然语言的最小语义单位，对理解语句、文本的重要作用不言而喻，其向量化学习的方法被大量提出②。文本向量化的常见思路主要有两种：一是词袋模型（Bag of Words），其最简单的方式是基于词的独热表示（One-hot Representation）；二是分布式表示，将文本表示为低维、稠密的连续向量。与神经网络相关的词表示一般称为“词向量”“词嵌入（Word Embedding）”，在狭义上与分布式表示相对应③。

一般来说，在训练神经网络时加入预先训练好的词向量能够提升实体抽取的性能，本章利用的是以字为单元的命名实体识别，因此笔者使用 Python 中 gensim 模块④提供的 word2vec⑤ 模型，利用 CBOW 算法，将学习率设置为 0.001，丢弃字频小于 3 的汉字，通过训练得到 128 维的字嵌入模型。

Gensim 是一个免费的 Python 库，致力于处理原始的、非结构化的数字文本，它利用潜在语义分析（Latent Semantic Analysis，LSA）、隐含狄利克雷分配（Latent Dirichlet Allocation，LDA）或随机预测（Random Projections）等无监督算法，从文档中发现语义结构并自动提取语义主题。Gensim 中的 word2vec 参数设置中有两种训练算法可供选择，一种是 CBOW（Continuous Bag-of-Words）；另一种是 Skip-Gram。笔者将主要介绍

---

① HOCHREITER S, SCHMIDHUBER J. Long short-term memory[J]. Neural computation, 1997, 9(8): 1735-1780.

② 于政 . 基于深度学习的文本向量化研究与应用［D］. 上海：华东师范大学，2016.

③ TURIAN J，RATINOV L，BENGIO Y. Word representations：a simple and general method for semi-supervised learning［C］// ACL 2010，Proceedings of the，Meeting of the Association for Computational Linguistics. Sweden：DBLP，2010：384-394.

④ RADIM ŘEHŮŘEK，PETR S. Software framework for topic modelling with large corpora［C］// Proceedings of the LREC 2010 wordshop on new challenges for NLP frameworks. Heidelberg，2010：45-50.

⑤ MIKOLOV T，SUTSKEVER I，CHEN K，et al. Distributed representations of words and phrases and their compositionality［J］. Advances in neural information processing systems，2013，26：3111-3119.

本章所用的 CBOW 模型。CBOW 模型的训练输入是与某一个特征词的上下文相关的词对应的词向量，而输出就是特定的一个词的词向量。

（2）CRF 模型

一般来说，LSTM 为每一个 token 预测一个标签，可以胜任标注任务了，但是为了达到更好的标注效果，避免 B-e 标签之后再次出现 B-e 标签这种错误状况，在本研究所使用的模型的最顶层，我们利用条件随机场（CRF）层进行解析。

CRF 和 LSTM 的预测机制是不同的，CRF 基于全局范围统计归一化的条件状态转移概率矩阵，再针对特定的样本计算出每个 token 的标签，具体原理如下。

条件随机场是一个判别式模型，是一种基于统计的无向图模型，它定义了在给定观察序列条件下，计算整个标注序列的单一联合概率分布。设 $G=(V,E)$ 是一个无向图，$Y=\{Y_v|v\in v\}$ 是无向图中随机变量 Y_v 构成的集合。在限定条件下，若每个随机变量都服从马尔可夫属性 $P(Y_v|Y_u v\neq u)=P(Y_v|X,Y_u u\sim v)$，则 (X,Y) 构成一个条件随机场。

将 CRF 接到 LSTM 上一层，使 LSTM 负责在 CRF 的特征限定下按照新的损失函数学习出一套新的非线性变换参数。在 Bi-LSTM-CRF 模型下，模型的目标函数与 CRF 相同，通过 Bi-LSTM 学习标签间的转移特征 $h_p(s_{t-1},s_t)$ 和标签特征 $h_q(s_t,l_0^{t+d})$，得出 CRF 的目标函数，如式（8-1）所示。

$$H(s_{t-1},s_t,l_{t-d}^{t+d})=\sum_{p=1}^{P}\lambda_p h_p(s_{t-1},s_t)+\sum_{q=1}^{Q}\lambda_q h_q(s_t,l_0^{t+d})。\tag{8-1}$$

8.2.2 语料库介绍

本章选用的语料是通过编写 Python 爬虫收集的智联招聘、51job 等综合类、猎头类、互联网 IT 类招聘网站上有关数据科学的工作岗位数据，其中搜索关键词包括数据科学家、数据分析师、数据架构师、数据工程师、统计学家、数据库管理员、业务数据分析师、数据产品经理。通过解析、去重、清洗乱码，并将全英文招聘信息去除，最终得到 10 534 条招聘信息。

经过前期标注人员培训，人工标注出其中与人才技能素养相关的实体，对其中的专业限制、学历水平、人才品格和工作经验要求不予标注，旨在获得能够为教学提供指导的实体。每条招聘信息大致分为两部分“岗位职责”和“任职要求”，后者是重点标注部分。具体的实体在语料中用“[ ]”标出，例如：

“岗位职责：1. 负责基础数据的整理、审核、更新；2.[数据库更新]、[系统维护]、

[数据库建设]；3. 完成其他常规的支持工作。任职要求：1. 只少熟悉 [SQL]、[SERVER]、[Oracle] 等一种 [数据库]，精通 [SQL 脚本的编写]；2. 具备较强的沟通协作能力，工作严谨细致，勤奋踏实，积极主动，有较强的团队合作精神和敬业精神。”

8.2.3 实验准备和结果

本章对神经网络模型性能的评价主要采用 3 个指标来衡量：准确率（Precision）、召回率（Recall）、F 值（F-score）。具体计算公式如下：

$$\text{准确率}\ (P)=\frac{\text{正确识别的实体}}{\text{正确识别的实体}+\text{被错误识别的实体}}\times 100\%, \tag{8-2}$$

$$\text{召回率}\ (R)=\frac{\text{正确识别的实体}}{\text{正确识别的实体}+\text{未被识别的实体}}\times 100\%, \tag{8-3}$$

$$\text{调和平均值}\ (F)=\frac{2\times P\times R}{P+R}\times 100\%。 \tag{8-4}$$

模型的测评结果通过对字位置特征标记计算微平均得到，只有当实体的起始位置、结尾位置均识别正确才确定为识别出一个实体。

本实验在模型构建中所用的字位标注集由 4 个不同的标记组成，标注集用 R 来表示，具体为 R = {B-e，I-e，E-e，O}，其中 B-e 表示技能素养实体的初始字，I-e 表示技能素养实体的中间字，E-e 表示技能素养实体的结尾字，O 表示非技能素养实体的字。如果技能素养实体长度超过 3，就用 I-e 表示扩展字。

通过 Python 编程，结合招聘公告中的“[ ]”标记，本章将一条公告视为一个样本，随机打乱所有样本，将文本处理为两列，第一列为字单元，第二列为本章设置的标签，样本之间以空行隔开。按照 9 ∶ 1 的比例，划分训练集和开发集，为防止神经网络随机初始化带来的偶然性，神经网络模型在 10 534 条招聘信息中进行十折交叉验证，最后的结果取 10 次实验的平均值。需要说明的是，训练集文本和开发集文本进行相同的文本处理。

本章的实验环境设置如下。操作系统：ubuntu 16.04；内存：16GB DDR4；显存：4GBGDDR5；CPU：Intel（R）Core（TM）i5-4590 CPU @ 3.30GHz。为加快模型训练过程，实验电脑配备了 GPU，型号为 NVIDIA Quadro K1200，利用 Python 的 Tensorflow 模块实现 Bi-LSTM-CRF 框架。本章在相同的实验环境下，分别进行了两次实验：一是结合预训练的 128 维的字嵌入向量，在开发集上验证的效果如表 8–1 所示；二是不使用预训练的字嵌入，直接利用 Bi-LSTM-CRF 模型训练，字符向量由随机初始化得到，实验效果如表 8–2 所示。

表 8–1　基于预训练字嵌入模型的 Bi–LSTM–CRF 模型实体识别效果

实验序号	准确率	召回率	调和平均值
1	83.80%	84.51%	84.16%
2	84.23%	85.35%	84.79%
3	83.30%	85.02%	84.15%
4	85.84%	84.26%	85.04%
5	84.15%	84.63%	84.39%
6	84.96%	84.06%	84.51%
7	84.58%	84.18%	84.38%
8	83.15%	83.44%	83.30%
9	84.02%	85.07%	84.54%
10	84.97%	84.14%	84.55%
平均值	84.30%	84.47%	84.38%

表 8–2　基于 Bi–LSTM–CRF 模型的技能素养实体识别效果

实验序号	准确率	召回率	调和平均值
1	83.49%	84.67%	84.08%
2	84.52%	82.72%	83.61%
3	83.58%	84.43%	84.00%
4	85.25%	83.45%	84.34%
5	84.92%	82.91%	83.90%
6	83.46%	83.36%	83.41%
7	84.00%	83.23%	83.61%
8	83.75%	82.70%	83.22%
9	83.83%	84.12%	83.97%
10	85.20%	82.91%	84.04%
平均值	84.20%	83.45%	83.82%

由表 8–1 和表 8–2 的对比可以看出，添加使用 word2vec 模型训练的字嵌入模型

与不添加时相比，在开发集上的技能素养实体自动抽取性能有小幅上升，准确率、召回率均上升，特别是在召回率上，提升 1.02%，这说明字嵌入模型有助于 Bi-LSTM-CRF 模型在更复杂的语义环境中识别出研究所用的实体。最终在我们实验获得的模型中，效果最优的模型的效果是 word2vec+Bi-LSTM-CRF 的第 4 个实验，其调和平均值是 85.04%。此外，这是本章实现的汉字级别的端到端的实体自动抽取，不需要任何人工发现、提取、添加特征工程，这使得该模型有广泛的使用场景，而且效果较为令人满意，这也直接说明了神经网络模型的优越性。

但是，本章的人才技能素养实体抽取仍存在一些无法避免的瑕疵。一是由于语料本身的特点，招聘公告相对口语化，自然语言的表达方式多种多样，对同一概念可以有不同的表达形式，如“数据的处理”与“数据处理”，“管理数据库”与“数据库管理”，“代码编写”与“编码”。这些应该是同义词，但大量的同义、近义表达缺乏统一的词表进行合并，在最终统计过程中会将不同的表达视为不同意义的实体。二是个别概念的属分关系未进行合并，如“脚本语言”可以分为“Shell”“Python”“Perl”“Java”等，“数据库”包括“MySQL”“SQL server”“DB2”“MSSQL”等。但由于实验数据规模较大，因此以上局限带来的偏差可以忽略，统计结果仍具有代表性。

8.3 数据科学技能素养分析

在以上模型实验的基础上，笔者再次通过网络爬虫抓取 2017 年 6—8 月招聘网站上的招聘信息 11 508 条，利用我们的最优模型在较新的招聘公告上进行技能素养实体的自动抽取。通过提取出实体并将其中的英文统一转换为小写之后，进行词频统计，我们获得表 8–3 中的统计结果。

由表 8–3 可以看出，在所获取的技能素养要求中，“数据分析”居于首位，其出现频次远远高于其他实体频次，这也体现出数据科学的特点，从数据中挖掘出隐藏的、有价值的、能够为决策提供指导的知识、智慧才是最终目标。在软件实体中，最常用的基础办公软件“excel”提到次数最多；而在脚本语言中，“python”作为简单、可移植、类库丰富的开源编程语言，比其他语言提到的次数高出很多，甚至“java”这种具有革命性的语言与“python”相比也相形见绌。大数据时代，必定避免不了对数据存储的高要求，存储系统成为大数据基础架构中最为关键的核心，在高频前 20 个实体中，与数据存储相关的实体有“数据库”“sql”“oracle”“mysql”“hive”“数据仓库”6 个，这要求我们的人才应具有“sql”语言基础，对常用的数据库熟悉，甚至对“hive”这样的基于分布式系统框架的数据库有所要求，因此加强数据库方面的教学必定是重中之重。另外，要求人才具备良好的“数据挖掘”“数据处理”能力，而这些过程的实现，也需要具有“统计”基础，需要能够利用“sas”“spss”等数据统计和分析软件。此外，商业公司比学界有着更加敏锐的嗅觉，与大数据息息相关的“hadoop”“spark”数据处理平台也在任职要求中广泛出现，这些也应作为拓展课程在教学中有所安排。今天是一个市场经济的、竞争的时代，只有具有良好的“沟通”能力和“合作精神”的人才才能真正地适应这个时代。

表 8–3　技能素养实体词频降序 Top 20

序号	技能素养实体	频次 / 次
1	数据分析	5553
2	excel	2602
3	沟通	2390
4	统计	2117
5	数据挖掘	1885
6	python	1867
7	数据库	1791
8	逻辑思维	1487
9	sas	1437
10	sql	1434
11	spss	1391
12	oracle	1250
13	hadoop	1203
14	mysql	1194
15	spark	999
16	hive	993
17	数据仓库	987
18	java	947
19	数据处理	871
20	合作精神	720

根据对上述实体的分析，结合情报学学科的时代发展要求，我们形成以下对情报学教学课程设计的重点和难点的认识。在大的方面上，应该提高对学生的“统计学”“编程”“数据库”等课程的要求，增加课程难度扩展现有课程知识，为学生进一步学习打牢基础；同时，教师在教学过程中应有意识地培养学生的数据分析能力。而具体到各个子科目上面，学校则应普遍考虑开设 Python 等编程课，并且这一点应早日提到教学计划中去；教师应不仅教授学生统计分析的方法、策略、技术，还应结合相关辅助统计分析的软件传授使用方式等；对于现已广泛开设的数据库课程，应在原有传统教授的“sql server”“mysql”数据库内容上进行扩展补充学习，尽早让学生接触真实用于处理大规模数据的分布式数据库。最后，在教学方法上，教师既要注重学生个人能力的培养、测试，也要适当地安排学生与其他同学通过合作方式完成较为复杂的项目。

由于所抽取出的技能素养实体太多，笔者未展示排序在第 20 位之后的实体，但后面的实体中也包含非常多有价值的信息。如排在第 23、第 24 位的“数据建模”“机器学习”，以及后面的“算法”“云计算”等实体则是对教学提出更高的要求。合理地安排这些较为困难的课程也应是情报学教学的重点和难点。

图 8–2 是本章使用 Python 制作的词云，通过对文本中出现频率较高的技能素养实体进行突出呈现，根据出现频率的高低按比例展示字体大小。借助这种可视化方式，我们可以更加清晰地看到数据科学招聘中对人才技术的迫切需求点。

图 8–2　词云统计技能素养实体

8.4　小结

数据科学技能素养已逐渐成为情报学教育关注的重点，如何有效培养相关技能素养，使情报学人才能够满足当前国家发展需求，成为情报学教育体系设计的关键。本章着重从行业角度出发，基于所收集的与数据科学相关的海量招聘职位通知，通过深度学习的策略构建自动抽取技能素养实体的模型，在大规模的招聘文本上分析与数据科学相关的技能素养，进而分析情报学课程所培养的人才应具备的能力与技能。通过调查可知，在数据分析、数据挖掘诸多技能素养中，沟通、统计和逻辑思维成为重要且易被忽视的必备能力，Excel、SQL 等数据库工具备受重视，Python、SPSS 等数据分析语言或工具同样必不可少。本章研究所得结果，既能够帮助情报学学者提升自身数据应对素质，也为情报学教学体系建设提供指导。

第 9 章 iSchools 培养计划知识挖掘下的情报学教育及人才培养

在大数据和人工智能迅猛发展的新时代，情报学专家和学者开始越发关注情报学新的发展思路，并形成了以《情报学与情报工作发展南京共识》[①] 为代表的一致的研究新方向，而这也对情报学教育的未来发展道路提出了新的要求。在这一背景下，情报学专家和教育者结合国内外课程设置比较[②]，探索课程设置改革思路[③]，并以此为契机展望情报学教育的发展机遇[④]。本章从 iSchools 成员院校的培养计划入手，结合前沿的深度学习模型方法，从知识挖掘和抽取的角度入手，借助对培养计划中包含的能力和研究领域 3 个角度的知识进行数据挖掘和数据分析，重点从人才培养计划方面探索国内情报学教育未来发展之路。

9.1 相关研究背景

知识挖掘是在传统数据挖掘的基础上，知识服务领域的延伸探索[⑤]。早年知识管理学

---

① 中国科学技术情报学会，中国社会科学情报学会 . 情报学与情报工作发展南京共识［J］. 情报学报，2017，36（11）：1209-1210.

② 盛小平，苏红霞 . 中美 LIS 硕士专业与课程设置的比较研究：基于 ALA 认可的 LIS 院校和中国“985”与“211” LIS 院校的分析［J］. 科技情报研究，2019，1（1）：75-83.

③ 李树青，曹杰，刘凌波 . 新时代背景下研究生文献检索课程教学改革的思路创新［J］. 科技情报研究，2020，2（1）：74-82.

④ 苏新宁 . 不忘初心、牢记使命　展望情报学与情报工作的未来［J］. 科技情报研究，2019，1（1）：1-12.

⑤ 熊培松 . 基于知识挖掘的图书馆个性化推荐服务模式［J］. 河南图书馆学刊，2019，39（3）：93-95.

界对于知识挖掘概念的认识存在相互矛盾的两种意见，即把知识看作挖掘的成果和将知识作为挖掘的对象[①]。近年来，较受认可的定义为：从大量数据中提取出可信的、新颖的、潜在有用的并能被人理解的模式的高级处理过程[②]。黄紫菲[③]早年将国外知识挖掘发展趋势的主要研究方向归纳为 Bayes（贝叶斯）方法及 Boosting 方法的研究和提高；传统的统计学回归法在 KDD 中的应用；KDD 与数据库的紧密结合。肖洪等[④]将挖掘得到的事实数据描述为显性知识，将专家智慧描述为隐性知识，提出有效综合大数据挖掘和专家群体智慧优势，满足多源知识的挖掘和有效融合，以提升情报研究水平。朱正祥[⑤]应用管理科学、计算机科学及综合集成方法论，以领域知识为驱动、数据与领域专家为挖掘对象，研究获取用户感兴趣、可行动知识的方法，并将这种方法称为领域驱动知识发现。侯莎[⑥]在科技情报领域的数据集上进行实验，面向科技情报领域对知识库的构建方法进行研究，提出了一种基于强化深度学习的 RL-TreeLSTM 模型，可进行句子级别上的实体关系抽取。黄胜等[⑦]对于简历信息实体抽取，提出基于长短期记忆网络 LSTM 与 CRF 联合模型的简历信息实体解析方法。余丽等[⑧]改进 Bootstrapping 方法，建立深度学习模型，从文本中抽取多类型细粒度的知识元，引入知识元与模式的评分模型，其抽取结果准确率表明它已有效缓解了常见的“语义漂移”的问题，具有准确率高且速度快的优势。张志申等[⑨]为了能自动地抽取领域知识，提出根据领域本体抽取 DBpedia 中特定领域知识的方法。

在知识挖掘研究中，命名实体识别最常运用于从文本中提取知识，近年来深度学习诸多模型在其中发挥出较出色的性能和效果。其中，较为重要的有长短时记忆网络[⑩]

---

① 冯新民，王建冬．知识挖掘的概念困境与广义知识挖掘［J］．情报杂志，2008（7）：63-65.

② 邱均平，周倩雯．数据挖掘与知识挖掘的比较研究［J］．情报科学，2010，28（12）：1862-1865.

③ 黄紫菲．内容分析与知识发现的比较研究［J］．情报理论与实践，2006（5）：524-527.

④ 肖洪，赵洪，毋晓霞．基于知识挖掘与协同融合的情报研究方法［J］．情报理论与实践，2018，41（10）：15-19.

⑤ 朱正祥．领域驱动知识发现方法研究［D］．大连：大连理工大学，2010.

⑥ 侯莎．面向科技情报分析的知识库构建方法研究［D］．哈尔滨：哈尔滨工程大学，2018.

⑦ 黄胜，李伟，张剑．基于深度学习的简历信息实体抽取方法［J］．计算机工程与设计，2018，39（12）：3873-3878.

⑧ 余丽，钱力，付常雷，等．基于深度学习的文本中细粒度知识元抽取方法研究［J］．数据分析与知识发现，2019，3（1）：38-45.

⑨ 张志申，王会勇，张晓明，等．基于本体和语义距离的 DBpedia 领域知识抽取方法［J］．现代电子技术，2018，41（13）：128-132，137.

⑩ HOCHREITER S，SCHMIDHUBER J.Long shortterm memory［J］.Neural computation，1997，9（8）：1735-1780.

（Long Short-Term Memory，LSTM），其解决了循环神经网络不能保存长期状态的问题，在此基础上产生了双向长短时记忆网络①（Bi-directional Long Short-Term Memory，Bi-LSTM），使用长短时记忆模型解决序列标注问题成为一种更有效的解决方法。Devlin等②发布的语言模型BERT，采用双向Transformer结构，运用多层自注意力机制代替传统的RNN、CNN神经网络，有效地解决长程依赖问题，在多项自然语言处理任务中取得优异效果。出于利用知识抽取方法解决不同领域问题的目的，诸多学者做出了相关尝试。张华丽等③将Bi-LSTM与条件随机场（CRF）模型相结合，在其基础上结合注意力机制，提高中文电子病历中命名实体识别的准确率。丁晟春等④利用Bi-LSTM-CRF模型识别商业领域中企业全称、企业简称和人名3类实体，解决目前网络公开平台的多源异构企业数据混乱的问题。王月等⑤提出一种神经网络模型BERT-BiLSTM-Attention-CRF，将其应用于警情领域人名、损失金额、处理方式等实体的识别，解决关键实体难以识别的问题。基于深度学习模型的命名实体识别算法广泛应用于医疗、商业、警情等各个领域，并取得显著的成功。Li等⑥同样将以上3种模型结合，并将字典特性合并到模型中，利用汉字的词根特征提高模型的性能，实现临床电子病历的命名实体识别。张秋颖等⑦以学者主页信息为研究对象，将BERT、Bi-LSTM和CRF 3种模型相结合，提出一种序列标注模型，其可自动挖掘学者信息，并易于迁移到其他领域。

---

① GRAVES A，SCHMIDHUBER J.Framewise phoneme classification with bidirectional LSTM and other neural network architectures［J］.Neural networks the official journal of the international neural network society，2005，18（5-6）：602.

② DEVLIN J，CHANG M W，LEE K，et al. BERT：Pre-training of deep bidirectional transformers for language understanding［J］. arXiv preprint arXiv：1810.04805，2018.

③ 张华丽，康晓东，李博，等.结合注意力机制的Bi-LSTM-CRF中文电子病历命名实体识别［J］.计算机应用，2020，40（S1）：98-102.

④ 丁晟春，方振，王楠.基于Bi-LSTM-CRF的商业领域命名实体识别［J］.现代情报，2020，40（3）：103-110.

⑤ 王月，王孟轩，张胜，等.基于BERT的警情文本命名实体识别［J］.计算机应用，2020，40（2）：535-540.

⑥ LI X，ZHANG H，ZHOU X H . Chinese clinical named entity recognition with variant neural structures based on BERT methods［J］. Journal of biomedical informatics，2020，107：103422.

⑦ 张秋颖，傅洛伊，王新兵.基于BERT-BiLSTM-CRF的学者主页信息抽取［J］.计算机应用研究，2020，37（S1）：47-49.

9.2 培养计划数据获取和知识标注

9.2.1 数据获取

各 iSchools 成员的培养计划数据并不能从联盟直接获得，需要从各院校网站中逐个获取，相关数据的获取流程如下。

①确定学校、院系和专业。iSchools 名录不仅包含了学校，而且包含了具体的院系，据此对 iSchools 成员的主页进行逐一访问，并排除了无法访问和非英文的对象后，本研究最终选定 65 所学校及对应院系。值得注意的是，iSchools 按贡献程度将成员分为了 6 个层级，从高到低分别为 iCaucus、Enabling、Sustaining、Supporting、Basic 和 Associate，本研究选择的 65 所学校中包含了 27 个 iCaucus 成员，24 个 Basic 成员、5 个 Supporting 成员、5 个 Sustaining 成员和 4 个 Associate 成员。接着，根据本科、硕士和博士各级培养层次，选定各成员与图书情报相关的所有专业，包括传统的图书馆学、情报学和档案学，以及与新兴数据科学相关的交叉专业，本研究只关注这些专业的培养计划。

②获取培养计划数据。根据上述选择的 iSchools 成员院校及专业，从官方网页中检索并获取培养计划内容。相关内容多以 PDF 格式进行保存，但根据本研究机器学习模型的需求，须进行格式转换、乱码处理、格式调整等一系列文本预处理操作，获得纯文本格式的培养计划数据，并依此构建本研究的语料资源，以供后续的知识标注和知识挖掘研究。

9.2.2 数据标注

培养计划的内容为非结构化数据，根据培养计划的内容特点和研究需求，本研究面向两类实体知识进行了人工标注，分别为能力和研究领域。

① 能 力， 如 Using Information、Managing Information、Analyzing Information 等，标注时使用符号“{}”。从培养计划制订的角度出发，学生的能力不仅面向不同的研究领域，而且需要各类技术方法的支持，因此能力类实体知识的标注包含较丰富的内容和细节。标注难点在于特殊短语的拆分，如“design，implement and run information systems”中，“design”、“implement”和“run”分别对应了应用信息系统的 3 种能力，因此拆分时需分别补充后续内容，将其标注为 {design information systems}、{implement information systems} 和 {run information systems}3 种能力。②研究领域，如 Information

Retrieval、Knowledge Representation 等，标注时使用符号“< >”。领域与能力不同之处在于，领域更多体现的是学科内部的特点，而能力更多体现的是教学培养的特点。

需要注意的是，培养计划中的两类实体知识在语料中的出现并没有明显的分隔，大多情况下是杂糅在一起的。本研究的语料标注形式大多如图 9–1 所示。

```
In the narrower sense , < data science > is an academic field that researches the scientific approach to develop
valuable information by { extracting general knowledge from data } to create new value to the data extracted .
Data Specialist
According to the Data Science Department of Syracuse University’s definition , a data specialist has to possess
professional knowledge and technology such as { data gathering } , { analyzing } , { designing } and {
conserving for data sharing } .
```

图 9–1　培养计划数据研究两类实体知识标注

9.3　iSchools 培养计划知识自动抽取

根据上文得到的 iSchools 培养计划标注语料，基于机器学习模型进行实体知识的自动抽取，一方面可以验证知识标注的质量和可靠性；另一方面还可以为其他学科和领域培养计划知识抽取提供借鉴。

9.3.1　模型介绍

对比已有研究方法并结合培养计划的语料特点，本研究选用了两种基于序列化标注的深度学习模型来实现实体知识的自动抽取，分别为 Bi-LSTM-CRF 模型和 BERT 模型。两种模型的基本架构和特点如下。

（1）Bi-LSTM-CRF 模型

深度学习兴起后，以循环神经网络（RNN）为基础的一系列模型在实体识别和抽取等序列标注任务中的表现引人注目。Bi-LSTM-CRF 模型是在 Bi-LSTM 基础上增加 CRF 层形成的复合的深度学习模型框架。其中，长短时记忆（LSTM）模型在一定程度上解决了 RNN 训练时的梯度消失问题，Bi-LSTM 使得模型能够同时获取上下文双向的信息，而 CRF 则进一步利用了序列标签之间的依赖信息，因而 Bi-LSTM-CRF 模型在实体抽取任务中表现优异。图 9–2 举例展示了本研究使用的 Bi-LSTM-CRF 模型的基本架构，通过在 CRF 层判断得到的标签 B、I、E，即可抽取得到实体知识“design information system”。本章所使用的 Bi-LSTM-CRF 模型架构如图 9–2 所示。

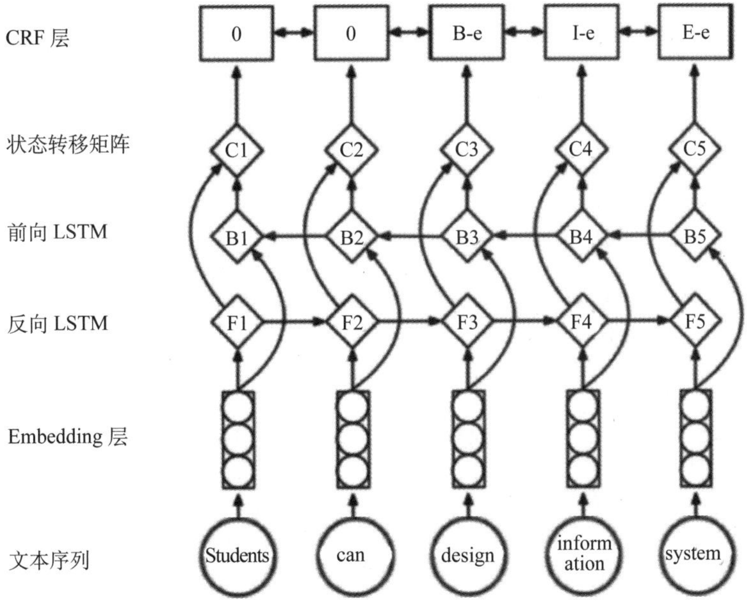

图 9–2　本章所使用的 Bi–LSTM–CRF 模型的架构

（2）BERT 模型

BERT 模型是一种基于 Transformer 架构的新型深度学习模型[①]。Transformer 不同于 RNN 架构之处在于，其使用了一种注意力机制来获取序列中的上下文信息，这中机制的优势在于一方面能保留语句中的远距离依赖关系；另一方面能够并行训练长距离序列中的所有元素，因而大大提高了训练效率。此外，通过谷歌公开的 BERT 预训练数据，在处理序列标注任务时，只需关注标注任务本身，BERT 模型中的参数只需经过微调（finetune）即可发挥出色效果。本研究使用的 BERT 模型架构包含了由文本序列得到的 embedding 层，需要 finetune 的双向 Transformer 层，以及用于序列标注的输出层。

9.3.2　培养计划知识抽取

（1）培养计划训练和测试语料构建

本研究使用 5 字位的标注集，标注集用 M 来表示，具体为 M={B-seg，I-seg，E-seg，S-seg，O}，B-seg 表示培养计划实体的初始字，I-seg 为培养计划实体的中间字，E-seg

① DEVLIN J，CHANG M W，LEE K，et al. Bert：Pre-training of deep bidirectional transformers for language understanding［J］. arXiv preprint arXiv：1810.04805，2018.

为培养计划实体的结束字，O 表示非培养计划实体字，如果培养计划实体字数为 1，即某个单词独立为一个实体，则用 S-seg 进行标注。知识抽取实验采用十折交叉验证，将标注好的培养计划语料数据平均分为 10 份，每次取其中 9 份作为训练语料进行模型参数训练，剩余 1 份作为测试语料用于检验模型性能，由此可以得到 10 组不重复的知识抽取模型评价结果。

（2）知识抽取评价指标

本研究使用准确率（P）、召回率（R）和调和平均值（F）来衡量上述两种模型的性能。3 个评价指标的计算公式如下：

$$\text{准确率}（P）=\frac{\text{正确识别的实体}}{\text{正确识别的实体}+\text{被错误识别的实体}}\times 100\%, \tag{9-1}$$

$$\text{召回率}（R）=\frac{\text{正确识别的实体}}{\text{正确识别的实体}+\text{未被识别的实体}}\times 100\%, \tag{9-2}$$

$$\text{调和平均值}（F）=\frac{2\times P\times R}{P+R}\times 100\%。 \tag{9-3}$$

（3）分实体实验结果

Bi-LSTM-CRF 的 10 次实验结果如表 9–1 所示。10 次 Bi-LSTM-CRF 的能力和研究领域实体知识抽取模型的平均调和平均值为 55.88%，最高的调和平均值为 63.64%，模型的整体性能主要在 60% 左右徘徊。性能最优的 Bi-LSTM-CRF 模型各实体抽取效果如表 9–2 所示。

表 9–1　Bi-LSTM-CRF 模型运行效果

实验序号	准确率	召回率	调和平均值
0	50.67%	55.13%	52.81%
1	52.08%	52.41%	52.24%
2	57.21%	61.17%	59.13%
3	56.33%	53.59%	54.93%
4	52.73%	51.41%	52.06%
5	53.56%	60.22%	56.70%
6	67.74%	60.00%	63.64%
7	51.00%	51.70%	51.27%

续表

实验序号	准确率	召回率	调和平均值
8	50.01%	59.91%	54.49%
9	65.88%	57.66%	61.50%
平均值	55.72%	56.32%	55.88%

表 9–2　性能最优的 Bi–LSTM–CRF 模型运行效果

实体类别	准确率	召回率	调和平均值
能力	56.25%	47.37%	51.43%
研究领域	72.24%	65.31%	68.60%
综合值	67.74%	60.00%	63.64%

从训练语料的整体状况分析，基于 Bi-LSTM-CRF 所构建的知识抽取模型在具体应用上具有一定的局限性。可能的原因有：①一些词语随着语境不同，属于不同的实体类别。如“Information Retrieval”既可以表示一种研究领域，也可以表示一种课程，因语境多变、在具体标注时主观判断不一致等原因，导致机器无法准确识别。②一些表示能力的实体往往是由动词和名词共同组成的短语，这些短语长度较长、形式变换多，且不具有鲜明的标志性词语，因此机器识别困难。③标注后语料仅为 384 KB，语料规模较小，可能对效果产生一定影响。

BERT 模型的十折交叉验证结果如表 9–3 所示。基于 BERT 构建的知识抽取模型平均调和平均值为 59.64%，与 Bi-LSTM-CRF 模型相比提升了 3.76%，但整体效果仍具有一定局限性。其中，效果最好的模型调和平均值为 63.23%，能力和研究领域两类实体的准确率、召回率和调和平均值如表 9–4 所示。

表 9–3　BERT 模型运行效果

实验序号	准确率	召回率	调和平均值
0	57.04%	68.91%	62.42%
1	51.15%	64.63%	57.10%
2	57.39%	70.40%	63.23%
3	56.14%	63.33%	59.52%

续表

实验序号	准确率	召回率	调和平均值
4	49.86%	57.05%	53.22%
5	58.43%	67.96%	62.84%
6	57.45%	62.08%	59.68%
7	54.43%	68.62%	60.71%
8	53.29%	67.76%	59.66%
9	52.62%	64.72%	58.05%
平均值	54.78%	65.55%	59.64%

表 9–4　性能最优的 BERT 模型运行效果

实体类别	准确率	召回率	调和平均值
能力	44.12%	66.18%	52.94%
研究领域	67.97%	72.80%	70.30%
综合值	57.39%	70.40%	63.23%

在 BERT 模型中，研究领域类实体抽取效果较好，调和平均值达到 70.30%，能力类实体抽取效果较差，调和平均值仅为 52.94%。在 BERT 模型中，由于对上下文的信息参考更全面，对语境的分析更透彻，因此对研究领域类实体的标注效果明显提升；但是也同样无法解决能力类实体因实体过长、形式变换多样带来的机器识别困难的问题。

（4）不分实体实验结果

各实体之间存在不同程度的重名问题，为解决这一问题带来的标注不准确，本章将两类实体合并标注训练，得到 Bi-LSTM-CRF 的 10 次实验结果，如表 9–5所示。在分实体的基础上，合并后基于 Bi-LSTM-CRF 的模型平均调和平均值为 69.16%，提升了 13.28%。BERT 模型的十折交叉验证结果如表 9–6 所示。基于 BERT 的标注模型平均调和平均值为 74.41%，效果较原来提升了 14.77%。在 10 次训练中，调和平均值均高于 70%。对于 iSchools 培养计划这样的小规模语料来说，这一模型的性能基本达到可以用于知识抽取的程度。

表 9-5　不分实体 Bi-LSTM-CRF 模型运行效果

实验序号	准确率	召回率	调和平均值
0	75.08%	66.67%	70.62%
1	73.28%	69.82%	71.51%
2	68.67%	66.67%	67.66%
3	68.47%	67.86%	68.16%
4	72.95%	72.51%	72.73%
5	59.15%	73.60%	65.59%
6	68.71%	69.20%	68.95%
7	68.35%	67.63%	67.99%
8	70.21%	69.16%	69.68%
9	65.65%	72.00%	68.68%
平均值	69.05%	69.51%	69.16%

表 9-6　不分实体 BERT 模型运行效果

实验序号	准确率	召回率	调和平均值
0	74.93%	80.24%	77.49%
1	71.63%	79.53%	75.37%
2	68.32%	76.32%	72.10%
3	72.64%	71.34%	71.99%
4	77.14%	81.57%	79.30%
5	66.38%	75.58%	70.68%
6	68.67%	78.62%	73.31%
7	74.63%	78.95%	76.73%
8	71.20%	80.18%	75.42%
9	69.94%	73.67%	71.75%
平均值	71.55%	77.60%	74.41%

9.4 培养计划知识的分析及启示

9.4.1 培养计划实体词频分析

根据从 iSchools 培养计划中标注和抽取得到的实体知识，抽出两类实体并分别进行词频统计，并以降序形式排序。在统计词频过程中将所有的词语统转为小写形式，并将同义缩写和全称进行合并。基于获得的培养计划，本章共抽取实体 2500 个，其中能力类实体 1184 个，研究领域类实体 1316 个。

（1）能力

iSchools 高校情报学培养计划中所涉及的能力，不仅涵盖情报学专业所需的专业技能，也包括学生的综合素质，高频能力实体如图 9–3 所示。

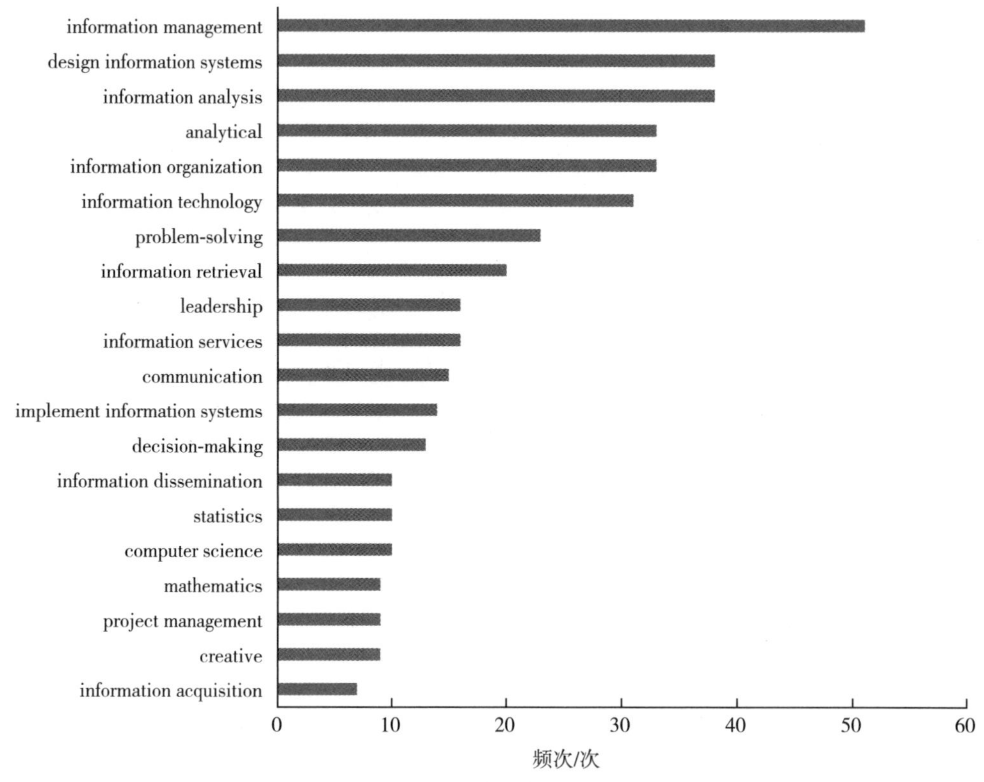

图 9–3 能力实体词频降序 Top 20

可以看出，“design information systems”“information management”“organize information”等围绕信息的处理、加工的能力是目前 iSchools 院校情报学专业最看重的能力，是必须掌

握的基础和核心的能力。排名前二十的能力中，绝大多数都与信息相关，体现出信息科学与技术对于当前情报学教育的影响，信息管理的理念在 iSchools 院校中得到了更为深刻的贯彻。另外“analytical”“leadership”“communication”“creative”等要求学生具备的品质、分析能力是在面对问题或事物时，根据已有的知识和经验，将问题简单化、系统化的能力，在日常生活和学术研究中都扮演着举足轻重的角色。领导能力是要求学生将来能够在管辖的范围内充分地利用人力和客观条件，提高整个团队的办事效率的能力。沟通能力指一个人与他人有效地进行信息沟通的能力。创造力是指产生新思想，发现和创造新事物的能力。学校培养学生创造力，不仅开拓了学生的思维，同时还开拓了多方面的综合能力。而自信也常被作为胜任一件事情至关重要的基础素质。学校对于个人素质的着重培养，对学生将来步入社会进入工作环境有很大的帮助。

（2）研究领域

培养计划中涉及的研究领域可以主要分为两类，分别是与情报学相关的交叉领域和情报学下属的分支领域，高频研究领域如图 9–4 所示。

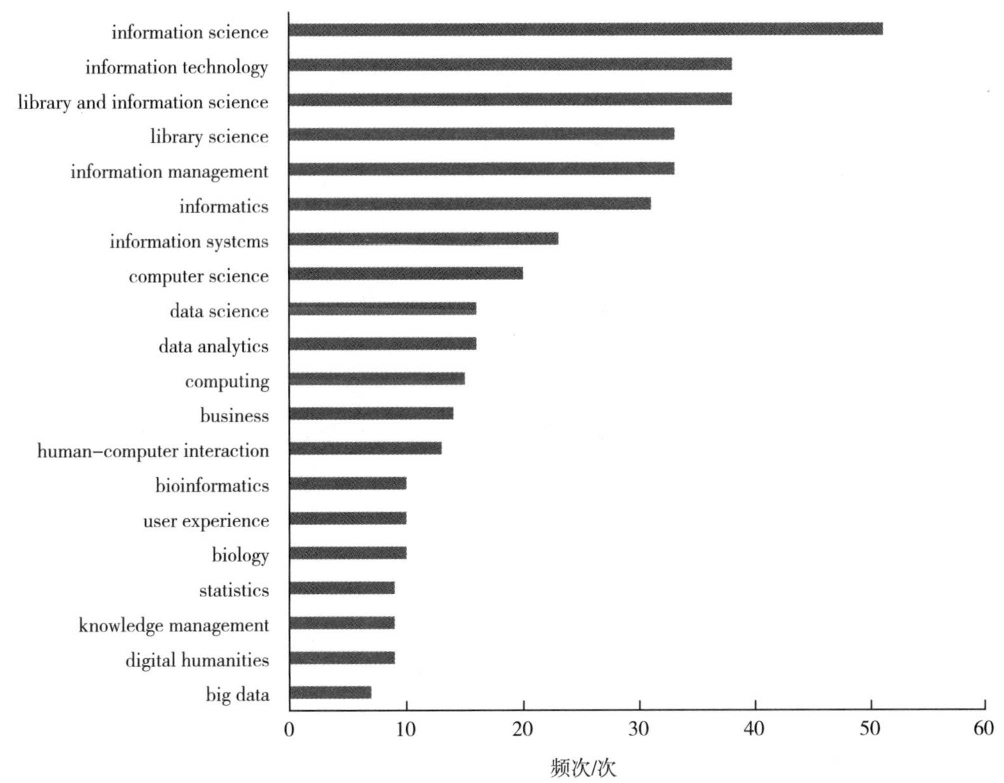

图 9–4　研究领域实体词频降序 Top 20

“information management”“information technology”“library science”等信息类领域是情报学科的核心领域，其组成支撑了情报学对信息的加工、转化、提取等核心过程。“data science”“data analytics”“statistics”“big data”等与大数据相关联的领域，是当下热门领域，其主旨与情报学密切相关。情报学科的发展离不开信息技术和计算的支持，与“computer science”“computing”等领域息息相关。“human-computer interaction”是一门研究系统与用户之间的交互关系的学科领域，当下在数字图书馆领域常见人机交互的系统设计与实现，实现系统与用户之间的交互关系。“knowledge management”是围绕各种来源的知识内容，利用信息技术实现知识的生产、分享、应用。“digital humanities”涉及对电子信息的调查研究、分析、综合和表达，其为情报学科增加了信息表达的交互性，提高信息的应用效率。与能力要求对照来看，虽然大数据相关能力还没成为 iSchools 培养计划中的核心，但大数据和数据科学已经逐渐成为情报学的重要研究领域，该领域的相关能力如数据分析、数据挖掘等能力也将变得越发重要。

9.4.2 培养计划实体学校异同分析

根据获取的能力和研究领域实体，可以进一步在 iSchools 各院校类别的基础上进行分类考察和分析，结合平均数据、去重数据及相同率的计算，获取对 iSchools 院校培养计划实体知识更为全面的认识和理解，也可以发现各类别院校培养计划之间在能力和研究领域方面的异同。

（1）能力

通过表 9–7 可知，在不去重的情况下，60 所院校培养计划中要求的能力平均值为 19.73 种，其中 Sustaining 类型的院校要求的能力数量最多，去重后平均为 21.25 种，Associate 类型的院校要求的能力数量最少，仅为 15.75 种。可以发现，相近类型的学校对学生能力要求的数量也相近，较核心的院校对学生能力的要求更高。但是，能力要求的平均数量与院校的层次高低并非完全对应，层次最高的 iCaucus 平均能力数排第二，去重后则仅排第三。而层次第二的 Sustaining 院校则两类数据均排第一。这说明能力要求的数量与院校水平和质量并非完全挂钩，只是体现了其培养计划的一个方面，多种能力要求下的人才培养，如何保证既全面又深入，是情报学教育需要额外关注的内容。

表 9–7　5 种类别院校下的能力去重前后的对比情况

能力	全部 / 个	院校平均 / 个	去重 / 个	院校去重平均 / 个	院校数 / 所
Associate	67	16.75	63	15.75	4
Basic	509	19.58	418	16.08	26
iCaucus	466	20.26	401	17.43	23
Supporting	57	19.00	54	18.00	3
Sustaining	85	21.25	85	21.25	4
总数	1184	19.73	1021	17.02	60

不同类型的院校之间在能力上的异同度具体如表 9–8 所示。出乎意料的是，虽然各院校均以信息科学能力为其核心要求能力，但各类院校在具体的能力要求方面差异非常大，相同率最高的为 Basic 与 iCaucus 两类院校，相同率仅为 3.68%。各院校在能力上的要求差别较大源于其各自研究领域的差异，能力涉及的培养细节则能带来学生的多样性。这给我们国内情报学教育带来的启示在于，各院校在培养计划设置及教育培养过程中，应更多地考虑自身的优势和特点。从院校个体来看，培养出的学生具备了独特的竞争力和优势；从全国情报学教育整体来看，培养出的学生能够更加全面和多样，能够更好地适应国家和社会发展对情报人才的需求，同样也能够提升情报学人才整体的竞争力。

表 9–8　5 种类别院校能力异同分布情况两两比较

能力	未含相同重复的能力	含有相同能力	相同能力	相同能力率	不同能力率
Associate、Basic	480	470	10	2.08%	97.92%
Associate、iCaucus	462	458	4	0.87%	99.13%
Associate、Supporting	117	116	1	0.85%	99.15%
Associate、Sustaining	148	147	1	0.68%	99.32%
Basic、iCaucus	816	786	30	3.68%	96.32%
Basic、Supporting	471	470	1	0.21%	99.79%
Basic、Sustaining	502	497	5	1.00%	99.00%
Supporting、iCaucus	453	452	1	0.22%	99.78%
Supporting、Sustaining	139	138	1	0.72%	99.28%
Sustaining、iCaucus	484	476	8	1.65%	98.35%

能力要求差异大不代表不存在共性。如图 9–5所示，在诸多能力中，决策和辅助决策的能力是跨学校类别最多的能力，也是 iSchools 高校对能力要求的共性所在。表中相同率计算公式为：

$$P = \frac{x-y}{x}。 \tag{9-4}$$

其中，P 为相同率，为两个类型的能力独立去重后整体数量之和，y 是两个类型能力整合后去重的数量。通过重合率可以检验两个类型 iSchools 院校之间的异同度。

值得注意的是，这些能力不同于信息科学或数据科学领域的技术和方法，是通用的管理能力，体现出情报学培养管理决策人才的目标。此外，分析能力、对信息技术的掌握、解决问题的能力、沟通交流能力和信息系统设计能力均涉及 3 类院校。从整体来看，iSchools 院校之间的能力要求共性集中在管理、决策和沟通上，这符合当前国内情报学发展的最新理念，即培养“耳目尖兵参谋”乃至引领式的情报学专家。由此带来的启示在于，国内情报学教育不能拘泥于信息技术或数据技术的培养，相关人才也不应局限于信息技术人员或数据分析师等，而应该是更具专业管理和决策能力的情报专家和高端情报人才。

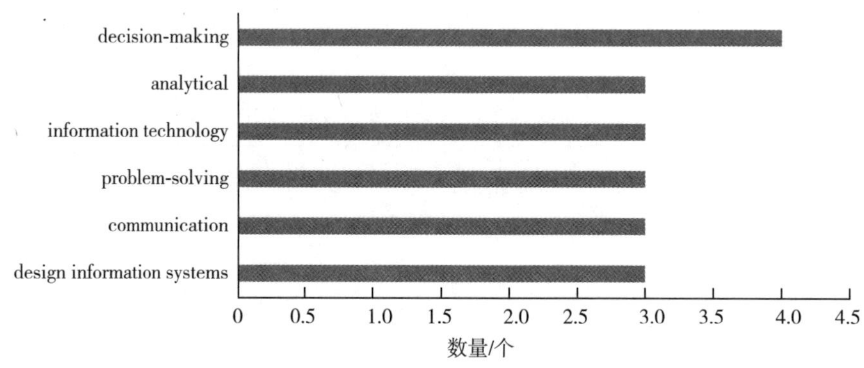

图 9–5　能力跨学校类别数量

（2）研究领域

如表 9–9 所示，在不去重的情况下，60 所院校培养计划中涉及的研究领域平均为 14.07 个，与能力数量相同的是，Sustaining 类型的院校涉及的数量最多，去重后平均为 26.75 个研究领域，Associate 类型的院校涉及的研究领域数量最少，仅为 5.50 个。与能力要求一样，研究领域数量与 iSchools 院校层次之间也不存在对应关系。研究领域的多样性从整体上能够为情报学带来更大的发展活力，从院校个体来看也能为之带来更高的竞争力，这一点与能力要求也是类似的。对于国内情报学教育发展来说，若能有效地与院校自身科研领域相结合，孵化出具有领域特色的教育内容，将能为情报学带来更大的发展潜力。

表 9-9　5 种类别院校下的研究领域去重前后的对比情况

研究领域	全部 / 个	院校平均 / 个	去重 / 个	院校去重平均 / 个	院校数 / 所
Associate	28	7.00	22	5.50	4
Basic	552	21.23	377	14.50	26
iCaucus	487	21.17	277	12.04	23
Supporting	102	34.00	61	20.33	3
Sustaining	147	36.75	107	26.75	4
总数	1316	21.93	844	14.07	60

不同类型的院校之间在研究领域上的异同度具体如表 9—10 所示。与能力相比，各类院校在研究领域上的相同率都比较高，其中 Basic 与 iCaucus 两类院校在研究领域上的相似度最高，达到 10.35%，其次为 Sustaining 与 iCaucus 两类院校，研究领域相同率为 9.54%。综合能力和研究领域因素，Basic 与 iCaucus 两类院校相同率都比较高，这两类院校的培养计划也最为相似。整体来说，不同类型的 iSchools 高校之间在能力要求上差别最大，在研究领域方面均有不同程度差别。在诸多研究领域中，核心研究学科领域图书馆学和信息科学受 5 类 iSchools 院校重视，信息技术虽然不是情报学科的核心领域，作为重要的工具基础也被涵盖，如图 9—6 所示。这样的结果体现出学科发展的趋势，图书馆学、信息科学、信息技术等研究领域是所有院校的立身之本，因而不能偏废，而大数据、数据科学等新兴领域为情报学带来了新的发展动力，因而得到了广泛的重视。这给国内情报学发展的启示在于，一方面需要勇于开拓领域，借助新兴技术和方法为学科发展汲取新的营养；另一方面不能忘本，不能一味地求新而忽视学科最初的追求。对于情报学教育来说，培养“耳目尖兵参谋”即是本源，而在新时代，借助新兴的数据方法和人工智能技术，培养更高级的引领式情报学专家，则更是当下情报学教育的应有追求。

表 9-10　5 种类别院校研究领域异同分布情况两两比较

研究领域	未含相同重复的领域	含有相同领域	相同领域	相同领域率	不同领域率
Associate、Basic	352	345	7	1.99%	98.01%
Associate、iCaucus	283	275	8	2.83%	97.17%
Associate、Supporting	73	70	3	4.11%	95.89%
Associate、Sustaining	120	117	3	2.50%	97.50%
Basic、iCaucus	599	537	62	10.35%	89.65%
Basic、Supporting	389	370	19	4.88%	95.12%
Basic、Sustaining	436	407	29	6.65%	93.35%
Supporting、iCaucus	320	299	21	6.56%	93.44%
Supporting、Sustaining	157	150	7	4.46%	95.54%
Sustaining、iCaucus	367	332	35	9.54%	90.46%

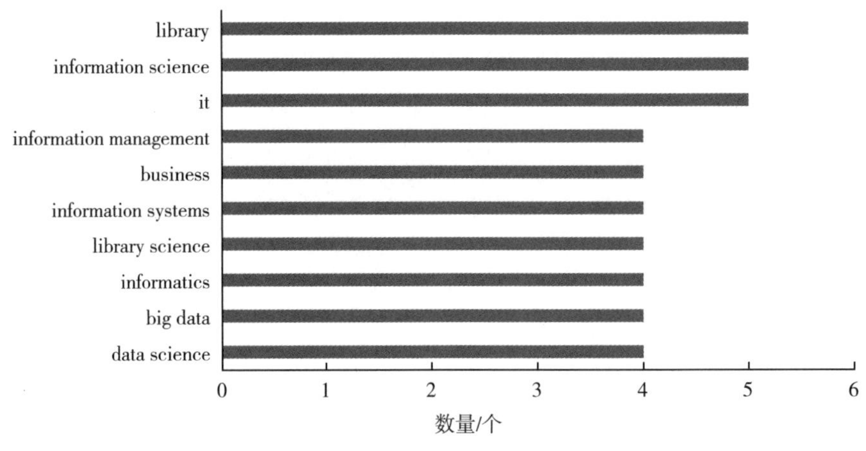

图 9-6　研究领域跨学校类别数量

9.5　小结

本章基于搜集的 iSchools 高校培养计划数据，结合深度学习中的 Bi-LSTM-CRF 模型和 BERT 模型，构建了培养计划实体抽取模型，分别对能力和研究领域进行了实体抽取和知识挖掘研究，其中 BERT 模型的实体抽取效果更好。在对培养计划知识进行分类别实体词频分析和学校异同分析的基础上，对当前情报学培养计划实体进行了定量考察和分析，发现无论是能力还是研究领域，大数据和人工智能对于 iSchools 院校的影响已十分明显，这也将成为未来情报学教育发展的重要趋势。而在此基础上，丰富广泛的能力要求，坚守传统领域，则更应作为未来情报学教育体系设计的重要内容。

第 10 章 iSchools 课表知识挖掘下的情报学教育及人才培养

随着大数据和人工智能的迅猛发展，面对海量的结构化、半结构化和非结构化数据，如何从中挖掘、分析和提炼有效的知识和情报，关键在于精通专业和情报学的人才。如果想培养高素质的情报学人才，要树立“情报学人才培养不仅重视服务型人才的培养，更要注重‘耳目尖兵参谋’式人才的培养，使他们能够在科技创新活动中起引领作用[①]”这一人才培养的理念，而且要有科学化、系统化和体系化的人才培养体系，且在这一培养体系中课程占首要位置。课程的前沿性、丰富性和深入性在一定程度上决定了所培养人才的能力、眼界和胸怀，对整个学科的发展具有决定性的意义和价值。

在上述这一大的背景和前提下，本着“它山之石，可以攻玉”的理念，本章对 iSchools 院校的课程进行了系统和全面的梳理，并总结了 iSchools 课程的特点，同时在总结特点的基础上，结合当下中国情报学教学的状况给出了设置情报学课程的具体建议。在本章的探究中，通过数据驱动的研究范式，基于深度学习模型抽取和获取了 iSchools 院校最全和系统化的课程知识。同时，结合 iSchools 的不同层级和分布地域，本章给出了 iSchools 不同院校在层级和地缘上的分布特征。

针对上述研究内容，首先，本章对相关的研究进行了相对完整的综述和分析，并针对 iSchools 院校课程的特点，给出了数据获取和加工的整体流程。其次，基于相应的深度学习模型，结合 iSchools 课程数据，构建了高性能的 BERT 课程知识抽取模型，并完成了对整个 iSchools 院校中课程知识的抽取。最后，对所抽取的 iSchools 课程知识进行了分布，并在分析的基础上，提出了针对中国情报学课程设计的启示建议。

① 苏新宁 . 不忘初心、牢记使命　展望情报学与情报工作的未来［J］. 科技情报研究，2019，1（1）：1-12.

10.1 相关研究背景

首先，学者们研究了国外情报学学科的课程分布，总结出主流的培养模式，有助于为国内的课程体系建设提供借鉴。基于美国 5 所有代表性院校的图书馆与信息科学学院信息科学专业的本科课程，周庆山和黄国彬[①]从具体本科课程和课程设置的特点出发，对 4 种课程类型进行了具体而细致的分析。该研究为我国图情课程的改革提供了有益的借鉴。通过案例分析的方法，刘桂锋和卢章平[②]分析了伊利诺伊大学图情研究生核心课程的设置、培养方案及教学方式，并对其特点进行了总结。基于该研究，作者从 5 个方面提出对我国图情课程设置的具体建议。以北德州大学信息学院为例，刘心静[③]探究了图情硕士的人才培养模式，着重指出在大数据环境下，科学数据的重要性。并结合所研究的结果，对图情领域人才培养方法、师资队伍及课程体系建设等方面提出了建议。从信息技术对图书情报学教育影响的角度，Hu[④]围绕课设设置、教育方法、教育机构和就业等问题对美国图书情报学教育的问题进行了分析。这一研究为国内从信息技术的角度探究情报学的教育提供了独特的视角。通过案例的方法，魏雅雯[⑤]对美国高校情报教育的院系、课程等多个方面进行调研，总结了其学位制度健全、学习方式灵活、专题课丰富等特点。从宏观的角度，上述研究对国外高校的图情教学模式、人才培养方式和课程体系构建进行了个案或系统的探究，所得结论在一定程度上对于中国情报学教学的发展具有指导意义和价值。

其次，相关研究者对于 iSchools 联盟院校课程分布的研究尤为突出，研究涵盖了课程分布、成员分布，以及研究领域分布等方面，并对国内的学科体系构建提出了指导意见。司莉[⑥]等调研了国外 iSchools 联盟中 40 所院校的图书情报与档案管理研究生课程，

① 周庆山，黄国彬 . 美国图书馆与信息科学学院信息科学专业本科课程设置的典型分析与启示［J］. 图书情报工作，2009，53（5）：15-18.

② 刘桂锋，卢章平，郭金龙 . 美国 iSchool 图书情报学研究生课程设置与教学方式的特点与启示：以伊利诺伊大学香槟分校为例［J］. 情报资料工作，2015（6）：97-102.

③ 刘心静 .iSchool 院校图书情报硕士研究生的人才培养模式研究：以北德州大学信息学院为例［J］. 图书馆学研究，2018（15）：25-33.

④ HU S. Technology impacts on curriculum of library and information science（LIS）-a United States（US）perspective［J］. LIBRES：library & information science research electronic journal，2013，23（2）：1-9.

⑤ 魏雅雯 . 美国高校 Intelligence Studies 课程调研与分析［J］. 竞争情报，2018，14（1）：33-39.

⑥ 司莉，赵洁，陆伟，等 . 国外 iSchools 院校图书情报与档案管理研究生课程调研与特征分析［J］. 图书情报知识，2018（5）：41-52.

并从课程数量、课程体系完备程度、课程设置侧重点、新兴课程类别等 4 个角度对课程的特点与内容进行了深入的分析。该研究为国内课程建设提供了有益的参考。沙勇忠和牛春华[①]对iSchools联盟院校的课程特点进行总结与回顾，并对中国图书情报学教育变革方向、课程设置、领域合作提供了借鉴。从实践类情报学人才培养的角度，胡雅萍和遇妍[②]基于文献调研，结合美国高校情报教育学位项目和课程的相关数据，总结了其课程可分为核心基础、工作技巧和应用知识 3 类。这一研究对于改进具有实际操作能力人才的培养具有一定的借鉴作用。基于国外 iSchools 迅速发展的事实，李乾炜[③]从图书情报学的定义、学科层次结构、理论基础 3 个方面总结了 iSchools 的信息化和跨学科性的特点，并提出了围绕情报学概念界定、学科范畴和领域划分及理论基础构建对中国情报学的学科体系重构的构想。通过内容分析的方法，Lieutenant 和 Kules[④]对比发现 iSchools 和非 iSchools 的硕士学生在参与图情学科程序改革上并无明显区别。Zuo 等[⑤]对 iSchools 成员的教育背景、研究方向及其招聘信息进行了文本挖掘和社交网络分析，研究发现 iSchools 正在形成信息、技术、人员等各方面联系紧密、相似性强的学术社群。司莉和姚瑞妃[⑥]从 38 所 iSchools 院校网站数据统计中发现，图书情报专业数据素养课程的开设量在总课程中仍占比较低，其对数据素养的整体情况进行了分析。通过案例和内容分析的方法，上述研究重点分析了 iSchools 高校课程的特点。从分析的结论来看，国外 iSchools 的课程不仅丰富、全面，而且具有较强的跨学科性。

再次，通过对比国内外情报学学科教育成果上的异同，进而明确情报学教学未来重点发展方向。基于 PQDT、CNKI、万方、国图等数据库中的研究生论文，鲁晶晶和谭宗颖[⑦]对国内外情报学博士论文进行对比分析，并提出国内情报学应加强情报学的应

① 沙勇忠，牛春华 . iSchool 联盟院校的课程改革及其启示［J］. 图书情报知识，2008，6：26-35.

② 胡雅萍，遇妍 . 美国高校情报教育研究［J］. 情报杂志，2016，35（11）：5-9.

③ 李乾炜 .ISchools 对中国情报学学科的启示［J］. 农业图书情报学刊，2016，28（2）：133-135.

④ LIEUTENANT E，KULES B. Are iSchools' more adaptable than library schools ？：Analysis of lis student engagement in programmatic changes and improvements［J］. IConference，2016：72-79.

⑤ ZUO Z Y，ZHAO K，DAVID E. The state and evolution of U.S. iSchools：From talent acquisitions to research outcome［J］. Journal of the association for information science and technology，2017，68（5）：1266-1277.

⑥ 司莉，姚瑞妃 . 图书情报专业研究生数据素养课程设置及特征分析：基于 iSchool 联盟院校的调查［J］. 图书与情报，2018（1）：28-36，101.

⑦ 鲁晶晶，谭宗颖 . 从博士论文看国内外情报学教育的现状与发展［J］. 情报科学，2016（3）：161-165.

用和交叉研究、办出学校特色，强化博士论文的标引和后期管理等具体操作性非常强的建议。Xue 等[①]通过数据对比，总结了中国和美国的图书馆与情报学学科教育情况，并从身份和认同、生存和发展、课程更新和提升、课程讲授的形式和内容等 4 个方面探讨了中美图书情报学所面临的挑战和困难。基于内容分析和比较的方法，陈则谦等[②]通过具体的数据，对中美情报学硕士培养的异同点进行了分析，在不同点上，美国以人为中心，而中国以学科为中心；在中美两国情报学教育的共同点上，则体现在人才培养理念、数字化趋势和跨学科特征 3 个方面。系统运用比较的方法，本部分的相关研究系统而深入地对中美情报学在教育上所面临的问题、异同点和未来的发展进行了分析和总结。

最后，随着深度学习在自然语言处理领域被广泛应用，在实体知识抽取这一任务上，深度学习也取得了极为优异的成效，比较有代表性的研究如下。Wang 等[③]为了解决中文临床医学命名实体识别中的数据稀疏问题，将人工先验的词典信息融入深度神经网络模型，提高了神经网络模型在医学命名实体识别任务上的整体性能。Cicco 等[④]提出了一种基于 LIME 的用于生成通用分类任务的解释工具，以解决命名实体任务中深度学习模型的解释性，改进了命名实体识别的精准性。徐啸等[⑤]结合自注意力机制、双向长短期记忆网络和条件随机场构建模型识别微博中的实体，取得了较好的识别效果，促进了整个识别召回率的提升。上述研究不仅为课程知识的抽取提供了方法论上的指导，而且为相应参数的具体设置提供了有益的借鉴。在上述研究的基础上，本章利用基于深度学习的命名实体识别技术识别 iSchools 高校课表中的课程知识，并对 iSchools 高校课程的设置进行分析，为我国情报学课程设计提供参考。

---

① XUE C，WU X，ZHU L，et al. Challenges in LIS education in China and the United States［J］. Journal of education for library and information science，2019，60（1）：35-61.

② 陈则谦，王雪，张鑫 . 中美情报学教育的个性与共性：基于情报学硕士人才培养方案的调查与分析［J］. 图书与情报，2018（6）：120-128.

③ WANG Q，XIA Y，ZHOU Y，et al. Incorporating dictionaries into deep neural networks for the chinese clinical named entity recognition［J］. Journal of biomedocal informatics，2019，92（4）：103133.

④ CICCO V D，FIRMANI D，KOUDAS N. Interpreting deep learning models for entity resolution：an experience report using LIME［C］.Proceedings of the second international workshop on exploiting artificial intelligence techniques for data management.New York，USA：ACM，2019.1-4.

⑤ 徐啸，朱艳辉，冀相冰 . 基于自注意力深度学习的微博实体识别研究［J］. 湖南工业大学学报，2019，33（2）：54-58.

10.2 iSchools 院校课表数据整理

通过对 iSchools 课表的抽样观察，iSchools 课表由结构化、半结构化和非结构化课表构成，因此在对 iSchools 课表构建知识抽取模型之前，先要对课表进行相应的整理和加工。课表整理和加工的整体过程如下。

10.2.1 数据获取流程

由于 iSchools 自身并不提供联盟成员的课程表，因此课程表的获取需要到院校的网站逐一获取，数据的获取按照以下步骤。

①院校的确定。通过 iSchools 主页的名录对联盟下的院校的网站进行逐一访问。对于联盟下所有不存在英文版网站的院校、部分网站无法访问的院校和部分无法获取信息的院校进行了排除，将课程表按照会员层级、院校名称、学位等级、专业名称的目录层次保存，最终获取了 65 所学校的课程表材料，从而确定含有课程知识的 iSchools 院校名称。

②专业的确定。在对各院校图书情报专业的查找中发现，iSchools 各院校除了一些传统的图书馆学、情报学和档案学的专业，同时还有一大批新型的与图情领域相关的专业领域。这些专业领域是在基于图情专业的基础上与计算机科学、数据科学、教育学、管理学和传播学相融合的交叉专业方向，这也充分表明了 iSchools 各院校涉及的领域非常的多元化，也预示了图情领域的发展趋向和方向。

③课表内容获取。确定选取的专业领域后，通过院校网站的“课程”栏目对专业领域的课程表进行获取。主要是获取课程的具体名称和内容介绍。通过浏览学校网站，在网站找到相关内容并进行保存，共搜寻了 65 所学校的课程与材料，这 65 所院校分为 iCaucus 类型（共 27 所院校）、Basic 类型（共 24 所院校）、Supporting 类型（共 5 所院校）、Sustaining 类型（共 5 所院校）和 Associate 类型（共 4 所院校）这 5 个层级[①]。

10.2.2 数据加工流程

①数据转换。在上述确定 iSchools 院校、专业和获取课程内容的流程基础上，通过浏览院校网站，找到相关课程内容并保存，部分材料以非文本文件格式进行保存。根据训练模型的要求，对课程进行标注时，需要将非文本文件格式的课程转为文本文件格

① iSchools member institutions［EB/OL］.［2020-07-24］. https：//ischools.org/Directory.

式。在格式的转化过程中，要尽可能保留文本文件课程的排版格式，尽量使其与原数据排版相同，并同时删除部分无效内容，以便于提升后续标注语料的精准性和整体效率。

②语料标注。对处理好的文本文件内容进行人工标注。首先，对课表文本内容大致的结构分布情况进行预统计和分析，为后续标注规范的制定和批量数据的热工标注奠定基础。其次，根据标注的相应经验，制定清晰而规范的标注规则。最后，按照标注规则对已标注内容进行修改和对后续内容进行标注。对于课程，主要是对具体课程名称进行标注，标注采用中文方括号 [ ] 将课程名称框选，以用于后续的数据处理。iSchools 课程名称具体呈现形式由如下两种样式构成，前一种是单独一行呈现，一行最前面有课程编号。这一类的课程主要以结构化数据的形式呈现，具体如图 10–1 所示。

INFSCI 2040: 【Research Design】↓
INFSCI 2160: 【Data Mining】↓
INFSCI 2591: 【Algorithm Design】↓
Foundations cluster↓
INFSCI 2120: 【Information and Coding Theory】↓
INFSCI 2125: 【Network Science and Analysis】↓
INFSCI 2130: 【Decision Anal and Decision Sup Systems】↓
INFSCI 2140: 【Information Storage and Retrieval】 (for students enrolled prior Fall 2014)↓
INFSCI 2150: 【Information Security and Privacy】↓

图 10–1 结构化课程表数据标注样例

后一种是在描述的文本当中呈现，这时需要根据上下文来判断其是否属于课程名实体，如果是则同前一种情况进行标识，如果不是则不标识。这一类数据具体以半结构化和非结构化的形式呈现，具体如图 10–2 所示。

In addition, you choose TWO from the following optional modules: 【Information Literacy】【Database systems analysis and design】【Digital resources in the humanities】【Electronic publishing】 (available only to modular students) 【Historical bibliography】【Information Governance】【Knowledge representation and semantic technologies】【Manuscript studies】【Academic and Journals Publishing】We normally try to offer most of the options each year, but we cannot guarantee to offer any individual option. If you particularly want to do something please ask about it.←

图 10–2 半结构化或非结构化课程表数据标注样例

10.3 iSchools 高校课表知识自动抽取

10.3.1 模型介绍

在已有研究的基础上，本研究针对 iSchools 院校课表语料的特点，并根据各模型的优缺点和适用性选用了以下两种模型进行对比分析，分别为 Bi-LSTM-CRF 模型和 BERT 模型。

（1）Bi-LSTM-CRF 模型

在自然语言处理线性序列的各种知识抽取任务上，Bi-LSTM① 在输出阶段，一般都采用 softmax 进行处理。在具体到本研究的课表序列标注任务时，由于神经网络结构对所进行的知识抽取任务的结构化、半结构化和非结构化课表数据的依赖性较强，因此课表数据量的大小和所标注质量对所构建模型的整体性能影响较大。为了解决这一问题，在课表知识抽取深度学习模型训练和输出时，把 Bi-LSTM 与 CRF 进行整合，从而改进课程知识抽取的整体性能。

（2）BERT 模型

通过自监督学习的策略，BERT② 在所选定的数据，特别是文本为相应的字、词、术语、实体、短语和句子等语言单位时，是一种更优的特征表示形式。BERT 模型主要是通过 Masked LM 和 Next Sentence Prediction 无监督预测的方法完成对相应语言单位的预学习。因此，从总体上来说， BERT 就是针对特定领域的任务选取一个合适的预训练好的模型来进行相应的迁移学习。对于本章课程知识的抽取来说，具体如下：基于词这一级粒度的结构、半结构和非结构化数据形成的 3 部分 embedding 求和进行输入，即课表词的位置向量（Position Embeddings）、课表词的文本向量（Segment Embeddings）和课表词的向量（Token Embeddings），然后经由双向 Transformer 层输出每个课表词对应的课程名称实体标签。

---

① SCHUSTER M. PALIWAL K. Bidirectional recurrent neural networks ［J］.IEEE transactions on signal processing，1997，45（11）：2673-2681.

② DEVLIN J，CHANG M W. LEE K，et al. Bert：Pre-training of deep bidirectional transformers for language understanding［J］. arXiv preprint arXiv：1810.04805，2018.

10.3.2 课程知识抽取

（1）课程训练和测试语料标记

本章构建的深度学习模型所用的课表词位标注集由 4 种标记构成，具体如下：L={O，S-seg，B-seg，I-seg，E-seg}。O 表示非课程实体中的英文单词，如果课程实体只有一个英文词则用 S-seg 进行标记，如果课程实体长度大于 1，则用 B-seg 标记课程实体的第一个单英文词，E-seg 标记最后一个英文单词，中间如果有英文单词则用 I-seg 进行标记，并且如果课程名称由多个英文单词构成， 则由 I-seg 进行多次循环。本章中的实体抽取模型构建实验采用十折交叉验证的方法，具体为：将课程结构化、半结构化和非结构化的人工标记好的数据平均分为 10 份，每次取其中 1 份作为测试数据，剩余 9 份为训练数据，得到 10 组不重复的训练数据和测试数据。

（2）课程知识抽取评价指标及模型性能

对于所抽取出来的课程知识，本章对 Bi-LSTM-CRF 和 BERT 性能的评价主要采用准确率（Precision）、召回率（Recall）、*F* 值（F-score）这 3 个指标进行判定。具体计算公式如下：

$$\text{准确率}（P）= \frac{\text{正确识别的实体}}{\text{正确识别的实体} + \text{被错误识别的实体}} \times 100\%， \quad (10\text{-}1)$$

$$\text{召回率}（R）= \frac{\text{正确识别的实体}}{\text{正确识别的实体} + \text{未被识别的实体}} \times 100\%， \quad (10\text{-}2)$$

$$\text{调和平均值}（F）= \frac{2 \times P \times R}{P + R} \times 100\%。 \quad (10\text{-}3)$$

从训练模型的整体性能出发，本章所选择的软件和硬件的整体性能如下。操作系统：ubuntu 16.04； 内存：256 GB；CPU：Intel（R）Xeon（R）CPU E5-2650 v4 @ 2.20 GHz。为了提高模型训练的速度，模型所训练的服务器配备了 6 块 Tesla P40 型号的 GPU。同时，本章利用 Python 的 Tensorflow 模块实现 BERT 和 Bi-LSTM-CRF 整体架构。按照十折交叉验证的规范，基于 Bi-LSTM-CRF 和 BERT 模型，本章共进行了 20 组的课程实体知识抽取深度模型的构建。Bi-LSTM 模型所使用的具体参数如表 10–1 所示。

表 10–1　课程知识抽取中 Bi–LSTM 模型所使用参数情况

参数名称	英文名称	值
隐含单元个数	hidden_dim	256
批次大小	batch_size	32

续表

参数名称	英文名称	值
迭代轮次	epoch_num	200
早停轮次	max_patience	10
bilstm 层数	num_layers	2
特征数量	feature_nums	1
词向量维度	dimension	200
RNN 单元类型	rnn_unit	'lstm'
优化器	optimizer	'Adam'
学习率	learning_rate	0.001
梯度裁剪	clip	5

而在具体参数的使用上，针对课程知识抽取的需要，本章的 BERT 选用了 11 层、748 个隐藏单元、12 个自注意力头的预训练模型。具体 Bi-LSTM-CRF 和 BERT 的 10 次实验结果如表 10–2 和表 10–3 所示。

表 10–2　Bi-LSTM-CRF 模型实体识别效果

序号	准确率	召回率	调和平均值
1	74.73%	74.21%	74.47%
2	73.05%	71.01%	72.02%
3	80.89%	85.36%	83.06%
4	84.02%	85.18%	84.60%
5	73.26%	68.58%	70.84%
6	79.42%	77.86%	78.63%
7	86.85%	87.46%	87.15%
8	72.47%	72.91%	72.69%
9	80.65%	80.08%	80.37%
10	80.54%	75.74%	78.07%
平均值	78.59%	77.84%	78.19%

从表 10–2 可以看出，10 个 Bi-LSTM-CRF 的课程实体知识抽取模型的平均调和平均值为 78.19%，最高的调和平均值为 87.15%，而其他模型的整体性能主要在 70% 左右

徘徊。从训练语料的整体状况分析，基于 Bi-LSTM-CRF 所构建的课程实体知识抽取模型在具体应用上具有一定的局限性。

表 10–3　BERT 模型实体识别效果

序号	准确率	召回率	调和平均值
1	88.86%	90.62%	89.73%
2	85.15%	88.67%	86.87%
3	88.22%	91.42%	89.79%
4	92.71%	93.14%	92.92%
5	87.38%	84.97%	86.16%
6	87.54%	90.62%	89.05%
7	90.46%	93.04%	91.73%
8	79.17%	85.53%	82.23%
9	81.30%	81.51%	81.40%
10	84.10%	90.43%	87.15%
平均值	86.49%	89.00%	87.70%

从表 10–3 中可以看出，BERT 模型的整体性能要优于 Bi-LSTM-CRF，前者课程知识抽取的整体性能要比后者高出 9.51%，BERT 模型的整体性能达到了 87.70%。模型整体性能最为突出的为编号 4 的模型，调和平均值达到了 92.92%，其中召回率超过了准确率达到了 93.14%。从模型实用的角度上看，这一模型的整体性能在一定程度上达到了可以面向课表抽取课程知识的程度。在所构建模型的基础上，辅以相应的人工，面向 65 所 iSchools 院校，本章获取到了课表当中的相应课程的知识。为了更加详细和具体地获取不同类型 iSchools 院校课程之间的关系，本章基于下述公式计算出了两两类型 iSchools 院校课程之间的课程重合率。

$$P = \frac{x-y}{x}。 \tag{10-4}$$

其中，P 为课程重合率，x 为两个类型的课程独立去重后整体数量之和，y 是两个类型课程整合后去重的数量。通过重合率可以检验两个类型 iSchools 院校之间的异同度。

10.4 课程知识的分析及对情报学课程设计的启示

10.4.1 iSchools 课程实体知识的分析

（1）课程异同度分析

通过相对细致而具体地分析不同类型 iSchools 院校中课程的分布，不仅能通过具体的数据分析国外高等院校课程的具体情况，而且也有助于国内情报学课程的设置。在所获取的课程基础上，需要对课程进行相应的去重处理。在去重处理的过程中主要做了如下的预处理工作：一方面，所有课程的英文名称全部转化为小写，以便于后续统一处理；另一方面，对于一些明显空泛而不具体的课程名称，在人工核对的基础上进行了去除。表 10–4 给出了 5 个类别下的 iSchools 院校的课程去重前和去重后的对比情况。

表 10–4　5 种类别下的课程去重前后的对比情况

单位：门

类别	不去重	院校平均不去重开课	去重	院校平均去重开课
iCaucus	3068	114	1926	71
Basic	1842	77	1280	53
Supporting	921	184	501	100
Sustaining	826	165	514	103
Associate	305	76	227	57
总数	6962	107	4448	68

通过表 10–4 可知，基于搜集到的课表，本章共从中获取到 4448 门课程，而不同类型的 iSchools 院校共开设了 6962 门课程。所有课程不去重的情况下，65 所院校平均所开课程为 107 门，而去重后所开课程为 68 门。在不同类型的 iSchools 院校中，Sustaining 类型的院校所开课程最多，经过去重后其平均院校所开课程为 103 门，其次为 Supporting 类型的院校，平均为 100 门。在院校平均去重后所开的课程中，最少的为 Basic 类型，平均仅为 53 门，其次是 Associate 类型的高校，而院校数量最大的 iCaucus 类型的高校仅比平均所开课程的 68 门多了 3 门，为 71 门。上述分析仅仅是单一类型院校之间的对比，不同类型的院校之间在课程上的异同度具体如表 10–5 所示。

表 10-5　5 种类别 iSchools 院校之间课程异同分布率

单位：门

类别	未含相同重复的课程	含有相同课程	相同课程	相同课程率	不同课程率
iCaucus、Sustaining	2381	2440	59	2.40%	97.60%
iCaucus、Supporting	2372	2427	55	2.30%	97.70%
iCaucus、Basic	3056	3206	150	4.70%	95.30%
iCaucus、Associate	2128	2153	25	1.20%	98.80%
Sustaining、Supporting	1001	1015	14	1.40%	98.60%
Sustaining、Basic	1767	1794	27	1.50%	98.50%
Sustaining、Associate	737	741	4	0.50%	99.50%
Supporting、Basic	1744	1781	37	2.10%	97.90%
Supporting、Associate	720	728	8	1.10%	98.90%
Basic、Associate	1488	1507	19	1.30%	98.70%

从表 10–5 可以看出，两类院校之间相同课程最多达到了 150 门，而最少的为 4 门，之所以出现这种情况既有院校类型在数量上不同的原因，也有不同类型院校之间在办学上的差异因素。在类型上相近的 iSchools 院校之间的课程相同率较高，如 iCaucus 和 Basic 这两类院校之间达到了最高，为 4.70%，其次为 iCaucus 与 Sustaining 和 iCaucus 与 Supporting，而在类型上差别较大的高校，课程相同率相对较低，如 Associate 与其他几种类型的高校基本上在 1.30% 以下。虽然表 10–5 所呈现的结果仅为课程名称形式上异同所导致的课程异同率，但在一定程度上反映了不同类型 iSchools 院校之间在课程上的差异，有助于从微观的视角分析 iSchools 院校之间的区别和特征。

（2）各类型 iSchools 院校课程分布状况分析

为了相对具体地探究不同 iSchools 院校课程的整体分布情况，针对每一个类型下的 iSchools 院校，本章选取了频次居于前十的 iSchools 院校的课程并对这些课程进行了分析。根据具体的分析角度，本章选取了所有类型的 iSchools 院校和 iCaucus、Basic、Supporting、Sustaining 与 Associate 具体 5 个类型的院校进行相应的分析和探究。所有类型院校的前 10 个课程名称的分布具体如图 10–3 所示。

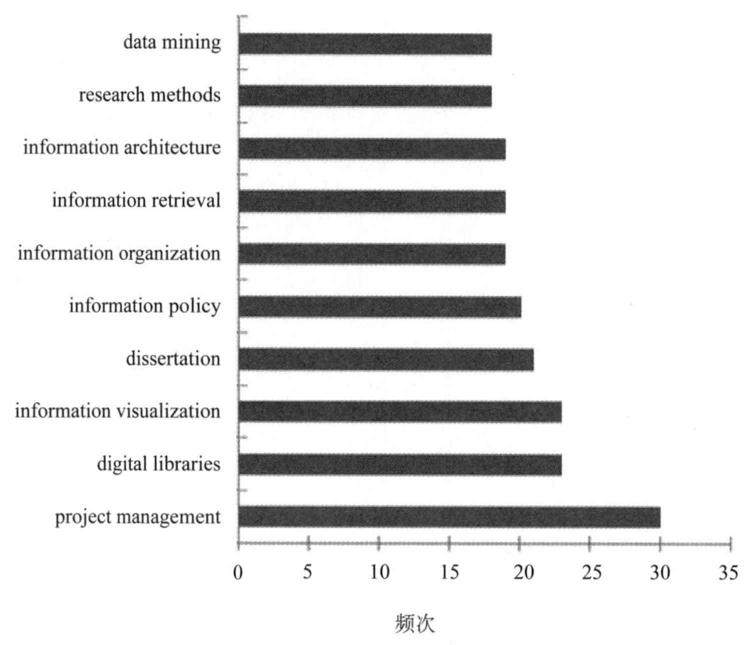

图 10–3 不同类型 iSchools 院校前十的课程

从图 10–3 可以看出，在所有类型的 iSchools 院校课程中，具有宏观指导性质的课程相对比较突出，如“project management”、“information policy” 和 “information architecture”，这在一定程度上表明，在 iSchools 院校的课程中，如何培养学生整体的信息意识和从整体上运用信息的能力在 iSchools 院校的课程中一直是教学的中心。对于情报学的核心内容，在 iSchools 院校的课程中也占有极为重要的地位，“information visualization”“information organization”“information retrieval” 这 3 门课程就是体现和证明。方法论的课程在前十的课程中也有所体现，如“dissertation” 和 “research methods”，另外“data mining” 课程的入选说明技术类的课程在整个 iSchools 院校的课程中也拥有一席之地。在整个 iSchools 院校的课程中，iCaucus 类院校所占的比重最大，所筛选出来的居于前 10 位的课程具体如图 10–4 所示。

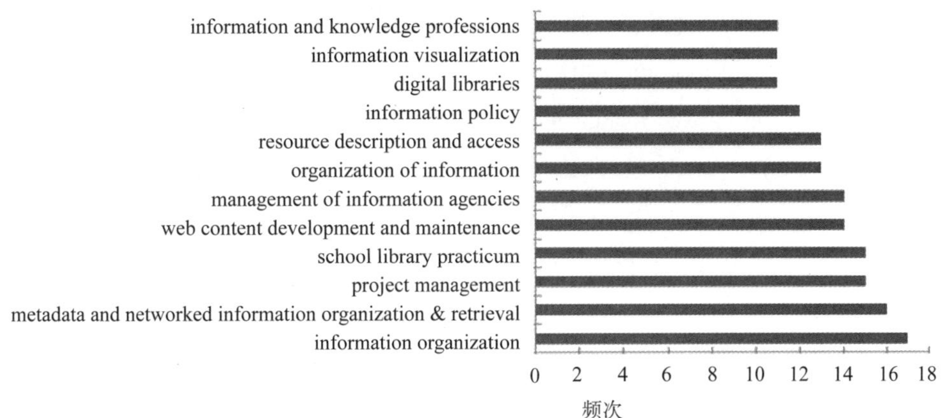

图 10–4 iCaucus 类院校课程居于前十的分布

相对于所有类型的 iSchools 院校课程的分布，iCaucus 类院校的课程一方面也有一定量的宏观指导性的课程，如“project management”、“management of information agencies”和“information policy”等课程，但已经具有了更加细致化的倾向性；另一方面核心课程和技术类的课程有所增加，如“information organization”“metadata and networked information organization & retrieval”“web content development and maintenance”“resource description and access”“information visualization”。其他类的课程虽然不偏重于技术，但在具体操作和实践上有明显增强的趋势。Basic 类型的院校从整体上比 iCaucus 类院校有所减少，但其在课程上具有相对比较明显的特征。图 10–5 展现出了频次居于前十的课程名称。

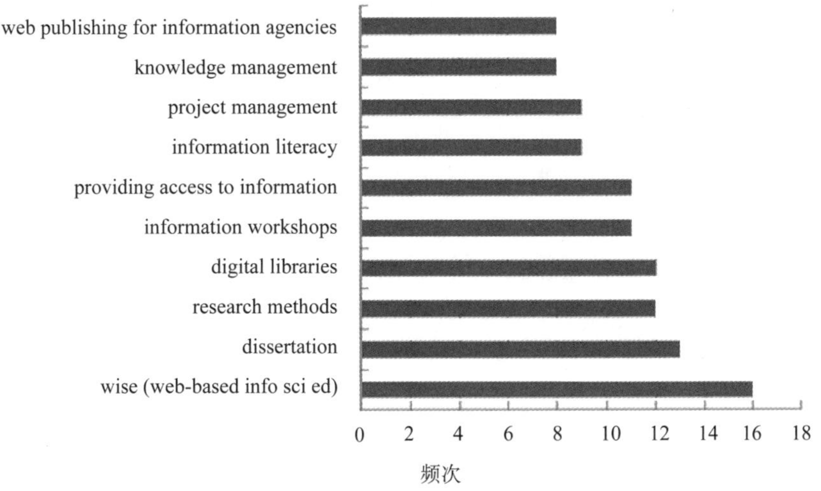

图 10–5 Basic 类院校课程居于前十的分布

与 iCaucus 类院校课程相比，Basic 类院校的课程从整体上一方面更加倾向于宏观指导性，如“information workshops”、“providing access to information”、“project management”和“knowledge management”；另一方面方法类的课程在该类院校中也占据了重要的部分，如“dissertation”、“research methods”和“information literacy”等。同时在该类院校中，与网络相关的课程有所突出，“wise（web-based info sci ed）”这门课程是出现频次最多的课程，另外一门课程则为“web publishing for information agencies”。与 Basic 类的院校相比，Supporting 类的院校整体上数量少了很多，但从获取到的该类院校的课程来看，在对学生的培养上这类课程有其自身的特点，居于该类院校前十的课程名称如图 10–6 所示。

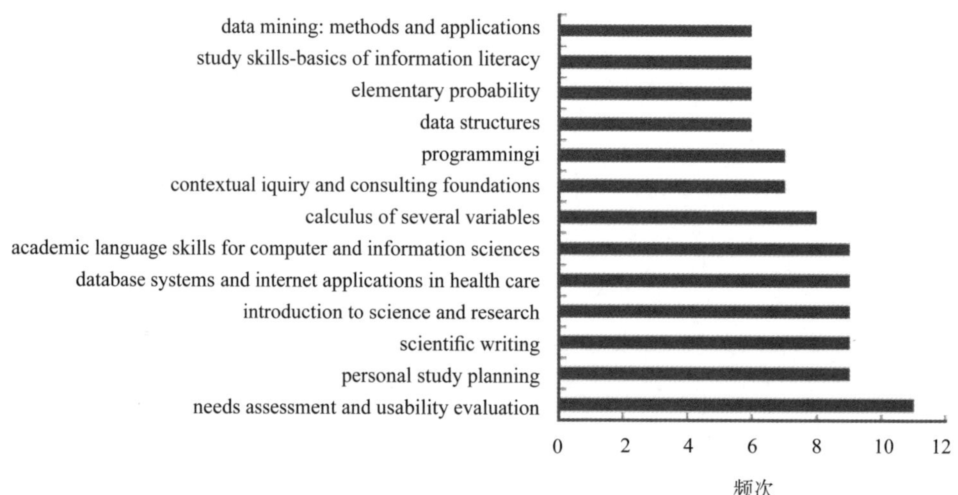

图 10–6 Supporting 类院校课程居于前十的分布

Supporting 类院校相较于 iCaucus 类和 Basic 类院校来说，更加强化了技术类课程的比重，同时技术类的课程既有需求调研性的又有较强可操作性的，如“needs assessment and usability evaluation”、“database systems and internet applications in health care”、“academic language skills for computer and information sciences”、“programming i”、“data structures”和“data mining：methods and applications”等。另外就是关于方法类的课程，如“personal study planning”、“scientific writing”、“introduction to science and research”和“study skills - basics of information literacy”，同时这些课程也具有较强的技术因素。在 Supporting 类院校的课程中也强调了数学的重要性，如“calculus of several variables”，毕竟数学是技术类课程最为有力的支撑。与 Supporting 类院校数量一致的 Sustaining 类院校在课程上强化了技术，具体 Sustaining 类院校前十的课程名称分布如图 10–7 所示。

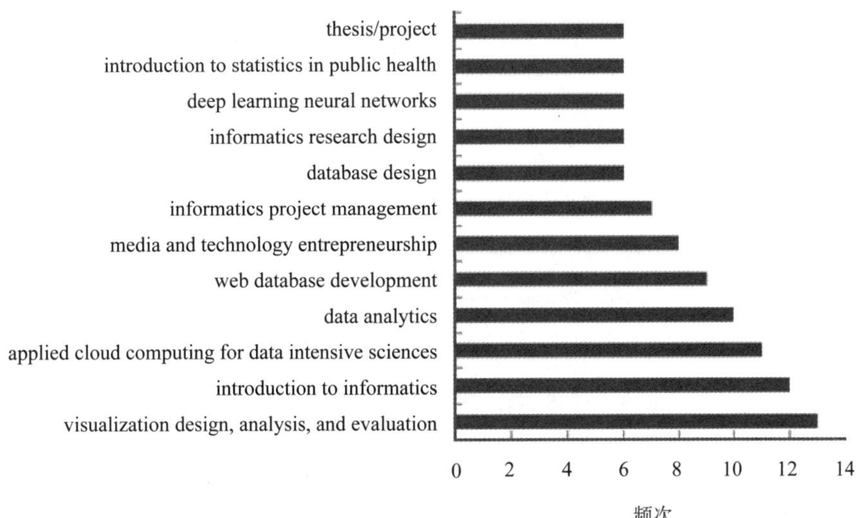

图 10–7 Sustaining 类院校课程居于前十的分布

Sustaining 类院校与 Supporting 类院校一样，在一定程度上代表了 iSchools 院校未来发展的方向和趋势，而从图 10–7 中可以看出 Sustaining 类院校不仅更加注重技术类的课程，如“visualization design, analysis, and evaluation”、“web database development”和“database design”，而且把代表信息科学最新技术趋势的内容也放置到了整体课程当中，如“applied cloud computing for data intensive sciences”和“deep learning neural networks”。方法类与数学类的课程在 Sustaining 类院校的课程体系中也占有一定的比重，如“informatics research design”、“thesis/project”和“introduction to statistics in public health”。与上述 iSchools 类院校不同，Associate 类院校的数量最少，但作为准入类 iSchools 院校，其课程在一定程度上也代表了未来学科的发展方向和趋势。具体 Associate 类院校居于前十的课程名称如图 10–8 所示。

从图 10–8 中可以看出，除了极个别的具有宏观指导性的课程之外，如“project management”和“information architecture”，Associate 类院校的课程主要由情报学的核心课程和技术类的课程构成，前者具体如“information visualization”、“organization of knowledge”、“information exploration”和“information exposition”，后者具体如“introduction to computer programming”、“online communities” 和 “cyber intelligence”。同时也有偏重于数学类的课程，如 “quantitative reasoning”。

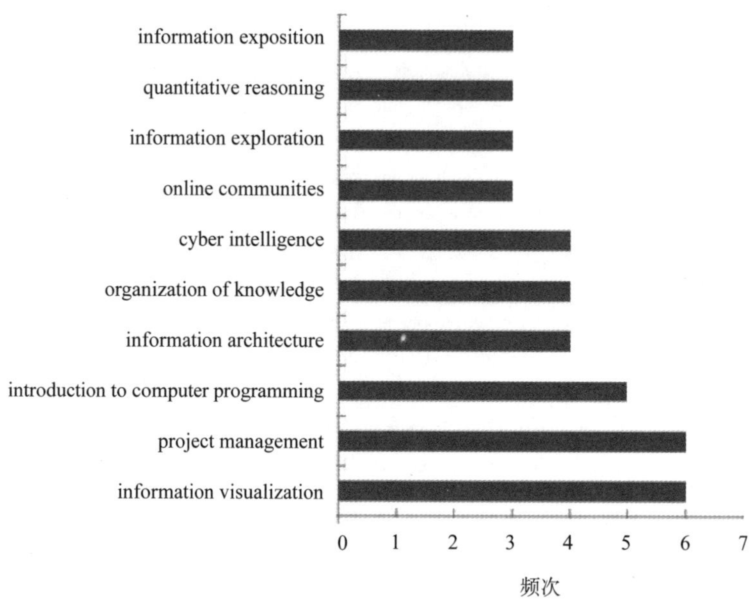

图 10-8 Associate 类院校课程居于前十的分布

10.4.2 对情报学课程设计的启示

基于对各类型 iSchools 院校课程知识的挖掘和分析，结合当下整个世界科学和技术发展的趋势，针对中国经济和社会发展的具体需求，从中国当下情报学具体发展的状况出发，本研究对国内院校情报学课程设置具有如下启示。

（1）增设信息技术类课程

随着大数据和人工智能技术、方法和理论的迅猛发展，情报学所面对和需要处理的不再是小量、结构单一的数据，而是大规模、结构多样化的数据。同时，从就业和科研的角度分析，最新信息技术的融入可以提升情报学毕业生在求职过程中的竞争力，而在科研中使用最新的信息技术则可以提升情报学研究的创新度。因此，在情报学的课程设置中一方面要把使用较为普遍的 Python 编程语言、分布式数据库和数据分析的课程嵌入情报学的基础课程；另一方面要把代表信息科学最新的技术置入情报学的前沿课程，如基于神经网络的深度学习、云计算等课程，这些课程在 iSchools 院校的 Supporting、Sustaining 和 Associate 类院校中均有所体现。

（2）强化情报学的核心课程

一个学科的核心课程必定是专业课，同时也是这一个学科区别于其他学科最为重要的标识。通过对 iSchools 院校课程的系统分析，无论是整个 iSchools 院校的课程，还是 iCaucus、Basic、Supporting、Sustaining 和 Associate 5 个不同细分院校的课程，对于情报学的核心课程都极为重视。这一点主要体现在如下两个方面：一方面上述类型的院校保留了情报学信息可视化、信息组织和信息检索的相关课程；另一方面虽然 iSchools 院校增设了相应的新的课程，但这些课程仍然是围绕着上述核心课程展开，并且以信息为中心的。因此，在设置情报学的课程时，尤其是在当下异构和多源的大数据这一大的背景下，情报学当中的信息检索、信息组织和信息标引等核心内容不仅不能削弱反而应该进一步强化。这不仅是确保情报学这一学科之所以为一学科的根本，而且在对数据、信息和知识的标引、组织和挖掘上形成一套独特的方法和体系，情报学对于当下大数据和人工智能的发展应能发挥自我的优势，做出独特的贡献。

（3）兼顾基础和跨学科课程

基础学科为一个学科提供了最基本的方法论、思维模式和准则，在一定程度上决定着学科发展的深度和高度。通过分析 iSchools 院校的高频课程可知，各种类型的 iSchools 院校均非常重视方法论这一基础学科的内容，同时对于如何进行学术论文的选题、数据搜集、分析和撰写也特别的重视。另外，对于数学这一基础学科，从直接的高频课程统一结果来看，在 iSchools 院校的 Supporting、Sustaining 和 Associate 类院校中均有涉及，因为在当下的大数据和人工智能发展过程中，数学比以往的任何时候都重要。跨学科的课程在一定程度上会影响一个学科发展的广度，同时在一定程度上也表明了学科发展的活跃度和潜力。从所获取的 iSchools 院校的高频课程来看，iSchools 院校的课程涉及出版、新闻传播和医学等不同的学科，但对没有入选高频的 iSchools 院校的课程分析则发现，iSchools 院校的课程不仅在跨学科课程的设置上数量多而且融合度也深。在基础课程的设置上，国内情报学一定要强化数学这一基础课程，同时更应该在方法论和学术论文这些基础课上结合最新的研究成果设置能够满足学生真正需求并且具有可操作性的课程。在跨学科课程上，基于情报学学科的独特特征，以数据、信息和知识为中心，在情报学课程中适当增加跨学科的课程，既确保能够提升情报学的整体学科活力，又不能削弱情报学核心的内容。

10.5 小结

基于深度学习的两种模型构建高性能的课程实体知识抽取模型，本章抽取了 5 个类型的 iSchools 院校的课程知识，并对所获取的 iSchools 院校的课程知识进行了异同度计算和分析，并统计了不同类型院校的前 10 个高频课程名称。在对 iSchools 整体和不同类型院校课程深入分析的基础上，结合当下中国情报学发展的具体状况，基于大数据和人工智能发展的大背景，本章从增设信息技术类课程、强化情报学的核心课程与兼顾基础和跨学科课程 3 个方面给出了情报学课程设置的启示。

第 11 章 结 语

构建一个全面、立体、贯穿情报元素的情报学教育体系和培养方案，实现面向大数据、数据科学、人工智能的高端情报人才培养，不仅是情报学学科建设与发展的重要保障，而且决定了情报学学科未来的发展方向和趋势。在上述这一理念的驱动下，本书围绕情报学教育整体现状、情报学教育和人才培养调查分析及基于深度学习的情报学教育实体挖掘 3 个主要内容，对情报学教育和培养方案进行了相对系统而全面的梳理、总结和探究。

11.1 研究工作总结

基于情报学学科的内涵与外延，针对大数据的特点，结合情报学教育的相应发展规律，将情报学如何把数据转化为信息、知识和情报的整个流程融入具体的情报学的教学当中。一方面，使要培养的高端人才掌握大数据环境下应对基于数据的深度情报挖掘的技能和方法体系；另一方面，提升情报学教育者自身的数据应对综合素质。在上述对情报学教育和培养方案具体需求的目标和方向基础上，本书从现有情报学教育体系和人才培养状况分析、未来情报工作对情报学教育体系和人才需求分析及课程架构的分析和设计与人才培养模式的探究 3 个大的方面对情报学教育和培养方案进行了研究。

①根据当下对情报学高端人才的需求和人工智能发展的整体趋势，结合情报学学科的内涵与外延，对现有的情报学教育体系和人才培养整体研究状况进行梳理和分析。情报学教育对于新技术的认识和应用十分积极，无论是 Web2.0 技术还是远距离教学技术，均在技术出现伊始就得到了充分的关注和讨论。随着技术的不断进步和成熟，这些技术在情报学教育中的应用也得到了越发深入的探讨和实践，而大数据时代的到来，数据科

学和人工智能技术的进步，恰又得到了情报学教育的充分关注和重视，也为情报学教育带来了新的发展要求和契机。

对于情报学教育研究而言，人才的培养一直是一个重要的研究主题。国内早期的研究关注于什么样的人才能够成为情报人员，情报人员需要具备哪些素质，以及怎么选拔情报人员；进入大数据时代以后，培养情报科学家尤其是数据科学家，成为情报学教育中人才培养的焦点。近年来，由于大数据、人工智能等新技术的逐渐成熟，国外情报学教育出现了新的增长点，但国内到目前为止却呈现出落后的态势，没有出现期待中的大发展和大增长，这与大数据时代情报学本身的爆炸式发展态势大相径庭。大数据与信息科学的出现给情报学带来了新的增长点和发展活力，却并没能给情报学教育本身带来较大发展，国内外在近年来呈现出巨大差距，这都值得情报学教育研究者思考和重视。

②结合大数据和数据科学的整体发展趋势，针对培养高端情报人才的整体目标，对未来情报工作的情报学教育体系和人才需求进行分析。对于情报学教育体系和培养方案需求的获取，本书主要从调查问卷和抓取相应的情报学招聘职位并探究这两个角度进行了具体而细致的分析。

首先，从学科名称上对情报学教育进行了界定和分析，关于 Information 的人才培养是主要的教学和学术研究内容，与 Intelligence 相关的培养及关于情报学自身学科特性的培养相对较少。情报学的办学呈现多学科交叉建设的趋势：从积极的角度来看，能够与其他学科广泛融合，从而扩展情报学研究的学科领域，也促进相关学科信息化发展；从消极的角度来看，情报学自身的智力决策特色难以体现，情报学的学科核心定位有待加强。其次，关于情报学与数据科学的关系，通过调研得到了如下的结论：情报学和数据科学同样是关注数据组织、数据的获取、数据的使用及分析，在内涵上交叉较多，实验研究的方法和手段相似，因此，情报学和数据科学存在一定程度的相关关系。再次，对信息的挖掘与分析是情报工作的重要内容，也是情报工作者最应该具备的能力。此外，系统掌握情报理论与方法，可以从整体上合理有效地规划情报获取、组织、挖掘、分析、呈现这一情报工作流程。情报的获取与组织是后续情报工作得以开展的基础，因此情报工作者也应该具备相关学科知识。最后，在对智联招聘、51job 等网站上面有关情报学的工作岗位数据进行采集、选取、标注和组织的基础上，从情报学招聘实体网络中可以看出，节点的度最大的 3 个节点分别表示的实体为“协调”“组织”“沟通”。通过这 3 个词，即可清晰地得出与情报学相关的职位，对应聘者的组织协调能力和良好的人际交往能力要求较高，这一说明在后续的情报学教育体系和培养方案上要针对这些能力和素质进行更加有针对性的教学和培养。此外，通过对任职要求的自动挖掘研究可以发现，应用型、复合型人才受到行业的普遍关注，而高素质情报人才即“耳目尖兵参谋”式情报专家的培养，恰是当下社会发展对情报学教育的时代需求。

③情报课程是情报学教育体系的核心和灵魂，在某种程度上，没有体现情报学发展方向和趋势的新的课程，就不能真正推动情报学学科建设与发展。情报学学科建设与发展目标的实现必须建构在新的情报学人才培养模式这一基础上。根据本书的整体调研数据可知，在大数据、数据科学和人工智能的新的时代背景下，已有的以面向图书、文献和档案数据的情报学人才培养目标已经不能满足拥有海量数据的不同学科、领域对情报学人才的急迫需求。结合本书对情报学教育体系和培养方案相应研究的梳理和系统调研，对情报学课程和培养方案具体进行了如下的设计建议。首先，对于具体程序设计课程来说，大数据时代下，传统情报工作的重心转移，对数据资源的处理与分析逐渐成为情报工作的核心。由于数据资源越来越碎片化、数据内容越来越非结构化，对数据的处理方式也变得越来越复杂，传统的情报工具不能胜任处理与分析海量数据的工作要求，因此掌握一门程序设计语言的重要性在大数据背景下越来越凸显，任职要求中对于脚本语言的要求主要是“python”及“java”。随着信息技术的飞速发展，各学科都需要结合现代科技来完善研究方法、提高实验效率，对于情报学教育来说，目前，Python 等脚本语言课程、数据库语言及软件的使用、网络爬虫、数据分析等相关技术的培养计划都是应当适时加入课程设置之中的。其次，在所获取的技能素养要求中，“数据分析”居于首位，其出现频数远远高于其他实体频数，这也体现出数据科学的特点，从数据中挖掘出隐藏的、有价值的、能够为决策提供指导的知识、智慧才是最终目标。在大的方面上，应该提高对学生的“统计学”“编程”“数据库”等课程的要求，增加课程难度扩展现有课程知识，为学生进一步学习打牢基础；同时，教师在教学过程中应有意识地培养学生的数据分析能力。最后，沟通能力指一个人与他人有效地进行沟通信息的能力。无论在学习中还是在工作环境中，其都是一种不可或缺的技能。创造力是指产生新思想，发现和创造新事物的能力。要重视外文教育，国内研究生英语教育主要靠学生自学，英文课程较少且有免修。语言类课程是需要持续学习练习的课程，特别是在国际化的现在，有好的外文能力有助于情报学人才与国际情报学界的交流。

11.2 下一步研究计划

①结合对已有情报学教育和培养方案的系统梳理，在后续的研究中，从人工智能、数据科学和跨学科的内涵与外延的角度，结合所获取的有关情报人才需求和培养的信息与数据，在已有情报人才培养目标的基础上，论证情报人才应该具备思维理念智能化、数据素养立体化、知识结构全面化 3 种特性的科学性、合理性和全面性，并对论证的结果进行充分的应用和拓展，从而真正为情报学教育体系和培养方案的落地提供直接而具体的指导。

②探索改进以课堂为中心的情报知识传播模式，采用社区教育、继续教育、MOOC 教育等多种方式，实现情报知识、方法和技术的学习和掌握。把目前所构建的情报学教育体系和设计的具体课程，结合当下全媒体的传播渠道，进行相对系统而具体的推广，一方面在具体教学当中验证本书所总结的相应教学体系和课程的合理性和科学性；另一方面切实地改进目前情报学教育的不足之处，从而提升情报学教育体系和培养方案的竞争力和适应性。

附录 1
中国情报学硕士培养点

学校	单位	研究方向
北京大学	信息管理系	信息资源管理、知识组织与信息检索、数据分析与情报研究、信息管理技术应用、信息传播与信息服务
中国人民大学	信息资源管理学院	不区分
北京协和医学院	医学信息研究所	情报学（学术型）
北京师范大学	政府管理学院	不区分
中国科学院	西北生态环境资源研究院	情报研究理论与方法、情报分析与科技评价、战略研究与决策咨询、用户研究与情报服务、知识管理理论与方法、知识挖掘与知识分析
	文献情报中心	情报理论与方法、科学计量学及应用、知识产权分析研究、大数据情报分析方法与技术
中国科学技术信息研究所	信息研究所	国家科技报告制度、知识链接与知识管理、知识工程与知识发现、数字图书馆工程、科技管理信息化建设研究、科技大数据关键技术应用服务研究、多语言处理与应用、前沿领域分析与专利分析、科技战略与科技政策、技术创新、科技政策、社会发展、情报分析方法、科学计量学理论与应用、科技评价应用研究
中国航空工业总公司第六二八研究所	628 研究所	情报学
中国中医学院	中医药信息研究所	中医药防治心血管策略研究
军事科学院	不区分	不区分

续表

学校	单位	研究方向
南开大学	商学院	信息处理与管理、信息系统与竞争情报、信息行为与信息检索
天津大学	管理与经济学部	不区分
天津师范大学	管理学院	现代情报理论与方法、企业知识管理与竞争情报、信息资源管理、档案学研究
河北大学	管理学院	信息管理及信息政策法规理论与方法、信息分析与分析服务、信息管理技术与知识管理、战略情报、学科情报与企业情报分析
山西大学	经济与管理学院	不区分
山西财经大学	不区分	经济信息管理、网络信息资源管理与利用、信息服务与利用、电子商务与电子政务服务、企业竞争情报与知识管理
中国医科大学	医学信息学院	情报学教研
吉林大学	管理学院	信息经济理论与应用、情报学理论与应用、信息系统与信息网络、知识管理与数据挖掘、电子商务信息开发与管理
东北师范大学	信息科学与技术学院	不区分
黑龙江大学	信息管理学院	不区分
华东理工大学	科技信息研究所	现在情报技术、竞争情报、专业信息学、图书馆绩效评估
华东师范大学	经济与管理学部工商管理学院	信息资源管理、信息组织与检索、信息处理、信息计量与分析
上海大学	图书情报档案系	情报理论与方法、工商（竞争）情报、行业与战略情报分析与研究、情报服务技术、知识产权信息管理
上海社会科学院	信息所	不区分
南京大学	信息管理学院	情报学理论与方法研究、竞争情报研究、信息处理与信息检索、信息系统工程、经贸信息管理、电子商务、电子政务、计算机图像处理与模式识别、信息服务与信息保障、多媒体信息检索、信息保密与安全、信息资源管理、数据科学技术、信息分析

续表

学校	单位	研究方向
南京航空航天大学	科技信息研究所	信息资源管理与信息经济、信息技术应用与信息系统、信息用户研究与知识服务、信息分析与预测
南京理工大学	经济管理学院	数据科学理论与方法、用户行为与人机交互、智能信息处理与信息组织、信息分析与决策支持、知识管理与知识工程、竞争情报与知识服务、电子商务与信息系统、网络信息资源开发与管理
河海大学	商学院	企业竞争情报、企业经营数据分析与挖掘、信息资源建设规划与管理、信息安全管理
南京农业大学	信息管理学院	信息检索技术、农村与农业信息资源管理、网络信息管理、竞争情报、信息计量与评价
福州大学	图书馆	信息资源管理、知识产权管理、网络信息智能优化管理、产业技术竞争情报、档案管理
福建师范大学	社会历史学院	信息资源开发与组织管理、信息资源管理与知识产权
山东科技大学	计算机科学与工程学院	信息系统工程、信息资源管理、电子商务与网络经济、竞争情报
青岛科技大学	经管学院	情报学理论与方法、竞争情报与决策支持系统、信息检索自动化、信息及情报分析、图书及科技情报分析
济南大学	医学与生命科学学院	医学情报与卫生决策、卫生科技评价与管理、信息分析与医院管理、信息资源与知识管理
山东理工大学	科技信息研究所	信息检索与决策咨询、文本数据挖掘与科技情报分析、信息资源管理与信息技术应用、知识网络与科技评价、知识产权与竞争情报
郑州大学	信息管理学院	信息检索与电子出版物、信息服务与政策、网络信息资源管理、信息分析与数据挖掘
新乡医学院	管理学院	科学计量学与科学评价、医院信息管理、信息资源开发与利用、医学信息管理、卫生信息化
郑州航空工业管理学院	信息科学学院	信息管理理论与方法、信息系统与信息处理

续表

学校	单位	研究方向
武汉大学	信息管理学院	情报学理论与方法、信息管理与知识管理、信息经济与网络经济、信息组织与检索、信息系统工程、竞争情报与管理咨询、信息服务与信息保障
华南师范大学	经济与管理学院	电子商务与信息经济、信息政策与法规、智能信息系统与搜索引擎、企业竞争情报管理、信息用户研究
广西民族大学	管理学院	竞争情报与知识管理、信息资源管理、情报学理论与方法
西南大学	计算机与信息科学学院（软件学院）	不区分
四川大学	公共管理学院	信息管理技术与方法、知识管理与竞争情报、信息系统研究、情报检索与情报服务
云南大学	历史与档案学院	信息资源管理理论与方法、信息检索与服务、竞争情报
西安电子科技大学	经济与管理学院	不区分
华中师范大学	信息管理学院	不区分
中山大学	信息管理学院	不区分
安徽大学	管理学院	不区分
兰州大学	管理学院	信息资源管理、信息分析与知识发现、知识组织与管理、信息治理与信息使能技术集成
华中科技大学	信息管理学院	不区分
重庆大学	经济与工商管理学院	企业竞争性情报、数字信息资源管理与利用、知识管理与知识产权
中国农业大学	图书馆	知识管理与服务、科学计量与评价、数据分析与情报研究
湘潭大学	公共管理学院	情报学
苏州大学	社会学院	情报学
南昌大学	管理学院	数字图书馆理论与实践 、数字信息资源管理、知识管理与知识服务、竞争情报与战略管理、科学计量与科技评价、大数据分析方法与应用

续表

学校	单位	研究方向
江苏大学	科技信息研究所	专利情报与知识产权战略、情报理论与技术、信息资源组织与管理
辽宁师范大学	管理学院	不区分
东南大学	经济管理学院	情报学

附录 2

国内情报学博士培养计划方案

一、南京大学情报学专业研究生培养方案

（一）培养目标

信息技术的高速发展，使信息成了当代社会发展的支柱之一。信息的多媒体化、网络化和分布化趋势，对浩瀚无垠、凌乱分散的网络信息资源的开发和利用提出了更高要求，迫切需要发展崭新的信息组织管理和信息自动搜索技术。情报学正是进行这方面研究的学科之一。

情报学专业的培养目标是培养掌握马列主义、毛泽东思想和邓小平理论的基本原则，坚持四项基本原则，热爱祖国、遵纪守法、品德良好、学风严谨、敬业进取的德智体全面发展，具有扎实的情报学基本理论、基础知识和技能，与情报学发展中的前沿课题能深入进行研究并获得进展，满足社会对信息开发、利用需要的高层次专门人才。

1．硕士学位

掌握情报学的系统理论和基本技能，了解本领域的研究动态，基本能独立开展与本学科有关的研究和教学工作。学位论文应具有一定创新性或应用前景。

2．博士学位

博士学位获得者应系统掌握情报学的基本理论，具有宽广和坚实的基础，了解本学科的发展历史、现状和最新动态，能发现问题并独立解决问题。学位论文要求具有重要的学术意义或应用价值，并具有一定的创新性。论文在深度和广度两个方面均需达到相应的要求。

（二）研究方向

情报学是研究情报的构成、组织、交流、开发利用及社会情报活动规律的一门科学。信息新技术的发展，使情报学的研究已深入到各个学科领域。本专业的研究方向包括：

①博士点：情报学理论与方法、情报分析、经贸信息研究、网络信息资源管理、信息智能化处理与检索、知识管理、信息经济学研究、竞争情报、资源服务与用户研究、多媒体信息处理与检索、图像处理与模式识别、网络信息安全与应用、影像信息资源管理、信息政策与法规等。

②硕士点：情报学理论与方法、信息处理与信息检索、信息服务与信息保障、电子政务、电子商务、信息系统工程、经济信息管理、竞争情报、计算机图像处理与模式识别、保密管理、信息资源管理。

（三）招生对象

硕士研究生：已获学士学位的在职人员；应届本科毕业生；国家承认学历的大专毕业生，毕业 2 年或 2 年以上，并达到本科毕业同等学力者，参加全国硕士研究生统一考核合格，再经面试合格者。

博士研究生：已获硕士学位的在职人员，应届硕士毕业生，经博士生入学考试，笔试和面试均合格者。

（四）学习年限

硕士研究生：3 年。

博士研究生：3 年。

（五）课程设置

课程建设直接关系到研究生基础知识的拓宽，解决实际问题能力的培养及学位论文的质量，如附表 2–1、附表 2–2 所示。

附表 2-1　硕士课程

课程分类	课程性质	课程编号	课程名称	课程学分
A 类	学校必修	10284A001	英语	4
		10284A002	中国特色社会主义理论与实践	2
	学校选修	10284A003	马克思主义原著选读	2
		10284A004	自然辩证法概论	2
		10284A011	马克思主义与社会科学方法论	2
B 类	学院必修	1205B0100	信息科学原理	3
		1205B0200	信息资源管理技术	3
C 类	专业必修	120502C01	情报学理论与方法	3
		120502C02	信息处理与检索技术	3
D 类	专业选修	120502D04	网络信息资源检索与利用	2
		120502D05	竞争情报	2
		120502D06	新型传媒研究	2
		120502D08	数据挖掘技术	2
		120503D09	信息法规专题	2
		120502D22	国外信息经济学著作选读	2
		120502D19	网络计量研究	2
		120502D20	知识管理	2
		120502D18	信息保密与信息安全	2
		120502D22	互联网商务模式研究	2
		120502D30	云计算应用研究	2
		120502D32	信息计量研究	2

附表 2–2 博士阶段

课程性质	课程编号	课程名称	课程学分
必修	10284A003	学术交流英语	4
	10284X001	中国马克思主义与当代	2
	1205X01	图书馆学情报学前沿研究	4
选修	10284X003	博士英语听力	
	10284X003	博士英语口语	
	120501X03	图书馆学情报学文献源	2
	120502X02	情报学专题研究	2
	120503X01	档案学研究方法与学科范式	2
	120501X11	信息资源评价、收集理论与应用	2
	120502X04	工商竞争情报	2
	120502X05	信息分析技术及方法	2
	120502X06	博弈论与信息经济研究	2
	120502X07	信息检索专题研究	2
	120502X08	管理科学研究方法	2
	120502X18	定量信息分析专题研究	2
	120521X03	编辑出版学研究进展	2
	120521X06	数字出版与数字图书馆	2

（六）培养方式

①硕士生入学后 1 个月内进行师生双向互选，确定指导教师，制订培养计划，由导师负责全部培养工作。

②博士生招生录取时明确导师，由导师负责成立指导小组，制订培养计划，由博士生导师和指导小组负责全部培养工作。

培养中应关心学生思想品德的成长，注重理论知识教育，强调外语能力和计算机技能的提高，重视信息资源开发利用实践，鼓励多写论文，提高科学研究能力。

（七）考核方式

①公共课及基础课以笔试考核为主，由有关教研室负责考核工作。

②专业课除笔试考核外，还要求写专题综述报告，以了解学生对专业知识的掌握情况和综合分析问题的能力。

③过程把关。为保证学生的培养质量，硕士研究生在入学后的第三学期两个月内进行中期考核。由各系组织有导师参加的研究生中期考核小组对研究生的思想品德情况、研究能力培养情况等进行全面考核。考核小组本着公正、负责、实事求是的态度对研究生做出评价，评定成绩，确定能否继续进行研究生阶段的学习，对考核不合格或完成学业确有困难者，劝其退学或做肄业处理。

博士研究生在入学后的第三学期末需进行“理论基础与研究能力提升阶段”的考核。考核结果分别为：优秀（不超过15%）；通过（70%）；暂缓通过（不低于15%）。详见《信息管理学院博士研究生教育改革方案》。

（八）学位论文

撰写学位论文是研究生培养工作的重要环节。学生应在导师指导下，认真选定论文课题，选题应力求在理论和实践上对社会发展、经济建设或本学科的发展有一定意义，论文题目确定后，应在相关教研室组织开题报告，由有关专家评定课题的可行性，并在导师指导下制定论文完成的进度表。

完成的论文应对研究课题有新的见解或突破，表现论文作者有坚实的理论基础和专门知识，有独立从事科研工作的能力。对要通过计算机实现算法的论文，必须有正确的运行结果。

博士生在完成论文过程中，应定期做阶段性报告。入学一学期完成培养计划的制订，开题报告至少在答辩前一年进行，预答辩与正式答辩的时间间隔至少一个月。

（九）学位论文检测与匿名评审

学位论文检测与匿名评审是提高研究生质量、规范研究生培养的主要手段。

①学位论文检测在研究生院组织下统一进行。根据论文检测重复率 R 的数值，分别做如下处理：

a.$R < 5\%$，可直接参加论文答辩；

b.$5\% \leqslant R < 15\%$，论文需修改，直至满足 $R < 5\%$ 的条件，方可参加论文答辩；

c.$R \geqslant 15\%$，经系学位委员会讨论，推迟半年答辩。

②学位论文匿名评审由学院统一组织。为保证匿名评审有序进行，凡在当年5月底前需进行论文答辩的研究生，均需在该年度4月10日前将定稿的论文文本交到系研究生秘书处。

匿名评审的专家、学者由学院统一确定。

匿名评审的结果如出现“不合格”或分数在 60 分以下，经系学位委员会讨论，该研究生推迟半年答辩。

（十）答辩和学位授予

正确执行论文评阅和答辩程序，也是保证研究生培养质量的重要组成部分，应严格按照《南京大学硕士、博士生学位授予工作细则》第五章和第六章的有关规定执行。

硕士学位申请者在论文答辩前至少应有 1 篇学术论文已在正式发行的学术刊物上发表，如到答辩时尚未完成，可在 1 年内补足。

申请博士学位者应在核心期刊上发表学术论文 3 篇。如在答辩时尚未完成量化指标，可在 1 年内补足。

（十一）质量监测

①硕士研究生学分达到 32 分或 32 分以上；

②通过研究生外语学位考试；

③建立研究生个人教学档案，掌握学生学习情况；

④全面实行中期考核、论文检测与匿名评审；

⑤在校期间，硕士有 1 篇及以上论文在学术期刊上发表，博士有 3 篇及以上论文在核心期刊上发表；

⑥学位论文答辩通过；

⑦毕业后不定期地追踪调查，用人单位反映良好；

⑧了解对在校期间的培养工作意见，改进研究生培养工作。

二、武汉大学情报学专业博士学位研究生培养方案

（一）培养目标

①培养具有强烈事业心、责任感和创造性，良好道德品质和学术修养，德、智、体、美全面发展的情报学高层次专门人才。

②具有坚实宽广的情报学基础理论、系统深入的专门知识。具有很强的独立进行科学研究、学术研究的能力，能够从事情报学教学、研究工作。

③掌握一门外语，能熟练阅读本专业外文资料，具有一定的写作能力、国际学术交流能力。

（二）研究方向

1．情报学理论与方法

本方向研究情报学理论与方法、情报学学科理论体系与研究方法体系的建立及其在本学科领域和相关学科领域中的应用。

2．信息组织与信息检索

本方向研究信息组织与检索的理论、方法和技术、知识组织、知识挖掘、语义检索、信息可视化、网络信息组织模式的优化等。

3．信息分析与竞争情报

本方向研究信息分析方法及其选择、信息分析流程、大数据时代的信息分析技术、竞争情报理论和方法、竞争情报与竞争战略、竞争情报工作智能化和现代化、专利竞争与情报战等。

4．信息经济与信息资源管理

本方向研究信息经济学理论和方法、信息经济与信息产业、信息市场、信息经济政策、信息资源管理理论和方法、信息资源配置与共享、数字时代的信息化发展战略等。

5．信息计量与科学计量

本方向研究信息计量与科学计量的基本理论、方法和应用，包括信息流的基本规律及其分布理论、信息计量与科学计量的方法和技术手段、网络计量等。

6．信息服务与信息保障

本方向研究信息用户、信息服务体制与体系、信息服务价格与市场机制、信息服务标准、信息保障等。

7．信息系统管理

本方向研究信息系统建模、信息系统开发与管理、信息系统安全、信息系统集成、信息系统可用性等。

（三）学习年限

本专业博士生基本培养年限一般为 3 年，最长学习年限为 6 年。直接攻博、硕博连读研究生的学习年限一般为 6 ～ 8 年，最长学习年限为 8 年。

（四）课程设置及学分

1. 课程设置

参见《情报学专业攻读博士学位研究生课程计划表》《情报学专业直接攻博、“1+4”硕博连读研究生课程计划表》。

外国留学博士生课程总学分与国内博士生一致，其公共必修课程为：中国文化概论 2 学分，汉语综合 2 学分。港澳台博士生可免修马克思主义理论课，所缺学分通过选修其他课程填补。

2. 学分要求

本专业博士研究生应修满的总学分不少于 12 学分，其中公共必修课 4 学分，其他学位课不少于 4 学分，其余为选修课学分。直接攻博、“1+4”硕博连读研究生应修满的总学分不少于 32 学分，学位课不少于 22 学分。其他教学环节不计学分。

本专业博士生课程教学应根据课程内容与特点确定具体的方式，可采用灵活的教学形式，如以研讨式教学为主等。考核方式包括“笔试”“口试”“提交报告”“课程论文”“考查”等。学位课成绩必须达到 B+ 及以上。

跨学科或同等学力入学的博士生须补修不少于 2 门硕士学位课程，跨学科入学的博士生如在硕士阶段修习过相同课程可申请免于补修。

（五）其他必修环节及要求

其他必修环节及要求如附表 2–3 所示。

附表 2–3　其他必修环节及要求

其他必修环节	具体要求
学科综合考试	学科综合考试参照《武汉大学关于修订学术型博士研究生培养方案的通知》执行。通过学科综合考试后的博士生可进入开题报告环节
学术交流	博士生应定期参加学校组织的“学术道德规范讲座”和其他专题讲座、学术报告、研究生论坛等学术研讨活动。至少应在国际性或全国性学术会议上有过一次大会发言。 博士生每学期应在一定范围内做一次学术研究进展汇报，导师组进行考评。每学期在本专业做学术研究进展报告 2 ～ 3 次
经典文献阅读	博士生在攻读博士学位期间至少要阅读 150 篇国内外重要专业学术文献（其中国外学术文献不少于 70%），并对其中的 15 篇左右文献进行研读交流与讨论，并由本专业所在系组织在学术研究进展汇报和学科综合考试中进行考核。部分必须研读的文献由本专业所在系公布
实习实践	攻读博士学位期间，博士生应至少承担一门课程的教学助理工作或参加导师课题组的一项科研工作，参与学术会议会务组织工作
学位资格论文申请	申请学位资格论文应具备的条件按学院《关于实施博士研究生培养质量工程的决定及相关规定》严格执行。博士研究生在正式答辩前进行资格审查时须提交正式出版的论文原件及复印件，科研成果必须是学生为第一作者，或导师为第一作者、学生为第二作者，且署名为武汉大学，其他论文不属于提交范围

（六）学位论文

博士学位论文相关工作参照《武汉大学关于修订学术型博士研究生培养方案的通知》和武汉大学博士学位答辩工作的有关规定执行。其中，本专业学位论文为每隔 2 ～ 3 个月检查一次。

三、中国人民大学情报学博士学位研究生培养方案

（一）适用学科专业

情报学 （学科门类：管理学；一级学科：图书馆、情报与档案管理）。

（二）研究方向

①热爱祖国，具有良好的道德品质，较强的事业心和创新精神，具有崇高的学术理想和学术追求，立志为学术繁荣发展而奋斗。

②掌握马克思主义理论的基本原理，掌握本学科领域“主流、经典、前沿”的专业主要文献，具备坚实宽广的基础理论和系统深入的专门知识，具有独立从事创新性科学研究工作的能力。

③培养能从事现代信息管理基础理论与方法研究工作的高级专门人才。

（三）学科专业研究方向

研究方向一：信息组织与构建；

研究方向二：竞争情报；

研究方向三：情报学理论。

（四）学习年限

基本学习年限为 4 年。

（五）培养方式及主要培养环节学习进度要求

（1）培养方式

导师负责制。

（2）主要培养环节的学习进度要求

第一学年完成培养方案要求的课程学习，成绩考核合格后，第二学年进行学科综合考试，考试合格后进行学位论文开题报告。第三学年进行科学研究或国际交流。第四学年进行论文预答辩和正式答辩。

（3）加强学风建设，严格自律，恪守学术道德与学术规范

严格自律、恪守学术道德与学术规范，应当贯彻于博士研究生阶段学习的各个环节：在课程学习中踏实认真，刻苦努力，遵守课堂纪律；在课程考试中诚实认真，遵守考试纪律；在学术研究中严谨细致，不慕虚名，遵守学术规范；在论文写作和发表中不剽窃、不冒用他人研究成果，遵守学术道德，严格自律。

（六）知识结构和课程学习的基本要求

（1）知识结构的基本要求

博士生必须掌握本学科的专业基础理论知识和研究方法，通过对主文献的研读，加强对“主流、经典、前沿”的把握。鼓励博士生根据论文研究的需要，跨学科选修课程。

（2）课程设置及学分组成

总学分不少于 23 学分。 公共课不少于 5 学分， 方法课不少于 6 学分， 专业课不少于 9 学分，选修课不少于 2 学分，学术讲座不少于 1 学分，选修课不少于 2 门（附表 2–4）。

附表 2–4　课程设置和学生课程学习的学分要求

1. 公共课（不少于 5 学分）			
（1）政治理论课			
中国马克思主义与当代（Chinese Marxism and Contemporary Era）	2 学分	PUM701	1 学期
（2）第一外国语			
语言基础（Foreign Language）	3 学分	PUF700	1 学期
2. 方法课（不少于 6 学分）			
计量经济分析 B（Econometric Analysis B）	3 学分	PUE802	1 学期
科学与逻辑方法论（Methods of Science and Logic）	3 学分	PUE803	1 学期
投入产出分析（Input-Output Analysis）	3 学分	PUE805	1 学期
社会科学研究方法与规范（Research Methods in Social Science and the Academic Standards）	3 学分	PUR705	1 学期
统计模型与应用（Statistical Model and Their Applications）	3 学分	PUS702	1 学期
抽样调查的理论与分析（Survey Resign and Management）	3 学分	PUS704	1 学期

续表

3. 专业课（不少于 9 学分）			
情报学主文献研读课 （Studies on Information Resources Management）	3 学分	ISS801	2 学期
信息分析理论前沿研究 （Advanced Studies in Information Analysis Theory）	3 学分	IAS802	2 学期
信息构建的理论与方法 （Theory and Methods of Information Architecture）	3 学分	ISS803	2 学期
知识管理前沿研究 （Advanced Studies in Knowledge Management）	3 学分	ISS804	2 学期
语义出版与数字人文的理论与实践 （Theory and Practice of Semantic Publishing and Digital Humanities）	3 学分		2 学期
4. 选修课（不少于 2 学分）			
信息资源管理主文献研读课 （Studies on Information Resources Management）	3 学分	IRM808	2 学期
信息咨询服务（Consulting Service）	3 学分	LSS802	2 学期
5. 学术讲座（不少于 1 学分）			
6. 选修课			
信息检索前沿研究（Advanced Studies in Information Retrieval）			
信息资源管理（Information Resources Management）			

（七）资格考试

博士生在完成本专业全部课程学习学分要求、经考核合格后，方可进行学科综合考试。在《中国人民大学攻读博士学位研究生学科综合考试管理办法》的基础上制定了《信息资源管理学院博士生学科综合考试管理规定细则》，考核内容以各博士点学科专业主文献为主。其目的在于考察博士生是否系统掌握本领域学科经典与前沿知识体系和知识结构，是否具备从事博士学位论文写作工作的能力，淘汰不合格博士生。

（八）学术讲座、社会实践

①作为本专业博士生培养的必修环节，学生在读期间参加国内外、校内外的学术会议或学术讲座不少于 20 次（每次出席会议需有证明性记录，学生自己留存，答辩前需提供证明方可参加答辩），并撰写一篇不少于 6000 字的学术报告，交导师审核评定成绩

后，记 1 学分。

②博士生在读期间，在阅读一定数量文献的基础上，每人每学期做 1 次读书报告演讲。外地在职博士生不在校期间，每人每学期撰写一篇不低于 5000 字的读书报告，交予导师审核。此项工作作为博士在读期间参与评定奖学金、科研项目申报、拔尖创新人才计划选拔等各项活动的参考指标，不计学分。

（九）学位论文开题报告

博士生开题报告是为了阐述、审核、确定博士生学位论文选题及内容而举行的专门报告会，旨在监督和保证博士生学位论文质量。我院在《中国人民大学攻读博士学位研究生学位论文开题报告管理办法》的基础上制定了《信息资源管理学院攻读博士学位研究生学位论文开题报告管理办法》。

（十）科学研究和学术论文发表

（1）科学研究计划

博士生入校后，需在导师的指导下，拟定合理的科研计划。博士生的科研工作计划应对研究的课题、科研进展的步骤、各个阶段的内容和要求等做出明确的规定。

（2）学术论文的发表

我院在《中国人民大学博士研究生在学期间发表科研论文暂行规定》的基础上，制定了《信息资源管理学院博士研究生在学期间发表科研论文暂行规定》，明确了博士生在学期间的科研论文发表要求。

（十一）学位论文工作及要求

（1）论文撰写

学位论文研究工作是博士学位教育的核心环节，是博士生培养质量和学术水平的集中反映，博士生必须按规定时间完成有关的论文写作。学位论文为学术论文，具体要求见《博士学位论文写作规范》和《中国人民大学研究生院学位论文及其摘要的撰写和印制要求》。在导师指导下，学位论文由博士生本人按计划进度独立完成。博士学位论文应满足培养目标的要求，保证质量。

（2）答辩与学位授予

博士生全面完成专业培养计划规定的各个项目，经考核合格，写出博士学位论文及其摘要，经指导教师推荐，进入我院博士论文预答辩阶段，合格者方可进入中国人民大学博士学位论文评阅和答辩阶段（附表 2–4）。

四、南开大学情报学博士研究生培养方案

（一）培养目标

掌握情报学基础理论知识；了解情报学学科发展前沿领域；具有独立从事科学研究的能力；具备为情报学研究领域做出学术贡献的能力；具有服务学术群体和社会的意识；能胜任高等学校的教学和研究工作或大型情报信息机构的高层次管理工作。

（二）主要研究方向

1. 信息行为

2. 信息检索

3. 竞争情报

4. 政府信息资源管理

5. 知识发现

（三）培养方式及培养年限

培养方式：主要采用课堂讲授与讨论、学术交流、科研项目训练。

培养年限：博士学位研究生的培养年限为 4 ～ 6 年，最长不超过 6 年；在职攻读博士学位研究生的培养年限为 6 ～ 7 年。

（四）课程设置与学分分配

课程设置与学分分配如附表 2–5 所示。

附表 2–5　课程设置与学分分配

课程类型	课程编号	课程名称	学分
必修		马克思主义理论	2
		第一外国语	2
		研究生学术规范	1
	14011007	管理研究方法论（1）	2
	14011008	管理研究方法论（2）	2
	14011019	图书情报专门研究方法	2
	14011020	信息资源管理前沿讲座	1
选修		第二外国语	2
		体育课	2

续表

课程类型	课程编号	课程名称	学分
	14012080	情报学研究进展	2
	14012077	竞争情报研究	
	14012079	信息行为专题研究	
	14012070	信息分析研究进展	
	14012081	信息检索专题研究	
	14012082	知识管理专题研究	
	14012083	电子政务专题研究	
	14012084	Informatics 专题研究	

（五）课程学习、科学研究及学位论文要求

①总学分不少于 16 学分，其中校级公共必修课 5 学分（马克思主义理论、第一外国语各 2 学分，研究生学术规范为 1 学分），专业必修课不少于 4 学分。第一外国语为小语种的博士研究生，第二外国语必选二外英语。

②在完成规定的课程学分后，博士生在导师的指导下确定学位论文选题；组织开题报告会，审核博士学位论文选题及研究内容和方法，以确保选题意义、创新性和可行性；开题报告在第 3 学期完成。

③博士生申请博士学位论文答辩，应符合《商学院关于重申“博士研究生申请学位科研成果规定”的通知》的要求。

④博士生本人按计划进度独立完成论文写作；论文完成后经导师推荐，研究生院审核批准，可进入博士学位论文评阅和答辩阶段，博士论文评阅实行匿名评审制度，答辩要求参照学校的相关规定。学位论文要求 10 万字以上。

五、华中师范大学情报学专业博士研究生培养方案

（一）学科专业简介

情报学是图书馆、情报与档案管理一级学科下设的二级学科。情报学是研究情报的产生、加工、传递、利用规律，信息管理的理论方法和技术，以及用现代化信息技术和手段使情报（信息）系统保持最佳效能状态的一门科学。华中师范大学和湖北省科技信息研究院联合，于 2001 年获得情报学专业硕士学位授予权，2005 年获得情报学专业

博士学位授予权。该博士学位点现有导师 6 人，师资力量较强。已在信息经济理论及应用、信息组织与知识管理、竞争情报与知识挖掘、信息化管理与电子政务、电子商务管理等研究领域取得了较为显著的研究成果，在国内外有较大的影响。该专业博士毕业生主要到高等学校从事情报学、信息管理学、电子政务、电子商务的教学和科研工作。

（二）培养目标

本专业培养具有良好的思想道德素质和坚实的理论基础、系统掌握情报理论与方法，具备独立从事情报学学术研究、教学及实际工作能力的高层次专门人才。

（三）研究方向简介

研究方向简介如附表 2–6 所示。

附表 2–6　研究方向简介

序号	研究方向名称	研究方向简介
1	情报学理论及应用	本方向主要研究情报学的研究对象、研究内容、学科体系、学科性质、研究方法、产生与发展等学科理论；情报概念与属性、情报职能与效用、情报源、情报流、情报用户等基础理论及其应用；信息计量、信息构建、信息经济、信息生态等应用理论及其实际应用
2	信息组织与知识管理	本方向主要研究信息组织的理论基础、基本原则和方式方法；信息检索模型、自动索引与文档组织、检索中的词汇控制、自动文摘、检索接口、信息检索系统的评价等基本原理与技术问题；知识管理学科的基础与理论、方法与技术、应用与实践
3	情报分析与知识挖掘	本方向主要研究情报分析的原理和方法论；竞争情报价值链、竞争情报与企业战略管理的融合、企业重大战略决策的情报保障；知识挖掘的原理、方法、技术和应用
4	信息化管理与电子政务	本方向主要研究信息化建设和信息化应用管理的理论与方法；电子政务的原理、运作模式与管理方法；电子政务系统的规划、建设与应用；政府信息资源管理的原理、原则、方法和技术
5	经济信息化与电子商务	本方向主要研究经济信息化的机制和模型；知识经济、网络经济的结构原理、运行机制和发展规律；信息产业、网络产业、高新技术产业的发展机制和发展战略；电子商务的基本原理及电子商务运作和管理的理论与方法

（四）学习年限

学习年限一般为 3 年，在职博士生可延长学习年限，但最长不超过 8 年。

（五）课程设置与学分

实行学分制，本专业博士生必须修满 18 学分。

（六）实践环节与综合测试（2 学分）

本专业博士生实践环节主要是参加本学科的学术活动。博士生在攻读博士学位期间，参加学术活动不少于 8 次，其中 2 次必须是校外学术活动，每次须有 2000 字以上的学习报告。实践活动结束后，由导师组进行考核，评定成绩。实践活动考核不合格者，不能参加答辩。

综合测试主要是对博士生阅读指定书目、掌握情报学理论、方法、技术的状况进行测试，包括笔试和面试两种形式。综合测试在第 4 学期进行。此项成绩由导师组集体评定。

（七）科学研究

本专业博士生应参加导师的研究课题，承担相应的研究任务；必须以第一作者名义在全国中文核心期刊上发表专业学术论文 2 篇，论文署名单位必须是华中师范大学。

（八）学位论文

①论文选题应是本专业的前沿问题，具有重要的理论价值和现实意义。

②论文开题报告会在第 4 学期进行。

③论文应有充分、翔实的资料基础，包括广泛阅读文献资料和获得必要的实证研究资料，必须对国内外相关研究成果和最新进展进行全面综述和中肯评价。

④论文应有新的视角和方法，必须条理清晰、逻辑严密、行文流畅，援引文献全面、准确，必须提出创造性见解。

⑤在论文正式答辩前 3 个月进行试答辩。试答辩通过者，根据试答辩小组的意见进行修改，按期答辩；试答辩未通过者，推迟答辩。

（九）培养方式与方法

博士生的培养实行导师全面负责与专业指导组集体培养相结合的制度。在培养方式上做到思想政治教育与业务学习相结合，读书、讨论与辅导、讲授相结合，课堂学习与参与科研相结合，学校学习与社会实践相结合。重点培养博士生独立从事科学研究和进行理论创新的能力。强调博士生以自学为主、以培养能力为本。

（十）其他

①凡以同等学力或跨学科录取的博士生，均须补修本学科专业硕士生课程至少3门，且与硕士生同堂同卷考试，不计学分。

②每位博士生必须根据本专业培养方案，在导师的指导下，结合本人实际，在入学后6周内，制订出个人培养（学习）计划。个人培养（学习）计划经导师和专业指导组组长审定后，报系和研究生处备案（附表2–7）。

附表2–7　华中师范大学情报学专业博士研究生课程设置简况

<table>
<tr><th colspan="2">课程类别</th><th>课程编号</th><th>课程名称</th><th>学时 / 个</th><th>学分</th><th>开课学期</th><th>任课教师</th></tr>
<tr><td rowspan="5">学位课</td><td rowspan="2">学位
公共课</td><td>0004</td><td>第一外国语</td><td>68</td><td>3</td><td>1</td><td>公外系</td></tr>
<tr><td>0008</td><td>马克思主义与当代社会思潮</td><td>34</td><td>2</td><td>2</td><td>理论课部</td></tr>
<tr><td rowspan="3">学位
专业课</td><td>119212050201</td><td>情报学基础理论研究</td><td>51</td><td>3</td><td>1</td><td>娄策群、王学东</td></tr>
<tr><td>119212050202</td><td>中外情报学名著名篇选读</td><td>34</td><td>2</td><td>2</td><td>王伟军、夏立新</td></tr>
<tr><td>119212050203</td><td>情报学前沿专题</td><td>34</td><td>2</td><td>3</td><td>校内外有关专家</td></tr>
<tr><td colspan="2" rowspan="5">任意
选修课</td><td>119212050204</td><td>信息检索理论与方法研究</td><td>34</td><td>2</td><td>3</td><td>夏立新</td></tr>
<tr><td>119212050205</td><td>知识管理研究</td><td>34</td><td>2</td><td>3</td><td>王伟军</td></tr>
<tr><td>119212050206</td><td>竞争情报研究</td><td>34</td><td>2</td><td>3</td><td>夏立新</td></tr>
<tr><td>119212050207</td><td>知识发掘与知识管理</td><td>34</td><td>2</td><td>3</td><td>程鹏</td></tr>
<tr><td>119212050208</td><td>信息化管理研究</td><td>34</td><td>2</td><td>3</td><td>娄策群</td></tr>
<tr><td colspan="2" rowspan="3">任意
选修课</td><td>119212050209</td><td>信息经济理论与应用研究</td><td>34</td><td>2</td><td>3</td><td>娄策群</td></tr>
<tr><td>119212050210</td><td>知识经济与技术创新管理</td><td>34</td><td>2</td><td>3</td><td>黎苑楚</td></tr>
<tr><td>119212050211</td><td>电子商务协同管理研究</td><td>34</td><td>2</td><td>3</td><td>王学东</td></tr>
</table>

续表

课程类别	课程编号	课程名称	学时 / 个	学分	开课学期	任课教师
实践环节	00016	学术活动		2	3、4、5	
补修课		信息管理理论研究	34		1	娄策群
		信息组织与检索	34		1	夏立新
		情报分析	34		2	王伟军

六、中山大学图书情报与档案管理（1205）博士研究生培养方案

（一）学科介绍

图书情报与档案管理是管理科学的重要组成部分，是探索信息资源开发利用与管理规律的科学。其主要使命是探寻蕴藏于各种信息记录中的信息资源价值实现的规律性，以有力的科学管理放大信息资源的功能效用，实现其对社会、经济、文化、科技的改革和发展之战略价值。

（二）培养目标

本方案培养德才兼备、领袖气质、家国情怀，尊重学术、具有科学思维和领导才能、全面掌握本学科基本理论、接受系统科研训练、实践能力强的专业理论研究人才和高级管理人才。

（三）学制与学习年限

学制为 4 年。在学期间，用于科学研究和撰写学位论文的时间不少于整个学习年限的 2/3。因各种特殊情况，由导师提出，经学院同意，研究生院批准，可适当延长学习年限，每次申请延长不超过 1 年，最长学习年限不得超过 7 年。

（四）研究方向

图书馆学、情报学、档案学。

（五）培养方式

①充分发挥导师指导研究生的主导作用，实行研究生培养导师负责制。

②结合培养方向，建立以导师为主的指导小组，发挥学术群体的作用。

③鼓励并要求教师采取启发式、研讨式教学。

④鼓励并要求学生参加学术讲座、学术论坛、社会实践和社会调查等学术活动。

⑤加强学生自学能力、动手能力、表达能力、写作能力及创新意识的训练和培养。

（六）课程设置与学分要求

课程学习采用学分制，18 个学时计 1 学分。

总学分应不少于 26，包括必修课程、选修课程和教学实践 3 部分。必修课程 18 学分，具体包括：公共必修课（8 学分）、专业基础课（8 学分）和专业课（2 学分）。选修课程不少于 6 学分，教学实践 2 学分。

无相关学科硕士研究生毕业学历的学生必须补修本学科硕士研究生培养方案中不少于 3 门的主要课程，不计学分，经考试成绩及格者，方能申请参加博士论文答辩。

各性质课程学分比例如附表 2–8、附表 2–9 所示。

附表 2–8　学分比例（1）

课程性质	学分	备注
必修课	18	
公共课	8	中国马克思主义与当代世界；第一外国语
专业基础课	8	
专业课	2	
选修课	6	
教学实践	2	需承担 2 门本科课程的助教工作，每门课程的助教工作计 1 学分

附表 2–9　学分比例（2）

		课程代码	课程名称 / 英文名称	学时 / 个	学分	课程负责人	备注
必修课	公共课	MAR7001	中国马克思主义与当代	54	3	马克思主义学院	
		FL-7001	第一外国语（英语） First Foreign Language（English）	120	5	外国语学院	
	专业基础课	IM-7126	学术规范与职业伦理 Academic Standards & Professional Ethics	18	1	待定	第一学期
		IM-7127	图书情报与档案管理 高级研究方法与设计 Advanced Research Methods and Design in Library, Information & Archive Management	54	3	龙乐思、彭国超	第一学期

续表

<table>
<tr><th colspan="2"></th><th>课程代码</th><th>课程名称 / 英文名称</th><th>学时 / 个</th><th>学分</th><th>课程负责人</th><th>备注</th></tr>
<tr><td>必修课</td><td>专业基础课</td><td>IM-7128</td><td>图书情报与档案管理基础理论与前沿
Seminar on the Basic Theories & Frontiers of Library, Information & Archive Management</td><td>72</td><td>4</td><td>导师组（张靖）</td><td>第一、第二学期</td></tr>
<tr><td rowspan="10">选修课</td><td rowspan="4">专业课（按二级学科选择其中一门修习）</td><td>IM-7129</td><td>图书馆学理论研究
Theories of Library Science</td><td>36</td><td>2</td><td>程焕文</td><td>第二学期</td></tr>
<tr><td>IM-7130</td><td>情报学理论研究
Theories of Information Science</td><td>36</td><td>2</td><td>曹树金</td><td>第二学期</td></tr>
<tr><td>IM-7131</td><td>档案学理论研究
Theories of Archival Science</td><td>36</td><td>2</td><td>陈永生</td><td>第二学期</td></tr>
<tr><td>IM-7132</td><td>知识管理与信息系统理论研究
Theories of Knowledge Management & Information System</td><td>36</td><td>2</td><td>龙乐思</td><td>第二学期</td></tr>
<tr><td rowspan="6">教学实践</td><td></td><td>教学实践
Teaching Internship</td><td>—</td><td>2</td><td>—</td><td>担任两门课程助教</td></tr>
<tr><td>IM-7133</td><td>专业英语
Professional English</td><td>36</td><td>2</td><td>Andrew、Madden</td><td>第二学期</td></tr>
<tr><td>IM-7106</td><td>图书馆学史研究
Study of the History of Library Science</td><td>36</td><td>2</td><td>程焕文</td><td>第二学期</td></tr>
<tr><td>IM-7115</td><td>信息资源管理研究
Study of Information Resources Management</td><td>36</td><td>2</td><td>程焕文</td><td>第二学期</td></tr>
<tr><td>IM-7117</td><td>信息资源共享专题研究及前沿进展
Research Topics & Frontier of Information Resource Sharing</td><td>36</td><td>2</td><td>潘燕桃</td><td>第二学期</td></tr>
<tr><td>IM-7118</td><td>信息素养及其教育专题研究及前沿进展
Research Topics & Frontiers of Information Literacy & Education</td><td>36</td><td>2</td><td>潘燕桃</td><td>第二学期</td></tr>
</table>

续表

		课程代码	课程名称 / 英文名称	学时 / 个	学分	课程负责人	备注
选修课	教学实践	IM-7134	现代公共文化服务体系建设专题研讨 Seminar on Pubic Culture Services	36	2	张靖	第二学期
		IM-7135	文化遗产保护专题研讨 Seminar on Cultural Heritage Preservation & Conservation	36	2	张靖	第二学期
		IM-7111	信息组织与信息行为研究进展 Research progress of Information Organization & Information Behaviors	36	2	曹树金	第二学期
		IM-7112	网络情报学研究 Study of Network Information Science	36	2	曹树金	第二学期
		IM-7113	数字图书馆专题研究及前沿进展 Research Topics and Frontier of Digital Libraries	36	2	黄晓斌	第二学期
		IM-7136	信息分析与情报研究 Information Analysis Intelligence Study	36	2	黄晓斌	第二学期
		IM-7137	知识管理及信息系统高级理论与模型 Advanced Theories and Models of Knowledge Management and Information Systems	36	2	彭国超、龙乐思	第二学期
		IM-7138	信息系统及情报学研究方法高级伦理 Advanced Ethics for Information Systems and Information Science Research Methods	36	2	龙乐思、彭国超	第二学期
		IM-7139	信息系统及情报学研究成果发表 Research Output from Research in Information Systems and Information Science	36	2	彭国超、龙乐思	第二学期
		IM-7121	信息计量与科学评价研究 Study of Informetrics & Scientific Evaluation	36	2	张洋	第二学期

续表

		课程代码	课程名称 / 英文名称	学时 / 个	学分	课程负责人	备注
选修课	教学实践	IM-7119	Web 文本语义分析方法 Semantic Analysis Methodology for Web Texts	36	2	路永和	第二学期
		IM-7140	Web 科技文献分析 Analysis of Web Literature in Science & Technology	36	2	路永和	第二学期
		IM-7141	信息法律前沿 Advancement of Information Law	36	2	韦景竹	第二学期
		IM-7142	政府信息资源管理研究前沿 Research Fronts of Government Information Resources Management	36	2	韦景竹	第二学期
		IM-7108	电子政务与电子文件管理 E-Government & E-documents Management	36	2	陈永生	第二学期
		IM-7109	信息资源整合与档案数字化 Integration of Information Resource & Digitalization of Archives	36	2	陈永生	第二学期
		IM-7110	档案资源开发与档案图书化 Development of Archives Resource & Publication of Archives	36	2	陈永生	第二学期

（七）培养环节与要求

参照学校相关规定及《资讯管理学院博士研究生中期考核办法》《资讯管理学院博士研究生论文工作检查及预答辩办法》执行。

（八）学位论文

博士学位论文应在导师指导下由博士研究生本人独立完成。要求在科学或专门技术上做出创造性成果，具有重要的意义和应用价值。论文工作应反映出博士研究生在本学科内掌握了坚实宽广的基础理论和系统深入的专门知识。

博士研究生应在学位论文中对自己的创造性成果做出详尽阐述，阐明本领域前人已有的成果和自己的贡献，要求文字简练、数据可靠、层次分明、说理透彻、格式规范。

参照学校相关规定及《资讯管理学院博士研究生论文工作检查及预答辩办法》《资

讯管理学院关于博士学位论文过程管理的补充规定》执行。

（九）论文答辩与学位授予

凡通过博士学位课程考试，完成学位论文工作，符合资讯管理学院有关发表学术论文要求的博士生，可以按照《中山大学硕士、博士学位授予工作细则》的有关规定申请进行博士学位论文答辩。资讯管理学院有关发表学术论文的具体要求参见《资讯管理学院博士生发表学术论文的具体规定》。

（十）必读和选读书目

必读和选读书目如附表 2–10 所示。

附表 2–10　必读和选读书目

序号	著作或期刊名	作者及出版社	必（选）读	考核方式	备注
1	情报研究方法论	包昌火；科学技术文献出版社，1990	选读	读书报告	
2	信息分析导论	孙振誉；清华大学出版社，2006	选读	读书报告	
3	数字图书馆发展趋势研究报告	刘小琴、吴建中；上海科学技术文献出版社，2016	选读	读书笔记	
4	数据挖掘概念与技术	Jiawei Han，Micheline Kamber，Jian Pei；机械工业出版社，2012	选读	读书笔记	
5	文化、治理与社会：托尼·本尼特自选集	（英）托尼·本尼特；王杰等译，东方出版中心，2016	选读	读书笔记	
6	阅读的未来	（美）罗伯特·达恩顿；熊祥译，中信出版社，2011	选读	读书笔记	
7	请导师们补充		选读	读书笔记	

七、吉林大学图书情报与档案管理学科博士研究生培养方案

（一）主要研究方向及研究生指导教师

本博士研究生学科设置的主要研究方向为：情报科学、信息资源管理、图书馆管理、档案管理。

（二）培养目标

本学科博士研究生的培养目标为：

①掌握马克思主义的基本原理，热爱祖国，遵纪守法，品德优良，学风严谨，具有实事求是、不断追求新知、勇于创造的科学精神，积极为社会主义建设服务。

②掌握本学科坚实宽广的基础理论和系统深入的专门知识，具有独立从事科学研究和教学工作、组织解决重大实际问题的能力，并在科学或专门技术上做出创造性成果。

③至少掌握一门外语，能熟练阅读外文资料，具有撰写学术论文和进行国际学术交流的能力。

④有健康的体魄。

（三）学习年限

本学科博士研究生在学习年限上的具体要求如下：

①脱产学习的博士研究生学习年限一般为 3 年。

②在职学习的博士研究生学习年限一般为 4 年，最长不超过 6 年。

③对于提前达到培养目标、成绩优良并做出创造性成果的博士研究生，经本人申请、指导教师同意、学院审批后报研究生院批准，可申请提前答辩；由于客观原因不能按时完成学业的博士研究生，经本人申请、指导教师同意、学院审批、研究生院批准后，可延长学习年限。没有提出延期报告或延长期已满但仍未完成博士论文工作的博士研究生，均按结业处理。

（四）培养方式

①博士研究生的培养以科学研究为主。重点是要培养其独立从事科学研究工作的能力，并根据培养方案的要求、学位论文的需要和个人的特点要求博士研究生选择学习相关课程。在拓宽基础、加深专业、掌握前沿的基础上，使博士研究生学会创造性从事科学研究的思维方法并具备严谨务实的科学作风。

②博士研究生的培养实行指导教师负责制，一般采取以指导教师为主的集体指导的方式。对每个博士研究生都要成立以指导教师为主的指导小组。博士研究生指导小组的

成员由其指导教师提名，报研究生培养处备案。指导小组的成员一般应由至少 5 ～ 6 名（含其指导教师）具有副教授及以上职称的教师担任。

③指导教师要根据本学科培养方案的要求，结合博士研究生的基础和特长，指导博士研究生制订出个人培养计划。博士研究生课程学习可在规定期限内与论文工作穿插进行，但最迟要在论文定稿前获得全部学分。

④指导教师应积极安排和帮助博士研究生参加国内外学术交流活动，使其了解国内外学术动态，开阔科学视野，活跃学术思想，掌握学科前沿信息。

⑤指导教师和指导小组成员要关心博士研究生的全面成长，重视对博士研究生的思想政治教育和道德品质教育，严格要求，严谨治学，培养博士研究生良好的职业道德和团结协作的精神，做到既教书又育人。

⑥学院将努力为博士研究生创造良好的学术环境。本学科点将积极举办学术研讨会或学术报告会，为博士研究生创造学习和交流的机会。

（五）课程设置及学分要求

本学科设置必修课及选修课，课程学习实行学分制，总学分要求为不少于 16 学分，其中必修课为 12 学分，选修课不少于 4 学分。具体课程为详见附表。

博士研究生可在指导教师指导下在本学院或本学校内选修其他相关博士研究生课程。

对于本科及硕士阶段为非经管类专业的博士研究生，要求在指导教师指导下选修不少于 10 学分的经管类硕士研究生阶段的课程。

本学科设置的必修课程均为考试课，以百分制评定成绩；选修课程为考查课，以合格与否评定成绩。

（六）学位论文及必修环节基本要求

本学科对博士研究生的学位论文及其他必修环节的基本要求按《管理学院博士研究生主要培养环节的暂行规定》执行。

八、南京农业大学图书情报与档案管理一级学科学术型研究生培养方案

南京农业大学图书情报与档案管理一级学科学术型研究生培养方案如附表 2–11 所示。

附表 2–11

学院	信息管理学院	培养类别	博士
一级学科名称	图书情报与档案管理	学科代码	1205
适用年级	从 2019 级开始适用	修订时间	2019 年 6 月
覆盖二级学科或研究方向			
学制	硕士：3 年；博士：4 年		
学分	硕士：总学分≥ 18 学分，其中课程学分≥ 14 学分，其他培养环节 4 学分		
	博士：总学分≥ 15　学分，其中课程学分≥ 11　学分，其他培养环节 4 学分		
培养目标（800 字以内）	培养为我国社会主义建设服务，德、智、体全面发展并能独立从事高层次教学、科研等工作的图书情报与档案管理学科的高级专门人才。具体要求如下：①掌握马列主义、毛泽东思想的基本原理和邓小平理论，坚持四项基本原则，树立正确的世界观和人生观，具有坚定正确的政治方向；热爱祖国，献身科学；遵纪守法，品德优良，具有严谨的治学态度、团结协作的精神和开拓、求实与创新的事业心；②在图书情报与档案管理学科领域内掌握坚实宽广的基础理论和深入系统的专门知识；具有独立从事图书情报与档案管理理论分析和社会实践的能力；熟悉本学科发展的前沿，并在所研究的课题中取得创造性的成果；至少掌握一门外语，能熟练地阅读本专业的外文资料，具有一定的写作能力和进行国际学术交流的能力；理论联系实际，善于进行跨学科的合作，适应社会发展对复合型、应用型人才的需要		

课程设置								
课程类别	课程编号	课程中文名称	学分	开课学期		博士		备注
公共（学位）课：硕博士 4 学分	MARX6003	中国马克思主义与当代	2	秋				
	FOLL6102	博士学位英语	2	秋、春				
核心（学位）课：博士≥ 4 学分	SCLI8002	图书馆学情报学研究方法	2	春				
	SCLI8003	信息资源管理研究前沿	2	秋				

续表

选修课程	SCLI8004	知识管理与知识发现	2	春				
	SCLI8005	信息资源服务与评价	1	春				

其他培养环节及要求		
其他培养环节	内容或要求	考核时间及方式
研究班讨论	博士 2 学分	由主持的教师确定考核时间和方式
学术交流	博士 2 学分	学生学术交流次数不达标，则不能参加论文正式答辩
资格考试与中期考核（必选）	博士生在第四学期内进行中期考核，具体按《南京农业大学研究生中期考核暂行规定》执行。 博士生在中期考核前应通过“博士资格考试”。具体见《南京农业大学博士生资格考试暂行规定》	具体按研究生院有关规定执行
开题报告	研究生学位论文的开题报告应在学科内公开进行，具体按《南京农业大学研究生开题报告暂行规定》执行	开题报告应在中期考核前完成，并在学科内公开进行。开题报告审核通过后至少半年方可申请答辩
社会实践		
教学实践	协助导师参加教学实践	不少于 2 次，由导师确认
校外学习、交流经历	参加院级及校外学术交流活动、在学院范围内做学术报告	参加学术交流活动须填写参加活动记录，并由学科点进行统计，累计次数低于 10 次视为不通过
学位论文	学位论文工作是研究生培养的重要组成部分，是对研究生进行科学研究或承担专门技术工作的全面训练，是培养研究生创新能力、综合运用所学知识发现问题、分析问题和解决问题能力的主要环节。博士研究生学位论文答辩及学位申请工作包括预答辩资格的申请、预答辩、答辩资格的申请、论文（双盲）评阅、答辩、学位授予及学位公示等环节。其具体要求依据《南京农业大学研究生学位论文答辩及学位申请工作规定》执行	
本学科主要文献目录（选填）		

续表

序号	著作或期刊名称	作者	备注（选读 / 必读）
1	Information Resource Management	Betty R Ricks	必读
2	Research Methodology：From Philosophy of Science to Research Design	Novikov、 Alexander M.	必读
3	情报计量学引论	埃格希、鲁索著，田苍林、葛树青译	必读
4	情报分析心理学	Richards J.Heuer · Jr，张魁、朱里克译	必读
5	情报语言学基础	张琪玉	必读
6	信息服务与用户研究	胡昌平	必读
7	Journal of the Association for Information Science and Technology	the Association for Information Science and Technology（ASIS&T）	必读
8	Journal of Documentation	Association of Special Libraries and Information Bureaux（Great Britain）	必读
9	Journal of Information Science；Principles & Practice	Amsterdam：Published for the Institute of Information Scientists by North-Holland Publishing	必读
10	Scientometrics	Springer；Budapest：Akademiai Kiado	必读
审核意见			
学院意见	院长（签名）： 年 月 日		
学位分委员会审核意见	学位分委员会主席（签名）： 年 月 日		

九、中国科学院大学情报学博士培养方案

（一）培养目标

①具有坚定的社会主义信念、爱国主义精神和社会责任感；具有良好的科研道德和为科学献身的精神；具有辩证唯物主义的世界观；具有进取、创新、唯实、协同的品德和健康的身心。

②在图书馆学、情报学方面掌握坚实宽广的基础理论和系统深入的专门知识，对其基本理论和方法有透彻的了解，系统掌握本学科及相关学科的基础知识和技能，充分把握国际相关领域发展的最新动态，具有较强的科研能力和跨学科研究的素养，对所研究的领域有独到见解，具有独立从事科学研究工作的能力，在科学或专门技术上做出创造性的成果；至少熟练掌握一门外国语，能熟练阅读该语种的专业资料，并具有一定的应用该语种的写作能力和进行国际交流的能力。

（二）学科专业及研究方向

研究方向 1：情报理论方法与应用

现代情报学理论主要研究知识与学术信息的生产、采集、评价、组织、存储、检索、分析研究和传播交流服务、情报用户需求与行为等基本理论问题，探索情报学基本原理和方法在信息组织与管理、知识资源规划、管理、评价、开发利用及知识服务能力建设中的应用。

本研究方向主要内容包括：情报学理论与方法应用研究、主题领域包括战略情报研究与决策咨询、学科情报研究与学科战略、专利情报研究与技术转移情报研究、竞争情报研究等。情报学理论与方法的研究涉及管理学（技术创新、战略管理、竞争管理）、科学史与科学社会学、计算机科学、数据科学、智能技术与信息可视化等。本学科方向专注于数字化网络环境下，新情报服务理论和方法的分析和探讨，关注知识组织和管理的原理、知识挖掘与集成工具、知识发现与分析技术、知识服务理论与模式，以及学术知识服务系统的建设与综合应用的研究。本学科领域具有综合交叉的特点，涉及战略情报研究与决策咨询，面向宏观科技管理与战略规划，开展智库型情报研究，为创新型国家建设提供咨询服务；围绕区域、行业、产业等技术创新、产业升级等的决策情报需求，开展产业情报研究、竞争情报研究；围绕科学技术创新，提供学科情报分析、技术情报咨询，探索嵌入科技创新全价值链的深层次学科战略情报、技术转移转化、研发机构竞争等情报服务，建设技术创新与知识产权管理、技术标准情报研究与服务的方法

体系。

研究方向 2：科学计量学与应用

科学计量学是运用定量分析方法对科学活动各个方面和整体进行研究，以揭示其发展规律、评估科研活动成效、描述科学活动特点的应用学科。科学计量学是文献计量学、信息计量学与科学学相互交叉的产物。科学计量数据及方法可为相关领域科技政策的研究和制定提供可信程度较高的分析依据，被认为是情报学领域最有发展前景和潜力的子领域，是当前情报学、科学学研究中非常活跃的领域。

本方向注重培养学生理论联系实践的能力。要求学生在扎实掌握计量分析理论与方法的基础上，了解科学活动的基本特点，形成定量与定性分析方法相互补充的正确理念；同时以大型文献数据库如 WOS 数据库为主要依托，根据应用目标，合理设计和灵活应用科学计量指标体系，构建具有可操作性的数据处理路线，并能够对数据结果进行分析和解释，形成合理的研究结论。

近年来，科学计量学研究的重点主要包括以下内容：①计量方法、指标和模型研究：新的计量测度指标设计、计量指标的可比性、归一化研究、计量数据的“共现”理论研究与处理技术、数据挖掘方法在计量分析中的应用、科学图谱绘制原理与应用；②科学活动规模揭示和现象的解读：遴选科学前沿领域，测度学科交叉，挖掘科学合作模式，挖掘学科演化特征等，绘制科学技术的宏观微观结构，探究科学活动各个方面的规模及运行机制等；③科技评价理论与方法研究：评估不同研究主体，如国家、科研机构、科研人员、学术期刊、学科领域的科研绩效和学术影响力。

研究方向 3：智库理论与实践研究

党的十八大以来，随着党和政府治国理政方式的变化，具有中国特色的新型智库建设成为各学科各领域的重大战略任务和新的研究课题。创新型国家建设需要新型智库研究成果。智库研究的主要功能是资政启民，它集成了战略研究、政策研究、咨询研究、决策支持等领域的研究范式与研究成果，更加强调研究成果对政策决策的支撑作用，也比一般的学术研究具有更重大、更广泛、更深刻的影响。在国家建设的各个领域，都需要智库专家和智库成果。智库建设与智库成果都离不开智库的理论研究与实践创新，需要在智库的体制机制、运行模式、成果质量、智库与产品评价、智库传播与影响力、智库人才培养等多个方面加强研究，不断提升我国新型智库研究的能力与研究水平，更好地支撑国家的建设与发展及参与全球的竞争。

本研究方向主要内容包括：智库建设的理论与方法、新型智库建设探索、智库服务与定位、智库的功能与作用、智库运行模式与机制、智库评价与管理、智库产品与传播，以及智库建设与科学决策的相关关系研究等。

研究方向 4：知识技术与智能信息处理

面对海量分布的数字信息资源，如何推动这些数字信息资源从“Data”“Information”到“Intelligence”和“Solution”的转换，日益成为当前信息系统研究和开发所必须面对的一个重要课题。本研究方向致力于利用新兴的知识技术（文本分析、知识抽取、知识发现、数据挖掘等），对海量的数字科研信息资源进行挖掘和分析，使情报研究人员、战略科学家、科研工作者、图书馆用户能够及时发现和了解新的知识，提高数字科研信息资源的利用水平。本研究方向主要关注以下几个方面：①重视利用“知识抽取”来解决非结构化文本处理。针对数字科研信息资源多为非结构化资源的特点，致力于利用“知识抽取”技术来处理，将非结构化文本转换成为可计算的知识对象。②积极将文本挖掘、语义标注、机器学习、可视分析、网络分析等新技术方法和传统的文献计量学、引文分析相结合，推动信息计算（Computational Informatics）理论和方法的研究，致力于利用计算技术手段分析和描绘学科领域的结构关系和演化进程。③利用大数据挖掘和知识分析技术，积极探索学科和技术发展的信息监测、分析和预警的技术方法。致力于通过科技信息监测分析技术方法的研究和突破，来实现对科技领域的全景分析、新内容识别、热点发现、特色探测、变迁追踪、趋势预测和机会发现。

（三）培养方式及学习年限

1. 培养方式

博士研究生按照招考方式，分为公开招考、硕博连读和直接攻博等 3 种。

①博士研究生的培养实行导师组指导下的导师负责制。导师依据本培养方案的要求和学生的个人特点，结合本领域学科发展需要、创新任务及本专业研究方向，在学生入学后 3 个月内拟定出博士研究生的培养计划，对博士生课程学习、文献阅读、学术活动、科学研究工作等的要求和进度做出计划与时间安排。培养计划可在执行过程中逐步完善。

②博士研究生的培养以指导学生进行与学位论文相关的科学研究为主，要求学生做出创新性成果，并按期撰写完成学位论文。同时，根据培养目标和实际需要，导师应指导学生学习有关的基础理论和专业知识，完成课程学习。

③博士研究生导师应将学生的政治思想、道德品质、为科学而献身的敬业精神、相互协作的团队精神、良好的科学道德和科研业务素质的培养与教育工作贯穿于整个培养

过程中。研究生党支部、研究生部、导师、博士研究生所在部门党支部负责博士生的日常政治思想工作。

2. 学习年限

①公开招收的博士生，基本学制一般为 3 年，最长修读年限（含休学）不得超过 6 年；通过硕博连读方式招收的博士生，包括硕士阶段在内最长修读年限（含休学）不得超过 8 年；通过直接攻博方式招收的博士生，基本学制一般为 5 年，最长修读年限（含休学）不得超过 8 年。

②博士研究生实行基本学制基础上的弹性学制。博士研究生提前完成学位论文并符合论文答辩资格，可申请提前毕业（最多可以提前 1 年毕业）。若因特殊原因未能按时完成学习任务，须由本人提出申请延长学习期限，经导师同意，延长期间的费用由学生本人或导师所在项目组或部门承担。提前和延期毕业均须在毕业前半年提出申请并经主管领导审批后，方可实行。

（四）课程体系与学分要求

硕博连读研究生、直接攻博研究生在申请博士学位前，课程学习总学分不低于 37 学分，其中学位课不低于 25 学分，即公共学位课 9 学分，包括政治理论课程、人文系列讲座课程和外国语类课程；专业学位课不低于 16 学分。

本学科非硕博连读研究生课程体系包括学位课和非学位课，学位课是为达到培养目标要求，保证研究生培养质量而必须学习的课程，分为公共学位课和专业学位课两类。其中，公共学位课包括政治理论课程、人文系列讲座课程和外国语课程；专业学位课包括专业核心课、专业普及课、专业研讨课。非学位课是为拓宽研究生知识面、完善知识结构或加深某方面知识而开设的课程，包括公共选修课和专业选修课（从专业核心课、专业普及课、专业研讨课、科学前沿讲座中选修）。

硕博连读研究生、直接攻博研究生的专业课程具体设置，遵照中国科学院大学教务部统一安排执行。

公开招考的博士研究生在申请博士学位前，课程学习总学分必须不低于 7 学分，其中包括政治理论课程和外国语类课程等的公共学位课 3 学分，专业学位课（包括专业核心课、专业普及课）不低于 4 学分。

（五）需阅读的主要经典著作和专业学术期刊目录

主要经典著作由导师组或各方向导师提供。

专业学术期刊，国外的以 SCI 和 SSCI 为主，国内的以北京大学图书馆《核心期刊要目总览》的核心期刊为主。

（六）必修环节及要求

博士研究生培养的必修环节包括开题报告、中期考核、学术报告和社会实践等，必修环节的总学分不低于5学分。其中，通过开题报告获1学分；中期考核合格获1学分；参加学术报告不少于10次获1学分；参加“三助”（教学助理、管理助理、科研助理）等社会实践活动12个月以上获2学分。

学位论文是研究生学术水平和科研能力的综合表现，也是能否取得学位的关键，其用于论文研究工作的时间一般不应少于两年。博士学位论文要选择在国际上属于学科前沿的课题或对国家经济建设和社会发展有重要意义的课题，要突出论文在科学和专门技术上的创新性和先进性，并能表明作者在本门学科上掌握了坚实宽广的基础理论和系统深入的专门知识，具有独立从事科学研究工作的能力。

博士学位论文应在导师指导下，由博士研究生本人按照《中国科学院大学学位论文撰写要求》独立完成。博士学位论文必须是一篇系统的、完整的学术论文，论文要着重对自己的创造性成果做出详细的阐述，学术观点明确，立论正确，逻辑严谨，文字通畅，数据可靠，层次分明。

博士学位论文工作包括论文开题报告、论文中期考核、论文预答辩、论文评阅和论文答辩等环节。

十、湘潭大学图书情报与档案管理一级学科博士研究生培养方案

（一）学科概况

本学科创办于1980年，1998年获批图书馆学硕士点，2006年分别获批档案学、情报学硕士点，2010年获批图书情报与档案管理一级学科硕士点，2011年获评湖南省“十二五”重点学科，2018年获批图书情报与档案管理一级学科博士点和湖南省“国内一流培育学科”，教育部第四轮学科评估为C+等级，是国内创办较早、建制完整、特色鲜明的图书情报与档案管理一级学科点。

本学科现有专任教师45人（教授16人、副教授16人，获博士学位31人），其中，教育部新世纪优秀人才计划专家2人，教育部本科教学指导委员会委员3人，中国信息化百名学术带头人1人，霍英东基金青年教师奖获得者1人，宝钢优秀教师奖获得者1人，湖南省优秀青年社会科学专家1人，湖南省青年社会科学“百人工程”专家2人，

湖南省新世纪“121 人才工程”人选 3 人，省级青年骨干教师及培养对象 8 人，湖湘青年英才 1 人。设有图书馆学、信息管理与信息系统、档案学和数字出版 4 个本科专业，凝练出图书馆学、情报学、档案学、信息资源管理、出版发行学 5 个学术学位硕士研究生研究方向。学科拥有湖南省普通高校哲学社会科学重点研究基地“信息资源管理与知识产权研究基地”、湖南省社会科学普及基地“公共信息资源管理与开发利用科普基地”和中央财政支持地方高校发展专项资金教学实验平台“信息资源管理与数据工程实验中心”，同时学科还获批了“信息资源管理研究生培养创新基地”“湖南省图书馆学研究生培养创新基地”两个湖南省研究生培养创新实践基地，也是湖南省图书情报技术人员继续教育培训基地和湖南省档案干部教育培训基地。学术成果与教研成果获得第六届高等学校科学研究优秀成果奖（人文社会科学）三等奖、湖南省哲学社会科学优秀成果奖二等奖、三等奖、湖南省科学技术进步奖二等奖、三等奖、湖南省教育科学研究优秀成果奖二等奖等省部级以上奖励 10 余项，近 10 位硕士研究生获得湖南省优秀硕士学位论文奖。

本学科基于大数据和“互联网 +”时代背景，面向国家和地方重大战略需求，立足湖南省经济社会发展实际，为我国党政机关、企事业单位培养从事图书馆管理与数字出版、竞争情报与管理咨询、档案管理理论与信息化建设、信息资源管理与电子政务、公共危机管理与信息预警等方面工作的高端人才，加强图书情报与档案管理领域知识创新与技术创新，发挥学科智库作用，为经济社会发展提供决策参考咨询服务，努力建设成在国际上有一定影响、位居国内前列的一流学科。

（二）培养目标

本一级学科博士点主要为图情档机构、政府机关、企事业单位、社会团体培养具有现代信息管理理论和素养，掌握先进信息管理方法与技术的高层次专门人才，也为教育机构、新型智库机构和科学研究机构培养具有扎实理论基础，具备较强科研业务能力的信息管理教学和研究人员。具体要求有以下几个方面：

1. 综合素质要求

较好地掌握马克思主义的基本原理，坚持党的基本路线，热爱祖国，热爱人民，遵纪守法，具有较强的事业心、责任心和奉献精神。恪守学术道德规范，遵纪守法，不抄袭、剽窃、篡改他人学术成果，不伪造或篡改数据、文献、注释，坚决抵制和消除学术不端行为。

2. 专业知识要求

经过培养和训练，掌握图书馆学、情报学、档案学、信息资源管理等学科理论、前沿知识和发展动向，养成信息资源管理思维，熟练掌握现代研究方法和研究手段，包括各种常用的统计软件或研究工具。

3. 全面能力要求

具有独立从事科学研究的能力，能够独立承担和完成专业课题研究工作，能有效解决图书情报与档案管理领域的理论或实际问题，并为推进图书情报与档案管理的思想认知和学术发展做出贡献，熟练阅读本学科的外文资料，并具有较强的外文写作能力。

（三）培养方向

1. 图书馆学

主要研究内容：探讨图书馆学理论与方法、数字图书馆、图书馆管理、信息咨询与用户服务、信息检索与利用、信息产权、数字出版等研究议题。

2. 情报学

主要研究内容：探讨情报学理论与方法、信息咨询与决策、电子商务与现代物流、竞争情报与知识管理、信息计量、信息生态等研究议题。

3. 档案学

主要研究内容：探讨档案学理论与方法、电子政务、政务信息管理与利用、电子文件与档案管理现代化、信息安全与文献保护技术、信息产权与信息伦理等研究议题。

4. 信息资源管理

主要研究内容：探讨信息资源管理的基础理论、方法与技术、信息资源的组织与过程管理、信息资源管理的标准与规范、信息资源安全管理、信息系统的管理及软件质量管理等研究议题。

（四）学习年限

根据《湘潭大学研究生学籍管理规定》相关条款执行。

（五）课程设置

课程设置如附表 2–12 所示。

附表 2–12　课程设置

类别	学分	课程名称	课程代码	学分	学时 / 个	开课学期	开课院系	考核方式	适用专业方向
公共必修课	6	中国马克思主义与当代	D9991001	2	36	1	马克思主义学院	考查	各方向
		马克思主义经典著作研读	D9991002	1	18	1	马克思主义学院	考查	各方向
		第一外国语	D9991004	3	54	1	外国语学院	考试	各方向
专业基础课	6	图情档前沿知识讲座	D0101008	2	36	1	公共管理学院	考查	各方向
		社会科学研究方法	D0101003	2	36	1	公共管理学院	考查	各方向
		信息资源组织理论	D0101010	2	36	1	公共管理学院	考查	各方向
专业必修课	4	知识管理研究	D0101011	1	18	2	公共管理学院	考查	各方向
		大数据分析方法及应用研究	D0101012	1	18	2	公共管理学院	考查	各方向
		信息咨询与决策研究	D0101013	1	18	2	公共管理学院	考查	各方向
选修课	6	创新创业理论与实践	D9992003	1	18	2	公共管理学院	考查	各方向（必选）
		科研论文写作	D0102001	1	18	2	公共管理学院	考查	各方向（必选）
		党内法规学	D9992002	1	18	2	公共管理学院	考查	各方向
		图书馆学理论与方法	D0102009	1	18	3	公共管理学院	考查	方向 1
		文献信息学理论与方法	D0102010	1	18	3	公共管理学院	考查	方向 1

续表

类别	学分	课程名称	课程代码	学分	学时 / 个	开课学期	开课院系	考核方式	适用专业方向
		数字图书馆研究	D0102011	1	18	3	公共管理学院	考查	方向 1
		情报学理论与方法	D0102012	1	18	3	公共管理学院	考查	方向 2
		竞争情报与战略管理	D0102013	1	18	3	公共管理学院	考查	方向 2
		信息政策信息法规	D0102014	1	18	3	公共管理学院	考查	方向 2
		档案学理论与方法	D0102015	1	18	2	公共管理学院	考查	方向 3
		电子文件管理研究	D0102016	1	18	2	公共管理学院	考查	方向 3
		档案公共服务与信息开发	D0102017	1	18	2	公共管理学院	考查	方向 3
		信息需求与信息消费	D0102018	1	18	3	公共管理学院	考查	方向 4
		知识产权与信息服务	D0102019	1	18	3	公共管理学院	考查	方向 4
		信息生态与信息构建	D0102020	1	18	3	公共管理学院	考查	方向 4
实修课	不计学分	信息资源管理理论与方法	D0103004	—	—	—	公共管理学院	考查	跨学科专业学生实修
		信息调查理论与实践	D0103005	—	—	—	公共管理学院	考查	
		管理信息系统开发与应用	D0103006	—	—	—	公共管理学院	考查	

（六）学分要求

应该修满的学分总数为 22 学分，其中公共必修课为 6 学分，专业基础课为 6 学分，专业必修课为 4 学分，选修课为 6 学分。

补修课是指少数跨学科或以同等学力考取的研究生未修过而必须补修的课程，对跨学科专业的博士研究生来说，需要补修该专业的硕士研究生课程或本科生课程。补修课不记学分，但有科目和成绩要求，学习及考核应与正常修课的学生完全相同，补修课记入研究生成绩单，应补修而未补修或者补修成绩不合格者不能参加学位论文答辩。

（七）学位论文

学位论文写作是博士生培养的核心环节。博士论文研究工作实行导师负责制。博士学位论文是博士生培养质量和学术水平的集中反映，应在导师指导下由博士生独立完成。博士学位论文应是信息管理研究领域的有重要学术价值和创造性的学术论文，应对信息管理等方面的实践具有建设性指导意义，应能反映出博士生在本领域中已经掌握了坚实宽广的基础理论、系统深入的前沿知识和规范科学的研究方法，具备了独立从事教学或科学研究工作的能力。博士生用于科学研究和学位论文工作的时间，一般不得少于 2 年，硕博连读培养的研究生一般不得少于 3 年。正文篇幅应在 10 万字以上，符合学位论文的规范。

1. 选题

选题应体现本专业的学科前沿和经济社会发展的需要，具有较强的科学意义、学术价值和创新性，鼓励研究生参与导师承担的科研项目。

2. 开题报告

博士研究生在主要课程学习完成后应在指导教师的指导下，查阅文献资料，深入调查研究，确定具体课题，并尽早完成开题报告。开题报告的具体时间由导师决定，但距离申请答辩的日期一般不少于 1 年。开题报告的内容应当包括：课题的来源及选择本课题的指导思想，前人对本课题研究取得的成果、存在的问题，当前国内外研究动态和自己的见解，本课题研究的内容、目的和意义，目前工作进展情况、存在问题及解决的方法和措施，完成论文时间及预期结果，论文工作进度安排等。文献综述中所查阅的外文文献不少于 30 项、中文文献不少于 100 项，所查阅的中外文文献中近 10 年的文献应当占所有文献的 70%以上。

开题报告由导师组为主体组成的考核小组（其中至少有 3 名博士生导师）评审。准备开题的博士研究生要在开题前 1 周将书面的选题报告交考核小组成员和学院教务办，并领取研究生选题报告及论文工作计划表。评审通过后 1 周内，将填写好的开题报告及论文工作计划表交学院教务办备案。

3. 中期检查

中期考核安排在博士生进入第四学期学习阶段。中期检查的内容包括：学位论文工作是否按开题报告预定的内容及进度安排进行，目前已完成的研究工作及阶段性成果，后期拟完成的研究工作及进度安排，存在的困难与问题及解决方案，下阶段工作计划及预计完成时间，如期完成学位论文全部工作的可能性等。中期检查结果分合格和不合格两个等级，中期检查合格者，可以继续相应学位论文研究工作，中期检查仍不合格者，做延期答辩处理。

4. 预答辩

博士学位论文预答辩是博士生在申请学位论文正式答辩之前进行的一次集体指导，是保证博士学位论文质量的重要环节，其主要目的是查找博士学位论文存在的主要问题，帮助博士生进一步修改完善论文。博士生完成学位论文撰写工作，经导师同意后提出书面申请，由学院组织预答辩，至少在学位论文正式送审前两个月完成预答辩。预答辩专家组原则上由 3 ～ 5 名本学科及相关学科的教授组成，其中至少有 1 ～ 2 名博士生导师。申请人指导教师可参加预答辩，但不参加表决。

5. 论文评阅与答辩

学位论文须由 5 位相关学科的高级职称人员评阅论文（其中有 3 名是校外专家），评审通过后才能申请答辩。答辩委员会由 5 人以上（含 5 人）具有高级职称人员组成，答辩委员会主席必须是校外专家。论文答辩决议采取无记名投票方式，经全体成员 2/3 以上（含 2/3）同意方得通过。博士学位论文答辩不合格的，经论文答辩委员会同意，可在半年内修改论文，重新答辩。

（八）中期考核流程

中期考核是在博士研究生进入学位论文工作前，对其政治思想、道德品质、组织纪律、学习成绩等方面进行全面考核的一项工作。

1. 考核对象

课程学习和实践活动环节结束，将进入学位论文工作的博士研究生。

2. 考核内容与原则

达到以下要求，博士研究生方可进入论文写作阶段。

①坚持四项基本原则，拥护中国共产党的领导，拥护社会主义，热爱祖国，为社会主义建设事业服务，遵纪守法，品行端正。

②专业基础理论较扎实，专业知识系统全面。具有独立从事科学研究的能力，已获得一定科研成果，开题报告获得通过，能比较熟练地运用一种外国语阅读本专业外文资料。

③完成培养方案规定的各项学习任务，成绩合格，修满学分，以同等学力和跨学科专业入学的博士研究生还必须补修完要求的补修课程，且成绩合格。

有下列情况之一的研究生，不得进入论文写作阶段，并根据研究生学籍管理办法的有关规定酌情处理。

①博士生有1门学位课考核不合格经重修后仍不合格的，或2门课程考核不合格的；

②无故不参加考试，或行政处分记过以上者；

③在学期内，事假累计超过1个月或旷课累计达30课时，或擅自离校达1周以上（包括寒暑假后逾期注册）者；

④成绩合格，但科研能力很差，或其他原因，不宜继续培养者；

⑤尚未完成某教学环节者。

博士生中期考核通过者，可进入博士学位论文工作阶段，被终止学籍者，发给学历证明，其已获得硕士学位者，仍按硕士生毕业进行就业派遣工作，未获得硕士学位的（提前攻博者），可继续进行硕士学位论文工作。

3. 考核方法

博士研究生的中期考核主要以学位论文的进展报告形式进行。

（九）实践要求

1. 学术活动与学术报告

实行博士生学术报告制度。博士生在论文工作期间每学期至少做 2 次学术报告，博士生在学期间应听取 10 次以上学术报告。学术报告记载表经导师签字后自己留存，申请答辩前交教务办查验。

2. 教学实践

博士生应在第一学年结束后、第二学年开始前的暑假参加实践活动。社会实践活动包括教学实践和社会调查两种形式，博士生可任选其一。教学实践是讲授本科生、硕士研究生的课程若干章节或专题，时间为 6 ～ 8 个学时，一般安排在第二学年进行，特殊情况可以提前或延后学期进行。教学实践结束后，需填写专门考核表，由导师负责给出评定。

3. 社会调查

社会调查是到政府、公共部门或社会组织访谈、资料收集等。一般安排在第 4 至第 5 学期进行，也可适当提前开始进行，时间 4 周左右。调查研究应在导师指导下拟定调研计划，认真执行。调研结束要写出 3000 字以上的调研报告，由导师给出评定。

（十）申请博士学位的成果要求

在读期间，具有硕士学位的博士研究生至少要在 CSSCI 源刊上发表 3 篇学术论文，硕博连读的博士生至少要在 CSSCI 源刊上发表 4 篇学术论文。发表学术论文的排名要求为以博士研究生为第一作者或通信作者，或导师为第一作者、博士研究生为第二作者。发表学术论文的第一署名单位必须是湘潭大学，内容应与本学科研究内容相关。

附录 3
iSchools 代表成员人才培养计划方案（汉语翻译）

一、Class：Sustaining

（一）奥斯陆都会大学：档案系，图书馆和信息科学系（挪威）

硕士研究生

硕士课程为两年，包括学位论文写作和理论课程。论文写作是一项独立的科学工作，是在监督下进行的。课程包括一般系统管理、核心网络与广泛的实验室工作、路由、安全分析和实现。学生应该阅读和理解研究论文，并在课堂上相互讨论。沟通和表达技巧也在重点要求内容之列。 本课程提供 3 种选择：60 学分的一篇长论文，60 学分的课程和 30 学分的一篇短论文， 90 学分的课程。长论文会有一个应用程序。

（二）波拉斯大学：瑞典图书馆和信息科学学院（瑞典）

博士研究生

波拉斯大学在图书馆学和情报学领域有博士学科点。这包括广义上的有意义信息处理、如何进行信息组织、使其可搜索和可访问，以及如何通过各种技术和信息服务传输这些信息。该研究涉及个人和组织在获取各种活动、教育或实验所需相关信息时的条件和方法。该领域主要关注图书馆学和信息服务，以及个人和组织如何搜寻、使用和获取信息。从微观和宏观两个层面对这些问题进行研究，也包括文化和信息政策问题。

（三）林奈大学：信息研究所（瑞典）

1. 硕士研究生

信息系统为企业和人们提供了交流、学习、创新和组织的机会。信息系统硕士课程将提供有关信息系统规划、信息系统设计、在组织及商业中信息系统使用及参与决策的先进广泛的知识。它还将为情报学的研究打基础。其目的是让每个学生具备描述和分析商业、组织及其开发信息系统需求的能力。

课程主题的实例包括：用于组织、交流和协调的信息系统 / 信息技术；本体论和认识论，如方法论、方法和理论；组织、商业和社会中的大数据。

为了能够在这些领域工作，我们认为重要的是具备批判性和系统地整合知识及分析和处理复杂问题与事件的能力。培养一个人批判、独立和创造性地识别和表达问题的能力也很重要。

2. 博士研究生

（1）知识和理解

对于博士学位，博士生必须对特定研究领域和学科中的知识有着广泛和系统的理解，以及在某研究领域的特定部分内具有扎实的专业知识，还要对一般的科学方法和特定研究领域的方法有一定的了解。

（2）技能和能力

攻读博士学位要求学生具有从事科学分析和总结的能力，能够独立地对新的复杂现象、问题 / 难题和情况进行批判性的评论和评价，具有批判性、独立性、创造性和科学准确性的能力。能够规划和开展研究，以及在给定时间范围内以适当的方法和计划进行研究，并能对此类工作进行评论和评价。通过博士论文展示他 / 她通过自己的研究为知识发展做出重大贡献的能力，展示在全国和国际范围内口头和书面的能力，能够在与学术界和社会的对话中，提出和探讨具有权威性的研究成果，显示出他们深入的知识需求的能力，在研究和训练及其他进阶专业领域中为社会发展做出贡献的能力，以及为他人学习提供支持的能力。

（3）有评估和沟通能力

博士生必须在科学研究中表现出独立思考和学术诚信，以及对研究进行伦理评估的能力，并对科学的可能性及其局限性，科学在社会中的作用，以及个人对如何使用科学的个人责任有深入的见解。

（4）教学课程的具体目标

对于计算机和情报学的博士来说，博士生必须提前为未来市场竞争做好准备。

（四）印第安纳大学：信息学院，计算机与工程学院（美国）

1. 硕士研究生

从我们认可的管理信息系统毕业的学生，会对信息、技术和人之间的交集有更好的理解。我们的学生了解这些组成部分是如何在组织内外的信息收集、使用和知识创造中结合在一起的。他们了解影响人们使用信息和技术的社会、文化与组织成分。我们的课程为学生将来设计信息技术、开发信息技术、管理信息技术及由此产生的数据和信息流做好准备。我们的毕业生在非营利组织和企业都找到了工作。通过我们课程中培养的技能，我们的学生可以帮助技术部门和管理人员、组织和公众实现他们的目标。

2. 博士研究生

信息学着眼于全局，研究世界如何交流和参与。信息学是一个创新的多学科项目蓬勃发展的地方；是一个学生可以将技术技能和计算机科学方法与生物信息学、复杂系统、主动健康信息学、人机交互设计、音乐信息学、智能交互系统、安全计算及计算机信息处理技术、文化和社会学等不同学科相结合的地方。

信息学博士培养为学生提供了一系列的选择。情报学是一个综合性的多学科领域。博士课程在信息技术发展和应用中的技术、科学和社会 3 个维度之间保持一种平衡。无论专业是什么，学生们都可以利用几个学科的课程成果。

在科学信息学领域，该学位建立在高级计算机编程技能、数学和统计学的基础上；应用于如分子生物学的生物信息学等学科。在生物信息学和其他领域的数据存储、检索和分析等相关研究课题中，能够从探索这些领域的综合研究中获得知识。

对于对复杂网络和系统感兴趣的学生，该课程在一个独特的多学科环境中吸引了世界一流的教师。研究人员在网络科学、数据科学、计算、计算生物学和统计物理学方面具有专长；他们研究跨社会、信息、技术、基础设施和生物层面的多尺度系统。信息学院和计算机与工程学院和印第安纳大学网络科学研究所密切合作。对于对计算机、文化和社会学感兴趣的学生，本课程提供运用信息技术并进行结果分析的跨学科研究的计算机综合知识，这项技术会涉及它们与制度和文化背景的交互作用。

对于对主动健康信息学感兴趣的学生，该课程提供了国内最大的学术健康中心之一的资源。信息学院和计算机与工程学院和医学院合作密切，并提供生物信息学支持。主要包括计算生物学和生物信息中心，护理学院专业设置健康信息学研究生课程，双课程发展），和医疗与康复学院的 21 世纪健康教育项目。本学院还与印第安纳大学和普渡大学印第安纳波利斯联合分校的雷根斯特里夫研究所合作，该研究所是医学信息学的主要研究中心之一。

对于对人机交互感兴趣的学生，该多学科课程汇集了用户研究、行为科学理论、新媒体理论、评论和设计原则，使学生能够处理社会中与交互计算系统的设计、评价和实现相关的研究课题。

（五）南澳大利亚大学：信息技术与数学科学学院（澳大利亚）

硕士研究生

学生将深入了解图书馆馆藏和资源管理，并学习当代信息管理。还将学习几门选修课，以进一步发展所选择的专业兴趣领域，并培养对信息行为、读写能力、阅读和读者的深刻理解。

根据职业目标，学生还将完成以下课程之一。专业重点——信息管理研究项目。参与与行业合作伙伴合作的专业研究项目，在一个结构化的项目团队中工作，在现场主管和南澳大学课程协调员或主管的指导下获得现代信息管理技术和实践的实践经验。研究重点——小论文。深入了解与导师商定的主题，设计研究问题，制定研究方法（定性、定量或混合）并分析研究结果，在南澳大学课程协调员或主管的指导下，撰写一篇论证充分的小论文。

（六）新加坡管理大学：信息系统学院（新加坡）

1. 硕士研究生

应用信息系统硕士（MAIS）课程旨在提升学生的知识和技能，为学生提供广阔的信息系统视野，以及宝贵的实践经验。如果学生对开发新技术和创新应用程序感兴趣，MAIS 将是理想选择。信息通信产业一直是新加坡经济发展的重要推手，也是新加坡知识型经济快速发展的推动力。信息通信技术是工业、政府和其他机构中许多应用的基础。为维持国家经济竞争力，新加坡需要一支精通通信技术的劳动力队伍和具有全球竞争力的通信人才队伍。该课程的特色在于强调工业实力项目，并将其作为课程的重要组成部分。在课堂上，学生不仅能学到知识，还能自信和创新地运用所学知识。其中，两条技术路线已更名为网络安全（原名信息安全与信任）和软件与网络物理系统（原名软件系统）。这一变更将适用于 2016—2017 学年第一学期（2016 年 8 月起）入学的学生。在与我们的合作中心 / 研究所合作的过程中，学生将面临当今行业所面临的实际问题的挑战，从而获得非常受欢迎的应用程序开发和研究经验。该项目将通过与合作的研究所、中心和实验室的密切合作，如生活数据分析研究中心（LARC），为学生提供动手研究和应用经验。

硕士研究课程旨在为学生在数据管理和信息检索、信息安全、信息系统管理、智能决策支持系统或软件系统等专业领域提供坚实的基础。本课程的对象是：有志于从事 IT 专业的申请者，如 IT 顾问、IT 架构师、IT 项目经理或讲师；计划从事产品研发或创新工作的申请者；欲攻读博士学位的申请者。

2. 博士研究生

为研发单位和应用学术机构培养具有 IT 和商业交叉专业知识的博士研究生。将信息系统学院打造成亚洲地区具有特色的研究和教学机构，吸引高水平的教授，并影响学术研究和行业实践。

培养研究人员 / 教育工作者，解决影响业务流程或管理的真实信息系统中的深层技术挑战，或开发将业务目标转化为技术解决方案的工具和方法。我们的博士毕业生将能够与来自不同研究领域的教师合作，为现实世界的问题和应用设计技术解决方案，同时还能发表一流的学术论文。

二、Class：Supporting

（一）成均馆大学：图书馆与信息科学与数据科学系（韩国）

1. 硕士研究生

通过硕士课程的学习，使学生对图书馆学与情报学的学术特色和理论基础形成全面的认识。为帮助学生获得理论和实践知识，本课程分为 4 个信息组织领域：图书馆中心管理、信息中心管理、信息学和目录学。

2. 博士研究生

博士课程为学生提供扎实的理论基础和对相关领域技术应用的深入理解，其目标是培养具有综合思维能力和应用能力、能够探索新理论的图书情报学学者。为培养学生对现有理论进行修正和推动的能力，以及对新理论应用的评估能力，课程内容包括图书馆中心管理、信息中心管理、信息检索、信息服务、目录学和古籍整理 6 个信息组织方面。

3. 数据科学

教育目标，培养世界一流的数据专家；人才观，创新性数据专家在该领域创造新价值，具有国际视野的全球创新领导者。数据科学是研究如何通过科学和系统的方法来解决由于公共、企业和私营部门的数据爆炸式增长引起的所有数据生态系统中的问题的学术领域。狭义上的数据科学是研究如何从数据中提取一般知识，从而发掘有价值信息，并为所提取的数据创造新价值的科学方法的学术领域。

数据专家，根据雪城大学数据科学系的定义，数据专家必须具备数据采集、分析、设计和保存等专业知识和技术，以实现数据共享。从现实的角度来看，数据专家应该成为社会数据、学术研究数据、医疗健康数据、大数据、数据管理和用户体验工程方面的专家。

（二）南卡罗莱纳大学图书馆与信息科学学院（美国）

1. 硕士研究生

如果想在图书馆或信息中心找份工作，可以考虑申请我们的图书馆学和情报学硕士学位。它能为学生在大学、学院、社区、企业和其他机构的工作做好准备。而且有很多选择可以考虑——学位可以在校园里获得，也可以以更快的速度通过网上学习获得。

我们的硕士课程为学生提供了多种选择：除实习生外，任何学员都可以通过校内和在线课程相结合，或完全在线的方式获得学位。我们的学生要学完 36 小时的课程，其中包括 9 小时的必修课。在导师的帮助下，他们可以根据自己的职业兴趣调整大部分课程(27 小时)。如果有兴趣成为一名学校图书馆员，我们的认证课程就是您的正确选择。我们的课程旨在培养学生在全国各地的学校图书馆工作和教学。

2. 高级研究生

对图书馆学和情报学领域的特定职业感兴趣？我们的研究生结业证书是一个 18 小时的硕士学位课程，提供专业领域知识，如图书馆管理、信息科学、技术服务、信息和记录管理或信息系统设计。计划在学校图书馆工作的学生可以选择参加这个课程，以完成国家认证要求。在某些专业领域，所有的课程都将在图书馆院系完成；在另一些专业领域，则采用跨学科的教育方式，让学生选修南加州大学其他院系的课程，如计算机科学、工商管理或教育学。

这是一个博士后学位课程，它面向在该领域工作至少两年的图书馆员、信息管理人员和其他相关专业人员，以提高他们的计算机信息系统、网页设计、网络和其他专业信息系统方面的知识。近年来，图书情报行业得以迅猛发展。这个学位给学生们提供了一个更新知识和技能的机会。这是一个包括必修课和选修课的 30 小时的课程，专门为学生的职业目标量身定做。一般来说，以获得专业技能、改变专业化或提高专业技能和知识为目标。对于这个学位，我们有两条结构化的路径：①已获学校图书馆媒体专家证书的学生，可获校区级媒体协调员证书。②为想要更多了解科技新发展及如何在学校日常应用这些技术的学生而设。在学院内学习时长至少 18 小时。另外的 12 小时可以在南加州大学的其他院系学习，最多 9 个学时可以从其他学院转学分。如果课程满足某些条件，可以包括 6 小时的以前研究生工作。由课程某一阶段所产生的研究项目，以展示在专业领域开展、综合和利用基础研究能力的研究项目，均是可选的。学生可以选择与导师一起完成他们的项目。学生将完成一个记录他们学习和专业发展的课程结业学档。

3. 博士研究生

我们的博士项目为全国的博士培训教师学者提供图书馆学和情报学课程。它还促进了该专业领域内研究基础的发展。这个研究密集型学位为大学、研究中心和私营企业的教职员工和行政人员培养学生学者。我们的学生在推进个人和组织创造及使用信息的方式方面与众不同。我们的学生在以下方面表现卓越：培养与信息使用有关的基本问题的批判性和反思性思维。

培养成功的职业辅导能力。培养对信息在人事中的作用充满热情的学者。培养具有研究和学术期望的跨学科思维。掌握广泛的情报学领域中的文献和实践方法。拓展专业领域的深度知识。培养研究的综合分析能力。

三、Class：iCaucus

（一）北德克萨斯大学：信息学院（美国）

硕士研究生

（1）档案研究与影像技术

本课程旨在培养毕业生从事档案和记录管理及影像技术方面的工作，包括从制作和组织到版权和网络设计。该课程包括记录、照片、数字图像、数字信息数据库、医疗记录等的制作、归档和保存。它使学生具备当前和未来图书馆和博物馆信息专业人员所需的重要技能。此外，该课程还培养个人在图书馆、档案馆和信息中心等更广阔的市场中担任专家职位的能力。有参加该课程教育经历的学生有机会在地区博物馆、档案馆和信息中心实习。注册学习课程的学生必须完成 3 门计划核心课程，2 门主修核心课程和至少 4 门有关以下学习领域的课程。

（2）健康信息学

职业可能性包括在大型研究或教学机构担任专门职位，在医院图书馆起到个性化服务作用，在生物技术公司提供广泛的信息服务，以及与从事医学信息学和生物信息学应用的其他健康服务提供方进行互动。本课程着重于健康信息管理的基本概念和活动，包括但不限于电子健康系统、临床决策支持、电子科学和健康信息学中的法律、伦理和哲学问题。情报学为健康信息学的几个专业提供相关准备，包括：生物医学 / 生物技术产业、学术健康科学中心、医疗卫生服务系统、消费者和患者健康信息机构、制药行业、政府卫生信息机构、社区卫生信息机构、公共卫生信息机构。

（3）信息组织

在信息组织课程中，学生学习如何为各种各样的信息格式、资源、系统和环境组织信息。毕业生可能要负责图书馆编目、分类、元数据开发和使用、索引和文摘、组织数字资源和组织图书馆、博物馆和档案馆的特殊资料。毕业生应了解信息呈现、管理和访问等相关概念的原理和应用，包括与质量控制有关的问题，以及对用户需求做出积极响应的必要性。他们也应当在组织信息的各种系统和技术方面有基础。

（4）信息系统

信息系统专业的学习使学生能够胜任需要技术知识和技能的职位。POS 课程能为学生在系统分析、系统设计、IT 项目管理、数据库和企业基础设施等方面打下坚实的基础。如今，雇主们正在寻找那些能够展示创新性想法并有能力利用信息技术来实现其商业目标的专业人士。他们必须具备基本技能和技术能力，以助其在不同级别中合理部署和利用技术。课程将为学生提供基本的技能和能力，为他们的组织获得战略和战术竞争优势提供支持。POS 提供的课程是以实践经验和理论相结合、课堂教学和在线授课相结合的方式来完成的。

（5）分布式学习图书馆学

分布式学习图书馆学课程的目的是为毕业生在支持分布式学习的图书馆或信息中心工作做好准备。本课程的目标是为分布式学习的信息和电信技术打下基础，了解版权和知识产权问题，以及了解在分布式学习环境中为学生提供图书馆服务所面临的问题。

（6）法律图书馆学和法律信息学

法律图书馆学和法律信息学课程将为毕业生在法律图书馆、利用法律信息资源的信息组织和信息出版社工作做好准备。作为信息专业人员，法律图书馆员在许多不同的环境中发挥着重要作用，包括法学院、法院、个人律师事务所、公司、政府部门和机构或惩教机构中的信息管理、培训和信息组织。

（二）北卡罗来纳大学：信息与图书馆学院（美国）

硕士研究生

北卡罗来纳大学信息与图书馆学院（SILS）的信息科学（MSIS）硕士学位旨在将学生培养成为信息系统设计、实施、评估和管理方面的领导者。本课程旨在引导学生掌握分析、组织、呈现和检索信息的专业知识，重点在于开发信息系统和加工，以满足未来的信息需求。

信息科学硕士课程的学生可以在各种环境中找到令人兴奋的职业：包括医疗和金融行业在内的企业和公司、非营利组织、政府机构、学术机构及创业企业。在这些课程设置中，他们可能专注于系统分析和设计、数据库管理、信息检索和数据挖掘、知识管理系统、网页设计、教学技术、社会媒体、用户界面设计、用户体验和新兴技术。信息产业是美国经济增长最快的产业之一。美国劳工部估计，到 2024 年，信息产业将提供 400 多万个就业岗位，比 2014 年新增 488 500 个。学习信息科学硕士课程的学生通常在毕业前就被企业和机构录用了。

当企业为如何利用、经营和保护他们的数字资产而挣扎时，他们需要能够管理资产、降低风险并实现价值最大化的专家。在北卡罗来纳大学教堂山分校获得数字化管理专业科学硕士（PSM）学位，就可以成为这个新兴领域的引领者。全国第一个硕士学位是数字监管。北卡罗来纳大学教堂山分校，在数字监管和数据管理方面处于领先地位，为专业人士而设计。为确保数字资产的持久性、真实性、可发现性和可用性，学生可以从全面的、以项目为导向的课程中获得核心技能、知识和能力。学生将通过与现有雇主或其他有数字资产需求的企业合作的方式完成短期实习或实习课程，并以此来应用他们所学的知识。

（三）宾夕法尼亚州立大学：信息科学与技术学院（美国）

1. 硕士研究生

信息科学与技术学院的理科硕士课程有 30 学分，需要全日制学习（2 年）才能完成。关于学位要求的完整内容可以在我们的信息科学技术研究生学位流程图中找到。核心课程：作为一名信息科学与技术学院的理科硕士生，将完成两门核心课程，这将使学生对人、信息、技术的核心概念，以及这些元素之间的重要交互有一个广泛的理解。这些课程包括：研究学分，在导师的指导下，学生将完成至少 6 个研究学分；研究方法，学生将完成最少 6 学分的研究方法课程。目的是让学生对情报学中使用的研究方法有一个基本的了解。研究方法课程可以是信息科学与技术、通信、计算机科学、政治学、统计学或任何与情报学相关的领域。学生将完成至少 12 学分的专业领域课程。专业领域课程可以是信息科学与技术、法律、商业、教育、工程、文科或任何与信息科学相关的领域。除了上述课程之外，理科硕士项目还包括几个重要时间节点：学生将选择一位研究生教师作为指导老师，并在第一年的 9 月中旬开始与指导老师一起工作；在第一学期结束前，学生要和导师一起决定要完成一篇毕业论文还是学术论文；在第一学年结束之前，学生将正式选择 M.S. 学位委员会；要进行论文答辩或提交学术论文以获得批准。

理科硕士生的经济补助没有保证。然而，在特殊情况下，如有研究或教学支持的需要，他们可以获得研究生助教金，助教金在每学期结束时终止，并且不保证续期；信息科学与技术学院为学生的专业差旅提供资金支持。这些资金旨在帮助研究生在专业会议上展示他们的研究成果或在专业场所展示他们的创新成果；如需其他经济援助，如贷款或助学金，请联络助学贷款办公室。此外，研究生奖学金和奖项办公室也会发布一些关于内部和外部奖学金的信息。

2. 博士研究生

在宾夕法尼亚州立大学的信息科学与技术学院，学生将接受多学科的培训，为解决与技术和社会相关的复杂问题做好准备。我们欢迎来自不同学术背景的申请人，包括计算机科学、行为科学、认知和脑科学、工程、环境科学、信息科学、法律、生命科学、健康科学、管理学、哲学、物理科学、政策、数学、统计学、社会科学、社会学、经济学。在我们的博士课程中，学生将与我们的研究生导师一起从事尖端研究领域的工作。作为一名信息科学技术专业的研究生，要想在这些领域取得成功，必须在数学、计算机科学、社会学和行为科学方面培养重要技能。学生将学习如何分析数据的定性和定量效应，理解、检验科学理论，并做出自己的贡献。博士课程要求：IST 博士学位是一个 38 学分的课程，需要全日制学习 5 年才能完成。关于学位要求的完整内容可以在我们的 IST Graduate 中找到。学生将完成至少 12 学分的专业课程。这些课程可以是 IST 或其他方面，它们可以为学生的论文项目提供深入的概念和技能。

（四）不列颠哥伦比亚大学：图书馆，档案和信息研究学院（加拿大）

博士研究生

iSchools 博士学位课程旨在培养学生成为档案、图书馆和情报学相关研究、教学和管理领域的领导者。本课程旨在为已取得档案学、图书馆学和情报学研究生学位或具有同等学力的优秀学生提供高级研究培训，最终形成一项原创研究成果。 该课程的博士毕业生的主要市场是大学档案 / 信息研究专业；国家 / 省 / 州立档案馆、高校图书馆、信息政策部门等事业单位或政府部门；需要高水平研究、管理和产品开发的私营企业。

（五）德克萨斯大学奥斯丁分校：信息学院（美国）

1. 硕士研究生

我们具有竞争力的 MSIS 学位能为学生提供一条现在和未来通往成功职业生涯的道路。该专业课程吸引了来自商科、心理学、人类学、工程学、艺术史、音乐和建筑学等多领域背景的本科生和专业人员。随着信息领域在数字时代的迅速发展，iSchool 学生们参与到一个灵活的课程体系中，为学习、管理和创建我们周围的信息系统提供必要的工具。我们致力于提升学生的职业发展潜力，使其成为未来的引领者。

2. 博士研究生

为我们的博士课程提供了一个研究密集型的环境，我们寻求这个时代重要信息问题的答案。我们的重点是让学生在导师的指导下，积极地投入到研究实践中，并辅以课程作业，让学生能够跨越学科边界，对观点和数据进行思考和评估。这是一个为那些希望提高知识水平，成为研究人员、学者和教师的人而设的计划。 信息领域是广泛的，它允许研究问题和方法的多样性。但没有深度的多样性是行不通的。博士研究的目的是增进知识，增进我们对世界的了解。所有寻求达到这一研究能力水平的学生都需要与能够指导和考验他们的专家教师密切合作。我们的教师有人类学、传播学、计算机科学、工程学、英语、历史、情报学、心理学和科学与技术研究等学科背景。为更好地进行信息管理和知识组织、交互设计和情报工作，我们研究问题并建立解决方案，以提高我们对信息在所有人类活动中的作用和影响的理解。我们的课程可以根据个人需要量身定制，目的是让所有学生都能写出符合我们学校宗旨的高质量具有原创性和相关性的研究成果。信息学院博士学位课程要求为学生必须成功完成博士学位课程的多个要素。以下列出的要求是最低要求；个别学生委员会可能需要做更多工作，特别是关于课程、研究方法、经验和学校研究活动的出勤（如研讨会报告和博士研究报告）及教授的研究活动（如在全国会议上报告）。

（六）华盛顿大学：信息学院（美国）

1. 硕士研究生

从事图书馆学和情报学职业的人往往热衷于积极改变世界，同时他们对自己所做的事情感到非常开心。根据最近的一项调查，超过 85% 的受访的信息专业人士表示，如果可以选择，他们会再做一次同样的选择。图书馆员弥合了人、信息和技术之间存在的鸿沟。在他们的职业生涯中，图书馆员和信息专业人员致力于：设计和开发知识组织系统；创建读者咨询资源，鼓励年轻学生培养终身热爱阅读和学习的兴趣；帮助学者找到对他们工作至关重要的档案和其他资源；在家庭和个人危机中确定援助资料；帮助医生在危急情况下更快地定位健康信息。

核心优势领域：数码青年、知识组织、信息服务、数据科学、信息架构和用户体验（IA/UX）。

在当今的知识经济中，不能正确利用信息资产的组织将面临严重的失败风险。信息管理是一个新兴领域，涉及：用于采集、管理、保护、存储和传递信息的基础设施；让正确的人在正确的时间获得信息的指导；认为所有的信息，无论是数字信息还是物理信息，都是需要适当管理的资产；信息存在的组织和社会环境。信息管理的目的是：具有洞察力和创新性地设计、开发、管理和使用信息；支持决策制定，为个人、组织、社区和社会创造价值。

2. 博士研究生

通过课程学习和实践，博士生能在情报学方面打下坚实的基础，学会识别关键问题并严格地研究解决方案。通过课程学习和实践，博士生能在情报学方面打下坚实的基础，学会识别关键问题并严格地研究解决方案。学生将精通界定 iSchools 独特的跨学科信息研究方法的适用范围、起源、方法、问题和理论框架。iSchools 的博士生来自不同的专业和学术背景，如情报学、社会科学、计算机科学、图书馆服务、法律和信息技术。以理论性研究为基础的博士课程专注于创造和推进新知识，这些新知识将产生重大的、积极的影响。研究的重点是了解人类参与信息及社会活动和技术的相关内容。它解决了在社会、制度和个人背景下影响人们之间知识交流和知识记录方面的问题。要了解更多关于研究领域的信息，请访问我们网站的对应区域。作为一名博士生，您将受益于导师指导、教师作为主要研究员参与的研究项目。博士生和教师广泛的专业知识为学院目标提供了支持，即培养对情报学学科做出原创和有意义贡献的新兴学者。课程宗旨和目标：为学生在情报学领域成为学者、研究者、教师、变革推动者和领导者做好准备；创造一种以重视、严格检验和夯实情报学学科知识为基础的学习环境；建立一种促进情报学领域新知识发展和传播的文化和架构；促进并指导情报学的前沿研究；创造一个培养和促进学生的智力需求、优势和兴趣的环境。

（七）加州大学伯里克分校：信息学院（美国）

博士研究生

信息学院是一个跨学科的学院，研究信息和信息系统的设计、组织和管理。信息学院不仅利用自己的专业知识，而且利用整个伯克利分校的专业知识。我们鼓励学生充分利用这所世界一流大学的优势，而不受学科界限的束缚。信息学院的博士学位课程是研究型课程。每位学生都要和导师合作，全面了解研究方法和研究规划，批判性地评述当前研究的能力，从跨学科的角度理解前沿研究的能力。

（八）新泽西州立大学：通信与信息学院（美国）

博士研究生

传播学、信息学和图书馆研究博士课程为学生提供理论和研究技能方面的博士培训，以培养学生在传播学、图书馆学和情报学、新闻和媒体研究等领域的学术和专业引领能力。这些领域的战略性结合，有助于学生解决 21 世纪社会所面临的主要问题。我们关注传播、信息和媒体机构、政策、程序与系统的性质和功能，考察它们对个人、社会、组织、国家和国际事务的影响。与此同时，我们的项目在这些问题上的跨学科方法得到了强有力的支持和鼓励。

（九）马里兰大学：信息学院（美国）

1. 硕士研究生

我们需要信息管理专业人员为高绩效团队做出贡献，以最大限度地提高信息管理解决方案的价值，降低成本，同时提高流程的完整性和效率。信息管理学位在各种职业领域都有需求，包括私营和公共部门，如商业情报、法律、金融、卫生和信息技术等服务领域。信息管理职位包括但不限于：用户体验专家、数据分析师、战略和策划经理、技术开发人员和设计师及首席信息官。信息管理硕士课程为学生提供在信息管理领域发展事业的机会。该课程的毕业生具备成为信息领域领导者所需的技能和知识，能够完成信息研究、信息源过滤、市场和可行性分析等任务。通过缜密的课程安排，学生能够获得回归、规范性和描述性分析的专业知识，得出数据驱动的结论，从而能够领导他们的组织实现战略目标。信息管理方向的硕士生能够可视化传递定量和定性的信息。通过在马里兰大学 iSchools 信息管理硕士项目中获得跨学科知识，信息管理硕士毕业生有能力在他们的工作中创造积极的变化。

随着科技日益融入我们的日常生活，人们越来越需要优秀的信息技术专业人员，因为他们能够为不同的人群创造易用、有意义的技术。我们的毕业生能够满足工业界和政府部门的各种需求，包括用户体验设计师、用户界面开发人员、技术项目经理和技术评估人员。产业、政府和非营利组织都需要了解人机交互的员工，并且其在用户需求评估、新技术评估和参与式设计等领域具备专业技能。这些技能不仅适用于产业，许多博士课程需要在研究方法、技术开发等方面有坚实基础的硕士研究生。人机交互职业包括：用户体验设计师、交互设计师、用户研究员、用户体验研究员、信息架构师、视觉设计师、用户界面设计师、可用性分析师、产品设计师。

2. 博士研究生

马里兰 iSchools 的博士课程提供跨学科的研究和教学方法，由这所领先的公立研究型大学的教师讲授。小班授课模式和内容广泛的研究项目使学生能够与导师密切合作，在发现知识鸿沟、研究理论和实践解决方案、评估结果及创造和传播新知识方面取得经验。一系列的必修研究课程，两个基础性博士研讨会，以及由学生和导师共同选择的选修课，既提供了使学生成为成功研究者所必需的要素条件，也提供了允许他们从事自己最感兴趣的研究领域的灵活性。

马里兰的 iSchools 是快速发展的信息研究领域中具有开创性研究的中心。iSchools 拥有多学科的师资，研究诸如在线社区、信息系统、信息政策、人机交互和数字文化遗产等多种主题，培养来自不同背景的博士生。iSchools 提供的博士课程为学生提供跨学科理论、研究和教育学的培训，为关联社区、技术和信息的创新研究做准备。iSchools 位于世界信息之都华盛顿特区附近，为学生提供了无与伦比的研究和就业机会。我们的博士生在政府机构、顶级技术和设计公司及非营利部门实习和开展研究；毕业后到学术界、工业界和政府部门工作。顺利完成博士学业的毕业生即将拥有信息研究领域的基础知识，掌握研究方法和设计能力，了解特定内容领域的研究，熟练综合应用不同领域的知识，从事研究和传播新知识的专业技能。

（十）密歇根大学：信息学院（美国）

1. 硕士研究生

良好的、最新的信息是良好健康服务的重要组成部分。一种新的专业人员正在出现，他们可以帮助临床医生和消费者找到健康信息。研究生培训和实际经验的结合使这些专业人员能够在许多与健康相关的领域工作，包括临床护理、公共卫生、消费者健康和医学研究。密歇根大学信息学院（UMSI）与公共卫生学院、学习健康系统、密歇根医学和其他 U-M 联盟部门合作，共同提供一个完整的健康信息学研究生课程。通过核心课程、选修课程和实习，健康信息学硕士生建立了健康服务系统的知识，掌握了健康政策、信息科学和行为、认知和组织科学的概念。他们培养分析、规划和实施方面的方法技能，并创建对使用者真正有用的健康信息系统和资源所需的技能。有关健康信息学硕士的更多信息，请参阅该课程的主页。

MSI 是一种专业学位，为学生从事新兴职业提供准备，以满足日益紧密互联的世界中快速增长的信息管理需求。随着商业和社会努力应对数字时代的挑战和机遇，信息专业人员在分析、系统化和评估数字革命产生的大量资源方面发挥着至关重要的作用。

在密歇根，我们把学生培养成一个以前所未有的速度发展的领域中的领导者和变革推动者。MSI 课程吸引的学生来自 100 多个不同的本科专业：从计算机科学和工程到心理学、历史及通信专业。我们寻找具有领导潜力的学生，他们以团队为导向解决问题，能够处理模棱两可和变化的情况，并有强烈的服务承诺意识。我们的学生来自不同的背景，来自人生的不同阶段——我们经常与非传统的学生合作，如那些从军队服役归来的学生，那些从海外申请的学生等。UMSI 信息科学硕士学生可以根据他们的需要量身定制相应的学位课程。如果愿意，学生可以选择双学位，在 UMSI 所学的基础上，可以再从另一所大学获得学位。在网站的相应部分，可以了解更多关于 MSI 学位的组成内容、学术咨询等其他服务，以及硕士论文的选择。我们鼓励您探索和了解更多。

2. 博士研究生

博士学位是密歇根大学授予的最高学位。这意味着学生已经成功地掌握了大量的技能和知识，为成为一名独立学者做好了准备。博士培训包括与教师在共同感兴趣的项目上进行密切合作，因为掌握研究方法需要实践经验。信息学院为学生的博士学习提供了良好的环境。教师们积极参与研究，在不同领域使用不同的方法开展各种项目研究。学校有一流的设施和设备，通过参与教师的项目，可以访问许多校外的研究地点。

（十一）匹兹堡大学：计算与信息学院（美国）

1. 硕士研究生

信息专业人员是连接人、信息和技术的桥梁。信息专业人员的工作对公共利益至关重要，因为它支持所有人平等地获得信息，有助于确保构建一个信息丰富和充满活力的民主社会。

他们在识别、组织、保存和有效使用以各种格式表示的信息方面发挥着引领作用。传统上，信息专业人员在图书馆等机构工作，但如今，他们在各行各业都能大有作为。经美国图书馆协会认证，我们的图书馆和情报学硕士（MLIS）学位在《美国新闻与世界报道》2014 年版的“美国最好的研究生院”排行榜中位列第十。MLIS 是一个 36 学分的课程，可以通过连续 3 个学期的全日制学习或长达 4 年（12 个学期）的非全日制学习来完成。除了档案学和情报学课程外，这个课程在线下和线上均有提供。我们精心设计了 3 条路径，帮助学生发展符合自身职业目标的专业技能。

每个行业的发展和演变背后的驱动力是什么？答案是信息。信息渗透到我们社会的每个方面，并且信息专业人员经常需要帮助企业以最好的方式维护和利用这些信息。这就是为什么现在是攻读情报学研究生学位最激动人心的时刻。无论您是对开发下一代信息技术、帮助创新保护数据安全的方法、使用机器做出决策、应用数据挖掘技术解决现实世界的问题感兴趣，还是对其他同样有影响力的事情感兴趣，这个学位都可以帮助您实现这些目标。通过注册我们的情报学硕士（MSIS）学位课程，学生将获得更多的技术专业以外的知识；将学习如何与改善生活、商业和社会的技术联系起来。该课程为信息访问和检索、系统设计和管理及人机交互提供了坚实的基础。学生将与以研究闻名的教授密切合作，并了解目前正在进行的突破性进展。

2. 博士研究生

图书馆和情报学博士课程塑造了数字时代的信息交流，这个课程自从 100 多年前建立以来，已经发生了很大的变化。尽管历经了诸多变化，我们的图书馆和情报学博士学位课程始终如一地致力于开展必要的研究，将人们与他们需要的信息联系起来。我们的博士生目前正在研究的课题包括：协作建图、物理和网络可访问性、网络分析、分类法 / 本体创建和管理、数字人文、社交媒体学术协作、信息伦理、数据中心的社会和环境影响等。这是一个以研究为导向的课程，学生与某一领域的专家教授展开密切合作。有兴趣在档案领域从事学术研究的博士生，他们关注的研究重点是数字保存或管理、档案伦理、责任制和评估的问题。

（十二）威斯康星大学密尔沃基分校：信息研究学院（美国）

1. 硕士研究生

MLIS 课程可以根据个别学生的需要进行调整。学校提供了各种指定课程和专业领域的课程列表，让学生有机会定制他们的选修课，并把他们的研究集中在一个特别感兴趣的领域。我们诚邀您探索和攻读 MLIS 的学位课程，并鼓励您联系我们的学术顾问或导师获得指导。信息专业的职业各不相同，有时需要专业性的准备和经验。可选的指定课程包括：档案学课程、信息组织课程、信息技术课程、公共图书馆课程。许多专业领域都是可选的，这让学生有机会定制他们的选修课程，并把他们的研究集中在一个专业的兴趣领域。

信息科学与技术硕士（MSIST）是为那些寻求先进培训以满足信息技术（IT）专业人员日益增长的需求设立的专业研究生学位课程。作为信息科学与技术学士学位的补充，该学位课程由 36 学分组成。MSIST 将提供以下领域的基本技能和知识。用户界面（UI）设计和人机交互（HCI）：使学生具备必要的知识和能力来开发支持用户进行交互设计的移动应用程序。网页和移动设备的设计与开发：使学生具备先进的技术知识和技能来开发移动应用程序。数据管理和数据科学：为学生提供管理应用程序生成的数据集所具备的先进知识和技能。信息安全：侧重于确保通过应用程序获取、存储和分析的所有数据的安全的技术。多面手：针对需要定制课程以满足其教育和就业需求的学生。

2. 博士研究生

情报学博士课程为需要深入了解研究过程与评价的学术与职业生涯的毕业生做好准备。该课程强调研究信息资源的呈现、存储、检索、使用及对社会的影响。毕业生将为本学科的知识基础做出贡献，并将在本学科和职场中起到学者和管理者的引领作用。学生将需要在 700 级或更高水平上完成至少 30 学分的认证课程。具体的学分分布如下：信息研究基础课程（12 学分）、研究方法与设计（9 学分）、专业领域（9 学分）、选修课程（3 学分）。

（十三）伊利诺伊大学厄巴纳—香槟分校：信息科学学院

1. 硕士研究生

在生物信息学课程中，学生可以在伊利诺伊大学校园内选修几个系的课程。这种培训的广度为学生提供了生物领域和信息系统管理的职业发展所需的多学科技能。该课程提供来自许多信息管理领域的国际专家的培训，这些领域包括生物信息学、生物学、化学、统计学和计算机科学。图书馆学与情报学（LIS）作为一门学科，强调利用信息技术来提供组织和获取信息的新方法。生物信息学课程提供构建和评估系统的应用技能，有效地协调用户和数据集。生物信息学课程侧重的图书馆学和情报学的范围，包括：资源建设、分类法、信息检索、知识表征、用户评价、数据管理和政策标准。指导我们的学生开发用于生物应用程序的信息管理系统，并有机会拓展至更广泛的领域，包括分子生物学、环境生态学和生物医学。

该硕士学位提供了一种独特的专业教育，一直被评为同类课程中最好的。学生掌握了他们所需要的创新有效的管理信息、分析信息和储存信息的技能。毕业生将在各种信息领域中担任领导职位，包括公共、学术和高校图书馆及医疗保健、商业和科学领域。

作为一所专门从事信息管理、系统的专业院系，iSchools 很自然地在全校范围内提供生物信息学硕士课程。在 iSchools 课程中，我们从广义上将“生物信息学”定义为对所有类型的生物信息的管理。生物信息学课程是一个完全独立于现有硕士 /LIS 学位的课程，学生不能同时学习两个学位课程，而且新的课程没有得到美国图书馆协会的认可。在生物信息学课程中，学生可以在伊利诺伊大学校园内选修几个系的课程。培训内容的广度为学生提供了生物领域和信息系统管理的职业发展所需的多学科技能。该课程的提供来自于许多信息管理领域的国际专家的培训，这些领域包括生物信息学、生物学、化学、统计学和计算机科学。图书馆学与情报学（LIS）作为一门学科，强调利用信息技术来提供组织和获取信息的新方法。生物信息学课程提供构建和评估系统的应用技能，有效地协调用户和数据集。生物信息学课程侧重的图书馆学和情报学的范围，包括：资源建设、分类法、信息检索、知识表示、用户评价、数据管理和政策标准。上述课程能够指导我们的学生开发用于生物应用程序的信息管理系统，并有机会拓展至更广泛的领域，包括分子生物学、环境生态学和生物医学。生物信息学课程的录取监督委员会将对每个学生学习课程的适宜性进行评价，包括在生物学或计算机方面的所有必要补习。生物信息学课程的时长共计 36 小时，其中包括 36 小时的必修课和选修课，或者是 28 小时的必修课和选修课及 8 小时的论文成果。至少 12 小时必须达到 500 级毕业水平。经导师同意，学生最多可获得 4 小时的自主学习作为选修学分。这个课程不能通过 Leep 在线学习完成。生物信息学方向的学生可用时间规划指南来帮助他们规划课程安排。为满足学校核心要求，3 个核心领域必须各修一门课程：生物学、计算机科学和基础生物信息学。被认证的生物学、计算机科学和基础生物信息学领域的核心课程被列在校园网的生物信息学硕士网站上。

MS/IM 课程培养该领域的引领者，该课程提供服务、开发系统，以满足一系列就业环境中的人事信息需求。它是为了满足具有使用信息、管理信息、分析信息和发布信息能力的高素质信息专业人才的需求而设计的。我们的毕业生已做好准备，利用世界上不断增长的信息资源，在创造更大的效益方面发挥引领作用。

2. 博士研究生

我们的图书馆学与情报学专业拥有全国历史最悠久的博士点。它一直随着社会发展和技术进步而发展变化，生产、传播和获取信息。该课程兼具研究型和跨学科性质，我们的博士生工作领域宽广。LIS 博士学位为来自不同学科背景的人提供了多种职业发展的可能性。毕业生可以在学术界、公共机构和私营企业寻求职业发展。例如，最近毕业的学生在诸如密歇根大学、佛罗里达州立大学、华盛顿大学、德克萨斯大学奥斯汀分校和加州大学洛杉矶分校等学术机构担任教职。其他人则在微软、谷歌和雅虎的研发实验室工作。还有一些在密苏里大学哥伦比亚分校、普林斯顿大学和芝加哥大学等高校图书馆中担任重要职位。本课程寻求在 LIS 领域能进行独立和典型性研究的优秀学生，他们应具有必要的教育背景、专业经验、学术潜力和研究兴趣。本博士课程欢迎具备知识能力、领导能力、沟通能力和分析能力，有潜力为 LIS 的研究和教育做出重大贡献，并对这些研究抱有热忱的学生申请。招生委员会，即博士研究委员会（DSC），也会考虑申请者的研究兴趣和学校及指导教师的研究方向之间的契合度。

四、Class：Basic

（一）Bar-Ilan 大学：信息科学系（以色列）

1. 硕士研究生

课程：新课程——数字人文。数字人文是一个创立于计算机和人文之间的研究、教学和发展的领域。数字人文学科的目标是通过使用数字方法和工具来扩展人文学科的传统研究。数字人文学科的发展势头在世界范围内日益强劲，重点运用计算机和技术进行文化、精神和社会产出的研究。数字人文领域的研究人员希望将重点放在文本分析、手写体自动识别和机器学习上。信息革命使大量数据可获取，并创造出诸如大数据系统的并行数据分析和处理工具。数字人文课程使学生能够使用大量信息，并熟悉分析、处理和呈现信息的新方法。信息科学系旨在培养新一代的数字人文研究人员，促进数字人文领域的研究和发展。数字人文专业信息科学硕士毕业后的就业选择包括多个领域，如专门从事数字化和数据分析的高科技公司、内容管理公司、博物馆、档案馆、图书馆、学术机构和文化遗产机构。此外，数字人文学科的优秀学生还将被推荐到信息科学系继续攻读博士学位。人文学科硕士课程的目标是训练学生了解可应用于人文学科的最新方法和技术，并开辟各种新的就业机会。此外，它还为受训人员提供了进一步开展深入研究的基础。要求：所有的文学学士课程平均超过 76 小时，以继续在数字人文学科进行研究。课程包括：数字人文概论、文本和非文本文档集合的数字化方法、文本的演变：从手写手稿到数字文档、统计学、Python 编程、数据库概论、大数据、机器学习、语义网、地理信息系统、数据分析和可视化。数据科学和互联网技术这一课程着重研究先进的计算机技术，以便为互联网的管理信息系统提供支持。学生学习在互联网上发布和组织信息的标准和工具、虚拟论坛的管理、非文本数据（图形、音频和视频）的处理、设置网络服务、从动态数据库中检索和提供信息。本课程主要针对在信息系统的分析、设计和管理方面做出贡献，或者想要成为服务提供商、数据库设计师或新型信息检索工具的开发人员的学生。组织社会中的知识和信息管理，该专业培养的学生成为不同组织的信息和知识管理人员。该专业的毕业生能够管理组织发展和信息系统，并能够提供技术解决方案来支持组织的决策制定。研究内容包括一般信息专业知识、知识产权在组织中的意义与传播、数据库与网络信息检索、信息中心管理、信息服务的设计与维护等。讲授和研究与信息的产生、传播、组织、存储、检索、解释和使用有关的信息特征、信息行为、信息流和信息过程。本课程面向在不同领域的信息中心、信息公司、公司和/或组织的信息部门（如工业部门、政府部门和高科技公司）求职的学生。教育和文化机构的信息管理，该专业的学生将被培养为高素质的信息专业人员和图书馆员，并将能够在图书馆和信息中心担任管理职位，或专注于研究和开发。该专业的特设课程包括图书馆和资源中心的管理、信息组织和针对不同用户群体的信息检索。本课程面向在大学和学院的图书馆和信息中心、社区、学校、博物馆和研究中心寻找工作的学生，他们可以担任管理者和开发人员。社会信息：互联网和个人赋权，本课程的学生将被培养为对社会需求敏感、具备开发数字化和出版物信息的社会潜力的高素质社会信息专业人员。因为在互联网文化中能接触到大量信息，因此需要信息专业人士能够提供健康的相关信息，合理使用指南和评价的信息，并吸收信息的价值提高在家庭和社会中的自我价值。此外，毕业生接受培训，将成为与社会、福利和健康有关的网站和数据库的内容管理员，并能够管理图书馆和社区中心的自助单位；在组织和公共机构、医疗中心和私立信息服务机构提供社会信息。人们日益认识到信息是一种增强能力的工具，生命周期的延长和数字鸿沟的缩小需要重组信息的获取、检索和传播过程。这一领域的研究集中在网络心理学、不同群体和社区的信息需求、信息行为、不同信息渠道的使用、为个人和社会的利益进行信息营销和传播等方面。

2. 博士研究生

研究型博士学位。要求：硕士学位，论文 85 分以上。学院教师的推荐信。系主任面试。课程要求：经系主任推荐修满 6 ～ 16 学分。研究计划应于第一年年底前提交。4 年内提交论文。参加博士论坛会议。参加院系研讨会。

（二）哈斯特帕大学信息学院（土耳其）

1. 硕士研究生

信息管理系旨在培养创新型自信的信息专业人才，并具备设计、实施及运行信息系统的领导能力，使个人、组织及社会能从纪录、印刷及电子信息库中获得最大效益；培养具有较高水平专业知识的新一代研究人员，能够进行原创性研究，并将产生的新知识服务于社会。开展理论和应用研究，发表成果，促进国内和国际信息系统、信息服务和信息技术的发展。

哈斯特帕大学信息学院的信息管理课程旨在培养创新型自信的信息专业人才，并具备设计、实施及运行信息系统的领导能力，使个人、组织及社会能从纪录、印刷及电子信息库中获得最大效益；培养具有较高水平专业知识的新一代研究人员，能够进行原创性研究，并将产生的新知识服务于社会。信息管理课程旨在培养创新型自信的信息专业人才，并具备设计、实施及运行信息系统的领导能力。大学或其他高等教育机构的研究生课程可以转到本系的硕士学位课程。相关必要条件参照《哈斯特帕大学研究生教育和考试办法》中的规定。此外，在高等教育机构学习的本科生、研究生或想提高技能的学生，在完成专业学科知识和实践环节后，经系主任和课程讲师批准，可以以特殊学生身份参加课程学习。

2. 博士研究生

研究生和博士课程的安排是授课和论文相结合的。除研讨会外，所有课程均为选修课，让学生有机会根据自己的需要做出选择。学生需要修满 120 学分，90 学分的讲座并通过 30 学分的“博士水平考试”，平均绩点 3.00 分（4.00 分制）以上，开始研究并撰写论文。完成课程后，学生必须参加资格考试，包括笔试和口试。只有通过这次考试的人才能开始他们的研究 / 论文。

（三）阿姆斯特丹大学：人文学院，档案与信息研究学院（荷兰）

硕士研究生

信息研究是为了了解信息在当代社会如何组织、保存、策划和呈现，以及数据和信息如何改变生活、经济、社会关系和政治。硕士课程第一学期为理论基础学习，在该学期学生将批判性地分析核心信息和档案理论。第二学期的信息研究包括先进理论实验室、论文研讨会和最后一门课程，在这门课程中，学生通过思考信息创造、管理和使用的关键问题来整合他们的理论和实践见解。信息研究硕士课程共 60 学分：核心课程及选修课 42 学分，硕士论文 18 学分。

（四）查尔斯特大学：信息研究学院（澳大利亚）

硕士研究生

激发作为一名充满活力的图书馆学教师的文化学习和信息素养。CSU 的图书馆学教育硕士课程为希望成为合格的图书馆教师的人提供国家认证资格。该学位提供便捷的在线学习，使学生成为一名教育和信息专家，能够培养和促进读写能力，并赋予学生在 21 世纪学习所需的技能。

通过 CSU 专业化的信息研究硕士课程，可加入信息和知识管理领域的全球领导者群体。与来自澳大利亚及世界各地的同行一起学习，用工具武装自己，成为这个令人兴奋的行业的领导者。CSU 的信息研究硕士（专业）获得办学资格的认证，为学生提供广泛地进入图书馆、信息和文化领域就业的机会。CSU 在发展研究、提供信息和图书馆教育方面拥有 40 年的历史，在该领域为澳大利亚培养了超过 50% 的专家。

（五）多伦多大学：信息学院（加拿大）

1. 硕士研究生

在这个创新课程中，我们探索了信息的广度、深度和丰富性。每个人都可以在 7 门课程、1 门专业课、授课课程、合作模式和论文中进行选择。MI 毕业生是下一代有价值的专业人士，能够引领信息设计、组织、存储、获取和检索、传播、保存、维护和管理的进程。深入了解社会需求，在各行各业中都有就业机会。

2. 博士研究生

具备在信息和以知识为基础的环境（包括学术界）中起到领导作用的能力。博士课程的特色是在信息研究的理论基础上进行前沿学术研究。在私立和公共机构，应用博士的专业实践职能有研究、系统分析和设计及管理能力等。研究领域：档案和记录管理、关键信息的研究、文化遗产、信息系统、媒体与设计、知识管理和信息管理、图书馆学与情报学、信息哲学。

（六）伦敦大学学院：信息研究系（英国）

1. 硕士研究生

情报学是图书馆员、档案管理员和其他信息专业人士职业发展的理想课程，他们希望更新他们的技能和经验来使用信息技术、互联网和数字媒体，该课程也面向那些希望专注于信息领域具有计算机学科背景的人士。该课程包括实践和理论两部分内容。通过相关学习内容，学生不仅对技术本身，而且对在不同的信息环境中应用和管理这些技术会有更深的理解。多样的选修课使学生能够根据自己的职业专长和需求来调整课程安排。该课程培养学生在以技术为重点的信息产业中担任管理角色，如信息系统经理、系统图书管理员、网络管理员、信息架构师、知识经理、数据经理或所有信息管理角色。我们的毕业生能够通过电子系统管理信息、检索信息、传递信息和归档大量信息，在世界各地找到工作。

为研究计算技术在艺术、人文和文化遗产方面的应用，伦敦大学学院的数字人文硕士学位汇集了来自多个学科的教学模式。数字人文硕士是一个创新性的、令人兴奋的、突破性的课程，同时对学术标准具有严格和挑战性的要求。我们欢迎来自不同背景的学生：有些人是直接从本科毕业的，有些人已经有研究生资格或可能有多年的专业工作经验。他们中的大多数都具有扎实的人文学科背景，但也有很多人来自社会学和计算机科学领域。所有的人都是受欢迎的，多样化的背景丰富了课程的多样性。我们传达的最重要的理念是每个人要愿意学习新的东西，接受新的挑战。通过我们的课程，学生对与人文和文化遗产领域的研究和实践相关的数字资源和计算方法有更深入的了解；这些技术包括 XML、数据库、互联网技术和图像采集。他们具备技术和设计能力，如文本标注、网页设计和数据库构建。

MRes 是一个跨领域的资格认证，适用于图书馆员、档案管理员、出版商、数字人文和其他信息与文化的专业人员，他们希望在从事研究项目的同时提高自己的专业技能。它也是信息和文化专业人员攻读更高学位（硕士或博士）的一种研究技能资格。为学生提供灵活而有指导性的课程，使他们的学术认识、领导才能、管理、信息技术和专业技能水平得以提高。该课程可以根据个人发展的需要进行调整，这通常与学生目前或未来的就业有关。为了那些攻读更高一级学位（硕士或博士）和想要职业生涯获得更好发展的人，该课程也提供培养研究和学术写作技能的机会。

2. 博士研究生

伦敦大学学院信息研究系是图书馆学、情报学、档案和记录管理、数字人文和出版学方面领先的研究中心。在世界顶尖大学之一的英国最大的图书馆学院进行研究，并由经验丰富的国际知名研究人员指导，将使学生受益匪浅。在伦敦大学学院，博士学位是 3 ～ 4 年的研究型课程（非全日制 5 年），学位授予的基础是一篇约 10 万字的论文，最后在两位考官面前进行答辩（viva）。我们欢迎研究兴趣与 DIS 的各研究小组和中心相吻合的优秀学生提交申请。想想您为什么真的想读博士学位，您希望从中得到什么，您认为它可能会把您引向哪里。良好的契合意味着我们可以为您的课题提供合适的专家指导：看看我们的学术人员的研究兴趣。如果您想在申请前与我们的任何学者讨论您的研究计划，欢迎与他们联系（最好通过电子邮件）。或者，您可以将您的研究计划摘要和一页简历通过电子邮件发送给系里的研究生导师，以核查该主题领域是否包含在 DIS 中。如果有任何疑问，请通过电子邮件（ian.evans@ucl.ac.uk）联系研究管理员。

（七）曼彻斯特城市大学：信息与通信（英国）

硕士研究生

该课程由英国图书信息专业协会（CILIP）认可和批准，旨在为现代信息社会及其产业培养所有学科的毕业生。您的研究将集中于信息组织、检索和获取的原则，信息组织的策略管理（如图书馆）、信息环境（联机和互联网），以及各种图书馆服务的发展。成功地完成学位论文可以拓展学生的专业知识和研究能力，并以此申请到硕士学位。学生可以在信息部门、图书馆和其他相关中心（包括大公司、地方政府、国家卫生署、金融和法律服务中心）工作，我们将帮助学生找到相关信息。这将为图书馆、信息和媒体行业提供交流的机会。

附录 4
中国情报所人才需求状况调查问卷

问卷编号：______________________

访　　员：______________________

编 码 人：______________________

录 入 人：______________________

复 核 人：______________________

敬爱的情报工作者：

您好！

我们是南京大学国家社会科学基金重大项目（项目批准号：17ZDA291）“情报学学科建设与情报工作未来发展路径研究”课题组研究人员。为全面了解我国情报所对人才的需求状况，我们特组织了此次调查。本问卷旨在调研我国情报所对人才的具体需求现状，问卷中的所有问题均无对错之分，所收集的数据也将仅用于学术研究。本问卷为匿名问卷，请根据您自己的实际情况回答问题，所填答案请务必尽求真实地反映您个人的实际情况。您的答案将对促进中国情报学人才的培养和整个情报学科的发展具有参考价值。衷心感谢您的大力支持！

情报学教育体系与情报人才培养目标研究课题组

2018 年 7 月

1. 作为情报所工作人员，您对情报所人才需求状况了解程度如何？（单选）（ ）

A 非常了解　　B 比较了解　　C 了解

D 了解较少　　E 不了解

2. 根据当前情报所的具体工作难度和强度，您认为拥有什么样学位的情报工作者在情报所工作较为合适？（单选）（ ）

A 学士学位　　B 硕士学位　　C 博士学位

3. 作为情报所工作人员的招聘者，您最需要多大年龄段的情报工作人员？(单选)( )

A 17 ～ 25 岁　　B 28 ～ 30 岁　　C 30 ～ 35 岁　　D 38 ～ 45 岁

4. 根据您的工作阅历，您认为拥有两个及两个以上学科背景的工作人员会更优秀吗？（单选）（ ）

A 非常优秀　　B 比较优秀　　C 优秀

D 一般优秀　　E 不优秀

5. 结合具体的工作和研究任务，您认为情报工作者是否应该拥有跨学科的学习经历？（单选）（ ）

A 非常应该　　B 比较应该　　C 应该

D 不应该　　E 很不应该

6. 从科技发展和业务需求的角度，您认为情报工作者最应该具备的跨学科有哪些？(多选)（ ）

A 数学　　B 统计　　C 计算机

D 心理学　　E 社会学

F 其他（请填写）：________________________

7. 从情报所工作与研究的需求出发，在当前大数据和人工智能迅猛发展的前提下，您认为一名情报工作者应该具备的学科知识有哪些？（可多选）（ ）

A 情报理论与方法　　B 情报获取　　C 情报组织

D 情报挖掘　　E 情报分析　　F 情报呈现

G 其他（请填写）：________________________

8. 从情报所整个的工作需求考虑，您认为一名情报工作者应该具备的素质与能力有哪些？（可多选）（ ）

A 强有力的分析问题的能力　　B 高度的工作热情和责任感

C 深刻的基于数据的洞察能力　　D 良好的团队合作精神

E 较强的工作抗压能力　　F 较强的文字撰写能力

G 其他（请填写）：______________

9. 作为情报所工作人员，您认为情报工作者应该具备数据挖掘技能吗？（单选）(　)

A 非常需要　　B 需要　　C 一般需要　　D 不需要

10. 在情报工作对数据挖掘的技能需求中，您认为哪几种技能比较重要？（可多选）(　)

A 数据挖掘模型构建　　B 数据挖掘模型调用

C 数据挖掘模型特征的确定　　D 数据挖掘结果的分析

E 其他（请填写）：______________

11. 从情报工作的角度考虑，您认为在大数据和数据科学迅猛发展的这一时代背景下，情报工作的数据对象是否已经改变？（单选）(　)

A 非常大的改变　　B 改变　　C 稍微改变

D 没有改变　　E 根本没有改变

12. 作为情报工作者，您目前工作过程中接触的数据对象主要由哪些构成？（可多选）(　)

A 图书数据　　B 期刊数据　　C 传统互联网数据

D 移动环境下的数据　　E 调查问卷数据

F 其他（请填写）：______________

13. 作为情报工作者，您获取数据的途径有哪些？（可多选）(　)

A 从政府获取　　B 从企业获取　　C 从第三方购买

D 开发专门工具爬取　　E 做调查问卷获取

F 其他（请填写）：______________

14. 作为情报工作者，您是否希望工作人员具备机器学习的能力？（单选）(　)

A 非常希望　　B 希望　　C 一般希望　　D 不希望

15. 作为情报工作者，您最希望工作者所具备的机器学习模型有哪些？（可多选）(　)

A 隐马尔可夫模型　　B 最大熵模型　　C 条件随机场模型

D 深度学习系列模型　　E 分类系列模型　　F 聚类系列模型

G 其他（请填写）：______________

16. 作为情报所工作人员，您认为情报工作者应该具备大数据的技能吗？（单选）(　)

A 非常需要　　B 需要　　C 一般需要　　D 不需要

17. 与大数据相关的技能中，您认为情报工作者应该具体具备哪些技能？(可多选)(　)

A 大数据平台搭建技能　B 大数据模型开发技能　C 大数据分析技能

D 大数据清洗技能　E 大数据可视化呈现技能

F 其他（请填写）：________________

18. 作为情报所工作人员，您认为情报工作者应该具备数据分析的能力吗？(单选)(　)

A 非常需要　B 需要　C 一般需要　D 不需要

19. 在数据分析的过程中，您认为情报工作者应该掌握哪些基本的分析方法？（可多选）(　)

A 比较的方法　B 归纳的方法　C 内容分析的方法

D 案例分析的方法　E 层次分析的方法

F 其他（请填写）：________________

20. 在面对各种数据的处理和分析过程中，您认为情报工作者需要掌握数据库这一技能吗？（单选）(　)

A 非常需要　B 需要　C 一般需要　D 不需要

21. 在当前的工作中，您认为情报工作者要能操作哪几种数据库？（可多选）(　)

A Mysql　B Access　C Sqlserver　D Oracle

E 其他（请填写）：________________

22. 根据情报工作的需要，您认为情报工作者掌握程序设计语言重要吗？(单选)(　)

A 非常重要　B 需要　C 一般重要

D 不重要　E 很不重要

23. 在当前的工作中，您认为情报工作者应该掌握的编程语言有哪几种？(可多选)(　)

A C　BC++　C Java　D Python

E Visual C++　F C#　G 其他（请填写）：________________

24. 根据情报所处理数据的需求，您认为情报工作者最应该掌握的编程语言是哪一种？（单选）(　)

A C#　B C++　C Java　D Python

25. 根据情报所呈现数据结果的需要，您认为情报工作者是否应该掌握数据可视化的技能？（单选）(　)

A 非常应该　B 应该　C 一般应该　D 不应该　E 很不应该

26. 根据情报所具体数据呈现的需要，您认为情报工作者应该掌握的可视化工具有

哪些？（可多选）(　)

A Excel　　B Citespace　　C Ucinet　　D VOView

E 其他（请填写）：________________

27. 随着数据科学的迅速发展，从情报工作人员招聘的角度，您认为具有情报学硕士授予点的高校和研究机构是否应该强化数据科学的相应教学内容？（单选）(　)

A 非常应该　　B 应该　　C 一般应该

D 不应该　　E 很不应该

28. 结合数据科学的内涵与外延，根据您长期的情报工作阅历，您应为情报学与数据科学之间是否有密切的联系？（单选）(　)

A 关系非常密切　　B 关系一般　　C 不密切　　D 非常不密切

29. 随着大数据和人工智能的急速发展，从情报工作者的角度看，您认为有必要强化情报学学习者的实践经历吗？(单选)(　)

A 非常有必要　　B 必要　　C 相对必要

D 不必要　　E 非常不必要

30. 根据数据驱动下的情报工作的需要，您认为较为有效的实习模式有哪些？（多选）(　)

A 在图书馆实习　　B 在情报所实习　　C 在一般企业实习

D 在数据驱动的企业实习　　E 在政府机关实习

F 其他（请填写）：________________

个 人 信 息 简 况

您目前所在的单位是：____________________

性别：□男　　　□女

所从事（过）的情报工作主要有：

____

从事情报工作的时间已有：__________年

问卷到此结束，非常感谢您的合作！

祝您工作顺利，身体安康

附录 5
情报学教育体系与情报人才培养目标调查问卷

问卷编号：________________

访　　员：________________

编 码 人：________________

录 入 人：________________

复 核 人：________________

敬爱的情报工作者：

您好！

我们是南京大学国家社会科学基金重大项目（项目批准号：17ZDA291）“情报学学科建设与情报工作未来发展路径研究”课题组研究人员。为了从情报学教育者的角度全面了解我国情报学教育体系与情报人才培养目标的整体状况，我们特组织了此次调查。本问卷旨在调研我国情报学教育体系与情报人才培养目标的整体状况，问卷中的所有问题均无对错之分，所收集的数据也将仅用于学术研究。本问卷为匿名问卷，请根据您自己的实际情况回答问题，所填答案请务必真实地反映您个人的实际情况。您的答案将对促进中国情报学人才的培养和整个情报学科的发展具有参考价值。衷心感谢您的大力支持！

情报学教育体系与情报人才培养目标研究课题组

2018 年 10 月

1. 作为情报学教育者，您对情报学教育体系与情报人才培养目标了解程度如何？（单选）（ ）

A 非常了解　　B 比较了解　　C 了解

D 了解较少　　E 不了解

2. 随着大数据和人工智能的快速发展，您认为已有的情报学教学体系能否适应当前时代的发展要求？（单选）（ ）

A 非常适应　　B 比较适应　　C 适应

D 适应较差　　E 不适应

3 . 根据您的教学实践，您认为目前的情报学教育体系是否需要调整？（单选）（ ）

A 非常需要　　B 比较需要　　C 需要

D 相对需要　　E 不需要

4. 如果情报学教育体系进行调整，您认为目前的情报学教育体系是否需要加强理论与方法方面的课程？（单选）（ ）

A 非常需要　　B 比较需要　　C 需要

D 相对需要　　E 不需要

5. 如果需要加强理论与方法方面的课程，您认为情报学应该强化哪些方面的理论与方法？（多选）（ ）

A 情报获取　　B 情报组织　　C 情报挖掘

D 情报分析　　E 情报呈现

F 其他（请填写）：________________

6. 如果情报学教育体系进行调整，您认为目前的情报学教育体系是否需要加强数据技术方面的课程？（单选）（ ）

A 非常需要　　B 比较需要　　C 需要

D 相对需要　　E 不需要

7. 如果需要加强数据技术方面的课程，您认为情报学应该加强的课程有哪些？（多选）（ ）

A 数据获取　　B 数据组织　　C 数据挖掘

D 数据分析　　E 数据展示

F 其他（请填写）：________________

8. 您认为目前的情报学教育体系是否需要增设大数据方面的课程？（单选）（ ）

A 非常需要　　B 比较需要　　C 需要

D 相对需要　　E 不需要

9. 您是否已经在情报学教育体系中开设了与大数据方面相关的课程？（单选）（ ）

A 是　　B 否

10. 如果需要开设大数据方面的课程，您认为情报学应该开设的课程方向是哪些？（多选）（ ）

A 大数据理念　　B 大数据思维　　C 大数据方法

D 大数据技术　　E 大数据理论

F 其他（请填写）：________________________

11. 您认为目前的情报学教育体系是否需要增设人工智能方面的课程？（单选）（ ）

A 非常需要　　B 比较需要　　C 需要

D 相对需要　　E 不需要

12. 您是否已经在情报学教育体系中开设了与人工智能方面相关的课程？（单选）（ ）

A 是　　B 否

13. 如果需要开设人工智能方面的课程，您认为情报学应该开设的课程方向是哪些？（多选）（ ）

A 人工智能理念　　B 人工智能思维　　C 人工智能方法

D 人工智能技术　　E 人工智能理论

F 其他（请填写）：________________________

14. 随着数据科学的快速发展，基于情报学教育者的视角，您认为在情报学教育体系中是否应该强化数据科学的相应教学内容？（单选）（ ）

A 非常应该　　B 应该　　C 一般应该　　D 不应该　　E 很不应该

15. 基于数据科学的内涵与外延，从情报学教学的角度来看，您认为情报学与数据科学之间是否有密切的联系？（单选）（ ）

A 关系非常密切　　B 关系一般　　C 不密切　　D 非常不密切

16. 在情报学教学体系的实验课程设置上，您认为基于真实数据进行实验设计是否重要？（单选）（ ）

A 非常重要　　B 比较重要　　C 重要

D 相对重要　　E 不重要

17. 在情报学的实验课程上，您所使用的数据主要是通过哪些方式获取的？（单选）(　)

A 相应机构提供　　　　B 从第三方购买

C 开发专门工具爬取　　D 通过调查问卷获取

E 其他（请填写）：________________

18. 随着社会对所需人才能力的提升，您认为已有的情报学人才培养目标能否满足当前人才市场的需求？（单选）(　)

A 非常能满足　　B 比较能满足　　C 满足

D 基本满足　　E 不满足

19. 根据您所培养的学生就业情况，您认为目前的情报学人才培养目标是否需要调整？（单选）(　)

A 非常需要　　B 比较需要　　C 需要

D 相对需要　　E 不需要

20. 根据市场对情报学人才需求的状况，您认为目前最好的情报学人才培养目标方向是哪个？（单选）(　)

A 情报理论方向　　B 情报方法方向　　C 情报技术方向

21. 从情报学人才成长和发展的历程来看，您认为在情报学人才培养目标上应该对情报学学习者强化哪些能力的培养？（单选）(　)

A 强有力的分析问题的能力　　B 深刻的基于数据的洞察能力

C 扎实的数据处理和分析能力　　D 较强的文字撰写能力

E 其他（请填写）：________________

22. 随着数据科学类应聘职位的迅猛增加，您认为在目前的情报学人才培养目标上是否需要增加学生数据科学的能力？（单选）(　)

A 非常需要　　B 比较需要　　C 需要

D 相对需要　　E 不需要

23. 如果需要增加学生数据科学的能力，从学生的职业发展方向上考虑，您认为应该增加的方向是哪些？（多选）(　)

A 数据分析师　　B 数据科学家　　C 数据架构师

D 业务数据分析师　　E 数据产品经理

F 其他（请填写）：________________

24. 从情报学人才长远的发展角度看，您认为在目前的情报学人才培养目标上是否需要强化学生跨学科的知识、技能和方法？（单选）（　）

A 非常需要　　B 比较需要　　C 需要

D 相对需要　　E 不需要

25. 从您所在的单位整体学科发展出发，您是否已经在情报学人才培养目标上增设了跨学科的内容？（单选）（　）

A 是　　B 否

26. 结合您所在单位的学科情况，您已经增加或者您认为应当增加的跨学科内容有哪些？（多选）（　）

A 计算机　　B 数学　　C 管理学

D 心理学　　E 社会学

F 其他（请填写）：________________

27. 在情报学人才培养的毕业论文选题方向上，您认为主要的选题方向是哪些？（多选）（　）

A 理论构建　　B 方法探究　　C 模型开发与应用　　D 系统集成

E 其他（请填写）：________________

28. 在情报学人才培养的毕业论文实现方法上，您主要基于哪种方法体系指导学生完成毕业论文？（多选）（　）

A 基于调查问卷方法体系　　B 基于信息计量方法体系

C 基于数据的方法体系　　D 基于理论架构的体系

E 其他（请填写）：________________

29. 随着整个社会对情报学高层次人才需求的增加， 您认为目前的情报学人才培养目标是否需要强化学生的实习能力？（单选）（　）

A 非常需要　　B 比较需要　　C 需要

D 相对需要　　E 不需要

30. 在情报学人才的实习单位选择上，您所在的机构向学生提供了哪些类型的单位？（多选）（　）

A 各种类型的图书馆　　B 各种类型的情报所

C 大数据或者人工智能类的公司　　D 一般公司　　E 政府机关

F 其他（请填写）：________________

个 人 信 息 简 况

您目前所在的单位是：__________________

您的职称是：□正高　　　　□副高　　　　□其他

性别：□男　　　　　　　□女

您所教授过的主要课程有：

____

____

____

您从事情报学教学工作的时间已有：_________年

问卷到此结束，非常感谢您的合作！

祝您工作顺利，身体安康！

附录 6
情报学学生专业及就业认知情况调查问卷

各位情报学研究生：

你好！

我们是南京大学国家社会科学基金重大项目（项目批准号：17ZDA291）“情报学学科建设与情报工作未来发展路径研究”课题组研究人员。为了从情报学学习者的角度全面了解我国情报学教育体系与情报人才培养目标的整体状况，我们特组织了此次调查。本问卷旨在调研我国情报学教育体系与情报人才培养目标的整体状况，问卷中的所有问题均无对错之分，所收集的数据也将仅用于学术研究。本问卷为匿名问卷，请根据你自己的实际情况回答问题，所填答案请务必真实地反映你个人的实际情况。你的答案将对促进中国情报学人才的培养和整个情报学科的发展具有参考价值。衷心感谢你的大力支持！

情报学教育体系与情报人才培养目标研究课题组

2020 年 10 月

1. 请问你属于哪一阶段的情报学学生？（单选）（ ）

A 硕士研究生　　B 博士研究生

2. 你对本校的情报学教育体系与情报人才培养目标了解程度如何？（单选）（ ）

A 非常了解　　B 比较了解　　C 了解

D 了解较少　　E 不了解

3. 你所在学校的情报学教育中对大数据和人工智能发展的涉及有多少？（单选）（ ）

A 非常多　　B 比较多　　C 一般

D 比较少　　E 没有

4. 根据你的学习经历，你认为情报学教育中理论与方法方面的课程是否需要加强？（单选）（ ）

A 非常需要　　B 比较需要　　C 需要

D 相对需要　　E 不需要

5. 如果需要加强理论与方法方面的课程，你认为情报学应该强化哪些方面的理论与方法？（多选）（ ）

A 情报获取　　B 情报组织　　C 情报挖掘

D 情报分析　　E 情报呈现

F 其他（请填写）：________________

6. 根据你的学习经历，你认为是否需要加强数据技术相关课程？（单选）（ ）

A 非常需要　　B 比较需要　　C 需要

D 相对需要　　E 不需要

7. 如果需要加强数据技术方面的课程，你认为情报学应该加强的课程有哪些？（多选）（ ）

A 数据获取　　B 数据组织　　C 数据挖掘

D 数据分析　　E 数据展示

F 其他（请填写）：________________

8. 根据你的学习经历，你认为目前的情报学教育体系是否需要增设大数据相关课程？（单选）（ ）

A 非常需要　　B 比较需要　　C 需要

D 相对需要　　E 不需要

9. 你所在院校是否已经在情报学教育体系中开设了大数据相关的课程？（单选）(　)

A 是　　B 否

10. 如果需要开设大数据相关课程，你对哪方面的课程最感兴趣？（多选）(　)

A 大数据理念　　B 大数据思维　　C 大数据方法

D 大数据技术　　E 大数据理论

F 其他（请填写）：________________

11. 根据你的学习经历，你认为目前的情报学教育体系是否需要增设人工智能相关课程？（单选）(　)

A 非常需要　　B 比较需要　　C 需要

D 相对需要　　E 不需要

12. 你所在院校是否已经在情报学教育体系中开设了人工智能相关的课程？（单选）(　)

A 是　　B 否

13. 如果需要开设人工智能相关课程，你对哪方面的课程最感兴趣？（多选）(　)

A 人工智能理念　　B 人工智能思维　　C 人工智能方法

D 人工智能技术　　E 人工智能理论

F 其他（请填写）：________________

14. 随着数据科学的快速发展，你认为在情报学教育体系中是否应该强化数据科学的相应教学内容？（单选）(　)

A 非常应该　　B 应该　　C 一般应该

D 不应该　　E 很不应该

15. 基于你对数据科学的理解，从情报学专业学生的角度来看，你认为情报学与数据科学之间是否有密切的联系？（单选）(　)

A 关系非常密切　　B 关系一般　　C 不密切　　D 非常不密切

16. 在情报学的实验课程上，你所使用的数据主要是通过哪些方式获取的？（单选）(　)

A 相应机构提供　　B 从第三方购买

C 开发专门工具爬取　　D 通过调查问卷获取

E 其他（请填写）：________________

17. 从一名研究生进行科学研究需求的角度，你认为有必要掌握数据爬取的技术吗？（单选）(　)

A 非常应该　　B 应该　　C 一般应该　　D 不应该　　E 很不应该

18. 根据你对所在院校同学或学长 / 学姐的了解，你认为当前情报学人才培养目标能否满足当前人才市场的需求？（单选）（ ）

A 非常能满足　　B 比较能满足　　C 满足

D 基本满足　　E 不满足

19. 根据你对所在院校同学或学长 / 学姐的了解，你认为目前的情报学人才培养目标是否需要调整？（单选）（ ）

A 非常需要　　B 比较需要　　C 需要

D 相对需要　　E 不需要

20. 你认为目前最好的情报学人才培养目标方向是哪个？（单选）（ ）

A 情报理论方向　　B 情报方法方向　　C 情报技术方向

21. 从情报学人才成长和发展来看，你最希望得到哪些能力的培养？（单选）（ ）

A 强有力的分析问题的能力　　B 深刻的基于数据的洞察能力

C 扎实的数据处理和分析能力　　D 较强的文字撰写能力

E 其他（请填写）：________________

22. 当前数据科学类应聘职位迅猛增加，你认为是否需要在人才培养目标中增加数据科学能力方面的培养？（单选）（ ）

A 非常需要　　B 比较需要　　C 需要

D 相对需要　　E 不需要

23. 如果需要增加数据科学能力，从职业发展方向考虑，你认为最应该增加的方向是哪些？（多选）（ ）

A 数据分析师　　B 数据科学家　　C 数据架构师

D 业务数据分析师　　E 数据产品经理

F 其他（请填写）：________________

24. 从长远的发展角度看，你认为是否需要在人才培养目标中强化跨学科的知识、技能和方法？（单选）（ ）

A 非常需要　　B 比较需要　　C 需要

D 相对需要　　E 不需要

25. 你所在院校是否已经在情报学人才培养目标上增设了跨学科的内容？（单选）（ ）

A 是　　B 否

26. 结合你的学习经历，你认为情报学教育中最重要的跨学科内容有哪些？（多选）（　）

A 计算机　　B 数学　　C 管理学

D 心理学　　E 社会学

F 其他（请填写）：______________________

27. 结合你的学习经历，你认为有价值的情报学毕业论文选题方向是哪些？（多选）（　）

A 理论构建　　B 方法探究　　C 模型开发与应用　　D 系统集成

E 其他（请填写）：______________________

28. 在毕业论文实现方法上，你倾向于使用哪种方法体系完成毕业论文？（多选）（　）

A 基于调查问卷的方法体系　　B 基于信息计量的方法体系

C 基于数据的方法体系　　D 基于理论架构的体系

E 其他（请填写）：______________________

29. 随着整个社会对情报学高层次人才需求的增加，你认为是否需要学校专门培养以强化自己的实习能力？（单选）（　）

A 非常需要　　B 比较需要　　C 需要

D 相对需要　　E 不需要

30. 在实习单位选择上，你所在院校为你提供了哪些类型的单位？（多选）（　）

A 各种类型的图书馆　　B 各种类型的情报所

C 大数据或者人工智能类的公司　　D 一般公司　　E 政府和事业单位

F 其他（请填写）：______________________

31. 根据数据驱动下的情报工作的需要，你希望得到哪些模式的实习机会？（多选）（　）

A 在图书馆实习　　B 在情报所实习

C 在一般企业实习　　D 在数据驱动的企业实习

E 在政府机关和事业单位实习

F 其他（请填写）：______________________

32. 从应聘的角度看，你认为一名合格的情报学毕业生应具备的学科知识有哪些？（多选）（　）

A 情报理论与方法　　B 情报获取　　C 情报组织

D 情报挖掘　　E 情报分析　　F 情报呈现

G 其他（请填写）：______________________

33. 从应聘的角度看，你认为一名合格的情报学毕业生应该具备的素质与能力有哪些？（多选）（ ）

A 强有力的分析问题的能力　　B 高度的工作热情和责任感

C 深刻的基于数据的洞察能力　　D 良好的团队合作精神

E 较强的工作抗压能力　　F 较强的文字撰写能力

G 其他（请填写）：________________

34. 你认为情报工作者应该具备数据挖掘技能吗？（单选）（ ）

A 非常需要　　B 需要　　C 一般需要　　D 不需要

35. 在情报工作对数据挖掘的技能需求中，你认为哪几种技能比较重要？（多选）（ ）

A 数据挖掘模型构建　　B 数据挖掘模型调用

C 数据挖掘模型特征的确定　　D 数据挖掘结果的分析

E 其他（请填写）：________________

36. 你认为成为一名情报工作者需要具备机器学习的能力吗？（单选）（ ）

A 非常希望　　B 希望　　C 一般希望　　D 不希望

37. 如果需要，你觉得情报工作者需要掌握的机器学习模型有哪些？（多选）（ ）

A 隐马尔可夫模型　　B 最大熵模型　　C 条件随机场模型

D 深度学习系列模型　　E 分类系列模型　　F 聚类系列模型

G 其他（请填写）：________________

38. 你认为成为一名情报工作者需要具备大数据的技能吗？（单选）（ ）

A 非常需要　　B 需要　　C 一般需要　　D 不需要

39. 如果需要，你觉得情报工作者需要掌握的大数据技能有哪些？（多选）（ ）

A 大数据平台搭建技能　　B 大数据模型开发技能　　C 大数据分析技能

D 大数据清洗技能　　E 大数据可视化呈现技能

F 其他（请填写）：________________

40. 你认为成为一名情报工作者需要掌握数据分析的方法吗？（单选）（ ）

A 非常需要　　B 需要　　C 一般需要　　D 不需要

41. 如果需要，你觉得情报工作者需要掌握的数据分析方法有哪些？（多选）（ ）

A 比较的方法　　B 归纳的方法　　C 内容分析的方法

D 案例分析的方法　　E 层次分析的方法

F 其他（请填写）：________________

42. 在面对各种数据的处理和分析过程中，你认为成为一名情报工作者需要掌握数据库这一技能吗？（单选）（ ）

A 非常需要　　B 需要　　C 一般需要　　D 不需要

43. 如果需要，你觉得情报工作者需要掌握哪几种数据库？（多选）（ ）

A Mysql　　B Access　　C Sqlserver　　D Oracle

E 其他（请填写）：________________

44. 你认为成为一名情报工作者需要掌握程序设计语言吗？（单选）（ ）

A 非常需要　　B 需要　　C 一般需要　　D 不需要

45. 如果需要，你觉得情报工作者需要掌握哪几种程序设计语言？（多选）（ ）

A C 或 C++　　B C#

C Java　　D Python

E 其他（请填写）：________________

46. 你认为成为一名情报工作者需要掌握数据可视化的技能吗？（单选）（ ）

A 非常应该　　B 应该　　C 一般应该

D 不应该　　E 很不应该

47. 如果需要，你觉得情报工作者应该掌握的可视化工具有哪些？（多选）（ ）

A Excel　　B Citespace　　C Ucinet　　D VOView

E 其他（请填写）：________________

个 人 信 息 简 况

你目前所就读的单位是：____

性别：□男　　　　□女

具体研究方向是：

____

问卷到此结束，非常感谢你的合作！

祝你学习顺利，身体安康

附录 7
情报学招聘文本实体标注（样例）

要求：1.<zy> 医药 </zy>、<zy> 生物 </zy>、<zy> 临床 </zy> 相关专业 <xl> 硕士或者博士学历 </xl>；2. 具有较强的 <nl> 文献资料 </nl> 及 <nl> 信息搜集 </nl> 和 <nl> 整理分析能力 </nl>，熟悉常用医药网站和数据库；3. 能流畅阅读理解生物医药相关英文文献，并能将英文文献信息整理汇总形成调研报告；4. 具有较强 <nl> 逻辑思考能力 </nl>，<nl> 态度严谨 </nl>，<nl> 学习能力 </nl> 强，<nl> 工作积极努力 </nl>，具有 <nl> 团队精神 </nl>；5. 有 <jy> 项目调研 </jy>、<jy> 药物开发经验 </jy> 或 <jy> 临床专业背景 </jy> 人员优先考虑，同时欢迎相关专业 <xl> 优秀应届毕业生 </xl> 加入；6. 根据相应经验和能力评估，该岗位为新药研发情报专员经理高级经理副总监。

职位要求：1. 年龄 32 岁以下，<xl> 大学本科及以上学历 </xl>，形象气质佳；<zy> 工商管理 </zy> 或 <zy> 文秘 </zy> 专业，<nl> 会开车 </nl> 的优先考虑；<jy>2.3 年以上大中型企业同岗位工作经验 </jy>；3. 有较强的 <nl> 组织 </nl>、<nl> 协调 </nl>、<nl> 沟通 </nl> 及 <nl> 人际交往能力 </nl> 以及 <nl> 敏锐的洞察力 </nl>，具有很强的 <nl> 判断 </nl>、<nl> 计划能力 </nl>；4.<xg> 忠诚 </xg>，<nl> 执行能力 </nl> 强，能很好协助董事长管理协调内部各部门的关系；5. 良好的 <nl> 应变能力 </nl>、<nl> 管理能力 </nl>，熟练处理各类公文，知识结构较全面，能够迅速掌握与公司业务有关的各种知识；6. 能 <nl> 全身心投入 </nl> 工作，<xg> 原则性强 </xg>，并具有较强的 <xg> 责任感 </xg>、<xg> 事业心 </xg> 和 <nl> 保密意识 </nl>。

岗位要求：<jy>5 年以上销售工作经验 </jy> 具有相关 <jy> 沼气行业 </jy>、<jy> 填埋气行业 </jy>、<jy> 固废行业 </jy> 经验者优先对环保市场、厌氧沼气技术、填埋气等有一定了解 <zy> 环境工程 </zy>、<zy> 机电一体化 </zy>、<zy> 自动化 </zy> 相关专业有一定的客户资源 <xg> 性格开朗 </xg>、<xg> 诚实守信 </xg> 简历请发：info@zcic.

com.cn 并注明应聘岗位，来函请务必注明应聘岗位名称。

岗位要求：<jy>2 年以上销售工作经验 </jy> 有 <jy> 环保行业 </jy>、<jy> 机电一体化设备销售经验 </jy> 者优先对环保市场、厌氧沼气技术、填埋气等有一定了解 <zy> 环境 </zy>、<zy> 机械 </zy>、<zy> 自动化 </zy> 相关专业有一定的客户资源 <xg> 性格开朗 </xg>、<xg> 诚实守信 </xg> 简历请发：info@zcic.com.cn 并注明应聘岗位。

任职资格：1. 要求：<xl> 大专以上学历 </xl>，<zy> 市场营销 </zy>、<zy> 物流管理 </zy> 或 <zy> 医药销售 </zy> 行业优先；2.<jy>1 年以上仓储物流企业从事仓储物流项目开发、统筹与运作经验 </jy>；3. 对 <jy> 物流企业 </jy> 熟悉并具良好的 <nl> 人际关系 </nl> 群；4. 具备 <nl> 开发客户 </nl>、<nl> 拓展市场 </nl> 的能力，良好的 <nl> 团队协作 </nl> 精神。5.<nl> 适应出差 </nl>、极具出色的 <nl> 商务谈判 </nl> 及 <nl> 团队协作能力 </nl>；职位待遇：1. 底薪 + 提成 + 补助 + 双薪；2. 五险一金、节日福利、法定节假日及年假；3. 良好的职业晋升空间及合作伙伴机制；4. 团建旅游及培训。

资格：1.<zy> 市场管理 </zy> 或相关专业 <xl> 学士学位以上的学历 </xl>，<nl> 日语 2 级 </nl> 或 <nl> 高级语言水平 </nl>。2. 具有 <jy> 汽车零部件行业背景 </jy> 和领域发展的深刻了解，作为汽车厂商或产品开发的 <jy> 营销总监 </jy><jy> 有 3 ～ 5 年以上的营销经验 </jy>。3. 有较强的 <nl> 企划能力 </nl>，精通所有种类的 <nl> 媒体运作 </nl> 方法，在 <nl> 推进大规模营销活动 </nl> 中取得成功的经验。4. 对 <nl> 商务 </nl> 动向敏感，<nl> 市场意识 </nl> 强烈，擅长 <nl> 分析问题 </nl> 和 <nl> 解决问题 </nl>。<nl> 资源整合能力 </nl> 和 <nl> 商业促进能力 </nl> 较强。5. 出色的 <nl> 沟通 </nl> 和 <nl> 合作能力 </nl>、丰富的 <jy> 团队经验 </jy>、出色的 <nl> 人际关系 </nl> 和 <nl> 协调能力 </nl>，还有 <nl> 解决问题 </nl> 的较强的能力。6. 能够自主地 <nl> 定制顾客项目 </nl>，积极地满足顾客的战略、<nl> 踏实的工作 </nl> 能力、敏锐的 <nl> 市场感觉 </nl>、出色的 <nl> 逻辑分析功能 </nl>。7. 在工作中领先的 <nl> 快速思考 </nl> 及 <nl> 创新能力 </nl>。

任职要求：1.<zy> 药学 </zy> 相关专业；2.<jy> 医药商务拓展 </jy>、<jy> 药品销售 </jy>、<jy> 行业分析 </jy> 等 <jy>3 ～ 5 年从业经验 </jy>；3. 熟悉国内外医药行业发展趋势；4. 具备较强的 <nl> 沟通能力 </nl>、<nl> 写作能力 </nl> 及 <nl> 执行力 </nl>；

任职资格：1.<xl> 本科以上学历 </xl>，<zy> 中文 </zy>、<zy> 新闻 </zy>、<zy> 市场营销 </zy> 等专业优先考虑；2.<jy>2 年以上淘宝或新媒体数字营销工作经验 </

jy>，对电商 / 互联网市场敏感，对热点话题新闻事件敏感；3. 具备较强的 <nl> 文案策划功底 </nl> 以及 <nl> 活动策划能力 </nl>，<nl> 文字功底扎实 </nl>，<nl> 感染力 </nl> 强，对家具零售、互联网领域有一定认知；4. 能够通过 <nl> 内容营销 </nl> 提升平台活跃度，增加粉丝量，提高关注度，潜移默化中打造公司品牌形象，使公司品牌及文化深入人心；5. 能 <nl> 独立 </nl> 完成各种文案的创作和编辑，<nl> 逻辑清晰 </nl>，<nl> 想象力 </nl> 丰富，<nl> 创造力 </nl> 强。6. 有 <jy> 家具家居 </jy> 类 <jy> 媒体经验 </jy> 者优先。

岗位要求：1. 目标导向，有强烈的 <xg> 责任心 </xg> 并能够 <nl> 承受工作压力 </nl>。2.<jy> 具有 PC，智慧屏等融合类产品 2 年以上行业销售经验 </jy>。3.<xl> 大专及本科以上学历 </xl>。

职位要求：1.<xl> 学历大专以上 </xl>，英语四级以上，<nl> 读写能力熟练 </nl>；2.<jy> 具备半年以上亚马逊销售经验 </jy>，<nl> 熟悉亚马逊平台的政策和规定优先 </nl>，<jy> 有外贸销售工作经验优先 </jy>；3.<nl> 具备良好的市场洞察力 </nl>、<nl> 数据分析能力 </nl> 和 <nl> 逻辑思维能力 </nl>，强烈的计划、执行意识；4. 有 <xg> 工作热情 </xg>，脚踏实地，能够承受较强的工作压力，有志在电商行业长期发展。薪酬待遇：1. 薪资待遇：5 ～ 8K 高底薪 + 丰厚提成（提成视个人能力而定，上不封顶）；2. 福利待遇：入职买社保；全勤奖，传统节日福利，年底双薪，年终奖；工龄奖；3. 每周公司免费提供水果零食、下午茶；4. 有薪假期：法定节假日、年休假、婚假、产假、陪护假公司正处于快速发展阶段，团队年轻有活力！欢迎有志于外贸、电子商务的优秀人才加入到我们的团队中来！让我们携手共创辉煌明天！

任职资格：1.<xl> 大专以上学历 </xl>，<jy> 后勤相关工作一年以上经验 </jy>，优秀应届毕业生也可接受；2. 良好的 <nl> 信息分析 </nl> 和 <nl> 提炼能力 </nl>；3. 具备良好的 <nl> 逻辑思维能力 </nl> 和 <nl> 理解能力 </nl>。* 联系人：张小姐 * 联系电话：0755-83280063* 公司官网：http：www.tianzehanyu.com* 公司公交站点及路线参考：(1) 附近公交站：北站消防站、中央原著。

岗位要求：1.<xl> 专科及以上学历 </xl>，接受应届生；2. 具备 <nl> 文案撰写能力 </nl> 和 <nl> 良好审美能力 </nl>，具有 <jy> 微博、公众号运营经验 </jy> 者优先；3. 具有高敏锐度，<nl> 善于市场情报收集 </nl>；4. 具备一定的 <nl> 市场策划 </nl> 和 <nl> 信息分析能力 </nl>；5. 具备良好的 <nl> 语言表达能力 </nl> 和 <nl> 沟通能力 </nl>；6.<xg> 认真负责 </xg>，<xg> 细心周到 </xg>；福利待遇：1. 五险一金；2. 工作餐及下午茶：提供营养工作餐和美味下午茶；3. 带薪假期：各类法定节假日，年休假，婚假，产假，陪产假等都是带薪假期；4. 员工礼物：生日礼物，转正礼物，节日慰问等；5. 丰富多彩的员工活动：季度旅游，部门聚餐，农家乐等娱乐性活动。

任职要求：1.<xl> 大专以上学历 </xl>，<zy> 市场营销相关专业 </zy> 优先；2.<jy>2 年以上销售工作经验 </jy>，建材、五金，晾品、卫浴同行或快速消费品销售经验优先；3. 具备一定的行业知识、产品知识（可入职后培训），市场营销知识；4. 具备一定的 <nl> 数据统计分析技能 </nl>、<nl> 情报信息收集技能 </nl>，<nl> 熟练操作办公设备和办公软件 </nl>；5.<xg> 抗压能力强 </xg>，优秀的学习力，较强的 <nl> 沟通与执行能力 </nl>。

任职条件：1. 年龄 21 ～ 29 岁；2.<xl> 全日制本科以上 </xl>、持有 N1 证书，<jy> 有日企 2 年翻译工作经验 </jy>；3.<xg> 头脑灵活 </xg>，<xg> 反应敏捷 </xg>，<nl> 口头表达能力强 </nl>；4. 表现出有效利用各种资源在一定时间范围内满足公司内外部客户需求的关注；5. 在日常的工作中表现出对细节的关注、耐心和细致，在细微的工作环节和步骤时，尽量准确合理；6.<nl> 协调能力强 </nl>，做好公司、部门内各科之间的桥梁、协调作用。岗位职责：一、工作职责：1. 日常翻译（包括但不限于各类会议翻译）、资料翻译以及行政事务的处理；2. 根据领导要求收集、分析、传达情报及信息。了解各项决定的执行情况并及时反馈信息；3. 做好日籍干部与中方人员的沟通、协作工作、保证沟通顺畅；4. 本部资料的收集和制作（月报、周报等）；5. 负责各种文件资料的整理、传递、存档管理及保密工作；6. 协助做好日方人员参观、来访的接待工作；福利待遇：1. 薪酬待遇：5K ～ 6.5K 面议。2. 五险一金，周末双休，加班有加班费。3. 公司有班车到市区接送。4. 日企具备的其他各项福利齐全。1. 公司有食堂，员工自付 2 元餐，由员工个人承担。2. 住宿方面，有公司集体宿舍，2 人间。

任职要求：1.<jy> 有跨境电商行业经验 </jy> 优先考虑；2. 有一定的 <nl> 产品开发 </nl> 及 <nl> 市场调研能力 </nl>；3. 对产品关键词把握较强，能迅速做出反应。薪酬福利：1. 工作时间：大小周，早上：9：00—12：00；下午 13：30—18：00。2. 完善的福利（国家法定标准的休假）、社保五险。3. 不定期聚餐、各项文体活动、节假日福利以及短途旅行等。4. 公司将提供优良的平台和广阔的晋升发展空间，以及专业的外出培训机会。

任职资格：1.<xl> 中专及以上学历 </xl>，<zy> 市场营销 </zy>、<zy> 工商管理 </zy>、<zy> 环境设备 </zy> 与 <zy> 工程 </zy> 等相关专业；2.<jy>1 年以上销售工作经

验 </jy>，有智能家居行业或者建材行业者优先；3. 形象气质佳，<nl> 沟通能力强 </nl>，具有良好的 <xg> 职业道德 </xg>、<xg> 团队精神 </xg>，强烈的 <xg> 责任心 </xg>，<xg> 事业心 </xg>。薪资待遇：1.3500 底薪 + 各项补贴 + 高提成 + 激励奖金 + 五险，根据个人能力提成上不封顶，提供住宿。2. 试用期提供系统的带薪培训（包括产品技术知识、展厅讲解、图纸的熟悉，销售技巧等）；3. 月休 4 天，工作满一年后有带薪年假，生日有生日福利，节假日有节日礼品；4. 每年一次员工旅游，销售精英将有机会赴国外优秀厂家参观学习。每个年纪都有每个年纪该做的事，希望我们是你每个阶段蜕变的见证人！

任职资格：1. 教育背景：<xl> 硕士以上学历 </xl>，<zy> 理工科 </zy> 专业背景。2. 工作相关性：<jy> 两年以上医疗器械行业的研发、营销、学术相关工作经验 </jy>。3. 技能技巧：熟练使用办公软件，具有较强的 <nl> 信息搜集整理和分析能力 </nl>，<nl> 沟通能力 </nl> 和抗压能力强。4. 工作态度：认可健帆企业文化；强烈的 <xg> 进取心 </xg>、<xg> 责任心 </xg> 及 <xg> 事业心 </xg>；具有良好的 <xg> 团队合作精神 </xg> 与意识。

任职要求：1.<xl> 硕士以上学历 </xl>，专业是 <zy> 统计学 </zy>、<zy> 市场营销 </zy>、<zy> 工商管理 </zy>、<zy> 企业管理 </zy>、<zy> 情报学 </zy>、<zy> 计算机 </zy> 等；2.<jy> 工业市场调研公司（BTOB 市场研究）1 年以上研究经验 </jy>；3.<nl> 沟通能力较强 </nl>，心理素质较好，具有一定的 <nl> 抗挫折能力 </nl>；4.PPT 及 WORD 文档操作熟练。

任职要求：1.<jy>1 年以上社交媒体工作经验 </jy>，熟悉互联网，社群运营，粉丝运营；2. 掌握营销和销售管理相关知识，熟悉社区运营的相关知识；3. 具有一定的 <nl> 判断 </nl> 与 <nl> 决策能力 </nl>，<nl> 人际能力 </nl>、<nl> 沟通能力 </nl>、<nl> 计划与执行能力 </nl>。工作时间：朝九晚六，双休，法定节假日正常放假。

任职要求：1. 年龄 40 岁以下，男女不限。2. 英语听说读写流利。懂日语（优先）。3.<xl> 大学本科 </xl><zy> 文科类 </zy> 毕业，<jy> 相关工作经验 3 ～ 5 年 </jy>（经营企划类）五天八小时五险一金齐全带薪年假年终奖丰厚（2.5 个月以上）。

任职要求：1.<xl> 本科或以上学历 </xl>，形象佳、素质高，有销售团队管理经验；2.<jy>8 年以上手机行业或显示屏行业的销售经验 </jy>，有一定的手机行业品牌大客户高层高端关系管理，熟悉大客户导入流程，<jy> 具备独立成功开拓客户的工作经验 </jy>；3. 良好的 <nl> 沟通、谈判能力 </nl>，较强的 <nl> 市场敏锐力 </nl>，分析与 <nl>

总结归纳能力 </nl> 佳，自我 <nl> 驱动力 </nl> 强；具有 <xg> 高度的工作热情 </xg> 和 <xg> 责任感 </xg>，抗压力强，<xg> 耐性好 </xg>；4.<nl> 能够很好地调动团队士气 </nl>，并给予团队成员个人成长的指导和空间，善于构建人员梯队等；5. 有手机品牌公司、方案公司、成熟的大客户资源者优先考虑。办公室地址：深圳市南山区高新技术产业园高新南四道 21 号 R1-A 栋 7 楼

任职要求：1.18 ～ 35 岁、<xl> 大专及以上学历 </xl>，<jy> 专业不限 </jy>；2. 口齿清晰、普通话标准、语言富有感染力；3. 对销售工作有较高的 <xg> 热情 </xg>、<xg> 自信大方 </xg>、勇于挑战高薪；4. 思维敏捷，有很好的 <nl> 应变能力 </nl> 和 <nl> 抗压能力 </nl>，做事细心；5.<jy> 有电话沟通经验者优先考虑 </jy>。上班时间：am：8：30—12：00；pm：14—17：30 单休；工作时间灵活，定期开会，其他时间均自行分配在外；工作地点：江岸区沿江大道世纪中心 17 楼 1709 地铁 2 号线 6 号线江汉路 c 出口，沿步行街走 10 分钟即可到达公司。Vx：18571150725

职位要求：1.<zy> 精细化工相关专业 </zy> 的 <xl> 本科毕业生 </xl>，英语过四级，<jy> 工作经验一年及以上 </jy>；2. 普通话标准，具备良好的 <nl> 沟通能力 </nl>；3. 良好的 <nl> 学习能力 </nl>，高度的 <xg> 责任心 </xg> 及 <xg> 主动性 </xg>；4. 勇于不断迎接新挑战，能承受较大的工作压力。

任职资格：1. 熟悉工艺相关的国际、国家、军用标准；2. 熟练应用 CAXA、AUTOCAD、CATIA 等常用工具软件；3. 熟练负责零部件工艺装备设计的基本知识；4. 掌握所管工艺的（喷漆工艺）流程和方法；5. 具有良好的 <nl> 组织协调能力 </nl>，工作认真负责；6.<xl> 本科及以上学历 </xl>，<jy> 具有 2 年相关工作经验 </jy>，航空行业优先。

任职要求：1.<xl> 本科及以上学历 </xl>，<zy> 计算机 </zy>、<zy> 通信 </zy>、<zy> 信息技术 </zy>、<zy> 网络 </zy>、<zy> 电子 </zy> 等相关专业；2.<jy> 具有 2 年以上销售工作经验 </jy>；3.<jy> 具有云计算、大数据、智慧城市、平安城市、数据中心等行业项目经验 </jy> 者优先考虑；4.<nl> 独立运作项目的能力 </nl> 强，<nl> 布局和控局的能力 </nl> 强，<nl> 调动资源和协同能力 </nl> 强；5.<xg> 勤奋 </xg>、<xg> 敬业 </xg>，具备良好的 <nl> 学习能力 </nl> 和 <xg> 合作精神 </xg>。

任职要求：（1）<zy> 信息管理与信息系统 </zy>、<zy> 统计学 </zy>、<zy> 数学 </zy> 与 <zy> 计算科学 </zy>、<zy> 计算机相关 </zy> 专业，<xl> 本科学历 </xl>。（2）<jy>2 年以上项目管理相关经验 </jy>，熟悉数据分析；具有 <jy> 第 3 方代理公司管理

的经验 </jy>。(3) 能够使用 Excel、SQL 进行数据分析和呈现。会 VBA 更佳。(4) 大学英语四级或以上，具备读、写能力。(5) 良好的 <nl> 学习、创新和逻辑思维能力 </nl>。良好的数据敏感性。其他优先条件：(1) 较强的 <nl> 组织，协调和沟通能力 </nl>。(2) <xg> 好奇 </xg>、<xg> 创新 </xg>、<xg> 追求卓越 </xg>，能够适应在项目团队中工作。

任职资格：1.<xl> 硕士及以上学历 </xl>，<zy> 生物医药 </zy> 相关专业；2.<jy> 五年以上工作经验 </jy>，<jy> 三年以上行业技术、项目管理经验 </jy>；3. 掌握生物医药专业知识（免疫学及干细胞相关知识），有良好的 <nl> 合作项目信息分析能力 </nl>、<nl> 中英文文献资料检索整理阅读及分析能力 </nl>，<nl> 英文口语能力 </nl> 强；4. 优秀的 <nl> 项目管理及组织协调能力 </nl>，<nl> 独立思考能力 </nl>，良好的 <nl> 沟通能力 </nl> 和 <xg> 合作精神 </xg>。

任职要求：1.<jy> 一年以上 Amazon 运营、销售团队管理经验 </jy>；有成功案例。2. 有较强 <nl> 主动学习和适应能力 </nl>，有 <xg> 事业心 </xg>，有 <xg> 团队协作精神 </xg>，良好的职业道德和素养，给他人带来正能量；3.<xg> 为人真诚 </xg>，<xg> 做事踏实 </xg>，<xg> 细心 </xg>，<xg> 耐心 </xg>，有一定 <nl> 沟通能力 </nl> 和商务谈判技巧。薪资待遇：1. 入职即交五险，试用期三个月。2. 大小周休息制。3. 上班时间：9：00—12：00，13：30—18：00。

职责：1. 负责区域的销售及市场推广，市场开发与拓展及客户的维护与服务。2. 销售员和代理商队伍的建设。3. 经销区域的管理，制定并执行地区销售、费用预算和货款回收计划；4. 配合总公司市场部收集当地市场情报信息，及区域内的市场活动。要求：1.<zy> 医学检验 </zy>、<zy> 临床检验 </zy>、<zy> 生化 </zy> 或相关专业者优先。2.<jy> 有 1 年以上生化或免疫体外诊断试剂产品销售经验 </jy>，会生化仪操作者优先。3. 熟悉医药产品销售流通领域，有客户资源者优先。工作地点：当地（适当的周边区域出差）薪资：（底薪 + 提成）。

任职资格：1.<zy> 市场营销 </zy>、<zy> 工商管理 </zy>、<zy> 机械 </zy>、<zy> 自动化 </zy>、<xl> 大专及以上学历 </xl>。2. 热爱销售工作，能吃苦耐劳，<nl> 学习能力 </nl> 较强，具有较强的 <nl> 抗压能力 </nl>。3. 经验不限，<jy> 有同行业销售经验 </jy> 优先。福利待遇：1. 薪资结构：基本工资 + 提成 + 话补 + 交通补助，综合薪资具有市场竞争力。2. 年休假，工作满一年，享有 5 天带薪年休假。3. 带薪休假：按国家规定享有法定节假日 11 天，婚假、产假、丧假、工伤假。4. 年度旅游：工作满一年的员工每年度享受免费省内一日游。优秀员工享受省内免费两日游。5. 五险一金：公司统一为员工购买社会保险和住房公积金。6. 免费提供住宿。7. 员工培训：入职后需到公司总部参加为期半个月的系统培训，不产生任何培训费用，带薪培训，免费提供食宿，报销往返车费（火车标准）。8. 感恩关爱基金：公司将成立感恩关爱基金，用于救助和捐赠困难员工。

附录 8
数据科学任职要求知识标注（样例）

任职要求：1. 熟悉 [数据仓库][建模理论]、[模型设计] 思路；2. 熟悉 [至少一种][主流数据库系统]，[精通][SQL]、[存储过程]，有较好的 [SQL 性能调优经验]

任职要求：1.[本科以上学历]；2. 可以接受 [实习生]（[2017 年本科] 或者 [硕士毕业]）；3.[统计学专业]，[数学专业]，[数据挖掘专业] 等相关专业；4. 熟悉 [unix] 或 [linux]，具备基本的 [UNIX 操作系统][基础]，熟悉开发必需的 [系统管理][操作命令]；5. 熟练使用 [SAS]、[R 语言] 等 [统计分析语言] 以及 [统计分析软件] 例如 [SASEM]；6. 具备 [数据库基础]，了解 [Oracle] 等 [主流数据仓库]，熟练使用 [SQL] 从 [数据库底层][提取数据]

任职要求：1.[统计学]、[应用数学]、[计算机等相关专业][本科及以上学历]

任职要求：1.[本科及以上学历],[通信]、[计算机相关专业]；2. 精通 [TCP][IP 协议]，[熟悉][网络交换]，[路由] 知识，熟悉各种 [路由器][交换机配置]；3. 精通 [LTE][GSM][WCDMA][TD][通信原理]，各 [接口相关协议] 及 [信令分析] 和 [网络优化][流程]，具备 [信令关联分析能力]；4. 熟悉 [网络测试方法] 和工具，熟练使用 [测试仪表]，如 [Testcenter]、[IXIA]；5. 有过数通 [产品测试] 工作经验（[交换机][路由器]）；6. 熟悉 [linux 环境]，有 [shell] 经验者优先；7. 较好的 [理解]、[表达和沟通能力]，具备 [良好] 的 [团队精神]，[快速学习][新知识] 的 [能力]

任职要求：1. 熟悉 [主流] 的 [机器学习]，[数据挖掘基本算法] 和 [数据模型]，有大量 [数据搜集]、[整理分析] 与 [推测] 的 [经验]；2. 有 [数据处理]，[统计分析]，[数据建模]，[机器学习等][相关算法] 应用 [经历]；3. 对 [海量数据挖掘分析] 有 [浓厚兴趣]，了解 [Hadoop 技术]；4. 精通 [HiveSQL]

任职要求：1. 出色的 [办公软件使用能力]；2.[良好的沟通能力] 和 [团队协作能

力]；3.[三年以上]的[销售业绩][分析经验]；4.[优秀]的[数据分析能力]和[洞察力]
职能类别：[业务分析专员][助理销售][行政助理]

任职要求：1.[本科及以上学历]，[计算机]、[数学]、[统计学]等[相关专业]，具有深厚的[数学]、[统计学]和[计算机][相关知识]，[精通][数据仓库]和[数据挖掘]的[相关技术]；2. 精通常用[数据挖掘工具软件][R][SPSSClementine][SAS][Matlab]等[工具]之一，可自编[挖掘算法]；3. 精通[Java][Python 编程]；4.[熟悉[Hadoop]、[Mapreduce]、[Hive]、[Spark]等[开源分布式框架]；5. 熟悉[数据挖掘]、[机器学习]、[人工智能技术]，尤其是[关联分析]、[分类预测]、[协同过滤]、[聚类分析]、[回归分析]、[时间序列分析]等常用[分析方法]；6. 对数据有一定[敏感度]，有[海量数据挖掘]实际经验者优先；7. 具备[责任心]和[良好的团队协作][精神]，[乐于沟通交流和分享]

任职要求：1.[1.3 年以上][BI 互联网]或[电商行业][业务分析经验]，具有[网站流量分析]与[用户行为分析经验]；2. 精通[关系数据库原理]，熟悉[Oracle]、[MySQL]等[数据库]，具有良好的[SQL 语言技能]，精通[PL]-[SQL]，[精通][存储过程]、[函数]；3.[熟练使用][主流]的[数据库分析]、[设计工具]，能[独立完成][数据仓库]的[架构设计]、[ETL 数据][整合方案]的[实现]；4. 熟练使用[报表分析][工具开发][多维数据]的[前端应用]；5. 熟悉常见的[分布式计算]和[存储]的相关技术，包括[YARN]，[Spark]等

任职要求：1.[计算机或相关专业]，[本科及以上学历]；2.[两年及以上]的[开发工作经验]；3. 熟悉[常用数据结构]，有丰富的[项目架构经验]；4. 具有[优秀的分析]和[解决实际问题的能力]；5. 对[算法]具有[浓厚的兴趣]和[热情]

任职要求：1.[生物统计学专业][硕士以上学历]；2. 熟悉[数学分析]、[软件统计]、[数据挖掘]、[回归分析]、[调查数据][质量控制]等专业技能；3. 具有[医药健康]、[生物统计]、[临床试验]、[流行病学]、[遗传学]等行业[1～2 年工作经验]者优先；4. 具有[医学诊断]、[生产和质量控制]、[药物临床测试]、[实验]、[统计]等[岗位工作经验]者优先；5. 具良好的[协调沟通能力]，有[高度责任心]和良好的[服务意识]；6. 良好的[分析问题和解决问题]的[能力]

任职要求：1.[本科及以上学历]，[计算机]、[统计学]、[数学]等相关专业；2.[两年以上][海量数据挖掘]、[大规模机器学习]工作经验，有[电力]、[电信行业]等[数据挖掘工作]经验优先；3. 具备扎实的[数据挖掘]、[机器学习]、[概率统计][基础理论]知识，较强的[业务理解]和[分析能力]，对[数据挖掘方法论]及[工作流程]有

[深入理解]，能够使用创新而实用的 [分析方法] 解决复杂 [商业问题]；4. 掌握常用的 [分类]、[聚类]、[预测]、[关联规则]、[序列模式] 等 [挖掘算法]，了解 [数据挖掘][前沿技术]，对 [算法的优缺点] 及 [适用场景] 有自己的见解；5. 熟练掌握 [SAS][SPSSClementine][R][Weka][Mahout] 等两种以上] 数据挖掘工具]，熟悉 [Oracle][DB2][sql-server][mysql] 等一种以上] 主流数据库]；6.[学习能力强]，拥有 [优秀] 的 [逻辑思维能力]，[工作认真负责]，[沟通能力] 良好；[乐于面对挑战]、有较强的 [执行能力]、[负责敬业]，[优秀的团队合作精神]，[诚实]、[勤奋]、[严谨]

任职要求：1.[大学本科以上学历]，[计算机或相关专业] 毕业，[五年以上] 相关工作经验；2. 有大 [数据处理经验]，熟练掌握 [数据库设计]、熟悉 [java] 或 [C] 等 [语言编程] 开发；3.[熟练掌握] 成熟的 [数据挖掘工具]、[数据挖掘相关算法]，如 [SASEM]、[SPSS][CELEMENTINE] 等；熟练 [构建和优化数据][挖掘模型]，进行 [算法研究和改进]；4. 较好 [业务沟通理解能力]，有一定 [数据分析经验]，[对数据之间关系敏感]，熟悉常用分类、[聚类算法]；5.[工作态度严谨认真]，[责任心强]，有较强的 [执行能力] 和 [团队协作能力]；6. 具备 [3 年以上][数据挖掘项目][实施经验]

任职要求：1.[本科及以上学历]，[经济学]、[数学]、[计算机]、[数理统计]；2.[1 年及以上] 类似 [岗位工作经验]，[优秀] 的 [应届毕业生] 也可以考虑；3. 具有 [统计学]、[数学]、[人工智能] 和 [数据挖掘知识基础]；4. 熟练运用] 至少一种 [统计分析] 和 [数据挖掘软件]，能运用 [SQL]、[R 语言]；5. 具有 [良好] 的 [市场敏感度]，把握 [客户需求]，有较强 [分析问题] 的 [能力]；6. 有 [互联网背景]，有 [网站][用户行为研究][经验优先]；7. 有 [良好] 的 [口头和书面表达能力]

任职要求：1.[统计学][相关专业] 毕业，有相关 [实践经验] 者为佳；2. 熟悉 [相关数据][分析软件] 和 [数据分析][要求] 和 [流程]；能偶 [独立][统计分析][相关数据信息]，完成具体 [指定] 的重要 [数据统计]，为 [相关][决策提供] 必要 [依据]；3.[良好] 的 [职业操守] 及 [团队合作精神]，[较强的沟通]、[理解] 和 [分析能力]

任职要求：1.[一年以上][数据挖掘] 或者 [机器学习][领域][相关工作经验]，[解决问题能力强]；2.[掌握][常用算法] 和 [数据结构]

任职要求：1.[研究生以上][学历]；2. 有相关领域 [工作经验者] 优先；3. 了解 [相关统计分析软件] 的操作和使用，具有一定 [编程]、[建模] 能力者优先；4.[工作认真负责]，[承压能力较强]，[良好的团队合作精神]

任职要求：1.[博士学历]，[计算机][数学相关专业]；2. 掌握 [数理统计]，[数据

挖掘] 等方面的 [模型和算法]，对 [数据结构和算法][设计] 有较为深刻的理解；3. 熟悉 [Hadoop]、[spark]、[Mahout]、[R 等][大数据相关技术]；4. 具备 [自然语言处理]，分词、[文本挖掘经验]；5.[熟悉][R][SPSS][SAS][python] 一种或多种 [统计分析工具] 及 [脚本语言]；6.[良好的团队合作精神]，[优秀的分析][问题] 和 [解决问题的能力]，对 [解决具有挑战性问题][充满激情]

任职要求：1.[全日制][本科及以上学历]([统计]、[数学] 和 [工科专业] 优先)；2.[扎实] 的 [统计学]、[数据分析和挖掘][基础]；3.[1 年以上] 的 [信贷模型][开发经验]，如 [审批]、[行为] 和 [催收评分卡]，有 [车贷] 相关经验为佳

任职要求：1.[计算机]、[统计学]、[数学]、[数理统计] 等相关专业，[本科以上学历]，[2 年以上工作经验]；2. 熟悉基本的 [分析工具]，至少精通一种 [编程语言]，有 [php][python 编程] 经验者优先等；3. 熟悉 [HadoopMR][Yarn][Storm][Spark]，有成熟的 [数据采集] 到 [数据分析] 的整套 [解决方案]；4. 精通 [Linux]，[熟练掌握][Python][C][Shell][Java]，[熟练掌握][SQL 数据库语言][HiveSQL][Mysql][Sqlserver]，有 [数据统计相关] 的经验，有 [大数据处理经验] 或愿意从事 [大数据分析者] 优先

任职要求：1. 主要负责公司项目 [数据统计]，包含 [项目成本][核算] 及 [利润核算] 工作；2. 具有 [良好的沟通]、[表达]、[协调能力]，具备 [高度的责任心] 及 [团队合作精神]，能够 [定时定量][完成工作]

任职要求：1.[数学]、[统计学]、[计算机等相关专业][本科及以上学历]；2.[3 年以上][互联网][工作经验]，熟悉并热衷 [互联网产品] 尤其是 [移动端产品]；3. 熟悉常见的 [数据挖掘算法]，有较丰富的开发及 [调优能力]；4. 有丰富的 [hadoop]、[spark 生态] 使用经验熟悉] 相关 [生态] 的 [底层原理] 优先；5.[责任心强]，[工作主动][自驱]，[沟通能力强]；6. 有 [推荐系统]、[用户画像] 相关经验者优先

任职要求：1.[本科以上][计算机相关专业][学历]，[5 年以上工作经验]，精通 [JAVA]；2.[有 2 年以上][大数据] 或 [数据仓库] 项目经验，了解 [数据仓库] 相关 [理论知识]；3. 熟悉 [ETL 流程]，[OLAP 分析]，[数据仓库建模]；4. 熟练掌握 [Hadoop] 的 [MapReduce] 应用开发，精通 [Hive]、[Pig] 等 [大数据开发工具]，熟悉 [分布式计算系统] 理念；5.[熟悉][Spark]、[Storm 流式计算] 优先；6. 熟悉 [R 等][数据分析语言] 者优先；7. 精通 [SQL 开发]，精通 [MySQL]、[Oracle] 等 [关系型数据库] 中的一种；8.[踏实]、[细心]、[认真]，[有责任心]，[良好的团队协作]，乐于 [沟通交流]

任职要求：1.[大专及以上学历]，有相关工经验者优先；2. 有 [数据统计工作] 经

验者优先；3. 熟练掌握 [office] 等 [常用办公软件]，精通 [excel] 指标

任职要求：1.[计算机][数据统计学专业][本科及以上学历]；2. 扎实的 [统计学]、[数据分析]、[数据挖掘基础] 和 [统计建模能力]；3. 熟悉 [数据挖掘]、[机器学习]、[人工智能技术]，尤其是 [关联分析]、[分类预测]、[聚类分析]、[回归分析]、[时间序列分析] 等常用 [分析方法]；4. 精通 [R]、[SAS]、[SPSS]、[Matlab] 等 [挖掘工具]；5. 有 [统计]、[数值计算]、[模型开发] 研究基础，[风险模型构建] 经验优化

任职要求：1. 有 [扎实] 的 [java][开发基础]，或者 [实践经验]，对 [网络爬虫] 感兴趣；2. 熟悉 [SSH] 等 [主流开源框架]；3. 熟悉 [MySQL] 或同类 [关系型数据库]；4. 熟悉 [httpclient]、[jsoup]、[webdriver]、[htmlunit]、[Nutch]、[selenium] 等技术

任职要求：1.[应用数学]、[统计学]、[计算机]、[电子信息工程] 或其他相关专业，[专科及以上学历]

任职要求：1.[本科]，[专业不限]，[应届毕业生] 优先考虑；2.[活泼]、[开朗]、[耐心]、[细心]；3.[良好的沟通能力] 和 [学习能力]

任职要求：1.[全日制][硕士及以上学历]，[统计学]、[数学等] 相关专业；2. 熟练使用 [SPSS][SAS][R 等][统计分析软件]，有一定的 [编程基础]；3. 熟悉 [数据挖掘][和机器学习] 相关算法，并能在相应工具中实现；4.[对数据敏感]，较强的 [逻辑思维能力]；5.[乐观]、[进取]、[钻研]，富 [有创新精神]，[良好的沟通] 及 [团队合作能力]

任职要求：[计算机] 或 [数学相关专业]，[硕士及以上学历]

任职要求：1.[有 3 年以上][数据挖掘] 相关经验；2. 精通常用 [预测]、[聚类] 等 [数据挖掘算法]；3. 熟练掌握 [SAS]、[SPSS] 或 [R][分析工具] 等

任职要求：1.[计算机及相关专业][本科以上学历]；2. 设计和开发基于 [Lucene][Solr] 的 [分布式] 的 [搜索技术]；3. 对 [搜索日志] 进行 [分析和挖掘]，[反馈] 并 [优化] 当前 [搜索]；4. 具备良好的 [表达和沟通能力]、[学习能力]，具备极强的 [团队合作精神]，能够 [承受一定的工作压力]；5. 熟悉 [倒排索引]、[全文检索]、[分词]、[排序] 等相关技术

任职要求：1.[统计学]、[应用数学]、[计算机等相关专业]，[本科及以上学历]；2. 精通 [EXCEL] 应用 [编程]，[VBA 视图] 等；3. 熟练掌握多种 [统计和挖掘方法]，熟练使用 [SPSS]、[SAS] 等 [相关数据][分析软件]；4. 较强的 [数据敏感度]，[逻辑分析能力] 和 [文档写作能力]；[有责任心]，[忠诚]，有 [良好的沟通能力] 和 [组织管理能力] 以及 [心理承受能力]，[勇于接受挑战]

任职要求：1.[本科及以上学历]，[市场营销]、[统计学等] 专业优先；2.[熟练掌握] 多种 [统计和挖掘方法]；3. 较强的 [数据敏感度]，[逻辑分析能力] 和 [文档写作能力]；4.[有责任心]，[良好的沟通能力] 和 [组织管理能力] 以及 [心理承受能力]，[勇于接受挑战]

任职要求：1.[计算机]，[数学]，[统计学等相关专业][本科以上学历]；2.[5 年以上] 相关工作经验，有 [统计建模]、[机器学习]（[聚类]、[分类]、[回归] 等）或 [数据挖掘应用] 的项目或研究经验；3. 精通 [Linux 开发]，熟悉 [Perl][Shell][Ruby] 等 [脚本语言]，具备 [C][C]、[Java]、[Go] 等 [编程能力]，熟悉 [数据库]，对常用 [数据结构和算法] 有较为深刻的理解；4.[征信]、[金融]、[大数据]、[通信业][从业背景] 人员优先，熟练使用 [R]、[Python]、[Weka]、[Julia]、[Mahout]、[GraphX]、[MLlib]、[Scala]，以及 [机器学习][开源框架][TensorFlow]，[Caffe]，[Mxnet] 者优先

任职要求：1. 对 [统计学]、[自动类别侦测][决策树][神经网络] 等 [挖掘算法][原理] 有较为深刻的 [理解]；2.[熟练使用][SPSSClementine][SASEM]、[R 语言] 等 [工具]；3. 熟悉 [Oracle]、[Mysql] 等 [数据库]，[精通][SQL]，对 [Hadoop] 有一定认识

任职要求：[大专及以上学历] 均可，[理工科类] 优先；1.[有无经验均可]（我们只看你是否有意愿）；2.[学历不] 是你的硬指标（我们只看 [能力]，只认付出）；3. 有 [良好] 的 [服务意识]、[综合素质]（[热爱互联网] 的更加适合）；4.[能吃苦耐劳]、[做事严谨]（[目标] 需要靠自己的付出去实现）；5. 有 [相关专业] 者 [优先考虑]（[团队合作] 与 [毅力]，是我们最看重的精神）；6.[应届生] 一视同仁（我们会是你融入社会，学习成长的最好平台）

任职要求：1.[本科及以上学历]，有 [数据产品工作经验] 的优先，具有 [相关数据][分析软件][SPSS]、[STATISTIC]、[Eviews]、[SAS] 等 [数据分析软件][经验者优先]；2.[熟悉][Linux 操作系统] 及 [至少一种][脚本语言]（[Shell][Perl][Python]），[数据库原理] 及 [SQL 基本操作]，有 [分布式平台]（如 [Hadoop]）开发经验者优先；3.[熟悉][Oracle]，[Mysql]，[postgresql]，[sqlserver]、[C][C][Java] 等 [一种或多种][数据库系统]，有 [HIVE] 经验者优先

任职要求：1.[数学]、[统计]、[金融数学] 或 [计算机等相关专业]，[本科及以上学历]；2.[2 年以上] 相关工作经验，有 [统计建模][机器学习]（[聚类]、[分类]、[预测]、[回归] 等）或 [数据挖掘应用] 的 [项目经验]

任职要求：1.[性别不限]，[畜牧兽医] 专业优先考虑；2.[需要] 上 [夜班]

附录 9
iSchools 成员人才培养计划方案标记（样例）

iCaucus - 北德克萨斯大学：信息学院（美国）

本科生 Bachelor of Science in Information Science and Applied Technology

The Bachelor of Science in Information Science and Applied Technology at the University of North Texas is designed to equip graduates with the knowledge needed to, build competencies in important and emerging areas such as <information organization>, <information architecture>, <information seeking and use>, <health informatics>, <knowledge management>, <digital content and digital curation>, and <information systems>.

The BSIS&AT degree prepares students for a career at the intersection of information, people and technology. The continuous growth of information and technology innovation have led to a host of related trends and issues, including <social media>, <security, privacy>, <digital divide>, <information literacy>, <open access>, <digital curation> and more. With the need to address these issues comes the importance of educating a new generation of information professionals who not only have the can-do attitude but are also flexible, innovative, entrepreneurial and progressive.

硕士研究生 Master of Science Majoring in Information Science（MS-IS）

1.Archival Studies & Imaging Technology

Department of Information Science

MS-IS in [Archival Studies and Imaging Technology]

[Archival Studies & Imaging Technology]

This program of study is intended to prepare graduates to work with <archives and records

management> as well as <imaging technology>, from production and organization, to copyright and network design. The program includes the {production archival and preservation of records, photographs, digital images}, {digital information databases}, {medical records} etc. It equip students with important skill sets forcurrent and future library and museum information professionals. In addition, the program prepares individuals to assume positions as experts in the broader markets of libraries, archives and information centers. An integral part of the educational experience for the students enrolled in the program is the opportunity to work as interns at area museums, archives and information centers.

Students enrolled in the program of study are required to complete the three program core courses, two major core courses and at least four courses from the areas of study listed below.

2.General Program of Study

MS-IS General Program of Study

The General Program of Study in <information science> is intended to prepare graduates to succeed in a wide range of positions in both private and public organizations. It enables students to participate in the {design and development of information services and systems}, and provide {leadership} and demonstrate {theoretical knowledge} of information science and its application in dierentelds. Students are required to complete the three program core courses, two major core courses and at least four courses from the areas of study listed below.

General Requirements

1. Total coursework of 36 credit hours（12 courses）.

2. Enroll in INFO 5090 practicum, unless officially waived based on previous professional and industry experience.

3. Complete the End of Program Assessment - During the final semester before graduation, enroll, take, and pass the comprehensive examination OR complete two Advanced Seminar courses（INFO 5970 & INFO 5980）during your last semesters before graduation.

3.Health Informatics

Department of Information Science

MS-IS in [Health Informatics]

Opportunities for <health information> professionals are diverse and challenging. Career possibilities could include specialized positions in large research or teaching institutions, personalized service roles in hospital libraries, extensive information services in biotechnology companies, and interaction with other health care providers engaged in applications of <medical informatics> and <bioinformatics>. The program focuses on the fundamental concepts and activities in <health information> management, including but not limited to <electronic health systems>, <clinical decision support>, <e-science>, and <legal, ethical, and philosophical concerns in health informatics>.

The Department of Information Science provides preparation relevant to several specializations within <health informatics>, including:

<Biomedical>/<Biotechnology Industry>

<Academic Health Sciences Centers>

<Health Care Systems>

<Consumer and Patient Health Information Agencies>

<Pharmaceutical Industry>

<Government Health Information Agencies>

<Community-based Health Information Agencies>

<Public Health Information Agencies>

General Requirements

1. Total coursework of 36 credit hours (12 courses).

2. Enroll in INFO 5090 (practicum/internship), unless offcially waived based on previous professional and industry experience.

3. Complete the End of Program Assessment - During the final semester before graduation, enroll in, take, and pass the comprehensive examination OR complete two Advanced Seminar courses (INFO 5970 & INFO 5980) during your last semesters before graduation. Further information concerning these requirements may be obtained through the department or from the Health Informatics Program Home Page.

4.Information Organization

Department of Information Science

MS-IS in [Information Organization]

In the [Information Organization] program of study, students learn how to {organize information} for a wide variety of information formats, resources, systems, and environments. Graduates may be responsible for {library cataloging}, {classification}, {metadata development and use}, {indexing and abstracting}, {organizing digital resources} and {organizing special materials in libraries, museums, and archives}.

Graduates are expected to {understand the principles and application of concepts related to information representation, management, and access}, including issues related to quality control, and the need to respond actively to users' needs. They are also expected to {have a foundation in various systems and technologies used for organizing information}.

General Requirements

1. Total coursework of 36 credit hours（12 courses）.

2. Enroll in INFO 5090 practicum, unless officially waived based on previous professional and industry experience.

3. Complete the End of Program Assessment - During the final semester before graduation, enroll, take, and pass the comprehensive examination OR complete two Advanced Seminar courses（INFO 5970 & INFO 5980）during your last semesters before graduation.

General Electives

Additional three elective courses（9 hours）selected from the catalog or transferred from other programs with the approval of the academic advisor.

School Library Certification students should see the respective program pages for specific requirements, as their options will vary from other programs.

Further information concerning these requirements may be obtained through the department.

If you would like to contact us about our programs of study, or would like any additional information about our program, please go to our Contact Us page.

5.Information Systems

MS-IS in [Information Systems]

The Program of Study in [Information Systems] prepares students for positions that require {technical knowledge and skills}. The POS gives students a strong foundation in {system analysis}, {system design}, {IT project management}, {databases and enterprise infrastructure}. Today，employers are seeking professionals who can {demonstrate creative ideas} and have the ability to {use information technology} to further their business goals. They must gain the {basic skills} and {technical competencies} that will enable them to properly {deploy and utilize technology} in their organization at different levels. Completion of the program of study provides students with the basic skills and competencies that will enable them to support their organization to gain strategic and tactical competitive advantage. Courses offered in this POS are a blend of hands-on experience and theory as well as classroom instruction with the edibility of online delivery.

General Requirements

1. Total coursework of 36 credit hours（12 courses）.

2. Enroll in INFO 5090 practicum，unless officially waived based on previous professional and industry experience.

3. Complete the End of Program Assessment - During the final semester before graduation，enroll，take，and pass the comprehensive examination OR complete two Advanced Seminar courses（INFO 5970 & INFO 5980）during your last semesters before graduation.

硕士研究生 Master of Science Majoring in Library Science（MS-LS）

1.Archival Studies & Imaging Technology

MS-LS in [Archival Studies and Imaging Technology]

[Archival Studies & Imaging Technology]

This program of study is intended to prepare graduates to work with <archives and records management> as well as <imaging technology> from production and organization to copyright and network design. The program includes the {production archival and preservation of records，photographs，digital image}，{digital information databases}，{medical records}，etc. It equips students with important skill sets for current and future library and museum information professionals. In addition，the program prepares individuals to assume positions as experts in the broader markets of libraries，archives and information centers. An integral part of the educational experience for students enrolled in the program is the opportunity to work as interns at area museums，archives and information centers.

Students enrolled in the program of study are required to complete the three program core courses, two major core courses and at least four courses from the areas of study listed below.

General Requirements

1. Total coursework is 36 credit hours (12 courses) .

2. Enroll in INFO 5090 practicum unless offcially waived based on previous professional and industry experience.

3. Complete the End of Program Assessment - During the final semester before graduation, enroll, take, and pass the comprehensive examination OR complete two Advanced Seminar courses (INFO 5970 & INFO 5980) during your last semesters before graduation.

2.Distributed Learning Librarianship

College of Information

MS-LS in [Distributed Learning Librarianship]

[The Distributed Learning Librarianship] program of study is intended to prepare graduates to work in a library or information center that supports distributed learning. The goals of this program are to provide grounding in information and telecommunication technologies that underpin distributed learning, an understanding of copyright and intellectual property issues, and knowledge of the issues facing those providing library services to students in a distributed learning environment.

General Requirements

1. Total coursework is 36 credit hours (12 sourses) .

2. Enroll in INFO 5090 practicum unless officially waived based on previous professional and industry experience.

3. Complete the End of Program Assessment - During the final semester before graduation, enroll, take, and pass the comprehensive examination OR complete two Advanced Seminar courses (INFO 5970 & INFO 5980) during your last semesters before graduation.

3.General Program of Study

College of Information

MS-LS General Program of Study

This program of study is intended to prepare graduates to work with <archives and records

management> as well as <digital imaging technology> from production and organization to copyright and network design. The program includes the {production archival and preservation of records, photographs, digital images}, {digital information databases}, {medical records} etc. It equips students with important skill sets for current and future library and museum information professionals. In addition, the program prepares individuals to assume positions as experts in the broader markets of libraries, archives and information centers. An integral part of the educational experience for the students enrolled in the program is the opportunity to work as interns at area museums, archives and information centers.

. Students enrolled in this program of study are required to complete the three program core courses, two major core courses and at least four courses from the areas of study listed below.

General Requirements

1. Total coursework is 36 credit hours（12 courses）.

2. Enroll in INFO 5090 practicum unless officially waived based on previous professional and industry experience.

3. Complete the End of Program Assessment - During the final semester before graduation, enroll in, take, and pass the comprehensive examination OR complete two Advanced Seminar courses（INFO 5970 & INFO 5980）during your last semesters before graduation.

General Electives

Additional three elective courses（9 hours）selected from the catalog or transferred from other programs with the approval of the academic advisor.

School Library Certification students should see the respective program pages for specific requirements, as they are dierent than those of other students.

Further information concerning these requirements may be obtained through the department.

If you would like to contact us about our programs of study, or would like any additional information about our program, please go to our Contact Us page.

4.Information Organization

Department of Information Science

MS-LS in [Information Organization]

In the information organization program of study, students learn how to {organize information} for a wide variety of information formats, resources, systems, and environments. Graduates may be responsible for library cataloging, classification, metadata development and use, indexing and abstracting, organizing digital resources and organizing special materials in libraries, museums, and archives.

Graduates are expected to understand the principles and application of concepts related to information representation, management, and access, including issues related to quality control, and the need to respond actively to users' needs. They are also expected to have a foundation in various systems and technologies used for {organizing information}.

General Requirements

1. Total coursework is 36 credit hours (12 courses).

2. Enroll in INFO 5090 practicum unless officially waived based on previous professional and industry experience.

3. Complete the End of Program Assessment - During the final semester before graduation, enroll, take, and pass the comprehensive examination OR complete two Advanced Seminar courses (INFO 5970 & INFO 5980) during your last semesters before graduation.

General Electives

Additional three elective courses (9 hours) selected from the catalog or transferred from other programs with the approval of the academic advisor.

School Library Certification students should see the respective program pages for specific requirements, as their options may di er from other programs.

Further information concerning these requirements may be obtained through the department.

If you would like to contact us about our programs of study, or would like any additional information about our program, please go to our Contact Us page.

5.Law Librarianship and Legal Informatics

MS-LS in [Law Librarianship]

[Law Librarianship&Legal Informatics]

The law librarianship and legal informatics program of study will prepare graduates for careers in law libraries, information organizations using legal information resources and information publishers . Law librarians play key roles as information professionals in the management of information, training, and information organization in many diverse settings including law schools, courts, private law firms, corporations, government departments and agencies, or in correctional institutions .

General Requirements

1. Total coursework is 36 credit hours （12 courses） .

2. Enroll in INFO 5090 practicum unless officially waived based on previous professional and industry experience.

3. Complete the End of Program Assessment - During the final semester before graduation, enroll, take, and pass the comprehensive examination OR complete two Advanced Seminar courses （INFO 5970 & INFO 5980） during your last semesters before graduation.

School Library Certification students should see the respective program pages for specific requirements, as their options may di er from other programs.

Further information concerning these requirements may be obtained through the department.

If you would like to contact us about our programs of study, or would like any additional information about our program, please go to our Contact Us page.

6.Music Librarianship

MS-LS in [Music Librarianship]

[Music Librarianship]

This Program of Study is specially designed for students seeking a graduate degree in Library and Information Sciences with a specialization that will prepare them for careers as music librarians or information professionals in a music-related environment. Students pursuing the Music Librarianship degree will take courses in the library and information sciences curriculum offered by the department, and will also have the opportunity to enroll in courses in the College of Music at UNT. Internships will be arranged for students who lack practical experience working in a music library or who want to increase their exposure to a particular aspect of music librarianship . In addition to face-to-face courses taught in Denton, this program is offered through distance learning opportunities using a variety of online instructional formats.

General Requirements

Completion of 12 courses（36 credit hours）.

Completed courses must include the 3 required courses for the MIS and prescribed elective courses for the POS in Music Librarianship.

Successful completion of or exemption from a practicum in a music library（INFO 5090）.

Successful completion of the End of Program（EOP）Assessment. This entails passing an End of Program examination during the last semester before graduation，OR completion of two Advanced Topic Seminars（INFO 5970 & INFO 5980）.

Alternative elective courses may be selected from the catalog or transferred from other programs with the approval of the academic advisor.

Further information concerning these requirements may be obtained through the department.

If you would like to contact us about our programs of study，or would like any additional information about our program，please go to our Contact Us page.

7.Youth Librarianship

MS-LS in [Youth Librarianship]

The program of study in youth librarianship focuses on the foundations of professional preparation with a specialization in library and information services and programming for children and young adults（youth）. The POS prepares students for professional positions in different settings including metropolitan，suburban，and rural public libraries，community colleges and academic libraries where they can provide library services to people who teach and work with youth and youth-related information services. The program of study focuses on developing skills and competencies in the following areas：<the history of youth information services/systems>；<knowledge of the client group>；<administrative and managerial skills>；<communications skills>；<materials and collection development>；<reference services>；<programming skills>；<technology applications>；<advocacy，public relations and networking>；and <professionalism and professional development>.

General Requirements

1. Total coursework is 36 credit hours（12 courses）.

2. Enroll in INFO 5090 practicum unless officially waived based on previous professional and industry experience.

3. Complete the End of Program Assessment - During the final semester before graduation，enroll in，take，and pass the comprehensive examination OR complete two Advanced Seminar courses（INFO 5970 & INFO 5980）during your last semesters before graduation.

Additional three elective courses（9 hours）selected from the catalog or transferred from other programs with the approval of the academic advisor.

School Library Certification students should see the respective program pages for specific requirements，as their options may di er from other programs.

Further information concerning these requirements may be obtained through the department.

If you would like to contact us about our programs of study，or would like any additional information about our program，please go to our Contact Us page.

参考文献

［1］《科技情报工作概论》编写组．科技情报工作概论试用本［M］．北京：科学技术文献出版社，1984：549-552.

［2］《中国情报学百科全书》编委会．中国情报学百科全书［M］．北京：中国大百科全书出版社，2010：191-194.

［3］AHARONY N. Web 2.0 in U.S. LIS schools：are they missing the boat?［J］. Ariadne，2008（54）：1.

［4］BARBARA C，JO H，MARY C，et al. Student voices：re-conceptualising and re-positioning Australian library and information science education for the twenty-first century［J］.International information & library review，2013，43（3）：137-143.

［5］BHARAT M，ANN P B. Cross-cultural perspectives of international doctoral students：two-way learning in library and information science education［J］. International journal of progressive education，2007，3（1）：44.

［6］BIKEL D M，SCHWARTZ R，WEISCHEDEL R M.An algorithm that learns what's in a name［J］.Machine learning，1999，34（1-3）：211-231.

［7］BLAISE C. An I-dentity crisis？ The information schools movement［J］. International journal of information management，2005（25）：363-365.

［8］DERAKHSHAN M，SINGH D，NAZARI M. The contributions of library and information science education to the development of competencies in determining information needs：an iranian case study［J］. International journal of libraries & information services，2014，64（2）：144-154.

［9］DERBEL H，CHAIBI A H，GHEZALA H H B. Disease named entity recognition using long-short dependencies [J] . Journal of bioinformatics and computational biology, 2020: 2050015-2050015.

[10] DEVLIN J, CHANG M W, LEE K, et al. Bert: pre-training of deep bidirectional transformers for language understanding [J] . arXiv preprint arXiv: 1810.04805, 2018.

[11] DICICCO V, FIRMANI D, KOUDAS N, et al. Interpreting deep learning models for entity resolution: an experience report using LIME [C] . New York, USA: ACM, 2019.

[12] DILLON A, NORRIS A. Crying wolf: an examination and reconsideration of the perception of crisis in LIS education [J] . Journal of education for library and information science, 2005, 46 (4): 280-298.

[13] DONG C, ZHANG J, ZONG C, et al. Character-based lstm-crf with radical-level features for chinese named entity recognition [M] // Natural language understanding and intelligent applications. New York: Springer, 2016.

[14] DYER C, BALLESTEROS M, LING W, et al. Transition-based dependency parsing with stack long short-term memory [J] . Computer science, 2015, 37 (2): 321-332.

[15] F L C. Centrality in social networks conceptual clarification [J] . Social networks, 1979, 1 (3), 215-239.

[16] GRAVES A, SCHMIDHUBER J. Framewise phoneme classification with bidirectional LSTM and other neural network architectures [J] . Neural networks, 2005, 18 (5-6): 602-610.

[17] HINTON G E, OSINDERO S, TEH Y W.A fast learning algorithm for deep belief nets [J] .Neural computation, 2006, 18 (7): 1527.

[18] HOCHREITER S, SCHMIDHUBER J. Long short-term memory [J] . Neural computation, 1997, 9 (8): 1735-1780.

[19] HU S. Technology impacts on curriculum of library and information science (LIS) -a United States (US) perspective [J] . LIBRES: library & information science research electronic journal, 2013, 23 (2): 1-9.

[20] HU Y, ZHENG C. A double adversarial network model for multi-domain and multi-

task chinese named entity recognition［J］. IEICE transactions on information and systems，2020，103（7）：1744-1752.

［21］ HUANG Z, XU W, YU K. Bidirectional LSTM-CRF models for sequence tagging［J］. Computer science，2015.

［22］ iSchools member institutions［EB/OL］．［2020-07-24］. https：//ischools.org/Directory.

［23］ ISOZAKI H，KAZAWA H.Efficient support vector classifiers for named entity recognition［C］//Proceedings of the 19th international conference on computational linguistics. Stroudsburg：association for computational linguistics，2002.

［24］ J E T.On the rationale of maximum entropy methods［J］. Institute of electrical and electronics engineers，1982（70）：939-952.

［25］ KAWASAKI M. Proposal for information education in colleges readiness test for new students about computer［J］. Educational information research，1992，7（4）：20-27.

［26］ KIM Y, JERNITE Y, SONTAG D, et al. Character-aware neural language models［J］. Computer science，2015：2741-2749.

［27］ LAFFERTY J，MCCALLUM A，Pereira F.Conditional random fields：probabilistic models for segmenting and labeling sequence data［C］//The international machine learning society.proceedings of the eighteenth international conference on machine learning. Williamstown：Williams College，2001：282-289.

［28］ LAMPLE G，BALLESTEROS M，SUBRAMANIAN S，et al. Neural architectures for named entity recognition［J］. arXiv preprint arXiv：1603.01306，2016.

［29］ LANDON-MURRAY M . Big data and intelligence：applications，human capital，and education［J］. Journal of strategic security，2016，9（2）：94-123.

［30］ LI X，ZHANG H，ZHOU X H. Chinese clinical named entity recognition with variant neural structures based on bert methods［J］. Journal of biomedical informatics，2020（107）：103422.

［31］ LIEUTENANT E，KULES B. Are iSchools' more adaptable than library schools？：Analysis of LIS student engagement in programmatic changes and improvements［J］. IConference，2016 proceedings，2016：72-79.

［32］ MA X，HOVY E. End-to-end sequence labeling via bi-directional LSTM-CNNs-CRF

[J]. Proceedings of the 54th annual meeting of the association for computational linguistics, 2016 (1): 1064-1074.

[33] MARK J. Cataloging and classification standards and practices, library and information science education, and a student legacy [J]. An interview with kathryn luther henderson, 2002, 33 (1): 3-16.

[34] MC CALLUM A, LI W.Early results for named entity recognition with conditional random fields, feature induction and web-enhanced lexicons [C] //Proceedings of the seventh conference on natural language learning at HLT-NAACL. Stroudsburg: Association for Computational Linguistics, 2003: 188-191.

[35] MIKOLOV T, SUTSKEVER I, CHEN K, et al. Distributed representations of words and phrases and their compositionality [J]. Advances in neural information procession systems, 2013, 26: 3111-3119.

[36] NAUR P. Concise survey of computer methods [M]. Lund: Studentlitteratur AB, 1974.

[37] PUJAR S M, BANSODE S Y. MOOCs and LIS education: a massive opportunity or challenge [J]. Annals of library and information studies (ALIS), 2014, 61 (1): 74-78.

[38] RABINER L R. A tutorial on hidden Markov models and selected applications in speech recognition [J]. Readings in speech recognition, 1990, 77 (2): 267-296.

[39] RADIM Ř, P S. Software framework for topic modelling with large corpora [J]. Proceedings of the LREC 2010 workshop on new challenges for NLP frameworks, 2010: 45-50.

[40] RUMELHART D E, HINTON G E, WILLIAMS R J, et al. Learning representations by back-propagating errors [J].Nature, 1988, 323 (6088): 696-699.

[41] SCHUSTER M, PALIWAL K. Bidirectional recurrent neural networks [J].IEEE transactions on signal processing, 1997, 45 (11): 2673-2681.

[42] TURIAN J, RATINOV L, BENGIO Y. Word representations: a simple and general method for semi-supervised learning [C] // ACL 2010, proceedings of the meeting of the association for computational linguistics. Sweden: DBLP, 2010: 384-394.

[43] UWAGAWA M. Special feature: Diversification of information education.

Women&apos；s junior college students and information processing education［J］. Journal of information science & technology association，1994，44（10）：538-544.

［44］VIRKUS S，WOOD L. Change and innovation in European LIS education［J］. New library world，2004，105（9/10）：320-329.

［45］VIRKUS S. Use of Web 2.0 technologies in LIS education：experiences at Tallinn University，Estonia［J］. Program，2008，42（3）：262-274.

［46］WANG J，XU W，FU X，et al. ASTRAL：adversarial trained LSTM-CNN for named entity recognition［J］. Knowledge-based systems，2020（197）：105842.

［47］WANG Q，XIA Y，ZHOU Y，et al. Incorporating dictionaries into deep neural networks for the chinese clinical named entity recognition［J］. Journal of biomedical informatics，2019，92（4）：103133.

［48］WILDE M L，EPPERSON A. A survey of alumni of LIS distance education programs：experiences and implications［J］. Journal of academic librarianship，2006，32（3）：238-250.

［49］WU Y，JIANG M，LEI J，et al. Named entity recognition in chinese clinical text using deep neural network［J］. Stud health technol inform，2015，216：624-628.

［50］XUE C，WU X，ZHU L，et al. Challenges in LIS education in China and the United States［J］. Journal of education for library and information science，2019，60（1）：35-61.

［51］YE N，QIN X，DONG L，et al. Chinese named entity recognition based on character-word vector fusion［J］. Wireless communications and mobile computing，2020（3）：1-7.

［52］ZHAO Q，WANG D，LI J，et al. Exploiting the concept level feature for enhanced name entity recognition in chinese emrs［J］. The journal of supercomputing，2019，8（76）：6399-6420.

［53］ZZY，ZHAO K，DAVID E. The state and evolution of U.S. iSchools：from talent acquisitions to research outcome［J］. Journal of the association for information science and technology，2017，68（5）：1266-1277.

［54］安秀芬，黄晓鹂，张霞，等. 期刊工作文献计量学学术论文的关键词分析［J］. 中国科技期刊研究，2002，13（6）：505-506.

［55］巴志超，李纲，周利琴，等. 数据科学及其对情报学变革的影响［J］. 情报学报，

2018，37（7）：653-667.

［56］包昌火，金学慧，张婧，等.论中国情报学学科体系的构建［J］.情报杂志，2018，37（10）：1-11，41.

［57］包昌火，李艳，包琰.论竞争情报学科的构建［J］.情报理论与实践，2012，35（1）：1-9.

［58］包昌火，李艳.情报缺失的中国情报学［J］.情报学报，2007，26（1）：29-34.

［59］包昌火，马德辉，李艳，等.我国国家情报工作的挑战、机遇和应对［J］.情报杂志，2016，35（10）：1-6，17.

［60］包昌火，王秀玲，李艳.中国情报研究发展纪实［J］.情报理论与实践，2010，33（1）：1-3.

［61］包昌火，谢新洲.关于我国情报学研究中若干问题的思考：写于《信息分析丛书》前言［J］.情报理论与实践，2006，（5）：513-515.

［62］包昌火.对我国情报学研究中三个重要问题的反思［J］.图书情报知识，2012（2）：4-6.

［63］包昌火.Intelligence 和我国的情报学研究［J］.情报理论与实践，1996（6）：7.

［64］包昌火.让中国情报学回归本来面目［J］.情报杂志，2011，30（7）：1.

［65］曹树金，王志红，刘慧云.论大数据时代下的图书情报学教育：基于 iSchool 院校“大数据”相关课程调查及思考［J］.情报理论与实践，2017，40（12）：17-22.

［66］曹文振，周庆山.美国顶尖 iSchool 信息科学专业本科教育的演变与启示：对课程设置 10 年后的再调查［J］.图书情报工作，2020，64（1）：70-79.

［67］曾建勋，魏来.大数据时代的情报学变革［J］.情报学报，2015，34（1）：37-44.

［68］朝乐门.数据科学及其对情报学的影响［J］.情报学进展，2018，12（0）：28-49.

［69］陈传夫，吴钢，盛钊，等.新中国图书情报学教育历程与展望［J］.图书馆杂志，2009，28（8）：3-11.

［70］陈传夫，吴钢，唐琼，等.改革开放三十年我国图书情报学教育的发展［J］.图书情报知识，2008（5）：5-14.

［71］陈传夫，于媛.美国 iSchool 的趋势与启示［J］.图书情报工作，2007（4）：20-24，41.

[72] 陈传夫. 中美图书馆与情报学教育变革的比较与启示 [J]. 中国图书馆学报, 2000 (1): 41-47, 66.

[73] 陈芬, 苏新宁. 我国情报学学科发展现状与未来思考 [J]. 情报学报, 2019, 38 (9): 988-996.

[74] 陈沫, 李广建, 陈聪聪. 情报学取向的"数据科学与大数据技术"专业人才培养 [J]. 图书情报工作, 2019, 63 (12): 5-11.

[75] 陈钦智, 刘玉明. 情报的新技术与潜力及其对图书馆学情报学教育的影响 [J]. 黑龙江图书馆, 1990 (4): 73-75.

[76] 陈则谦, 王雪, 张鑫. 中美情报学教育的个性与共性: 基于情报学硕士人才培养方案的调查与分析 [J]. 图书与情报, 2018 (6): 120-128.

[77] 初景利, 张颖, 解贺嘉. 新时代图书情报专业研究生核心能力调查与分析 [J]. 图书情报知识, 2019 (5): 15-21, 53.

[78] 初景利. 新时代情报学与情报工作的新定位与新认识: "情报学与情报工作发展论坛 (2017)" 侧记与思考 [J]. 图书情报工作, 2018, 62 (1): 140-142.

[79] 褚峻. 竞争情报专业化教育问题的思考与实践 [J]. 情报理论与实践, 2019, 42 (3): 7-11, 28.

[80] 崔竞烽, 郑德俊, 王东波, 等. 基于深度学习模型的菊花古典诗词命名实体识别 [J]. 情报理论与实践, 2020, 43 (11): 150-155.

[81] 邓胜利, 凌菲. 大数据时代基于情报分析的图书情报学教育变革 [J]. 信息资源管理学报, 2014 (3): 88-94.

[82] 丁洁兰, 刘清, 刘媛媛, 等. 面向企业需求的情报学人才技能分析: 基于招聘广告的挖掘与计量分析 [J]. 情报理论与实践, 2011, 34 (6): 74-78.

[83] 丁晟春, 方振, 王楠. 基于Bi-LSTM-CRF的商业领域命名实体识别 [J]. 现代情报, 2020, 40 (3): 103-110.

[84] 董小英. 我国图书馆学情报学教育的转型及其问题 [J]. 中国图书馆学报, 1996 (1): 28-36, 55.

[85] 范美玉, 陈敏. 大数据时代的情报学发展战略 [J]. 图书情报导刊, 2015 (2): 118-119.

[86] 冯新民, 王建冬. 知识挖掘的概念困境与广义知识挖掘 [J]. 情报杂志, 2008 (7): 63-65.

［87］ 付立宏，李美洁．我国情报学专业认同实证研究［J］．图书情报知识，2019（2）：51-59，119.

［88］ 高金虎．从"国家情报法"谈中国情报学的重构［J］．情报杂志，2017，36（6）：1-7.

［89］ 高金虎．一个情报强国的崛起路径：以美国为例［J］．情报杂志，2020，39（1）：1-9，62.

［90］ 高沙丽．高校学生情报教育新探［J］．大学图书馆学报，1995（2）：41，56.

［91］ 关懿娴．改进我国图书馆学专业教育管见［J］．图书馆学通讯，1982（4）：82-86.

［92］ 洪传科．情报科学的一个分支：情报教育学［J］．情报学刊，1981（2）：14-17，13.

［93］ 侯莎．面向科技情报分析的知识库构建方法研究［D］．哈尔滨：哈尔滨工程大学，2018.

［94］ 胡蓓钰．论我国情报学研究生培养与人才需求的关系［J］．情报探索，2015（2）：118-122.

［95］ 胡明玲，王建涛．基于 Web2.0 的数字图书馆用户教育研究［J］．图书馆论坛，2009，29（5）：50-52.

［96］ 胡雅萍，潘彬彬．国外关于两个 IS 的情报教育研究及对我国的启示［J］．情报理论与实践，2014，37（9）：5-10.

［97］ 胡雅萍，遇妍．美国高校情报教育研究［J］．情报杂志，2016，35（11）：5-9.

［98］ 华小琴，郎杰斌．美国图书馆学情报学专业招聘需求对人才培养的启示［J］．大学图书馆学报，2019，37（1）：115-121.

［99］ 黄立军．新时期十年我国情报学基础理论研究的进展［J］．情报科学，1987（6）：42-56，100.

［100］ 黄胜，李伟，张剑．基于深度学习的简历信息实体抽取方法［J］．计算机工程与设计，2018，39（12）：3873-3878.

［101］ 黄水清，王东波，何琳．基于先秦语料库的古汉语地名自动识别模型构建研究［J］．图书情报工作，2015，59（12）：135-140.

［102］ 黄炜，黄建桥，李岳峰．基于 BiLSTM-CRF 的涉恐信息实体识别模型研究［J］．情报杂志，2019，38（12）：149-156.

［103］ 黄晓斌．论我国竞争情报教育的现状与发展方向［J］．情报科学，2006（3）：

455-460，474.
［104］黄长著．关于建立情报学一级学科的考虑［J］．情报杂志，2017，36（5）：6-8.
［105］黄紫菲．内容分析与知识发现的比较研究［J］．情报理论与实践，2006（5）：524-527.
［106］黄宗忠．美国图书馆学情报学教育的发展［J］．大学图书馆学报，1983，1（5）：20-25.
［107］焦玉英，彭斐章，郭星寿．苏联图书馆学与情报学教育的若干问题［J］．图书情报知识，1987（3）：53-56.
［108］柯平．关于竞争情报教育的思考［J］．情报资料工作，1996（1）：33-37.
［109］柯平．情报学教育向何处去？［J］．情报理论与实践，2020，43（6）：1-9.
［110］赖茂生，邢博．从公务员招聘看我国情报学人才培养［J］．情报科学，2010，28（10）：1464-1468.
［111］赖茂生．情报学教育的现状和发展［J］．情报理论与实践，2003（1）：80-84，88.
［112］赖茂生．新环境、新范式、新方法、新能力：新时代情报学发展的思考［J］．情报理论与实践，2017，40（12）：1-5.
［113］李广建，化柏林．大数据分析与情报分析关系辨析［J］．中国图书馆学报，2014，40（5）：14-22.
［114］李国秋，桑培铭．情报过程——情报职业的核心：问题域及方法论——基于组织招聘网页信息挖掘的分析之二［J］．图书情报工作，2009，53（4）：24-28.
［115］李辉．新时代我国科技情报工作的价值定位与发展方略［J］．科技情报研究，2019，1（1）：51-63.
［116］李品，杨建林．基于大数据思维的情报学科发展道路探究［J］．情报学报，2019，38（3）：239-248.
［117］李乾炜．ISchools对中国情报学学科的启示［J］．农业图书情报学刊，2016，28（2）：133-135.
［118］李淑清．关于情报学与科技信息管理学的比较分析［J］．民营科技，2011（4）：167.
［119］李树青，曹杰，刘凌波．新时代背景下研究生文献检索课程教学改革的思路创新［J］．科技情报研究，2020，2（1）：74-82.

［120］ 李维，王灼志．我国情报学专业硕士研究生教育现状调查分析［J］．图书馆学研究，2018（15）：9-17.

［121］ 李武，刘兹恒．美国大学图书馆开展信息素质教育的两种合作类型［J］．图书馆建设，2004（5）：96-98，101.

［122］ 李亚婷，赵婉颖，马费成．国外图书馆学和情报学教育的进展与趋势［J］．情报学报，2016，35（8）：787-792.

［123］ 李艳，蒋贵凰，宋维翔．以情报分析人才培养为核心重塑我国情报学专业教育［J］．情报理论与实践，2011，34（7）：13-16.

［124］ 李艳，赵新力，齐中英．钱学森的情报思想与我国情报学学科体系重构［J］．情报理论与实践，2010，33（6）：1-4.

［125］ 李阳，孙建军．中国情报学与情报工作的本土演进：理论命题与话语建构［J］．情报学报，2018，37（6）：631-641.

［126］ 李杨，赖纪瑶，刘姝雯，等．我国图书馆学情报学人才培养现状与趋势分析：基于北京大学信息管理系招生就业数据［J］．大学图书馆学报，2018，36（2）：92-99.

［127］ 梁战平，梁建．新世纪情报学学科发展趋势探析［J］．情报理论与实践，2005（3）：225-229.

［128］ 梁战平．情报学若干问题辨析［J］．情报理论与实践，2003，26（3）：193-198.

［129］ 梁战平．情报学的新发展［J］．情报学报，2001（2）：130-135.

［130］ 刘桂锋，卢章平，郭金龙．美国 iSchool 图书情报学研究生课程设置与教学方式的特点与启示：以伊利诺伊大学香槟分校为例［J］．情报资料工作，2015（6）：97-102.

［131］ 刘记，王延飞．情报学教育生态探析［J］．情报理论与实践，2018，41（1）：16-21.

［132］ 刘俊英．在校学生信息情报能力培养［J］．图书馆建设，1998（6）：3-5.

［133］ 刘丽佳．领域实体属性关系抽取方法研究［D］．昆明：昆明理工大学，2015.

［134］ 刘浏，王东波．命名实体识别研究综述［J］．情报学报，2018，37（3）：329-340.

［135］ 刘如．面向智库转型的科技情报机构知识服务体系构建［J］．农业图书情报学刊，2018，30（1）：27-34.

[136] 刘炜 . 中外（美、苏、日）图书情报事业的初步比较：谈我国现阶段图书情报事业的发展战略问题 [J] . 图书馆，1987（3）：1-7，12.

[137] 刘喜文 . 我国情报学博硕士学位论文的学科属性研究 [J] . 西南民族大学学报（人文社科版），2019，40（4）：232-236.

[138] 刘心静 .iSchool 院校图书情报硕士研究生的人才培养模式研究：以北德州大学信息学院为例 [J] . 图书馆学研究，2018（15）：25-33.

[139] 刘迅 . 知识工程：未来图书馆学情报学教育内容变化的学科归宿 [J] . 情报科学，1985（5）：1-6.

[140] 刘植惠 . 评”大情报”观 [J] . 情报理论与实践，1999，22（2）：69-71，89.

[141] 卢胜军，赵需要，栗琳 . 钱学森科技情报理论体系及其意义 [J] . 情报科学，2012，30（9）：1418-1423，1435.

[142] 鲁晶晶，谭宗颖 . 从博士论文看国内外情报学教育的现状与发展 [J] . 情报科学，2016（3）：161-165.

[143] 陆志洋，王姗姗 . 从招聘信息看企业对情报学人才技能的需求 [J] . 情报探索，2017（1）：80-83.

[144] 罗海媛 . 从课程设置看日本情报学研究生教育及启示 [J] . 中山大学研究生学刊（人文社会科学版），2017，38（3）：109-120.

[145] 吕斌，张通，周珏 . 面向组织的具有通用性的情报职业及情报从业人员：基于组织招聘网页信息挖掘的分析之一 [J] . 图书情报工作，2009，53（4）：19-23.

[146] 马德辉，黄紫斐 . 美国《国家情报战略》的演进与国家情报工作的新变化、新特点与新趋势 [J] . 情报杂志，2015，34（6）：1-4，11.

[147] 马费成，宋恩梅 . 信息管理“专业课程链”的建设与实践 [J] . 图书情报知识，2014（2）：4-10.

[148] 马费成 . 我国图书情报教育的回顾与前瞻 [J] . 图书与情报，1993（4）：39-42.

[149] 马费成 . 论网络时代的图书情报教育 [J] . 图书情报知识，1996（4）：2-6.

[150] 马费成 . 情报学发展的历史回顾及前沿课题 [J] . 图书情报知识，2013（2）：4-12.

[151] 马费成 . 我国图书馆学情报学教育的现状与发展 [J] . 图书情报工作，1996（1）：12-15.

[152] 马恒通 . 面向 21 世纪的国际图书馆学情报学教育的发展趋势 [J] . 图书馆，1997（1）：4-11.

［153］孟广均 . 对图书馆学教育的几点看法［J］. 大学图书馆学报，1995（1）：36-39.
［154］欧阳恩，李作高，李昱熙，等 . 基于深度学习的电子病历命名实体识别及其在知识发现中的应用［J］. 中国卫生信息管理杂志，2018，15（4）：469-473.
［155］彭斐章 . 图书情报学教育改革与学科建设［J］. 图书馆工作与研究，1994（4）：14-18.
［156］钱思晨，肖龙翔，岑灵莲 . 我国图书情报学数据素养教育内容及框架研究［J］. 图书馆研究，2019，49（3）：115-122.
［157］钱学森 . 科技情报工作的科学技术［J］. 兵工情报工作，1983（6）：3-10.
［158］清华大学图书馆信息用户教育研究课题组 . 网络条件下的大学图书馆信息用户教育［J］. 图书馆论坛，2003（6）：228-231，209.
［159］邱均平，余以胜 . 我国情报学专业教育的回顾与展望［J］. 情报学报，2007（1）：35-41.
［160］邱均平，沙勇忠，陈敬全 . 改革开放以来我国情报学教育的发展历程、现状和趋势［J］. 情报学报，2002（1）：112-120.
［161］邱均平，周倩雯 . 数据挖掘与知识挖掘的比较研究［J］. 情报科学，2010，28（12）：1862-1865.
［162］瞿辉，邱均平 . 基于语义化共词分析的馆藏资源聚合研究［J］. 情报科学，2016，34（2）：15-20.
［163］曲宏锋 . 深度学习在数据挖掘中应用及相关介绍［J］. 电子技术与软件工程，2016（11）：193.
［164］任智慧，徐浩煜，封松林，等 . 基于 LSTM 网络的序列标注中文分词法［J］. 计算机应用研究，2017，34（5）：1321-1324.
［165］桑盛田，杨志豪，刘晓霞，等 . 融合知识图谱与深度学习的药物发现方法［J］. 模式识别与人工智能，2018，31（12）：1103-1110.
［166］沙勇忠，牛春华 .iSchool 联盟院校的课程改革及其启示［J］. 图书情报知识，2008（6）：26-35，55.
［167］邵安 . 美国情报学科结构、专业内容与高校分布［J］. 情报理论与实践，2020，43（5）：203-207.
［168］沈固朝 . “耳目、尖兵、参谋”：在情报服务和情报研究中引入 intelligence studies 的一些思考［J］. 医学信息学杂志，2009，30（4）：1-5.

［169］ 沈固朝．为情报学研究注入 Intelligence 的理论与实践［J］．图书情报工作，2005（9）：10.

［170］ 沈固朝．在情报工作中引入 Intelligence 的理论和实践［J］．图书情报工作，2005（1）：15-16.

［171］ 沈丽容，倪波．论我国竞争情报教育体系的建立［J］．中国图书馆学报，2003（3）：86-88.

［172］ 盛小平，苏红霞．中美 LIS 硕士专业与课程设置的比较研究：基于 ALA 认可的 LIS 院校和中国“985”与“211”LIS 院校的分析［J］．科技情报研究，2019，1（1）：75-83.

［173］ 束漫．我国高校数字图书馆用户信息素养教育［J］．图书馆理论与实践，2005（6）：71-73.

［174］ 司莉，姚瑞妃．图书情报专业研究生数据素养课程设置及特征分析：基于 iSchool 联盟院校的调查［J］．图书与情报，2018（1）：28-36，101.

［175］ 司莉，何依．iSchool 院校的大数据相关课程设置及其特点分析［J］．图书与情报，2015（6）：84-91.

［176］ 司莉，贾欢．欧美信息职业对图书情报学人才需求的调查与分析［J］．图书馆论坛，2015，35（3）：102-108.

［177］ 司莉，刘剑楠，张扬声．iSchool 课程设置的调查分析及其对我国图书馆学课程改革的启示［J］．图书馆学研究，2011（21）：21-26.

［178］ 司莉，赵洁，陆伟，等．国外 iSchools 院校图书情报与档案管理研究生课程调研与特征分析［J］．图书情报知识，2018（5）：41-52.

［179］ 苏新宁，杨国立．我国情报学学科建设研究进展［J］．情报学进展，2020，13（0）：1-38.

［180］ 苏新宁．不忘初心、牢记使命展望情报学与情报工作的未来［J］．科技情报研究，2019，1（1）：1-12.

［181］ 苏新宁．大数据时代情报学与情报工作的回归［J］．情报学报，2017，36（4）：331-337.

［182］ 苏新宁．大数据时代情报学学科崛起之思考［J］．情报学报，2018，37（5）：451-459.

［183］ 隋臣．基于深度学习的中文命名实体识别研究［D］．杭州：浙江大学，2017.

[184] 孙建军，李阳．论情报学与情报工作“智慧”发展的几个问题［J］．信息资源管理学报，2019，9（1）：4-8.

[185] 孙平，曾晓牧．面向信息素养论纲［J］．图书馆论坛，2005（4）：8-11，106.

[186] 孙志梅．浅谈高校学生情报教育现状及其改进［J］．河北科技图苑，1997（3）：32-33.

[187] 谭荧，唐亦非．面向科学文献的事实知识元自动抽取方法研究［J］．情报科学，2020，38（4）：23-27，36.

[188] 唐明伟，蒋勋，徐臻元，等．大数据环境下情报学方法与技术体系构建［J］．情报科学，2020，38（5）：106-111.

[189] 王昌亚，丰成君．我国高校情报学教学方案的比较研究［J］．情报学报，1992（5）：329-336.

[190] 王桂忠．深化高校学生情报教育的几点看法［J］．图书与情报，1988（2）：24-27.

[191] 王鉴辉．数字图书馆的用户教育问题研究［J］．图书情报知识，2001（2）：30-32.

[192] 王景珍．素质教育中应强化信息素质教育［J］．图书馆学研究，1998（4）：46-48.

[193] 王君，彭玉芳，张巍巍．美国高校的国家安全与情报教学研究［J］．情报杂志，2017，36（2）：20-24.

[194] 王文娟，马建霞．基于就业市场需求的我国情报人才培养探讨［J］．情报理论与实践，2017，40（6）：27-32.

[195] 王晰巍，李琪，刘宇桐，等．大数据及人工智能时代背景下国外图书情报专业研究生人才培养趋势研究［J］．图书情报工作，2019，63（11）：5-14.

[196] 王勋．基于深度学习的数字图书馆网络知识发现研究［J］．图书馆学刊，2018，40（7）：116-120.

[197] 王艳卿．关于我国情报学发展的问题研究［J］．图书情报研究，2020，13（1）：29-34，39.

[198] 王月，王孟轩，张胜，等．基于 BERT 的警情文本命名实体识别［J］．计算机应用，2020，40（2）：535-540.

[199] 王云峰，沈固朝．美国 Intelligence 教育研究初探：以 IAFIE 为例［J］．图书与情报，2012（1）：43-47，70.

[200] 王知津，周九常．网络环境下的情报教育体系与模式创新［J］．情报科学，2005，23（7）：987-991.

［201］ 王知津，徐芳，潘永超，等．我国图书情报学教育三十年（1978～2008）回顾与展望［J］．图书与情报，2010（2）：23-30.

［202］ 王知津．大数据时代情报学和情报工作的“变”与“不变”［J］．情报理论与实践，2019，42（7）：1-10.

［203］ 王知津．我国图书馆学教育面临新的转折和选择［J］．图书情报工作，2003（3）：10-15，56.

［204］ 王知津．中国图书情报学教育 20 年评述［J］．中国图书馆学报，2001（2）：68-72.

［205］ 魏雅雯．美国高校 Intelligence Studies 课程调研与分析［J］．竞争情报，2018，14（1）：33-39.

［206］ 文庭孝，刘刚，张洋．我国情报学发展的危机种种［J］．情报理论与实践，2005（4）：342-345.

［207］ 吴晨生，李辉，付宏，等．情报服务迈向 3.0 时代［J］．情报理论与实践，2015，38（9）：1-7.

［208］ 吴丹，余文婷．近五年国内外图书情报学教育研究进展与趋势［J］．图书情报知识，2015（3）：4-15.

［209］ 吴慰慈，董焱．新技术革命对图书馆学情报学教育体系变革的影响［J］．中国图书馆学报，2000（2）：3-9.

［210］ 吴慰慈．社会信息化与图书馆学情报学教育的新使命［J］．图书馆工作与研究，1993（3）：11-14.

［211］ 夏自强．图书馆学情报学教育的发展和改革问题［J］．大学图书馆通讯，1983（5）：1-6，11.

［212］ 肖东发．中国图书馆学情报学教育 40 年（1949～1989）［J］．图书馆学通讯，1989（1）：3-10，89.

［213］ 肖洪，毋晓霞．知识服务产业发展背景下图书情报专业学生就业前景探析［J］．情报科学，2019，37（9）：66-71.

［214］ 肖洪，赵洪，毋晓霞．基于知识挖掘与协同融合的情报研究方法［J］．情报理论与实践，2018，41（10）：15-19.

［215］ 肖希明，李琪，刘巧园．iSchools“去图书馆化”的倾向值得警惕［J］．图书情报知识，2017（1）：19-25.

［216］ 肖希明，李硕，田蓉．不同信息职业对图情档专业人才需求的调查分析［J］．图书与情报，2014（1）：35-40.

［217］ 谢晓专．关于设立“情报学一级学科”之浅见［J］．情报杂志，2017，36（7）：1-2，15.

［218］ 熊培松．基于知识挖掘的图书馆个性化推荐服务模式［J］．河南图书馆学刊，2019，39（3）：93-95.

［219］ 徐晨飞，叶海影，包平．基于深度学习的方志物产资料实体自动识别模型构建研究［J］．数据分析与知识发现，2020，4（8）：86-97.

［220］ 徐啸，朱艳辉，冀相冰．基于自注意力深度学习的微博实体识别研究［J］．湖南工业大学学报，2019，33（2）：54-58.

［221］ 严怡民．论我国情报学教育［J］．情报学报，1983，2（3）：219-225.

［222］ 严怡民．情报学和情报学教育［J］．情报学刊，1982（4）：4-9.

［223］ 杨国立，苏新宁．迈向 Intelligence 导向的现代情报学［J］．情报学报，2018，37（5）：460-466.

［224］ 杨建林，苗蕾．情报学学科建设面临的主要问题与发展方向［J］．科技情报研究，2019，1（1）：29-50.

［225］ 杨建林．大数据浪潮下情报学研究与教育的变革与守正［J］．情报理论与实践，2020，43（4）：1-9

［226］ 杨建林．情报学学科体系的再认识［J］．现代情报，2020，40（1）：4-13，23.

［227］ 叶继元，CHEN C M. 坚守与拓展：中美图书馆学情报学教育科学定位的思考［J］．中国图书馆学报，2007（2）：18-23.

［228］ 叶晓丹，梁益铭．日本图书馆人才需求分析及启示［J］．图书馆工作与研究，2017（7）：31-33，40.

［229］ 叶鹰，马费成．数据科学兴起及其与信息科学的关联［J］．情报学报，2015（6）：575-580.

［230］ 以青．从企业竞争情报人才需求谈谈我国竞争情报教育［J］．情报探索，2006（12）：72-74.

［231］ 于良芝，梁司晨 .iSchool 的迷思：对 iSchool 运动有关 LIS、iField 及其关系的认知的反思［J］．中国图书馆学报，2017，43（3）：18-33.

［232］ 于政．基于深度学习的文本向量化研究与应用［D］．上海：华东师范大学，

2016.

[233] 余红，刘娟 . 美国 iSchool 图书情报学课程体系个案：北卡莱罗纳大学近 10 年课程体系研究 [J]. 图书情报工作，2014，58（6）：79-88.

[234] 余丽，钱力，付常雷，等 . 基于深度学习的文本中细粒度知识元抽取方法研究 [J]. 数据分析与知识发现，2019，3（1）：38-45.

[235] 袁勤俭 . 关于设立情报学一级学科之我见 [J]. 情报杂志，2017，36（6）：8-9.

[236] 袁韶莹 . 日本的图书馆情报学教育 [J]. 图书情报工作，1982（3）：40-43.

[237] 岳剑波 . 情报学的学科地位问题 [J]. 情报理论与实践，2000（1）：5-7，38.

[238] 詹德优 . 关于图书情报学教育改革的实践与思考 [J]. 中国图书馆学报，1998（5）：14-18.

[239] 张华丽，康晓东，李博，等 . 结合注意力机制的 Bi-LSTM-CRF 中文电子病历命名实体识别 [J]. 计算机应用，2020，40（S1）：98-102.

[240] 张久春，张柏春 . 规划科学技术：《1956—1967 年科学技术发展远景规划》的制定与实施 [J]. 中国科学院院刊，2019，34（9）：982-991.

[241] 张军亮 . 我国情报学博硕士学位论文的主题分析 [J]. 西南民族大学学报（人文社科版），2019，40（4）：237-240.

[242] 张秋颖，傅洛伊，王新兵 . 基于 BERT-BiLSTM-CRF 的学者主页信息抽取 [J]. 计算机应用研究，2020，37（S1）：47-49.

[243] 张云中，李紫千 . 新融合视域下我国情报人才培养的全情报能力框架 [J]. 情报理论与践，2020，43（7）：24-30.

[244] 张志申，王会勇，张晓明，等 . 基于本体和语义距离的 DBpedia 领域知识抽取方法 [J]. 现代电子技术，2018，41（13）：128-132，137.

[245] 张子睿，刘云清 . 基于 BI-LSTM-CRF 模型的中文分词法 [J]. 长春理工大学学报（自然科学版），2017，40（4）：87-92.

[246] 章成志，张颖怡 . 基于学术论文全文的研究方法实体自动识别研究 [J]. 情报学报，2020，39（6）：589-600.

[247] 赵洪，王芳，王晓宇，等 . 基于大规模政府公文智能处理的知识发现及应用研究 [J]. 情报学报，2018，37（8）：805-812.

[248] 赵蓉英，郭凤娇，魏绪秋 . 我国情报学教育发展透析 [J]. 情报学进展，2016，11（0）：47-75.

［249］ 中国科学技术情报学会．情报学与情报工作发展南京共识［J］．情报学报，2017，36（11）：1209-1210.

［250］ 中国科学技术信息研究所．中国科技信息事业 55 年（综合卷）［M］．北京：科学技术文献出版社，2011：113.

［251］ 周国丰，萧蕾，刘晓鸣．培养高校学生获取情报的能力［J］．图书馆学刊，1993（1）：42-43.

［252］ 周京艳，刘如，赵芳，等．新时代大情报观的重塑［J］．情报理论与实践，2019，42（8）：9-12，5.

［253］ 周京艳，张惠娜，黄裕荣，等．新时代大情报观下情报工作的突破［J］．情报理论与实践，2019，42（8）：6-8.

［254］ 周庆山，黄国彬．美国图书馆与信息科学学院信息科学专业本科课程设置的典型分析与启示［J］．图书情报工作，2009，53（5）：15-18.

［255］ 周霞，赵静．情报学硕士课程设置研究：我国情报学硕士企业招聘的反思［J］．情报杂志，2015，34（8）：26-30.

［256］ 周晓英，陈燕方，张璐．中国科技情报事业发展历程与发展规律研究［J］．科技情报研究，2019，1（1）：13-28.

［257］ 周晓英，陈燕方．中国情报学研究范式的冲突与思考［J］．公安学研究，2019，2（2）：27-44，123.

［258］ 朱丹浩，杨蕾，王东波．基于深度学习的中文机构名识别研究：一种汉字级别的循环神经网络方法［J］．现代图书情报技术，2016（12）：36-43.

［259］ 朱正祥．领域驱动知识发现方法研究［D］．大连：大连理工大学，2010.

［260］ 庄义逊．英国的情报学研究概况［J］．情报科学，1981（3）：90-91.

索　引

Y

Z